한국의 신화

서대석

집문당

저자소개

서대석(徐大錫)

1942년 경기도 양평 출생

서울대학교 문리과대학 국어국문학과를 졸업하고 서울대학교 대학원에서 문학박사학위를 취득하였다. 계명대학교, 이화여자대학교, 서울대학교 인문대학 교수를 역임하고 2008년 서울대학교 명예교수가 되었다. 한국구비문학회 회장, 한국고전문학회 회장, 국어국문학회 대표이사를 역임하였다.

저서로는 『한국무가의 연구』, 『군담소설의 구조와 배경』, 『한국신화의 연구』, 『무가문학의 세계』, 『이야기의 의미와 해석』, 『한 중 소화의 비교』, 『한국구비문학에 수용된 재담연구』, 『구비문학개설』(공저), 『한국문학강의』(공저) 등이 있다.

한국의 신화

1997년 12월 5일 1판 1쇄
2021년 1월 20일 1판 3쇄

저자 | 서대석
발행인 | 임동규
발행처 | **(주)집문당**
등록 | 1971. 3. 23. 제2012-000069호
주소 | 03134 서울시 종로구 돈화문로 82, 5층
전화 | +82-1811-7567
이메일 | sale@jipmoon.com
홈페이지 | www.jipmoon.com

ISBN 978-89-303-0556-3 93210

가격 25,000원

머리말

이 책은 한국의 신화를 영문으로 번역하여 외국에 소개하기 위해 씌어진 것을 한글본으로 출간한 것이다. 한국의 신화가 영문으르 번역되어 출간된 예는 1910년대 구미 선교사들이 수집한 설화집에 몇 편씩 끼여 있는 것이 전부였고 그나마도 단군신화나 주몽신화 이외의 건국신화나 무속신화는 거의 외국어로 번역된 일이 없었다. 건국신화와 무속신화의 대표적 유형인 「제석본풀이」, 「바리공주」 등이 번역 소개된 것은 1970년 장덕순 교수와 필자, 그리고 조희웅 교수가 함께 편집한 *The Folk Treasury of Korea* 에서였다. 그러나 이 책도 한국의 설화 전반을 선별해서 수록한 책이어서 신화편에 수록한 자료는 10편에 불과하였다. 지금은 이 책마저도 시중에서 구할 수 없는 희귀본이 되어 버렸다.

한국의 신화를 다른 나라에 소개하는 일은 우리 민족문화를 세계에 알리는 일로서 국제화시대에 상품의 선전보다 우선하여 절실히 요구되는 과업이다. 이런 점에서 한국신화의 영역본을 내기로 한 집문당의 배려는 비록 만시지탄이 있으나 반갑고 고마운 일이다.

이 책은 이미 번역된 10편의 신화에 추가해서 문헌에 수록된 건국시조신화와 무가로 전승되는 무속신화 중에서 대표적 유형이라고 생각되는 10여 종의 유형을 추가해서 『한국의 신화』라는 독립된 책자로 간행하기로 하였다. 그러나 무속신화는 원자료가 무당의 구송을 그대로 문자로 정착시킨 것이어서 문맥 파악이 쉽지 않을 뿐 아니라 여러 가지 재담이나 잡담, 그리고 장면묘사에 삽입된 가요들이 많아서 이를 그대로 번역하는 것은 신화적 의미가 불분명해질 위험이 있다. 이런 점에서 외국인에게 한국신화의 진수를 알게 하도록 번역하는 것은 매우 어려운 일임을 알게 되었다. 그리하여 외국인이 쉽게 알 수 있도록 스토리 중심으로 다시 써서 이를 번역하기로 하였다. 그런데 이처럼 번역을 위해 고쳐 쓴 국문자료를 국내에서 한글로 그대로 출판한다는 것은 적어도 학문적 차원에서는 의미를 인정하기 어려운 것으로 생각되었다. 일차 한글 자료 작업을 성실하게 하도록 하는 의미와 외국인으로서 한국어를 공부하는 사람에게 좋은 교재를 제공한다는 면은 생각할 수 있겠으나 우리말을 모국어로 하는 사람에게는 고쳐 쓴 자료보다는 원자료에 주해를 달아주는 것이 한국신화의 본모습을 알리는 일이라고 생각되었다. 그래서 이미 영역된 10편의 자료는 원문을 수록하고 주해를 달아주기로 하였다. 그리고 추가한 자료 가운데도 본래의 모습과 스토리 중심으로 고쳐 쓴 자료가 거리가 매우 크다고 생각되는 동래본 「성주신가」와 같은 경우에는 원본을 수록하였다. 그러나 제주도의 무속신화와 같이 방언에 대한 주석 없이는 스토리 파악이 어려운 자료의 경우는 번역을 위해 표준어로 고쳐 쓴 자료를 수록하기로 하였다. 무속신화의 자료가 원전과 고쳐 쓴 자료가 혼합된 이유가 바로 여기에 있다.

각 자료는 간단한 출전과 해설을 밝혔고 원자료는 각주에서 어려운 어휘를 풀이하였다. 이 책이 국내외에서 한국에 관심을 가진 많은 사람들에게 읽히기를 바라면서 머리말에 대신한다.

1997. 8.

서 대 석

한국신화의 개관

한국신화는 문헌에 기록으로 전하는 문헌신화와 구비로 전승되는 구비신화로 대별되는데 문헌신화는 주로 국가의 창건을 주도한 개국 시조의 이야기이고 구비신화는 무속의식에서 구연되는 서사무가가 대부분이다.

건국신화는 주로 『삼국유사』(三國遺事) 등 문헌에 기록되어 있는데 「단군신화」·「주몽신화」 등 한반도 북방의 건국신화와 「박혁거세신화」·「김수로신화」 등 남방지역의 건국신화로 나누어진다. 건국신화는 건국시조의 이야기로서 국가의 창건과정을 기술한 개국신화이면서 동시에 왕가의 성씨 시조 신화적 성격을 가진다. 개국의 시조는 아니지만 탄생에서부터 왕이 되기까지의 과정을 담고 있다는 점에서 「김알지신화」나 「석탈해신화」 등도 건국신화에 준하는 성격을 가진다. 그 밖에 신성성의 농도는 고대국가의 건국신화와 차이가 있으나 새로운 왕조를 세운 개국의 주인공의 가문과 신성한 혈통의 계보를 이야기하고 있다는 점에서 「고려국조신화」나 「용비어천가」에 고사로 함축된 조선조 국조의 이야기도 건국신화의 범주에 드는 것들이며 개국신화가 없다는 백제의 온조설화나 비류설화, 그리고 서동설화와 견훤설화도 건국신화의 범주에 포함시킬 수 있는 자료들이다. 그러나 '고려국조신화'는 고려의 지배층조차도 모두 신성시하는 이야기였다고 보기 어렵고 조선조 이성계의 육대조 위업은 「용비어천가」에 용해되어 있을 뿐 신화로서 독립되어 간행되지도 않았고 구연되지도 않은 자료이기에 한국의 신화라고 하기는 어렵다. 또한 서동설화나 견훤설화도 신화적 성격을 내재하고 있기는 하나 문헌에 정착될 당시에 이미 신성성이 퇴색되어 전설화한 자료들이기에 현재 전하는 모습을 신화라고 하기에는 주저된다.

그런가 하면 개국의 시조는 아니지만 제주도 「삼성신화」는 성씨의 시조신화이면서 씨족의 족원(族源)을 이야기하고 있는데 신성성이 잘 보존되어 있다는 점에서 건국신화와 함께 한국의 신화로서 손색이 없는 자료이다. 이런 점들을 고려하여 이 책에서는 문헌신화이면서 시조신화로 일곱 편의 자료를 수록하였다.

건국신화의 주요 내용은 시조의 출생과정과 국가의 창건과 국왕으로의 즉위과정으로 요약된다. 한국 건국신화의 공통된 특징은 하늘을 대표하는 남신과 땅이나 물을 상징하는 여신이 직접 또는 간접으로 혼례를 치르고 그 사이에서 태어난 인물이 국왕이 되는 것이다. 그런데 「단군신화」와 「주몽신화」와 같은 북방지역의 건국신화와 「박혁거세신화」와 「김수로신화」와 같은 남방지역의 건국신화는 서로 차이를 보이고 있다.

북방신화는 천신계의 남성과 지신 또는 수신계의 여성의 결연과 혼례가 구체적으로 제시되고 시조의 출생과 즉위가 이어진다. 즉 혼례→출산으로 전개된다. 반면 남방신화는 시조의 탄강이 먼저 제시되고 시조의 혼례과정이 구체적으로 제시된다. 즉 시조의 부모가 의인화되어 나타나지 않고 하늘과 땅의 결합을 상징하는 분위기만 서술된 상태에서 시조는 알로 탄강한다. 그리고 시조가 왕으로 즉위한 후 시조왕의 혼례과정이 구체적으로 제시된다. 즉 남방신화는 탄강→혼례로 전개되고 있다.

시조의 출현 이전에 시조부모의 혼례과정이 기술된다는 것은 시조왕이 개국한 국가가 이 지상에서 처음으로 나타난 국가가 아니고 그보다 먼저 시조부모가 다스리던 국가가 존재했음을 말해 주는 것이다. 반면 시조의 부모가 등장하지 않고 시조가 탄강하고 시조의 즉위와 혼례가 기술되는 신화는 그 지역에서 역사상 처음으로 국가가 세워지고 첫번째 국가의 통치자가 된다는 의미를 함축하고 있다.

이러한 점은 국왕으로의 즉위과정에서도 발견된다. 북방신화는 전왕의 왕업을 계승하거나 쟁취하는 데 비하여 남방신화는 처음으로 국가가 세워지고 족장들에 의해서 국왕으로 추대된다는 특징이 있다

「단군신화」의 실제 주인공은 환웅이다. 환웅은 삼천의 무리를 이끌고 신시를 개창하였고 360여 가지 법도를 제정하여 인간세계를 다스렸다. 또한 곰을 여인으로 변화시키고 잉태시켜 단군을 낳았다. 반면에 단군은 출생과정만 나타날 뿐 즉위과정이나 혼례 등 흔히 시조왕의 행적에 포함되는 신화소가 생략되어 있다. 단군은 왕이 되어 국호를 조선이라고 고치고 도읍을 옮긴 일 이외에 신성한 위업이라 할 만한 일을 한 것이 없다. 그럼에도 불구하고 단군을 시조로 받들고 환웅을 받들지 않은 이유는 조선이란 집단이 환웅의 신시집단과는 다른 성격을 가졌기 때문일 것이다. 즉 신시는 환웅을 따라 이주한 천신을 숭배하는 단일집단이라면 단군조선은 웅녀로 대표되는 선주집단과 환웅집단의 복합집단이었고 이 두 집단이 결혼을 통해 하나의 집단으로 통합되어 새로운 국가로 탄생했다고 할 수 있다. 이런 관점에서 본다면 환웅과 단군의 관계는 혈연적으로 부자관계이면서 통치권을 계승한 존재로 서술되어 있으나 그 계승은 동일 집단 내에서 이루어진 단순한 계승이 아니라 확대된 집단의 통치권을 새롭게 장악했다는 면에서 창업에 준하는 성격을 가진다.

이러한 성격은 「주몽신화」에서 더욱 분명하게 나타난다. 해모수는 북부여를 개창한 시조로서 하백과 대결하고 하백녀와 결혼하여 주몽을 낳는다. 그러나 주몽은 해모수의 왕국을 계승하여 즉위한 것이 아니고 금와왕이 다스리는 동부여에서 생장하고 동부여를 이탈하여 독립왕국을 새로 세운 존재이다. 즉 주몽이 건국한 고구려는 해모수족과 하백족을 통합하여 형성된 새로운 집단이고 주몽은 투쟁을 통하여 이 집단의 최초의 통치자가 된 것이다. 이런 점에서 북방의 건국신화는 집단을 확장하면서 확장된 새 집단의 통치자가 된다는 내용을 담고 있다.

남방지역의 건국신화는 촌장들에 의해 새로운 인물이 왕으로 추대된다는 내용을 담고 있다. 신라가 건국되기 이전 여섯 씨족이 분할하여 생활하고 있었고 이들은 여섯 명의 촌장에 의하여 다스려지고 있

었다. 그러다가 박혁거세가 탄강하자 여섯 촌장이 모여 공통의 통치자로 추대함으로써 비로소 촌보다 더 큰 국가가 처음으로 형성되었던 것이다. 박혁거세는 이미 살고 있던 육촌 중에서 태어난 인물이 아니라 외지에서 온 존재였고 그의 부인 알영도 육촌 출신이 아닌 다른 곳에서 도래한 존재였다. 이들이 육촌민들에게 성인으로 존경을 받고 통치권을 행사한 것은 육촌민보다 문화수준이 높았음을 말해 준다고 본다. 그러면 박혁거세 집단과 육촌인들은 어떤 문화의 격차가 있었던 것일까? 박혁거세는 죽을 때 시신이 하늘로 올라갔다가 다섯 조각으로 나뉘어 지상으로 떨어졌다고 했다. 이는 분명 곡신으로서의 모습을 나타낸 것이며 박혁거세 집단이 농경문화를 가진 집단임을 말해 주는 근거가 된다. 그렇다면 육촌인들은 아직 농경을 행하지 않고 수렵과 어로를 주로 했던 집단이 아니었을까 추정할 수 있다. 그러나 육촌인도 정착생활을 하고 있었다는 점에서 전혀 농경을 몰랐다고 하기는 어렵다. 그런데 그들의 근거지가 대부분 산중이라는 점을 고려한다면 농경의 수준이 물을 별로 필요로 하지 않는 조나 기장, 수수 등과 같은 산간지역 농업이었을 가능성이 크다. 한편 박혁거세와 알영으로 대표되는 집단은 물을 많이 필요로 하는 야지농경을 했을 가능성이 크다. 그래서 산골짜기에 살던 육촌인들을 벌판으로 나와 살게 하면서 육촌을 통합한 새로운 나라 신라를 건국했다고 생각된다.

「김수로신화」도 「박혁거세신화」와 같은 성격을 보여 준다. 아홉 씨족이 각기 자기의 족장을 모시고 분거하던 시절에 수로족이 이동하여 이들을 통합하고 새로운 통치자를 세워 국가를 창건한다는 내용을 보여 준다. 아유타국 공주 허황옥과 김수로의 혼례는 인도 아유타국과 가락국이 수로를 통하여 교류하였다는 증거이고 아유타국의 국가 상징인 물고기 문양이 가락국에 그대로 수용되었다는 점에서 태양신신앙과 수신신앙이 결합되어 가락국의 신성체계가 구축되었음을 알 수 있다.

제주도의 「삼성신화」는 남성들이 땅속으로부터 솟아났고 여성들이 배를 타고 들어왔다는 점에서 본토의 건국신화와 다른 특이한 성격을 보여 준다. 남자들이 땅에서 솟아났다는 것은 부계혈통의 근원을 대지에 두었다는 것으로서 이는 부계혈통을 하늘에 둔 본토의 건국신화와는 대조되는 사고의 표현이며 여자들이 물길을 따라 배를 타고 도래하였다는 것은 「김수로신화」와 같은 것으로서 여성문화가 전래된 상황을 말해 주는 것이라고 볼 수 있다. 본토의 건국신화에서는 대체로 남성이 이주해 온 존재이고 여성이 토착적 존재로 되어 있다. 이에 반하여 「삼성신화」에서는 남성이 토착적 존재이고 여성이 도래한 존재로 설정되어 있다. 여기서 대지를 상징하는 존재는 토착적 존재이고 하늘이나 물과 관련된 존재는 이주한다는 사실이 확인된다. 「삼성신화」에서 남성들은 활을 사용하고 도래한 여성들이 오곡의 씨를 가지고 왔다는 점에서 남성들이 수렵문화를 나타낸다면 여성들은 농경문화를 나타낸다고 할 수 있다. 이는 남성으로 대표되는 수렵문화 다음에 여성으로 대표되는 농경문화가 외지로부터 전래되었음을 신화적으로 형상화한 것이라고 생각된다. 여기서 우리는 농경문화가 대체로 여성에 의해서 시작되고 외지로부터 유입된 문화라는 사실을 확인할 수 있다.

다음 한국신화에서 큰 비중을 차지하는 자료가 무속신화이다. 무속신화는 처음으로 채록되어 출간된 시기가 1930년이다. 이런 점에서 한문으로 문헌에 기록된 건국신화와는 문자로 고정된 시기가 약 천 년의 거리가 있는 셈이다. 그러나 건국신화도 『삼국유사』가 편찬되기 훨씬 이전에 형성된 것이고 무속신화 또한 그 형성연대는 채록시기와는 무관하게 매우 오랜 기간 소급되리라고 본다. 그러나 자료마다 형성과정이 다르고 신화로서 구조를 갖추고 기능을 발휘한 연대 또한 같지 않다고 본다. 이런 점에서 무속신화 전반을 뭉뚱그려서 연대를 추정하는 것은 무모한 접근이라고 본다.

무속신화는 고대 무속 제전에서 형성된 이래 전승되면서 부단히 생성 소멸을 거듭했다. 오늘날까지 전해지는 자료 중에는 고대 무속제전에서 형성된 자료도 있고 후대에 불교설화나 역사적 인물의 실담, 그리고 기타 소설이나 설화의 자료가 수용되어 만들어진 것도 있다. 따라서 무속신화의 갈래시원은 고대 무속제전에서 형성된 것으로 보아야 하겠으나 구체적 유형의 소재 원천은 유형별로 다르게 추적하는 것이 마땅하다고 생각한다.

무속신화 중에서 전국적으로 전승되는 「창세신화」와 「제석본풀이」는 고대 건국신화와 신화적 성격이 다르지 않다. 창세시조 신화로 알려진 「시루말」과 「천지왕본풀이」는 천신계의 부친과 지신계의 모친 사이에서 아들 형제가 출생하여 형은 저승을 맡고 아우는 이승을 맡아 다스리는 존재가 되었다는 것이다. 한편 「제석본풀이」는 스님과 당금아기 사이에서 출생한 아들 삼형제가 신으로 좌정한다는 내용을 담고 있다. 그런데 이들 신화는 모두 남녀신의 결합과정을 통한 신의 탄생과 신으로 좌정한 경위를 핵심 신화소로 하고 있다는 점에서 북방지역의 건국신화와 일치한다. 「시루말」과 「천지왕본풀이」는 부계혈통이 천신이고 모계는 지신이며, 천신인 부친이 아들을 잉태시키고 사라지고, 아들이 장성하여 부친을 찾아간다는 점에서 특히 고구려 건국신화와 매우 유사하다.

「제석본풀이」는 부계가 천신이 아니고 불승으로 되어 있고, 태어난 아들 숫자가 3형제로 되어 있다는 점에서 건국신화와는 별개의 신화로 생각하기 쉽다. 그러나 결연과 출산이 불승의 고유 행적이 아니라는 점에서 불교 전래 이후에 천신이 불승으로 변모한 것으로 해석하면 핵심적 신화소가 건국신화와 일치함을 알 수 있다. 불교적 변모를 제거하면 「제석본풀이」 역시 「해모수신화」·「주몽신화」·「유리신화」를 합친 고구려 건국신화와 방불하다. 즉 천신인 남성과 지신인 여성 사이에서 탄생한 존재가 제석이라는 농경생산신이 된다는 것이다.

「바리공주」는 사령제 무의에서 구연되는 무속신화인데 일곱째 공주로 태어나 부왕에게 버림을 받았던 바리공주가 부왕이 죽을병이 들자 만난을 무릅쓰고 신령한 약수와 약꽃을 구해다가 부친을 살려낸다는 이야기이다. 바리공주는 저승세계를 여행하면서 원령들의 비참한 모습도 구경하고 약수를 관리하는 신선과 결혼생활을 하면서 신선계에서 가정을 이룩하기도 한다. 이러한 설정은 무속 고유의 사상이라고 생각하기보다 유교나 도교의 효 윤리와 세계관이 개입되어 이루어진 것으로 생각한다.

한국 무속에서 가족의 보호신은 성주와 조상이다. 가족의 삶의 공간인 가옥을 축조하고 관장하며 가정의 번영과 행복을 관장하는 신을 성주라고 하는데 성주신에 관한 무속신화는 두 가지 유형이 채록되어 있다. 경남 동래의 「성조풀이」와 중부지역의 「성주본가」가 그것이다. 동래본은 인도의 왕자로 출생한 성조가 결혼 후 아내를 구박하고 방탕한 생활을 하다가 무인도로 귀양을 가서 고초를 겪은 후 환궁하여 새로운 인물로 변하여 부부가 화목하여 오남 오녀를 출산하고 어려서 심었던 소나무를 베어 새롭게 궁궐을 축조하는 등 업적을 쌓아 성조신이 된다는 내용이다.

중부지역에서 전승되는 「성주본가」는 주로 수원 · 안성 · 용인 등 경기 남부지역에서 채록되었는데 황우양 씨 부부의 수난과 수난을 극복하고 부부가 행복한 삶을 되찾는 이야기이다. 황우양 씨가 천상으로 궁궐을 축조하러 떠난 사이에 소진랑이 황우양 씨의 부인을 납치하여 결혼을 강요하나 황우양 씨 부인은 지혜로 혼례를 미루면서 정절을 지키고 황우양 씨는 몽조와 점복으로 부인의 수난을 알고 돌아와 소진랑을 징치하고 부인을 구출한다는 것이다.

성주신화의 특징은 부부의 사랑을 중심으로 한 가정의 수난과 행복을 다루고 있다는 점에서 가정의 중심은 부자가 아니라 부부라는 점을 보여 준다. 이러한 무속신화의 특징은 건국신화에서 보여 주는 부자 중심의 사고와는 다른 것으로서 주목된다.

영남지역과 중부지역을 제외한 한반도 전지역에서 전승되는 「칠성풀이」 유형은 가족의 문제를 다루고 있으면서 전승지역이 「성조풀이」와 보합관계를 이루고 있다는 점에서 성주신화의 다른 유형이라고 생각되는 무속신화이다. 「칠성풀이」는 칠성님의 혼례와 아들 칠형제의 수난, 칠성님의 부인 소박과 다른 여성과의 재혼, 그리고 전실소생의 아들과 후실부인과의 갈등이 중심화소로 되어 있다. 「칠성풀이」는 한 남성과 두 여성이 부부가 됨으로써 버림받은 여성의 고통과 모계의 혈통이 다른 자녀가 한 가족이 되면서 야기되는 후실과 전실 아들의 갈등을 전실의 편에서 다루고 있다. 한 가장이 후실의 꾀병에 속아서 전실 아들 일곱을 살해하여 그들의 간으로 후실을 치료하려 하였으나 전실의 화신인 금사슴의 희생으로 후실의 간계가 드러나고 장원급제한 전실 아들들이 후실을 심판한다는 내용은 일부이처의 불합리를 비판함과 동시에 남성 중심의 가문의식의 문제점을 제기한 것이라고 생각한다.

「장자풀이」는 호남지역 일원에서만 전승되는 무속신화이다. 악을 일삼던 한 장자가 효성이 지극한 며느리의 덕분으로 저승사자를 후히 대접하여 수명을 연장한다는 내용으로서 저승의 사자라 하더라도 인정에는 약하고 수명까지도 인간의 정성으로 좌우할 수 있다는 무속적 사고를 잘 보여 주는 신화이다.

제주도의 무속신화는 매우 다양한 내용을 담고 있다. 「초공본풀이」는 본토의 「제석본풀이」와 같은 유형이고 「이공본풀이」는 『석보상절』에 들어 있는 「안락국태자경」을 신화로 변용한 것이며 「삼공본풀이」는 「내복에 산다」라는 설화 유형과 같은 것으로 『삼국유사』의 서동설화와 동궤의 무속신화이다. 「세경본풀이」는 제주도의 농경기원신화로서 자청비와 문도령의 사랑 이야기이기도 한데 중국의 축영대, 양산백 고사가 수용되어 있다.

제주도의 당신화는 매우 종류가 많고 내용도 다양하다. 여기에 소개된 「서귀포본향당본풀이」는 한라산의 바람의 신인 일문관 바람운과 고산국 자매의 사랑과 갈등을 그린 신화로서 무속의 신들도 보통의 인간과 같이 사랑을 위해 배신하고 자매간의 혈육의 정보다도 남녀간의 정이 우선함을 보여 주고 있다. 「토산당본풀이」는 서련이라는 목사에 의해 살해된 뱀신이 토산당의 당신으로 다시 좌정한다는 이야기로서 중앙정부 관료의 위민의식과 제주향민들의 전통신앙관이 차이가 있음을 말하고 있다. 「괴네깃당본풀이」는 괴네깃또라는 남성영웅의 활약상을 그린 신화로서 본토에서 찾기 힘든 영웅신화이다. 괴네깃또가 부친과 대결하다가 가정에서 추방당하고 힘으로 용왕국과 중국에 가서 싸워 승리하고 그 보상으로 결혼을 하고 다시 고향으로 돌아와 당신으로 좌정한다는 내용은 고대 영웅신화의 보편적 요소를 두루 갖추고 있다는 점에서 주목할 만하다.

이상에서 본 책에 수록된 자료를 중심으로 한국신화의 특징을 개괄적으로 검토하였다. 한국의 신화는 한국민족의 의식과 규범을 함축하고 있는 언어물로서 현대까지도 그 기능이 살아 있다는 점에서 한국문화를 이해하는 데 중요한 자료임을 거듭 말해 둔다.

차 례

개국신화 시조신화

본토의 무속신화

제주도 무속신화

개국신화 시조신화

1. 단군신화
2. 주몽신화
3. 박혁거세신화
4. 김수로신화
5. 석탈해신화
6. 김알지신화
7. 삼성신화

1. 단군신화

한국 민족의 시조신인 단군의 신화이면서 최초의 국가인 고조선의 건국신화이다. 이 신화는 일연(一然)의 『삼국유사』, 이승휴(李承休)의 『제왕운기』, 권람(權擥)의 『응제시주』 그리고 『동국여지승람』 및 『세종실록지리지』 등에 전한다.[1] 단군은 지금으로부터 4330년 전에 한민족의 최초의 국가인 고조선을 개국한 시조로서 한국인에게 숭앙되고 있다. 신라의 삼국통일 이후, 특히 고려시대에 이르러 한민족이 통일국가를 건설함에 따라 민족의 공동 조상으로 부각되었다. 『제왕운기』본에는 『삼국유사』본과는 달리 환웅이 손녀에게 약을 먹여 여자의 몸을 갖게 하고 이 여인이 단수신과 결혼하여 단군을 낳은 것으로 되어 있다. 이 책에서는 『삼국유사』본을 번역하여 수록한다.

『위서』(魏書)에서 말했다. 지금부터 2천 년 전에 단군왕검(壇君王儉)[2] 이 아사달[3]에 도읍를 열어 이름을 조선(朝鮮)이라 했으니 요[4]임금과 같은 시기이다.

『고기』(古記)에서 말했다. 옛날 환인의 서자(庶子)인 환웅이 자주 천하에 뜻을 두어 인간 세상을 탐하여 구하였다. 그 아버지가 아들의 뜻을 알고 삼위태백(三危太伯)[5]을 보니 널리 인간을 이롭게 할 만하여 천부인(天符印)[6] 3개를 주고 보내어 다스리게 했다. 환웅이 무리 삼천 명

---

1) 여기서는 『삼국유사』 紀異 第一의 자료를 소개한다.

2) 단군은 『삼국유사』에는 壇君으로 기록되어 있고, 『제왕운기』·『세종실록지리지』·『동국여지승람』에는 檀君으로 기록되어 있다.

3) 아사달은 朝鮮이라는 의미의 고어.

4) 원문에는 高로 씌어 있는데, 이는 고려 정종의 이름이 요(堯)라고 해서 이것을 피하여 음이 비슷한 高로 쓴 것이다.

5) 삼위태백은 삼위와 태백을 각기 다른 산으로 보는 견해와 같은 산으로 보는 견해, 그리고 삼위는 세 가지 위험으로 해석하는 견해 등으로 나눌 수 있는데, 어느 것도 확실하지는 않다. 太伯은 『제왕운기』·『세종실록지리지』·『응제시주』 등에서는 太白으로 표기되어 있다. 태백은 고유명사라고 볼 수도 있으나 백산 중에서 가장 큰 백산이라는 의미의 보통명사로 볼 수도 있다.

을 거느리고 태백산 꼭대기(곧 태백은 지금의 묘향산이다)의 신단수(神檀樹) 아래로 내려와서 그 곳을 신시(神市)라 하였는데 그를 환웅천왕(桓雄天王)이라고 부른다. 풍백(風伯)·우사(雨師)·운사(雲師)[7]를 거느리고 곡식·인명·질병·선악 등 무릇 인간의 360여 가지의 일을 주관하였다. 그때 곰 한 마리와 범 한 마리가 굴에서 살면서 항상 신인 환웅에게 빌어 사람이 되기를 원하였다. 신인은 곧 신령스러운 쑥 한 줌과 마늘 스무 개를 주면서[8]

"너희들이 이것을 먹고 백일 동안 햇빛을 보지 않으면 곧 사람의 형상으로 변하리라"고 일러주었다. 곰과 범이 그것을 얻어먹고 곰은 삼칠일[9]을 기하여 여인의 몸이 되었으나 범은 능히 기하지 못하여 사람의 몸으로 되지 못하였다. 웅녀는 혼인할 사람이 없어 매일 신단수 아래에서 잉태할 수 있게 해 달라고 빌었다. 환웅이 사람으로 변한 뒤 혼인하여 아들을 낳았는데 이를 단군왕검이라 불렀다.

요임금이 즉위한 지 50년 되는 경인년에 평양성에 도읍을 정하고 비로소 조선이라 하였다. 또 백악산 아사달(阿斯達)로 도읍을 옮겼는데 그 곳을 궁홀산(弓忽山)이라 하였고, 또 금미달(今彌達)이라고도 한다. 나라는 1500년간 다스렸다. 주호왕(周虎王)이 즉위하던 기묘년에 기자(箕子)를 조선에 봉하자 단군은 곧 장당경(藏唐京)으로 옮겼다가 후에 아사달로 돌아와 숨었다가 산신이 되었는데 그때 나이가 1908세였다.

---

6) 천부인에 관해서는 무당들이 사용하는 神鏡·神鈴·神劍 등 巫具와 같은 사제자의 신성징표라는 설, 鈴·鼓·冠 중의 하나라는 설, 그리고 풍백·우사·운사를 거느리는 符印으로 보는 설 등이 있으나 어느 것도 확실하지는 않다. 다만 이것이 지배자의 권위를 상징하는 신성한 물건이었음은 분명하다고 하겠다.

7) 풍백은 바람, 우사는 비, 운사는 구름을 다스리는 주술적 능력을 지닌 존재로 이해된다. 환웅의 통치를 보필하는 존재로 보는 것이 무난하다고 본다. 그리고 바람·비·구름 등은 농경생활을 영위하는 데 필수적인 기후 조건이므로 이 부분은 당시에 이미 농경생활을 하고 있었음을 시사해 주는 것이다.

8) 쑥과 마늘은 민간에서 악귀를 구축하는 데에 유용한 영초로 인식된다. 더불어 질병을 다스리는 데도 효험이 있다고 전해진다.

9) 삼칠일은 곧 21일을 말한다. 이는 민간에서 出産하고 외부인의 출입을 21일간 금지시키는 기간과도 상응하는데, 아마도 禁忌 遵守의 중요한 기간으로 민간에서 인식했던 것으로 볼 수 있다.

2. 주몽신화

고구려의 시조인 주몽에 관한 신화이다. 동명(東明)은 부여 제족의 공동신을 나타내는 보통명사로 이해되는데, 주몽이 고구려를 건국하고 고구려가 강성해져서 동북아시아의 대제국으로 성장하자 범 부여족 사이에 전승되던 동명신화를 가져와서 내용을 다채롭게 한 것으로 생각된다. 이 신화는 광개토왕비(廣開土王碑), 모두루묘지명(牟頭婁墓誌銘), 천남산묘지명(泉男産墓地銘) 등의 비문과 『위략』(魏略)·『논형』(論衡)·『후한서』(後漢書)·『위서』(魏書)·『양서』(梁書)·『주서』(周書)·『수서』(隋書)·『당서』(唐書)·『북사』(北史) 등 중국문헌과, 『삼국사기』·『삼국유사』·『제왕운기』·『동국이상국집』·『응제시주』·『세종실록지리지』·『동국통감』 등 우리 나라 여러 문헌에 그 기록이 전한다.[1)]

한(漢) 신작(神雀) 삼년 임술(壬戌)에 천제는 아들 해모수를 부여왕의 옛 도읍터에 내려보내어 놀게 하였다. 해모수가 하늘에서 내려올 때에는 오룡거(五龍車)를 탔고 종자 백여인은 모두 백곡(白鵠)을 탔으며 채색 구름은 위에 뜨고 음악은 구름 속에서 들리었다.[2)] 웅심산(熊心山)에 머물러서 십여 일이 지난 후에야 비로소 내려왔는데 머리에는 까마귀 깃으로 된 관[烏羽冠]을 쓰고 허리에는 용광이 빛나는 칼[龍光劍]을 찼다. 아침에 정사(政事)를 듣고 저녁이면 하늘로 올라가니 세상에서 이를 천왕랑(天王郞)이라 하였다.

성북(城北) 청하(靑河)[3)]에 하백(河伯)의 세 딸이 아름다웠는데 장녀는 유화(柳花), 차녀는 훤화(萱花), 계녀는 위화(葦花)라고 하였다. 그녀들

---

1) 여기서는 이규보, 『동국이상국집』 권3, 「동명왕편」에서 주석으로 기술된 '舊三國史'의 동명신화를 번역하여 수록한다.

2) 이러한 광경은 곧 일출의 그것과 동일하다는 해석이 설득력 있다. 해모수는 성이 해씨이므로 태양과 관련이 있으며, 따라서 그의 출행은 곧 일출의 광경을 의인화한 것일 수도 있다는 것이다.

3) 청하(靑河)는 지금의 압록강이라고 씌어 있다.

이 청하로부터 웅심연(熊心淵) 위로 놀러 나가니 신 같은 자태는 곱고 빛났으며 수식한 패옥이 어지럽게 울려 한고(漢皐)[4]와 다름이 없었다. 왕(해모수)은 이들을 보고 좌우에게 말하되

"얻어서 왕비를 삼으면 아들을 두리로다."

하였다. 그녀는 왕을 보자 즉시 물 속으로 들어가 버렸다. 좌우가 말하기를

"대왕께서는 어찌 궁전을 지어 여자들이 들어가기를 기다렸다가 마땅히 문을 닫지 않으십니까?"

하니 왕이 그렇게 여겨 말채찍으로 땅을 그으니 동실(銅室)[5]이 문득 생기어 장관이었다. 방 가운데는 세 자리를 마련해 놓고 동이술을 두었다. 그 여자들이 각각 그 자리에 앉아서 서로 권하며 술을 마시고 크게 취하였다. 왕은 세 여자가 크게 취하기를 기다려 급히 나가 막으니 여자들이 놀라서 달아나고 장녀인 유화만이 왕에게 붙들린 바 되었다.

하백은 크게 노하여 사자를 보내 말하기를

"너는 어떤 사람인데 나의 딸을 머물게 하였는가?"

하니 왕은 대답하되

"나는 천제의 아들로 이제 하백에게 구혼하고자 한다."

하였다. 하백이 다시 사자를 보내 말하기를

"네가 천제의 아들로 나에게 구혼을 하려 한다면 마땅히 중매를 보내야 될 터인데 이제 갑자기 나의 딸을 붙잡아 둔 것은 어찌 실례가 아닌가?"

하였다. 왕은 부끄럽게 여겨 장차 하백을 가서 보려 하고 방으로 들어가지 못하고 그 여자를 놓아주려고 하였으나 여자는 이미 왕과 정이 들어서 떠나가려고 하지 않았다. 그리고 왕에게 권하기를

4) 중국 고대 여선(女仙)의 이름이다. 『한시외전』(韓詩外傳)에 주(周)의 정교보(鄭交甫)가 남으로 초(楚)에 가는 길에 한고대(漢皐臺) 아래를 지나다가 두 여자를 만나 두 구슬을 찬 것을 보고 그 구슬을 청하여 얻었다는 기록이 있다.

5) 구리집.

"오룡거(五龍車)만 있으면 하백의 나라에 도달할 수 있다."
고 하였다. 왕이 하늘을 가리켜 고하니 문득 오룡거(五龍車)가 공중으로부터 내려왔다. 왕과 여자가 수레를 타니 풍운(風雲)이 갑자기 일어나며 하백의 궁전에 이르렀다. 하백은 예(禮)를 갖추어 이들을 맞이하고 자리를 정한 뒤에 말하되

"혼인하는 법은 천하에 통용하는 법인데 어찌하여 예를 잃고 나의 가문을 욕되게 하였는가? 왕이 천제의 아들이라면 무슨 신이함이 있는가?"
하니 왕이 말하되

"오직 시험해 볼 따름이다."
라고 했다. 이에 하백이 뜰 앞의 물에서 이어(鯉魚)[6]가 되어 놀자 왕은 수달로 변화해서 이를 잡았다. 하백이 다시 사슴이 되어 달아나니 왕은 늑대가 되어 이를 쫓고 하백이 꿩으로 변화하니 왕은 매가 되어 이를 쳤다. 하백이 이 사람은 참으로 천제의 아들이라 여기고 예로써 혼인을 이루고 왕이 딸을 데려갈 마음이 없을까 겁내서 잔치를 베풀고 술을 왕에게 권해서 크게 취하게 한 뒤 딸과 함께 작은 혁여(革輿)[7]에 넣어서 용거(龍車)에 실어서 승천하도록 하였다. 그 수레가 물을 채 빠져나오기 전에 왕은 바로 술이 깨어서 여자의 황금 비녀를 취해서 혁여를 찌르고 그 구멍으로 홀로 나와 하늘로 올라갔다.

하백은 크게 노하여 그 딸에게 말하되

"너는 나의 가르침을 따르지 않고 나의 가문을 욕되게 했다."
하고 좌우에게 명령해서 딸의 입을 잡아 늘려 그 입술의 길이가 삼척이나 되게 하고 다만 노비 두 사람을 주어 우발수(優渤水) 가운데로 귀양 보냈다.

어사(漁師) 강력부추(强力扶鄒)가 금와왕에게 고하기를

"요즈음 양중(梁中)[8]에 고기를 가져가는 자가 있는데 어떤 짐승인지

6) '잉어'의 본디말.

7) 가죽으로 만든 가마, 수레.

8) 양(梁)은 물을 막아 고기를 잡는 설비를 말한다.

알지 못하겠다."

고 하였다. 왕은 이에 어사를 시켜서 그물로써 이것을 끌어내게 하였더니 그물이 찢어졌다. 다시 쇠그물을 만들어 끌어내니 비로소 한 여자가 돌 위에 앉아서 나왔다. 그 여자는 입술이 길어서 말을 할 수가 없으므로 그 입술을 세 번 자른 뒤에야 말을 했다.[9] 왕은 천제자의 비(妃)임을 알고 별궁(別宮)에 두었는데 그 여자는 햇빛을 받고 그 때문에 임신을 해서 신작(神雀) 사년 계해(癸亥) 하사월(夏四月)에 주몽(朱蒙)을 낳았는데 울음소리가 매우 크고 골표가 영웅답고 기이했다.

처음 주몽을 낳을 때 왼편 겨드랑이로 한 알을 낳았는데 크기가 닷되들이쯤 되었다. 왕이 이를 괴이하게 여겨 말하되

"사람이 새알을 낳은 것은 상서롭지 못하다."

하고 사람을 시켜서 이 알을 마목(馬牧)에 버렸으나 여러 말들이 밟지 않았고, 깊은 산에 버렸으나 백수(百獸)가 모두 보호했다. 구름이 낀 날에도 그 알 위에는 언제나 일광(日光)이 있으므로 왕은 알을 가져다가 그 어미에게 보내고 기르도록 했다.

알은 마침내 열리고 한 사내 아이를 얻었는데 낳은 지 한 달이 못되어 말을 하였다. 주몽은 어머니에게 여러 파리들이 눈을 물어 잠을 잘 수 없으니 어머니는 나를 위하여 활과 화살을 만들어 달라고 했다. 그의 어머니가 갈대로 활과 화살을 만들어 주자 이것으로 방거(紡車)[10] 위에 파리를 쏘아서 화살이 날면 모두 맞았다. 부여에서 활 잘 쏘는 사람을 주몽이라고 하였다.[11]

나이가 장대해지자 재능도 겸비하였다. 금와왕에게 아들 일곱이 있

---

9) 입술이 길어져 나오는 것은 보통 鷄龍系 신화에서 나타나는 것인데, 이는 닭의 부리같이 된 입을 말한다. 新羅 閼英夫人의 경우가 그 예가 된다.

10) 솜이나 털 같은 섬유를 자아 실을 뽑아내는 제구, 물레.

11) 주몽의 활 쏘는 능력은 주몽집단이 농경생활로 영위한 것이 아니라 유목생활을 했음을 보여 주는 단서이다. 이는 江河 話素에서도 확인할 수 있는 바인데, 유목생활을 하기 위해서는 광활한 목초지와 가축들을 이동시키면서 먹일 江河와 같은 물이 절대적으로 필요하기 때문이다. 농경생활의 일단을 보여 주는 박혁거세신화에서 江河가 나타나지 않고 井泉 요소가 나타나는 것과 좋은 대조가 된다고 하겠다.

었는데 항상 주몽과 같이 사냥하였다. 왕자 및 종자 사십여 인은 겨우 사슴 한 마리를 잡았으나 주몽은 사슴을 쏘아 잡은 것이 아주 많았다. 왕자는 이를 질투해서 주몽을 잡아 나무에 매어 놓고 사슴을 빼앗아 가 버렸는데 주몽은 나무를 뽑아서 돌아왔다. 태자(太子)인 대소(帶素)가 왕에게 말하되

"주몽은 신용(神勇)이 있는 사람이고 눈길이 남다르니 만약 일찍 도모하지 않으면 반드시 뒷 근심이 있을 것입니다."

하였다. 왕은 주몽에게 말을 기르게 하여 그 뜻을 시험코자 하였다. 주몽은 속으로 한을 품고 어머니에게 말하되

"나는 천제의 손(孫)으로 다른 사람을 위해서 말을 먹이고 있으니 사는 것이 죽는 것만 못합니다. 남쪽 땅으로 가서 국가를 세우고자 하나 어머니가 계시기로 감히 마음대로 못합니다."

하였다. 그 어머니가 말하되

"이것은 내가 밤낮으로 속 썩이던 것이다. 내가 듣기로는 먼길을 가는 사람은 모름지기 좋은 말에 힘입는다고 했으니 내가 말을 골라 주겠다."

하고 드디어 말 기르는 데로 가서 긴 말채찍으로 마구 치니 여러 말이 모두 놀라서 달리는데 한 누른 말이 두 길이나 되는 난간을 뛰어 넘었다. 주몽은 그 말이 준마임을 알고 몰래 말 혀 끝에 바늘을 찔러 놓았더니 그 말은 혀가 아파서 물과 풀을 먹지 못하고 야위어 갔다.

왕이 마목을 순행하다가 여러 말이 모두 살찐 것을 보고 크게 기뻐하며 마른 말을 주몽에게 주었다. 주몽이 이를 얻어서 바늘을 뽑고 더욱 잘 먹였다. 주몽은 오이(烏伊)·마리(摩離)·협부(陜父) 등 삼인(三人)과 같이 남쪽으로 행하여 개사수(蓋斯水)에 이르렀으나 건널 배가 없었다. 추격하는 병사들이 문득 닥칠까 두려워서 이에 채찍으로 하늘을 가리키며 개연히 탄식하되

"나는 천제의 손이요 하백의 외손으로서 지금 난을 피해 여기 이르렀으니 황천후토(皇天后土)[12]는 나를 불쌍히 여겨 급히 주교(舟橋)[13]를

12) 하늘의 신과 땅의 신, 천신(天神)과 지기(地祇).
13) 배다리.

보내소서."
하고 활로써 물을 치니 고기와 자라들이 떠올라 다리를 이루어서 주몽이 건널 수가 있었다. 얼마 안 있어 추병(追兵)이 이르렀는데 추병이 물에 이르자 물고기와 자라들의 다리는 곧 없어지고 이미 다리로 올라섰던 자는 모두 몰사하였다.

주몽이 어머니와 이별에 임하여 차마 떨어지지 못하니 그 어머니가 말하되

"너는 어미의 염려는 하지 말아라."
하고 이에 오곡의 씨앗을 싸서 주었는데 주몽은 생이별하는 마음이 간절해서 보리 씨앗을 잃고 말았다. 주몽이 큰 나무 아래서 쉬더니 한 쌍의 비둘기가 날아왔다. 주몽은

"응당 이것은 신모(神母)가 보리씨를 보내는 것이다."
라고 말한 후 이에 활을 다려 이를 쏘아 한 살에 함께 잡아서 목구멍을 열고 보리씨를 꺼낸 다음 비둘기에게 물을 뿜으니 비둘기는 다시 살아나서 날아갔다. 주몽왕은 스스로 띠자리(茀蕝) 위에 앉아서 임금과 신하의 위계를 정했다.

비류왕(沸流王) 송양(松讓)이 사냥을 나왔다가 왕의 용모가 비상함을 보고 불러서 자리를 주고 말하되

"바닷가에 편벽되게 있어서 일찍이 군자를 본 일이 없더니 오늘날 만나 보니 얼마나 다행이냐. 그대는 어떤 사람이며 어디에서 왔는가?"
하니 왕이 말하되

"과인은 천제의 손으로 서국의 왕이거니와 감히 묻겠는데 군왕은 누구를 계승한 왕이냐?"
하자 송양은

"나는 선인(仙人)의 후예로서 여러 대(代) 왕노릇을 했는데 이제 지방이 아주 작아서 두 왕으로 나누는 것은 불가하니 그대가 나라를 세운 지가 얼마 안 되었으니 나에게 부용(附庸)[14]함이 옳지 않겠느냐?"

14) 천자(天子)에 직속(直屬)하지 못할 제후(諸侯)에 부속한 작은 나라.

하니 왕이 말하되

"과인은 천제를 계승했고 이제 당신은 신(神)의 자손이 아니면서 억지로 왕이라고 하니 만약 나에게 돌아오지 않는다면 하늘이 반드시 죽일 것이다."

라고 했다. 송양은 왕이 여러 번 천손(天孫)이라고 일컫자 속으로 의심을 품고 그 재주를 시험코자 하여 말하되

"왕과 더불어 활쏘기를 하자."

고 하였다. 사슴을 그려서 백 보 안에 놓고 쏘았는데 그 화살이 사슴의 배꼽에 들어가지 못했는데도 힘에 겨워 하였다. 왕은 사람을 시켜서 옥지환(玉指環)을 백 보 밖에 걸고 이를 쏘니 기와 깨지듯 부서졌다. 송양이 크게 놀랐다.

왕이 말하되

"나라의 창업을 새로 해서 아직 고각(鼓角)[15]의 위의(威儀)가 없어서 비류국의 사자가 왕래하되 내가 능히 왕례로써 영송(迎送)[16]하지 못하니 이것이 나를 가볍게 보는 까닭이다."

하였다.

종신 부분노(扶芬奴)가 나와 말하되

"신이 대왕을 위하여 비류국의 북을 취해 오겠습니다."

하니 왕이 말하되

"타국의 감춘 물건을 네가 어떻게 가져오겠느냐?"

하니 대답하되

"이것은 하늘이 준 물건인데 어째서 취하지 못하겠습니까? 대왕이 부여(扶餘)에서 곤(困)할 때 누가 대왕이 여기에 이를 줄 알았겠습니까? 이제 대왕이 만 번 죽을 위태로움에서 몸을 빼내어 요수 왼쪽에서 이름을 드날리니 이것은 천제가 명해서 된 것인데 무슨 일이든지 이루지 못할 것이 있겠습니까?"

하였다. 이에 부분노 등 세 사람이 비류국에 가서 고각을 가져왔다.

15) 군중(軍中)에서 호령하는 때에 쓰는 북과 나팔.
16) 맞이하는 일과 보내는 일.

비류왕은 사자를 보내 고했으나 왕은 고각을 와서 볼까 겁내서 색을 어둡게 칠해서 오래된 것처럼 하였더니 송양은 감히 다투지 못하고 돌아갔다. 송양은 도읍을 세운 선후(先後)를 따져 부용(附庸)시키고자 하므로 왕은 궁실을 짓되 썩은 나무로 기둥을 하니 오래됨이 천 년이 된 것 같았다. 송양이 와서 보고 마침내 감히 도읍 세운 것의 선후(先後)를 다투지 못했다.

왕이 서쪽으로 사냥을 가서 흰 사슴을 잡아 이것을 해원(蟹原)에 거꾸로 매달고 주술을 행해 말하되

"하늘이 만약 비를 내려서 비류의 왕도(王都)를 표몰(漂沒)시키지 않으면 나는 너를 놓아 주지 않을 것이다. 이 난관을 면하려면 네가 능히 하늘에 호소하라."

하니 그 사슴이 슬피 울어 그 소리가 하늘에 사무쳤다. 장마비가 칠일이나 와서 송양의 도읍이 떠내려가 버렸다. 왕이 갈대 새끼줄을 가로질러 늘이고 압마(鴨馬)를 타니 백성이 모두 그 줄을 잡았다. 주몽이 채찍으로 물을 그으니 물이 줄어 들었다. 6월에 송양은 나라에 들어와서 항복하였다.

7월에 검은 구름이 골령(鶻嶺)을 덮어 사람은 그 산을 볼 수 없고 오직 수천 명의 사람 소리만 들리며 나무 베는 소리만 들렸다. 왕이 말하기를

"하늘이 나를 위해 성을 쌓는다."

고 하더니 칠일 만에 구름과 안개가 스스로 걷히고 성곽과 궁대(宮臺)가 스스로 이루어졌다. 왕은 하늘에 절하고 나아가 살았다.

추구월(秋九月)에 왕은 하늘로 올라가고 다시 내려오지 않으니 그때 나이가 사십이었다. 태자(太子)는 왕이 남긴 옥편(玉鞭)으로써 용산(龍山)에 장사를 지냈다.

유리(類利)는 어려서부터 기절(奇節)[17]이 있었다. 어렸을 때 새를 쏘아 잡는 것으로 업을 삼더니 한 부인이 인 물동이를 보고 쏘아 깨뜨

---

17) 뛰어난 절개(節槪).

렸다. 그 여자는 노해서 욕하기를

"아비도 없는 아이가 내 동이를 쏘아 깼다."

고 했다. 유리는 크게 부끄러워 진흙 탄환으로 동이를 쏘아 구멍을 막아 옛 것 같이 하고 집에 돌아와 어머니에게 나의 아버지는 누구냐고 물었다. 어머니는 유리가 나이가 어리므로 희롱해서 말하되 너에게는 정해진 아버지가 없다고 하였다. 유리는 울면서,

"사람이 정해진 아버지가 없다면 장차 무슨 면목으로 다른 사람을 보리오?"

하고 드디어 자결하려고 하였다. 어머니는 크게 놀라 이를 말리며 말하기를

"앞의 말은 희롱이다. 너의 아버지는 바로 천제의 손자이고 하백의 외손자인데 부여의 신하됨을 원망하여 남쪽 땅으로 도망가서 처음으로 국가를 세웠으니 너는 가서 뵈옵지 않겠느냐?"

고 하니 대답하기를

"아버지는 사람들의 임금이 되었는데 아들은 남의 신하가 되니 제가 비록 재주는 없으나 어찌 부끄럽지 않겠습니까?"

하였다. 어머니가 말하되

"너의 아버지가 떠날 때 말을 남긴 것이 있으니 '내가 일곱 고개 일곱 골짜기 돌 위 소나무에 물건을 감춘 것이 있으니 이것을 얻은 자라야 나의 아들이라' 하였다."

고 했다. 유리는 스스로 산골짜기로 다니면서 찾았으나 얻지 못하고 지치고 피로해서 돌아왔다. 유리는 집 기둥에서 슬픈 소리가 나는 것을 듣고 보니 그 기둥은 돌 위에 소나무였고 나무의 몸은 일곱 모였다. 유리는 스스로 이를 해석하되 일곱 고개, 일곱 골은 일곱 모요 돌 위에 소나무는 곧 기둥이라 하고 일어나 가서 보니 기둥 위에 구멍이 있어서 부러진 칼 한 조각을 얻고 매우 기뻐했다. 전한(前漢) 홍가(鴻嘉) 4년 하사월(夏四月)에 고구려로 달아나서 칼 한 조각을 왕에게 바치니 왕이 가지고 있던 칼 한 조각을 꺼내어 이를 맞추자 피를 흘리며 이어져서 하나의 칼이 되었다. 왕이 유리에게 말하되

"네가 실로 나의 아들이라면 어떤 신성함이 있는가?"
하니 유리는 소리에 응해서 몸을 들어 공중으로 솟으며 창을 타고 해에 닿아 그 신성의 기이함을 보였다. 왕은 크게 기뻐하며 세워서 태자를 삼았다.

3. 박혁거세신화

신라 시조인 박혁거세의 신화이다. 박혁거세는 육촌장들이 추대하여 신라의 첫 왕으로 즉위한 인물로서 왕호가 거서간(居西干)으로 비(妃)는 알영부인이다. 신라의 개국시조이자 경주박씨의 시조로서 박혁거세의 일생이 출생, 성장, 즉위, 혼례, 타계의 순으로 분명하게 서술되어 있다. 『삼국사기』와 『삼국유사』 등에 그 내용이 전한다.[1)]

진한(辰韓) 땅에는 옛날 여섯 마을이 있었다. 첫째는 알천(閼川) 양산촌(楊山村)인데 남쪽이 지금의 담엄사(曇嚴寺)다. 어른은 알평(謁平)으로서 처음 표암봉(瓢암峰)으로 내려왔는데 그가 급량부(及梁部) 이씨(李氏)의 조상이 되었다.

둘째는 돌산(突山) 고허촌(高墟村)이다. 어른은 소벌도리(蘇伐都利)로서 처음 형산(兄山)으로 내려왔는데 그가 사량부(沙梁部) 정씨(鄭氏)의 조상으로 되었다. 지금은 남산부(南山部)라고 하니 구량벌(仇良伐), 마등(麻等), 오도(烏道), 북회덕(北廻德) 등의 남쪽 마을이 속한다.

셋째는 무산(茂山) 대수촌(大樹村)이다. 어른은 구례마(俱禮馬)[俱를 달리 仇로도 쓴다]로서 처음 이산(伊山)으로 내려왔는데 그가 점량부(漸梁部) 또 모량부(牟梁部)라고도 한다. 손씨(孫氏)의 조상으로 되었다. 지금은 장복부(長福部)라고 이르니 박곡촌(朴谷村) 등의 서쪽 마을이 속한다.

넷째는 취산(觜山) 진지촌(珍支村)이다. 어른은 지백호(智伯虎)로서 처음 화산(花山)으로 내려왔는데 그가 본피부(本彼部) 최씨(崔氏)의 조상으로 되었다. 지금은 통선부(通仙部)라고 이르니 시파(柴巴) 등의 동남쪽 마을이 속한다. 치원(致遠)은 곧 본피부 사람이니 지금 황룡사(皇龍

1) 여기서는 『삼국유사』 紀異 第二의 기록을 번역하여 수록한다.

寺) 남쪽 미탄사(味呑寺) 앞에 옛 터가 있다고 한다. 그것이 최씨네의 옛 집터라는 것이 아마 명확할 것이다.

다섯째는 금산(金山) 가리촌(加里村)이다. 어른은 지타(祗沱)로서 처음 명활산(明活山)으로 내려왔는데 그가 한기부(漢岐部) 배씨(裵氏)의 조상으로 되었다. 지금은 가덕부(加德部)라고 이르니 위아래 서지내아(西知乃兒) 등의 동쪽 마을이 속한다.

여섯째는 명활산(明活山) 고야촌(高耶村)이다. 어른은 호진(虎珍)으로서 처음 금강산(金剛山)으로 내려왔는데 그가 습비부(習比部) 설씨(薛氏)의 조상으로 되었다. 지금의 임천부(臨川部)니 물이촌(勿伊村), 잉구며촌(仍仇旀村), 궐곡(闕谷) 등의 동북쪽 마을이 속한다.

상기의 글을 상고하건대 이 육부(六部)의 조상들이 모두 하늘로부터 내려온 것 같다. 노례왕 19년에 처음으로 육부의 이름을 고치고 또 여섯 성을 주었다. 요사이 풍속으로는 중흥부를 어머니라고 치고 장복부를 아버지라고 치고 가덕부를 딸이라고 치고 임천부를 아들이라고 치는데 그 내용은 자세하지 못하다.

전한(前漢) 지절(地節) 원년(元年) 임자(壬子) 3월 초하루 육부의 조상들이 각각 젊은이들을 거느리고 알천 언덕 위에 모여서 의논하기를 "우리들에게는 위로 뭇백성들을 다스리는 임금이 없으므로 백성이 모두 방종하여 제멋대로 행동하니 덕이 있는 분을 찾아내다가 임금으로 삼아서 나라도 세우고 도읍을 차려야 할 것이 아니냐?"고 하였다.

이에 높은 곳에 올라가서 남쪽을 바라보니 양산(楊山) 아래 나정(蘿井)[2] 옆에 번개빛 같은 이상한 기운이 땅으로 드리웠는데 흰 말 한 마리가 꿇어서 절하는 시늉을 하였다.[3] 곧 뒤져 보니 자줏빛 나는 알

2) 우물이 등장한 것은 이 부족이 농경생활을 영위하고 있었음을 의미한다. 정착하여 농경생활을 하기 위해서는 항상 이용할 수 있는 물이 있어야 하므로, 혁거세의 탄생지가 그러한 생활방식의 특징을 드러내기 위해 우물로 설정된 것이다.

3) 백마의 등장은 나정과 동일하게 농경생활의 한 단면을 보여 주는 것으로 이해된다. 백마는 『삼국유사』 권6, 문무왕본기의 기록처럼 신에게 바치는 희생제물의 의미를 지니기도 하지만, 여기서는 하늘을 날아다니는 天馬의 의미가

한 개가 있고 말은 사람을 보자 길게 소리를 뽑아 울면서 하늘로 올라갔다.[4] 그 알을 쪼개니 사내아이가 있는데 모습이 단정하고 아름다웠다. 놀랍고 이상해서 동천(東泉)에서 목욕을 시키었더니 몸에서 광채가 나고 새와 짐승들이 모두 춤을 추며 천지가 진동하고 해와 달이 청명하였다.

인해서 혁거세왕(赫居世王)이라고 이름짓고 직위의 칭호로는 거슬한(居瑟邯)이라 했다. 그 당시의 사람들이 다투어 가면서 치하하기를 "이제 천자가 내려오셨을즉 마땅히 덕이 있는 황후를 찾아내어 배필을 정해야 하겠다"고 하였다.

이 날 사량리 알영 우물에서 계룡이 나타나더니 왼쪽 옆구리로 계집아이를 낳았다. 얼굴이 아주 고우나 입술이 닭의 주둥이와 같았는데 월성(月城) 뒷내에 데리고 가서 목욕을 시킨즉 그 주둥이가 뽑혀져서 떨어졌다. 인해서 그 내를 발천(撥川)이라고 불렀다.

남산 서쪽 기슭에 궁실을 짓고 거룩한 두 아이를 받들어 길렀다. 사내는 알로 나왔으니 알은 박과 같고 우리 나라 사람들이 호(瓠)를 박이라고 하기 때문에 인해서 성을 박씨라고 하였으며, 여자는 자기가 난 우물 이름으로 이름을 지었다. 두 성인의 나이 13세에 이르러 오봉(五鳳) 원년(元年) 갑자(甲子)에는 사내가 임금으로 서면서 여자를 왕후로 삼았다. 나라 칭호를 서라벌(徐羅伐) 또는 서벌(徐伐)이라고 하고 혹은 사라(斯羅) 또는 사로(斯盧)라고도 이른다. 맨 처음 왕이 계정에서

더 강하다고 하겠다. 천마는 하늘의 使者이면서 구름을 일으키고 비를 내리게 하는 龍馬의 성격으로 이해되는 것이다. 고대의 신화나 전설에서 보면, 한 지역의 강우를 조절하는 靈物이 池龍으로 나타나지만 이 지룡은 천제의 명령에 의해서 움직이는 경우가 많다. 이 천제의 명령을 전달하고 강우를 조절하는 역할을 천마가 담당했다고 하는 민간의 인식이 여기에 반영되어 있는 것이다. 『태평광기』 권418, 「李靖篇」에 보면 천마의 강우기능이 잘 나타나고 있다.

4) 하늘에서 내려온 알에는 태양신의 후손이라는 관념이 내재해 있다. 태양의 정기를 받아 태어난 영웅의 고귀한 혈통이 여기서 확보되는 것이다. 이 화소는 중국 商나라의 시조인 契이 까마귀가 떨어뜨린 朱果로 인해 탄생되었다는 신화와 상통하는데, 까마귀는 태양에 사는 짐승이며, 그 까마귀가 준 주과 역시 태양의 상징으로 인식되기 때문이다. 주몽이 일조감잉의 결과로 卵生하는 것 역시 마찬가지이다.

난 까닭에 혹은 계림국(雞林國)이라고도 하니 계룡이 상서를 나타내기 때문이다. 달리 말하기를 탈해왕 때 김알지를 얻었는데 그때 닭이 숲 속에서 울어 이에 나라 칭호를 계림이라고 고치었다가 후세에 와서 드디어 신라란 칭호로 정해 버렸다고 한다.

나라를 다스린 지 61년 만에 왕이 하늘로 올라가더니 이레 후에야 유해가 흩어져서 땅 위로 떨어졌고 왕후 역시 작고하였다. 나라 사람들이 합해서 장사를 지내려고 하였더니 큰 뱀이 쫓아다니면서 금(禁)하므로 다섯 부분을 다 각각 장사 지내어 다섯 능으로 되었다. 또 사능(蛇陵)이라고 부르니 담엄사 뒤의 왕릉이 바로 그것이다. 태자 남해왕(南解王)이 왕위를 계승하였다.

4. 김수로신화

가야국의 시조인 김수로에 관한 신화이다. 「박혁거세신화」와 마찬가지로 주인공인 김수로의 신이한 출생과 성장, 즉위, 그리고 허황옥과의 혼례 등의 사연이 자세하게 기술되어 있다. 『삼국유사』의 가락국기에 본 내용이 전하며, 그 외에도 『삼국유사』의 「왕력편」이나 「어산불영편」에도 단편적인 기록이 전한다.[1]

천지가 개벽한 후 이 지역에는 아직 나라 이름도 없고 왕과 신하의 칭호도 없었다. 그래도 아도간(我刀干), 여도간(汝刀干), 피도간(彼刀干), 오도간(五刀干), 유수간(留水干), 유천간(留天干), 오천간(五天干), 신귀간(神鬼干) 등의 9간(九干)이 있었으니 이들 수장들이 대개 1백 호에 7만 5천 명의 백성을 통솔하였다. 대부분은 스스로 산과 들에 살면서 우물을 파서 마시고 밭을 갈아서 먹었다.

후한 세조 광무제의 건무 18년 임인 3월 계욕일(禊浴日)[2]에, 북쪽 구지(龜旨)에서 이상한 소리와 기운이 뭇사람들을 불러 2, 3백 명이 그곳으로 모였다. 마치 사람의 소리와 같은데 형체는 숨기고 소리만 내어 말하기를 "여기에 누가 있는가" 하니 구간들이 이르기를 "우리들이 여기 있습니다." 하였다. 또 말하기를 "내가 있는 곳이 어디냐" 하니 "구지입니다."라고 대답하였다. 또 말하기를 "하늘이 나에게 명하시기를 이 곳에 나라를 새로 세워 임금이 되라 하셨다. 이런 연유로 내려온 것이다. 너희들은 이 산꼭대기를 파고 흙을 집으면서 '거북아 거북아 머리를 내놓아라. 내놓지 않으면 잡아서 구워 먹으리'[3] 하고

1) 여기서는 『삼국유사』 紀異 第二의 자료를 번역하여 수록한다

2) 除厄의 의미로 목욕하고 물가에서 會飮하는 것. 三月 上巳日에 행한다.

3) 노래의 형식이 '호명-명령-가정-위협'으로 되어 있는데, 이는 고대 주술요의 보편적인 특징으로서 이 시기에 주가의 형식이 확립되었음을 보여 준다.

노래하면서 춤을 추어라. 즉 이는 대왕을 맞이하여 매우 기뻐서 뛰는 것이니라." 구간들은 그 말을 따라 함께 즐거워하고 노래부르며 춤추다가 얼마 후에 우러러보니 자줏빛 줄이 하늘에서 드리워져 땅에 닿았다. 줄 아래를 살펴보니 붉은 보자기에 싸인 금합(金合)[4]이 있어 열어 보니 황금알 6개가 있었는데 마치 해처럼 둥글었다. 여러 사람들이 모두 놀라고 기뻐하며 더불어 백배(百拜)를 올렸다. 곧 다시 싸서 들고 아도간의 집으로 돌아와 탁자 위에 놓아두고 사람들은 모두 흩어져 돌아갔다.

하루를 지나 그 이튿날 아침 여러 사람이 다시 모여 합을 열어 보니 알 여섯이 모두 화하여 어린아이가 되어 있었는데 용모가 매우 훌륭했다. 이에 상 위에 앉히고[5] 여러 사람들이 모두 하례하면서 지극히 공경하였다. 나날이 자라서 십여 일이 지나니 키가 9척이나 되어 은나라의 천을(天乙)[6]과 같았고 용(龍) 같은 얼굴은 한나라 고조[7]와 같았으며 눈썹이 팔채(八彩)임은 당나라 요임금[8]과 같고 눈이 중동(重瞳)[9]인 것은 우나라 순임금[10]과 같았다.

그 달 보름에 왕위에 올랐는데 세상에 맨 처음 나타났다고 하여 휘(諱)하여 수로(首露) 혹은 수릉(首陵)이라고 했다. 나라는 대가락(大駕洛)이라 하고 또 가야국(伽耶國)이라고도 했으니 곧 6가야 중의 하나

---

4) 금합의 등장은 농경 생산물의 貯藏 意識과 깊은 관련이 있다. 생산한 곡물을 다음 수확기까지 보관하여 식량으로 이용하기 위해서는 곡식을 저장하는 궤가 반드시 필요하기 때문이다.

5) 태어나자마자 활동한다는 화소는 영웅의 탄생에 보편적으로 결부되는 것이다.

6) 殷나라의 湯王.

7) 중국 漢나라의 창업주. 秦나라 말기에 군사를 일으켜 項羽와 같이 秦나라를 멸망시키고 그 후 項羽를 멸하여 천하 통일에 성공한 인물이다. B.C. 206-195까지 황제로 있었다.

8) 중국 고대의 전설상의 임금. 성덕을 갖춘 이상적인 군주로 일컬어짐. 帝堯 혹은 陶唐氏라고도 한다.

9) 겹으로 된 눈동자.

10) 중국 고대의 전설상의 왕으로 大舜 혹은 有虞氏라고도 한다. 五帝의 한 사람으로 성은 虞, 이름은 重華이다. 그는 先帝인 堯와 더불어 천하를 가장 잘 다스린 임금으로 알려져 있다.

다. 나머지 다섯 사람도 각각 다섯 가야국의 임금이 되었다. 동쪽은 황산강(黃山江), 서남쪽은 창해(滄海), 서북쪽은 지리산(地理山), 동북쪽은 가야산(伽耶山)으로써 경계를 삼았고 남쪽이 나라의 끝을 삼았다. 임시 궁궐을 짓게 하고 거처했는데 오직 질박하고 검소하여 집의 이엉을 자르지 않고 흙으로 석 자 높이의 계단을 만들었다.

2년 계묘 봄 정월에 왕이 말했다. "내가 도읍을 정하려 한다." 임시 궁궐의 남쪽 신답평(新畓坪)으로 가서 산악을 바라보고 나서 옆 신하들에게 말했다. "이 땅이 여뀌잎처럼 협소하지만 열 여섯 나한(羅漢)[11]이 살 만한 곳이다. 더구나 하나가 셋을 이루고 셋이 일곱을 이루므로 칠성(七聖)[12]이 거처하기에도 이곳이 적합하니 이 땅에 근거하여 강토를 개척하는 것이 종국에도 좋을 것이다." 이에 1천 5백 걸음의 둘레로 된 성과 궁궐의 전각 및 여러 관청의 청사와 무기고와 창고를 지을 만한 장소를 마련해 놓고 궁궐로 돌아왔다. 널리 나라 안의 장정과 인부, 공장(工匠)들을 불러 모아 그 달 20일에 성부터 시작하여 3월 10일에 이르러 역사가 끝났다. 궁궐과 옥사(屋舍)는 농한기를 틈타 지었으므로 그 해 10월에 시작하여 갑진년 2월에야 완성되었다. 좋은 날을 가려 새 궁궐로 옮겨가서 만기(萬機)[13]를 살피고 서무(庶務)[14]에도 부지런하였다.

완하국(琓夏國) 함달왕(含達王)의 부인이 문득 아이를 배어 달이 차서 알을 낳았는데 알이 변하여 사람이 되었다. 이름을 탈해(脫解)라 하였는데, 바다를 따라 가락국으로 오니 키는 3척이요 머리 둘레는 1척이나 되었다. 즐거운 빛으로 궁궐에 나아가서 왕에게 말하였다. "나는 왕의 자리를 뺏으러 왔노라" 왕이 대답했다. "하늘이 나에게 명하여

11) '阿羅漢'의 준말. 소승 불교의 교법을 수행하는 聲聞 4과 가운데 가장 높은 지위. 온갖 번뇌를 끊고 깨달음을 얻어 공덕을 갖춘 聖者를 이른다. 혹은 '여래'의 열 가지 칭호 중 하나로 쓰이며, 無生·應眞으로도 부른다.

12) 聖이란 正智로써 진리를 照見한 사람을 이름. 七聖은 隨信行·隨法行·信解·見至·身證·慧解脫·俱解脫을 말한다.

13) 정치상 온갖 중요한 기틀. 천하의 큰 政事.

14) 여러 가지 사무(事務).

왕위에 오르게 함은 장차 천하의 중앙인 이 땅을 안정시키고 아래로 백성을 편안하게 하고자 함이다. 감히 하늘의 명령을 어기고 왕의 자리를 내어줄 수 없거니와 또 감히 우리 나라와 백성들을 너에게 맡길 수도 없노라." 탈해가 말했다. "그러면 술법으로 겨루어 보자." 왕이 "좋다."고 했다.

잠깐 사이에 탈해가 매가 되자 왕은 독수리가 되고, 또 탈해가 참새로 화하자 왕은 새매로 변하였다. 이때의 광경은 촌음의 시간도 걸리지 않은 찰라였다. 탈해가 본모습으로 돌아왔을 때 왕 또한 그렇게 했다. 탈해가 드디어 엎드려 항복하며 말하기를 "내가 술법을 겨룸에 독수리 앞의 매가 되고, 새매 앞의 참새가 되었으나 살아난 것은 성인의 어진 천품으로 인해서 그런 것이 아닙니까. 내가 왕과는 자리를 다투기 어렵습니다." 하더니 하직하고 나가 버렸다. 탈해가 인교(麟郊) 밖 나루터에 이르러서는 중국 배들이 오는 길목을 따라 떠났다. 왕은 탈해가 그곳에 머물면서 난을 일으킬까 염려하여 급히 수군 5백 척의 배를 일으켜 추격하였다. 탈해는 계림 국경 안으로 달아나고 수군은 모두 돌아왔다. 이 사기(事記)의 기록은 신라의 것과 다른 것이 많다.

건무 24년 무신 7월 27일 구간 등이 조회를 올리면서 말하기를 "대왕께서 강림한 후로 훌륭한 배필을 못 얻었사오니 청컨대 신등이 살고 있는 곳의 처녀들 중 가장 훌륭한 사람을 궁궐로 뽑아 들여 배필을 삼아주십시오."라고 하자, 왕은 "내가 이곳에 내려온 것은 하늘의 명령이요 나와 짝을 이루어 왕후가 되는 것도 하늘의 명령이니 경들은 염려하지 말라."고 했다.

드디어 유천간에게 명하여 가벼운 배를 젖고 준마를 몰아 망산도(望山島)에 가서 서서 기다리게 하고 또 신귀간에게 명하여 승점(乘岾)으로 가게 했다. 홀연히 바다 서남쪽으로부터 붉은 돛을 달고 붉은 깃발을 세운 배가 북으로 향해 오고 있다. 유천간 등이 섬 위에서 먼저 횃불을 드니 다투어 건너서 육지에 내려 달려왔다. 신귀간이 바라보고 대궐로 달려와 보고했다. 왕이 듣고 기뻐하며 곧 구간 등을 보내어 찬란하게 장식한 배로써 맞이하여 곧 궁궐로 모시고 들어가려 하자 왕후가 말하기를 "내가 그대들을 처음 보는데 어찌 가벼이 따라 갈 수 있겠는가" 하였다. 유천간등이 돌아와 왕후의 말을 보고하자 왕이 옳게 여겨 유사를 거느리고 행차하여 궁궐 아래로부터 서남쪽으로 육십 걸음 되는 산기슭에 장막으로 궁전을 설치하고 기다렸다. 왕후는 산 밖의 별포(別浦) 나루터에 배를 매고 육지로 올라와 높은 언덕에서 쉬면서 입고 있던 바지를 벗어 선물로 삼아 산령에게 보내었다. 저쪽 지역에서 시종(侍從)해 온 잉신(媵臣)[15] 두 명의 이름이 신보(申輔), 조광(趙匡)이요 그들의 아내 두 사람은 모정(慕貞), 모량(慕良)이라 했다. 또 노비까지 합하면 20여 명이요, 가지고 온 금수(錦繡)[16]와 능라(綾羅),[17] 의상(衣裳), 필단(疋緞),[18] 금은(金銀), 주옥(珠玉),[19] 경구(瓊玖)[20]의 장신구 등은 이루 다 기록할 수 없었다.

왕후가 왕 있는 곳으로 다가오자 왕이 나와 맞아서 같이 장막 속으로 들어오니 후행 온 신하 이하 여러 사람들이 섬돌 아래 나아가서 인사를 드리고 곧 물러 나왔다.

왕이 관리를 명해서 후행 온 신하 내외를 데리고 가게 하면서 말하기를 "매 사람을 제각기 딴 방에서 쉬게 하고 그 이하의 남녀 하인은 한 방에 오륙 명씩 쉬게 하라."고 하였다. 희한한 음식을 대접하고 사치스러운 이부자리에서 재웠으며 의복, 피륙, 보물과 같은 것은 군정들을 뽑아 모아서 지키게 하였다. 그제야 왕이 왕후와 함께 지밀에 앉으니 조용히 왕에게 말하기를 "나는 아유타국(阿踰陁國)[21]의 공주다. 성은 허(許)요, 이름은 황옥(黃玉)이요, 나이는 열 여섯이다. 본국에 있을 때 금년 5월 중에 아버지 되는 왕이 황후와 함께 나를 돌아보면서 하는 말씀이 '아버지, 어머니가 어제 꿈에 똑같이 하늘에 있는 상제를

15) 시집갈 때 따라가는 侍臣.
16) 수놓은 비단.
17) 두꺼운 비단과 엷은 비단.
18) 필로 된 비단.
19) 구슬과 옥.
20) 아름다운 옥. 轉하여 훌륭한 선물.
21) 中印度에 있었던 고대 왕국.

뵈었는데 상제가 이르기를 가락국의 으뜸 임금인 수로는 하늘에서 내려 보내서 임금 자리에 앉힌 사람으로 신령스럽고 거룩하기가 그저 그만이지만 새로 나라를 세우느라고 아직 배필을 정하지 못하였으니 그대들이 꼭 공주를 보내서 짝을 이루게 하라고 하고 말을 마치자 하늘로 올라갔다. 꿈을 깨고 나서도 상제의 말소리가 귀에 쟁쟁하였다. 이렇고 보니 네가 속히 부모를 떠나서 그리로 향해 가거라'고 하였다. 내가 배를 타고 멀리 증조(蒸棗)[22]를 찾고 하늘로 가서 반도(蟠桃)[23]를 찾아 이제 모양을 가다듬고 감히 용안(龍顔)[24]을 가까이 하게 되었다." 고 하였다.

왕이 대답하기를 "나는 천생이 약간 비범해서 공주가 멀리서 오리라는 것을 먼저 알고 있었기 때문에 아래 신하들이 왕비를 맞아들이라고 청하는 것도 듣지 않았다. 이제 현숙한 사람이 자기 발로 찾아왔으니 나로서는 다행한 일이다."라고 하였다. 드디어 동침하여 이틀 밤을 치르고 하루 낮을 지냈다. 이에 타고 온 배를 돌려보냈는 바 격군, 사공 합해서 15명에게 각각 양식 쌀 열 섬과 피륙 서른 필을 주어서 본국으로 돌아가게 하였다.

8월 초하룻날 본궁으로 돌아왔는데 왕과 왕후가 한 편에 타고 신하들 내외도 말고삐를 나란히 해서 왔다. 가지고 온 가지각색의 외국 물건도 모두 실어 가지고 천천히 왕궁으로 오니 그때의 시각은 바로 정오였다. 왕후는 내전에서 거처하고 후행 온 신하 내외와 그 식구들은 왕의 명령으로 빈 방들을 내서 갈라 들게 하고 그 나머지 따라온 사람들은 20여 칸 한 채로 되는 객실에 사람 수를 맞추어서 나누어 넣은 다음 날마다 풍족하게 지내게 하였다. 실어 들인 진귀한 물건들은 왕궁 창고에 보관해 두고 왕후의 재산으로 삼았다.

하루는 왕이 신하들에게 말하기를 "9간 등이 모두 일반 벼슬아치의 우두머리거늘 그 직위와 명칭이 다 촌스러운 말로 되어 있어 점잖은

22) 神仙이 사는 곳에 있는 좋은 과일.
23) 仙桃. 이 복숭아는 삼천년 만에 한 번씩 열린다고 전한다.
24) 임금의 얼굴.

관리의 칭호답지 못하다. 혹시 미개한 사람이 듣더라도 반드시 웃음거리가 되는 수치를 당하게 될 것이다."라고 하더니 드디어 아도(我刀)는 고쳐 아궁(我躬)이라고 하고, 여도(汝刀)는 고쳐 여해(汝諧)라고 하고, 피도(彼刀)는 고쳐 피장(皮匠)이라고 하고, 오도(五刀)는 오상(五常)이라고 하고, 유수(留水), 유천(留天)의 칭호를 윗글자는 그대로 두고 아랫자만 고쳐 유공(留功), 유덕(留德)이라고 하고, 신천(神天)은 신도(神道)로 고치고, 오천(五天)은 오능(五能)으로 고치고, 신귀(神鬼)는 음을 바꾸지 않은 채 뜻만 바꾸어 신귀(臣貴)라고 하였으며 계림의 관직을 따라 각간(角干), 아질간(阿叱干), 급간(級干) 등의 등급을 만들고 그 아래의 관리들도 주(周)나라의 제도와 한(漢)나라의 절차로서 나누어 정하였다.

이는 낡은 옛 것을 없애고, 새 것을 취하여 관직을 나누어 설치하는 방법이다. 그래서 나라를 다스리고 집안을 정돈하고 백성들을 자식같이 사랑하니 명령이 엄숙치 않으나 위엄 있고 정사가 엄격치 않으나 다스려졌다. 더구나 왕후와 함께 있게 된다는 것은 비유해 말한다면 하늘에 대해서 땅이 있고 해에 대해서 달이 있고 양(陽)에 대해서 음(陰)이 있는 격이며, 그 공(功)은 도산(塗山)이 하(夏)를 돕고[25] 당원(唐媛)이 교씨(嬌氏)를 일으킨 것과 같았다.[26]

25) 塗山氏의 딸이 夏나라 禹王에게로 시집가서 禹王을 도왔다는 내용이다.
26) 唐媛은 堯임금의 딸 娥皇, 女英을 말함. 이들은 舜임금에게 시집가서 舜임금의 후예인 嬌氏의 시조가 되었다고 한다.

5. 석탈해신화

신라에서 박혁거세의 뒤를 이어 왕위에 오른 것은 남해였고 그 뒤를 이은 왕은 아들인 유리와 사위인 탈해였다. 탈해신화에서는 탈해의 출생과정이 간접 서술되고 결혼과 즉위, 동악신으로서의 정립과정이 상술되고 있다. 『삼국사기』와 『삼국유사』에 기록이 전한다.[1]

가락국 바다 가운데 어떤 배가 와서 닿았다. 그 나라의 수로왕이 신민들과 함께 북을 치고 맞아들여 머물게 하려 하니, 배가 곧 달아나 계림 동쪽 하서지촌(下西知村) 아진포(阿珍浦)에 이르렀다. 마침 포구가에 한 노파가 있어, 이름을 아진의선(阿珍義先)이라 하니 혁거왕의 고기잡이의 어미였다. 바라보고 말하기를 "이 바다 가운데 본래 바위가 없었는데 까치가 모여들어 우는 것은 무슨 일인가?" 하고 배를 끌고 가서 찾아보니 까치가 배 위에 모여들고 그 배 가운데 궤 하나가 있는데 길이가 20척, 너비가 13척이나 되었다. 그 배를 끌어다 수림 밑에 두고, 길흉을 알지 못하여 하늘에 고하였다. 조금 있다가 궤를 열어 보니 단정한 남아와 아울러 칠보와 노비가 그 가운데 가득 차 있었다. 그들이 대접받은 지 7일 만에 말하기를 "나는 본래 용성국(龍城國) 사람으로 우리 나라에 일찍이 28 용왕이 있었는데, 도두 사람의 태(胎)에서 나왔고 5, 6세 때부터 왕위를 이어 만민을 가르쳐 성명을 올바르게 하였다. 8품의 성골이 있으나 선택하는 일이 없이 모두 대위(大位)에 올랐다. 이때 우리 부왕 함달파가 적녀국의 왕녀를 맞아서 비를 삼았더니 오래도록 아들이 없으므로 기도하여 아들을 구할 새, 7년 뒤에 큰 알 하나를 낳았다. 이에 대왕이 군신에게 묻기를 '사람으로서 알을 낳음은 고금에 없는 일이니 이것이 불길한 징조이다.' 하고 궤를

1) 여기서는 『삼국유사』 紀異 第二의 기록을 번역하여 수록한다.

만들어 나를 그 속에 넣고 또 칠보(七寶)와 노비를 배 안에 가득 실어 바다에 띄우면서 축원하기를 '마음대로 인연 있는 곳에 가서 나라를 세우고 집을 이루라.' 하였다. 그러자 문득 붉은 용이 나타나 배를 호위하여 여기에 왔노라."고 말을 마치자, 그 아이가 지팡이를 끌며 두 종을 데리고 토함산에 올라 석총(石塚)을 만들고 7일 동안 머무르면서 성중에 살 만한 곳이 있는가 바라보니 마치 초생달같이 둥근 봉우리가 있어 지세가 오래 살 만한 곳이었다. 내려와 찾으니 바로 호공(瓠公)의 집이었다. 이에 모략을 써, 몰래 숫돌과 숯을 그 곁에 묻고 이튿날 이른 아침에 그 집 문 앞에 가서 이것이 우리 조상 때의 집이라 하였다. 호공은 그럴 리가 없다고 하여 서로 다투어 결단치 못하고 관가에 고하였다. 관에서는 무엇으로써 너의 집임을 증명하겠느냐 하니, 동자가 말하기를 "우리는 본래 대장장이[2]였는데 잠시 이웃 시골에 간 동안 다른 사람이 빼앗아 살고 있으니 그 땅을 파보면 알 것이라." 하였다. 그 말대로 파보니 과연 숫돌과 숯이 있으므로 그 집을 차지하게 되었다. 이때 남해왕이 탈해의 슬기 있음을 알고 맏공주로 아내를 삼게 하니 이가 아니(阿尼) 부인이었다. 하루는 탈해가 동구(東丘)에 올라갔다가 돌아오는 길에 백의를 시켜 물을 구해 오라 하였다. 백의가 물을 떠가지고 오다가 중도에서 먼저 맛을 보고 드리려 하자 그 뿔잔이 입에 붙어 떨어지지 아니하였다. 탈해가 이를 꾸짖자 백의가 맹세해 말하기를 "이후에는 멀고 가까운 곳을 논할 것 없이 먼저 맛보지 않겠습니다." 하니 비로소 그릇이 떨어졌다. 이로부터 백의가 두려워하여 감히 속이지 못하였다. 지금 동악 가운데 우물 하나가 있어 속(俗)에 요내정(遙乃井)이라 하니 바로 이것이다.

노례왕이 돌아가매 광무제(光武帝) 중원(中元) 6년 정사(丁巳) 6월에

2) 대장장이(Black Smith)는 고대의 관념으로 祭祀長의 역할을 담당한 존재이다. 불을 이용해 쇠를 다루는 능력은 아무나 가질 수 없고 신의 계시에 의한 것이라고 믿었기 때문이다. 또한 쇠를 다루는 것은 철기 제작과 관련이 있으므로 타민족과의 전쟁에서 우위를 점할 수 있으며, 또한 생산력의 획기적 증대에도 기여할 수 있게 된다. 현재 남아 있는 '풀무질 노래'와 같은 민요에서도 이러한 흔적을 발견할 수 있다.

탈해가 왕위에 올랐다. 예적 내 집이라 해서 남의 집을 빼앗았으므로 성을 석씨(昔氏)라 하였다. 또는 까치로 인하여 궤를 열게 되었으므로 '작'(鵲)자에서 '조'(鳥)자를 떼고 석씨(昔氏)라 성(姓)하였다고도 하고, 또 궤를 풀고 탈출해 나왔으므로 이름을 탈해라고 하였다 한다. 재위 23년 건초(建初) 4년 기묘(己卯)에 들어가니 소천구(疏川丘) 가운데 장사지냈던 바, 그 뒤에 신의 가르침이 있기를 "나의 뼈를 삼가 묻으라" 하였다. 그 두골의 둘레가 3척 2촌, 신골의 길이가 9척 7촌이나 되며 이가 엉키어 하나가 된 듯하고 골절이 모두 연해졌으니 참으로 천하에 짝이 없는 역사(力士)의 골격이었다. 부수어 소상(塑像)을 만들어 궐내에 모시었더니 신이 또 이르기를 "내 뼈를 동악(東岳)에 두어라." 하므로 거기에 봉안케 하였다.

6. 김알지신화

신라의 13대 임금인 미추니사금의 7대조인 김알지의 신화이다. 흰 닭의 울음소리와 관련해서 출생하였기에 그가 태어난 곳을 계림이라 하고 이는 후에 신라의 이칭이 되기도 하였다. 경주 김씨의 시조신화로서 『삼국사기』와 『삼국유사』에 그 내용이 전한다.[1)]

영평(永平) 3년 경신(庚申) 8월 4일에 호공(瓠公)이 밤에 월성 서리를 가다가 큰 광명이 시림(始林) 속에서 나타남을 보았다. 자색 구름이 하늘에서 땅으로 뻗치었는데 구름 가운데 황금 궤가 나무에 걸려 있고 그 빛이 궤에서 나오며 또 흰 닭이 나무 밑에서 울어 이 사실을 왕에게 아뢰었다. 왕이 그 숲에 가서 궤를 열어 보니 그 속에 사내아이가 누워 있다가 일어났다. 마치 혁거세의 고사와 같으므로 그 말로 인하여 알지라 이름하였는데, 알지는 곧 우리말에 소아(小兒)를 말한다. 사내아이를 안고 대궐로 돌아오니 새와 짐승들이 서로 어울려 즐거워하며 모두 뛰놀았다. 왕이 길일(吉日)을 택하여 태자로 책봉하였으나 후에 파사에게 사양하고 왕위에 나아가지 않았다. 금궤에서 나왔다 하여 성을 김씨(金氏)라 하였다. 알지는 열한(熱漢)을 낳고 한(漢)은 아도(阿都)를 낳고 도(都)는 수유(首留)를 낳고 유(留)는 욱부(郁部)를 낳고 부(部)는 구도(俱道)를 낳고 도(道)는 미추(未鄒)를 나았다. 추(鄒)가 왕위에 오르니 신라의 김씨는 알지에서 시작되었다.

1) 여기에서는 『삼국유사』 奇異 卷 第二의 자료를 번역하여 수록한다.

7. 삼성신화

제주도가 본향인 제주부씨(夫氏), 제주고씨(高氏), 제주양씨(梁氏)의 세 성(姓)의 시조신화이다. 시조가 땅에서 솟아났다고 하는 용출(聳出) 화소(話素)는 본토신화에서는 찾기 어려운 특징이다. 1454년 양성지(梁誠之)가 편찬한 『고려사지리지』(高麗史地理志)와 1450년 고득종(高得宗)의 서문이 있는 『영주지』(瀛洲誌), 그리고 1416년 정이오(鄭以吾)의 『성주고씨전』(星州高氏傳) 및 『세종실록지리지』(世宗實錄地理志) 등에 그 내용이 전한다.[1]

그들의 옛 기록에는 이르기를 태곳적에는 사람이 없었다가 세 신인(神人)이 땅으로부터 솟아 나왔다. 제일 큰 사람이 양을나(梁乙那)요, 다음이 고을나(高乙那)요, 셋째가 부을나(夫乙那)다.[2] 세 사람은 황량한 들판으로 다니면서 사냥을 했는데, 가죽으로는 옷을 만들고 고기는 먹었다. 하루는 인을 찍어서 봉한 나무 궤짝이 떠서 동쪽 바닷가에 닿는 것을 보았다. 쫓아가서 열어 보니 그 궤짝 속에는 또 돌함이 들어 있었으며, 동시에 붉은 띠에 자주색 옷을 입은 사신이 따라왔다. 돌함을 열어 보니 푸른 옷을 입은 세 처녀와 망아지, 송아지, 오곡(五穀) 씨앗이 나왔다.[3]

그제야 그 사신이 말하기를 "나는 일본국[4]의 사신이오. 우리 임금이

---

1) 여기서는 양성지, 『고려사지리지』의 기록을 번역하여 수록한다.

2) 기록에 따라 세 신인 중에서 제일 맏이가 누구인가가 다르다. 『고려사지리지』의 기록에서 양을나가 맏이로 설정된 것은 『고려사』의 편찬자인 양성지가 자신의 시조를 제일 어른으로 높였기 때문으로 보인다. 정이오의 『성주고씨가전』에는 고을나가 맏이로 되어 있다.

3) 궤에서 오곡 종자가 나왔다는 것은 수렵 단계의 생활에서 농경 단계의 생활로 전환하는 과정을 의미한다.

4) 세 여인의 本國이 어디인가는 기록에 따라 다르다. 『영주지』에는 세 여인이 '碧浪國'에서 왔다고 한다. 『고려사』에 '일본국'으로 된 것은 조선에 이르러 역사서를 편찬함에 있어 합리적인 면을 강조한 때문으로 생각한다. 실체를 확인

이 세 따님을 낳아 놓고 말씀하시기를, "서해 바다 복판에 있는 멧부리에 신의 아들 세 사람을 내려보내서 나라를 이룩하려고 하나 배필이 없느니라"고 하면서 이에 나더러 세 따님을 모시고 가라고 하여 모시고 왔으니 그대들이 짝을 이루어 큰일을 성취하시오"라고 한 다음 갑자기 구름을 타고 갔다. 세 사람이 나이 순서에 따라 장가를 들고, 샘물이 달고 토지가 비옥한 고장으로 가서 화살을 쏘아 각기 자리를 잡았다. 양을나가 사는 고장을 첫째 도읍, 고을나가 사는 고장을 둘째 도읍, 부을나가 사는 고장을 셋째 도읍이라고 하였다. 처음으로 오곡을 심고 또 망아지와 송아지도 길러서 날로 번창해졌다.

하기 어려운 '碧浪國'보다 제주도에 비교적 가까운 '일본국'이 보다 신빙성이 있다고 생각했기 때문일 것이다.

본토의 무속신화

1. 창세가
2. 시루말
3. 일월노리푸념
4. 성조풀이(동래본)
5. 성주본가(황우양 씨)
6. 제석본풀이
7. 바리공주
8. 칠성풀이(줄포)
9. 장자풀이(줄포)
10. 손님굿(김동언)

1. 창세가

손진태의 『조선신가유편』에 실린 무가로서 창세신화가 빈약한 우리의 자료적 현실에 비추어 볼 때 중요한 의미가 있는 자료로 평가된다. 1923년 8월 12일 함남 함흥군 운전면 본궁리에서 큰무당인 무녀 김쌍돌이(당년 68세)가 구연한 것으로 되어 있는데 굿하는 현장에서 구연한 것을 사설 부분만 적은 것인지, 조사자의 주문으로 사설만 구술한 것을 조사하여 기록한 것인지는 밝혀져 있지 않다. 구연 상황에 대한 설명은 일체 없으며, 구연 방식의 구별도 하지 않았다. 원문은 띄어쓰기가 되어 있지 않기 때문에 구연 상황을 상정하여 음보별로 띄어쓰기를 했고 문장 부호도 필요하다고 인정되는 경우에 보완했다. 원문에는 한자가 노출되어 있었는데 여기서는 현대어로 음을 달고 한자는 ( ) 속에 넣었다.

一.

한을과 짜이[1] 생길 적에
미륵(彌勒)님이 탄생(誕生)한 즉,
한을과 짜이 서로부터,[2]
써러지지 안이하소아,
한을은 북개꼭지차럼[3] 도도라지고,
짜는 사(四)귀에 구리기둥을 세우고,
그째는 해도 둘이요, 달로 둘이요.
달 한나 씌여서 북두칠성(北斗七星) 남두칠성(南斗七星) 마련하고,
해 한나 씌여서 큰 별을 마련하고,
잔별은 백성(百姓)의 직성(直星)[4] 별을 마련하고,

---

1) 하늘과 땅이. 천지(天地)가.
2) 서로 붙어. 서로 맞붙어.
3) 복개(覆蓋) 꼭지처럼. 덮개 꼭지처럼. 여기서는 '(옛날) 가마솥 뚜껑의 볼록한 손잡이처럼'의 뜻임.
4) 사람의 행년(行年)을 따라 그의 운명(運命)을 맡아본다고 하는 별. 제웅직성(直

큰 별은 님금과 대신(大臣)별노 마련하고.
미럭님이 옷이 업서 짓겟는대, 가음[5]이 업서

이산(山) 져산(山) 넘어가는, 버덜어 가는[6]
칙[7]을 파내여, 백혀내어,[8] 삼아내여,[9] 익여내여,[10]
한을 알에 배틀노코,
구름 속에 영애[11] 걸고,
들고짱짱, 노코짱짱 짜내여서,
칙장삼(長衫)[12]을 마련하니,
전필(全匹)이 지개[13]요, 반필(半匹)이 소맬너라.
다섯자이 섭힐너라,[14] 세자이 짓일너라.[15]
마리곡갈 지어 되는,
자세치[16]를 씌치내여[17] 지은 즉은,

星)・토직성(土直星)・수직성(水直星)・금직성(金直星)・일직성(日直星)・화직성(火直星)・계도직성(計都直星)・월직성(月直星)・목직성(木直星)의 아홉 별. 남자는 열 살에 제웅직성(直星)이 들기 시작하여 열아홉 살에 다시 돌아오고, 여자는 열한 살에 목직성(木直星)이 들기 시작한다고 함.

5) 감. 재료. 여기서는 '옷감'을 말한 것임.
6) (줄기가, 덩굴이) 뻗어 가는. 칡은 그 덩굴이 죽죽 뻗어감.
7) 칡[葛].
8) 벗겨내어. 줄기로부터 섬유 부분을 분리시켜.
9) 섬유를 찢어 그 끝을 비비어 꼬아 이어.
10) 익혀서. 삶아서. 삼[麻] 등은 섬유를 분리하는 과정에서 삶는 과정이 있기 때문에 이런 표현이 들어가게 된 것으로 이해됨.
11) 잉앗대. 베틀에 속한 한 부분의 명칭임. 뒤로 눈썹 줄에 대어 아래로 잉아를 걸어 놓는 나무.
12) 칡장삼. 갈포(葛布)로 만든 장삼(長衫). '장삼'은 검은 베로 길이가 길고 소매가 넓게 만든 중의 웃옷.
13) 등지게. '등거리'에 해당하는 방언. '등거리'는 등만 덮을 만하게 걸쳐 입는 홑옷. 조끼처럼 깃이 없고 주머니를 달기도 하고 소매는 짧게 하거나 아주 없게 만듦. 베로 만든 것은 맨살에 그냥 입고 무명으로 만든 것은 봄・가을에 속옷 위에 입음.
14) 섶일레라. '섶'은 두루마기나 저고리의 깃 아래에 달린 긴 헝겊.
15) 깃일레라. 옷깃일레라.

눈무지[18]도 안이 내려라,
두자 세치를 띄치내여, 마리곡갈[19] 지어내니,
귀무지[20]도 안이 내려와,
석자 세치 띄어내여, 마리곡갈 지어내니,
턱무지[21]에를 내려왓다.
미럭님이 탄생(誕生)하야,
미럭님이 세월(歲月)에는, 생화식(生火食)[22]을 잡사시와,
불 안이 넛코, 생나달[23]을 잡사시와,
미럭님은 섬두리[24]로 잡수시와,
말두리[25]로 잡숫고, 이레서는 못할너라.
내 이리 탄생(誕生)하야, 물의 근본(根本), 불의 근본(根本),
내 밧게는 업다, 내여야 쓰겟다.
풀맷독이[26] 잡아내여,
스승틀[27]에 올녀놋코,
슥문[28] 삼치[29] 때리내여,
여바라, 풀맷독아, 물의 근본(根本), 불의 근본(根本) 아느냐.
플맷독이 말하기를,
밤이면 이슬바다 먹고,

16) 한 자 세 치[一尺三寸].
17) 떼어내어.
18) 눈[眼] 아래.
19) 머리 고깔. 머리에 쓰는 고깔.
20) 귀 아래.
21) 턱 아래.
22) 생식(生食). 불에 익히지 않은 음식.
23) 생낟알. 익히지 않은 곡식의 낟알.
24) 섬 단위. '한 섬'은 곡식 두 가마의 양.
25) 말[斗] 단위.
26) 풀메뚜기. 풀무치.
27) 형틀.
28) 슬문. 무릎뼈.
29) 문맥상으로 보면 '세 차례'를 말함인 듯함.

나지면 햇발바다 먹고,
사는 즘생이 엇지 알나,
나보다 한번더 번지 본[30)]
풀개고리를 불너 물어시오.
풀개고리를 잡아다가,
슥문 삼치 때리시며,
물의 근본(根本), 불의 근본(根本) 아느냐.
풀개고리 말하기를,
밤이면 이슬바다 먹고,
나지면 햇발바다 먹고,
사는 즘생이 엇지 알나,
나보다 두 번 세 번 더 번지 본
새양쥐를 잡아다 물어보시오.
새양쥐를 잡아다가,
슥문 삼치 때리내여,
물의 근본(根本), 불의 근본(根本) 아느냐.
쥐 말이, 나를 무슨 공(功)을 시워 주겟슴니가.
미럭님 말이,
너를 천하(天下)의 두지[31)]를 차지하라,
한즉, 쥐 말이, 금덩산(山) 들어가서,
한짝은 차돌이오, 한짝은 시우쇠[32)]요,
툭툭 치니 불이 낫소.
소하산(山) 들어가니,
삼취[33)] 솔솔 나와 물의 근본(根本).
미럭님, 수화(水火) 근본(根本)을 알엇스니,

---

30) 먼저 본.
31) 뒤주.
32) 무쇠를 불려서 만든 쇠붙이의 한 가지. 숙철(熟鐵), 정철(正鐵).
33) 샘, 샘물.

인간(人間)말 하여보자.

二.
옛날 옛 시절(時節)에,
미륵(彌勒)님이 한짝 손에 은(銀)쟁반 들고,
한짝 손에 금(金)쟁반 들고,
한을에 축사(祝詞)하니,
한을에서 벌기[34] 써러저,
금(金)쟁반에도 다섯이오,
은(銀)쟁반에도 다섯이라.
그 벌기 질이 와서,[35]
금(金)벌기는 사나희 되고,
은(銀)벌기는 게집으로 마련하고,
금(金)벌기 은(銀)벌기 자리 와서,[36]
부부(夫婦)로 마련하야,
세상(世上) 사람이 나엿서라.
미륵(彌勒)님 세월(歲月)에는,
섬두리 말두리 잡숫고,
인간(人間)세월(歲月)이 태평(太平)하고.
그랫는대, 석가(釋迦)님이 내와셔서,
이세월(歲月)을 아사 쌧자고[37] 마련하와,
미럭님의 말숨이,
아직은 내 세월(歲月)이지, 너 세월(歲月)은 못 된다.
석가(釋迦)님의 말숨이,
미륵(彌勒)님 세월(歲月)은 다갓다,

34) 벌레.
35) 길러서.
36) 자라서.
37) 빼앗고자. 빼앗으려고.

인제는 내 세월(歲月)을 만들겟다.
미륵(彌勒)님의 말숨이,
너 내 세월(歲月)을 앗겟거든,
너와 나와 내기 시행하자,
더럽고 축축한 이 석가(釋迦)야,
그러거든 동해(東海) 중(中)에 금병(金甁)에 금(金)줄 달고,
석가(釋迦)님은 은병(銀甁)에 은(銀)줄 달고,
미륵(彌勒)님의 말숨이,
내병(甁)의 줄이 끈어지면 너 세월(歲月)이 되고,
너병(甁)의 줄이 끈어지면 너 세월(歲月) 아직 안이라.
동해(東海) 중(中)에서 석가(釋迦) 줄이 끈어젓다.
석가(釋迦)님이 내밀엇소아,[38]
또 내기 시행 한번 더하자.
성천강(成川江)[39] 여름[40]에 강(江)을 붓치겟느냐.[41]
미럭님은 동지(冬至) 채[42]를 올니고,
석가(釋迦)님은 입춘(立春) 채를 올니소아,
미럭님은 강(江)이 맛붓고,[43]
석가(釋迦)님이 젓소아.
석가(釋迦)님이 또한번 더하자.
너와 나와 한 방(房)에서 누어서,
모란 꼬치 모랑모랑 피어서,
내 무럽헤[44] 올나오면 내 세월(歲月)이오,

38) 승복(承服)을 하지 않아서.
39) 함흥(咸興) 앞에 흐르는 내[川]의 이름.
40) 얼음.
41) 이 행은 성천강의 강물을 얼게 하는 시합을 했다는 뜻으로 이해됨.
42) '체지'(帖紙)를 말함인듯 함. '체지'는 관아(官衙)에서 이예(吏隷)를 고용하는 사령장(辭令狀)이나 금품을 주고받은 후 주는 영수증. 여기서는 '글로 쓴 증서' 정도의 뜻으로 이해됨.
43) 맞붙고. 얼음이 얼어서 강이 맞붙었다는 말임.
44) 나의 무릎에.

너 무럽헤 올나오면 너 세월(歲月)이라.
석가(釋迦)는 도적(盜賊) 심사(心事)를 먹고 반잠[45] 자고,
미럭님은 찬잠을 잣다.
미럭님 무럽 우에,
모란 꼬치 피여 올낫소아,
석가(釋迦)가 중(中)등사리[46]로 꺽거다가,
저 무럽헤 꼬젓다.
이러나서, 축축하고 더럽은 이 석가(釋迦)야,
내 무럽헤 꼬치 피엿슴을,
너 무럽헤 꺽거 꼬젓서니,
꼬치피여 열헐이 못가고,
심어 십년(十年)이 못가리라.
미럭님이 석가의 너머[47] 성화를 밧기실허,
석가(釋迦)에게 세월(歲月)을 주기로 마련하고,
축축하고 더러운 석가야,
너 세월(歲月)이 될나치면,
쩍이[48]마다 솟대[49]서고,
너 세월(歲月)이 될나치면,
가문(家門)마다 기생(妓生)나고,
가문(家門)마다 과부(寡婦)나고,
가문(家門)마다 무당나고,
가문(家門)마다 역적(逆賊)나고,
가문(家門)마다 백정(白丁)나고,
너 세월(歲月)이 될나치면,

45) 반쯤 드는 잠. 가수면(假睡眠).
46) 중등이. 줄기 등의 한가운데.
47) 나머지. 남은.
48) 문쩌귀마다. 문마다. 여기서는 '집집마다'의 뜻임.
49) 마을 어귀나 신당(神堂) 옆에 세우는 신대[神竿]의 일종. 꼭대기에 새 모양의 나무를 깎아 세우는 것이 일반적임.

합둘이[50] 치들이[51] 나고,
너 세월(歲月)이 될나치면,
삼천(三千) 중에[52] 일천 거사(一千居士) 나너니라.
세월(歲月)이 그런즉 말세(末世)가 된다.
그리든 삼일(三日) 만에,
삼천(三千) 중에 일천 거사(一千居士) 나와서,
미륵(彌勒)님이 그적에 도망(逃亡)하야,
석가님이 중이랑 다리고 차자 떠나서와,
산중(山中)에 드러가니 노루 사슴이 잇소와,
그 노루를 잡아내여,
그 고기를 삼십(三十) 곶[53]을 께워서,
차(此) 산중(山中) 노목(老木)을 꺽거내여,
그 고기를 구어 먹어리,
삼천(三千) 증 중(中)에 둘이 이러나며,
고기를 짜에 떠저트리고,[54]
나는 성인(聖人) 되겟다고,
그 고기를 먹지 안이하니,
그 중들이 죽어 산(山)마다 바우되고,
산(山)마다 솔나무 되고.
지금 인간(人間)들이 삼사월(三四月)이 당진(當進)하면,
새앵미[55] 녹음에,[56]
곶煎노리, 花煎노리.[57]

---

50) 미상.
51) 미상.
52) 삼천 명의 중[僧]에.
53) 꼬챙이. 여기서는 '고기를 뀄 꼬챙이'를 말함.
54) 떨어뜨리고. 내팽개치고.
55) 생미(生米).
56) 노구메. 산천의 신령에게 제사하기 위하여 노구솥에 지은 메밥.
57) 산놀이에 유래한 꽃놀이. 진달래 등의 꽃잎을 따서 전을 부쳐 먹고 춤추고 노는 부녀자의 봄놀이.

2. 시루말

이 본은 일본인 학자인 적송지성(赤松智城)・추엽융(秋葉隆)이 공동으로 편찬한 『조선무속(朝鮮巫俗)의 연구(硏究)』 상(上)에 수록된 오산(烏山) 열두거리 제차 가운데 두 번째에 들어 있는 거리로 서울 무녀 배경재(裵敬載)와 경기도 오산(烏山)의 무부(巫夫) 이종만(李鍾萬)이 구연한 것이다. 이종만은 경기도 지역의 유명한 화랭이로, 대대로 무업(巫業)을 이어받아 온 집안 출신이었기 때문에 이 본은 경기도 지역의 굿에서 전승되던 대표적인 것이라고 할 수 있다. 『조선무속(朝鮮巫俗)의 연구(硏究)』 상(上)에서는 시루말이라는 제목을 '증사(甑詞)'라고 번역하였는데 그것은 이것이 제물로 바치는 시루떡을 찌는 시루[甑]에 머무는 신인 시루성신[甑聖神]을 위한 축원이기 때문이다.[1] 매우 짧은 자료이지만, 태초의 혼돈과 천지개벽, 천부지모(天父地母)의 결연, 인세시조(人世始祖)의 출현, 일월(日月)의 조정 등 신화적 요소를 두루 갖추고 있다는 점에서 한반도 중부지역의 창세신화로서 주목되는 자료이다.

앗갸[2] 몬져[3] 놀아나신 님신[4]은
시골은 부경가망, 서울은 영경가망
영부졍 상가망 질거이[5] 놀아나고
금이[6]좃처 오시는 님신은 시루셩신[7]이 오실적에

---

1) 적송지성(赤松智城)・추엽융(秋葉隆)의 주석에 의하면, '시루는 가마에 불을 때서 구워내며, 바닥에는 7, 8개의 구멍이 있다. 시루에 찐 떡을 시루떡이라고 하며, 시루째 신전(神前)에 바친다. 또 신시루에 머무르는 신(神)을 시루성신(甑聖神)이라 하며, 시루말(甑詞)은 이 시루성신을 제사지내는 말미(禱詞)이다.'라고 하였음.(번역은 심우성(沈雨晟) 옮김, 『조선무속(朝鮮巫俗)의 연구(硏究)』 상(上), 371-372면을 따랐음).

2) 앗갸. '아까'에 해당하는 방언.

3) 몬져. '먼저'에 해당하는 방언.

4) 님신. 임신. 무가에서 제차에 모셔진 신을 지칭하는 용어.

5) 질거이. '즐거이'에 해당하는 방언.

6) 금이. 곰이. 뒤에. '곰'은 '뒤'를 가리키는 고어(古語)로 '임'의 반대임.

동두칠셩, 남두칠셩, 서두칠셩, 북두칠셩
태일셩,[8] 태백셩,[9] 견우 직녀셩
당칠셩 업위왕님 오실적에
이때는 어는 때인고?
떡갈남게[10] 떡이열고, 쌀이남게[11] 쌀이열고
말머리에 뿔이나고, 쇠머리[12]에 갈기[13]나고
비금주수[14] 말을하고 // 인간은 말못하든 시졀이라.
텬하궁당 칠셩이 디하궁당 날여와서[15]
가구젹간[16] 인물추심[17] 단이실제[18]
동영[19]에 소슨달이 서역강[20]에 일몰[21]하고
길즘싱[22] 날버러지[23]는 졔집차저 들어가고
갈곳이 젼혀업서 // 한곳을 바라보니, 난데업는 불빗이 보이거늘

---

7) 시루셩신. 시루성신[甑聖神]. 신께 올리는 제물(祭物)인 시루떡과 그 시루에 임하는 신.
8) 태일셩. 태일성(太一星). 대개는 '태을성(太乙星)'이라고 불림. 음양가들이 일컫는 신령한 별. 하늘 북쪽에 있고, 병란(兵亂) · 재화(災禍) · 생사(生死)를 맡아 다스린다고 함.
9) 태백셩. 태백성(太白星). 저녁 때에 서쪽 하늘에 나타나는 금성(金星). 개밥바라기. 장경성(長庚星). 장경(長庚).
10) 떡갈남게. 떡갈나무에.
11) 쌀이남게. 쌀나무에.
12) 쇠머리. 소의 머리.
13) 갈기. 말이나 사자 같은 짐승의 목덜미에 난 긴 털.
14) 비금주수(飛禽走獸). 나는 새와 닫는 짐승. 날짐승과 길짐승.
15) 내려와서.
16) 가구적간(家口摘奸). 집들을 살핌. '적간(摘奸)'은 부정(不正)이 있나 없나를 캐어 살핌.
17) 인물추심(人物推尋). 사람을 찾고 살핌. '추심(推尋)'은 찾아내서 가져옴.
18) 다니실 제. 다니실 때에.
19) 동령(東嶺). 동쪽의 산. 동쪽의 고개.
20) 서녘강. 서쪽의 강(江). 서쪽에 있는 강(江).
21) 일몰(日沒). 해가 짐.
22) 길짐승. 네 발 달린 짐승.
23) 날버러지. '날벌레'에 해당하는 방언. 날아다니는 벌레.

들으랑이[24] 들어보고, 살피랑이[25] 살펴보와라.
불이 어인 불이냐?
믹화뜰 믹화부인의 집이로 소이다.
당칠셩 일은[26]말삼, 말머리를 돌니여라.
믹화뜰 당도하니, 믹화부인 거동보소.
쇠직이[27] 쇠열어라, 문직이 문열어라.
동성방 서리 차고, 남성방 하고 하고[28]
자리업시 한자리, 벼기업시 한벼기
그날밤을 류식할때, 자리동품[29] 하실적에
초경녁에 쑴을쑤니, 오른억기[30] 히가돗고
이경녁에 쑴을쑤니, 왼억기에 달이돗고
삼경녁에 쑴을쑤니, 청룡황룡 얼클어저
텬하궁에 올나가 보이거늘,
하롯밤을 지닌후에, 동영이 발가오니[31]
당칠셩이 갈야하니,[32] 믹화부인 하는 말이,
쑴 히몽을 하야주고 가소사.
당칠셩이 하는 말삼,
히가 도다뵈는[33] 것은 나의 직셩[34]이요.

---

24) 들으랑이. '소리를 들어 판별하는 능력을 가진 아랫 사람'의 뜻임.
25) 살피랑이. '눈으로 살펴 판별하는 능력을 가진 아랫 사람'의 뜻임. 앞의 '들으랑이'에 짝이 되는 표현임.
26) 이른. 일러주는. 말한.
27) 쇠직이. 자물쇠를 맡은 사람.
28) 이 행에 대하여 『조선무속(朝鮮巫俗)의 연구(硏究)』 상(上)에서는 '기온이 떨어져 밤이 추움을 뜻한다'고 주석하였음.(심우성 옮김, 앞의 책, 372면).
29) 자리동품. 잠자리를 함께 함을 일컫는 말임.
30) 오른쪽 어깨.
31) 밝아오니.
32) 가려고 하니. 떠나려고 하니.
33) 돋아 뵈는. 돋아 보이는.
34) 직셩. 직성(直星). 사람의 행년(行年)을 따라 그의 운명(運命)을 맡아 본다고 하는 별. 제웅직성(直星)·토직성(土直星)·수직성(水直星)·금직성(金直星)·

달도다 뵈는 것은 부인의 직셩이요.
청룡황룡 뵈난것은 귀쟈형뎨[35] 날것이요.
당칠셩 간연후에, 그달붓터 태긔잇서
석부졍 부좌[36]하고, 이불청 음셩[37]하고
목불시 이싁[38]하고, 활부졍 불식[39]하고
침불침[40] 좌불변[41]하고, 십삭만에 나아노니
먼저난이[42] 선문이요, 뒤에 난이 후문이요, // 셩은 셩신이라.
한두살에 거름비고, 사오셰에 말을비워
십여셰 당도하야, 글방에 느엇드니[43]
글동졉[44] 아희들이 아비업는 자식이라 히기로[45]
그말이 듯기실혀[46]
어머님, 날비러지 길즘싱도 아비 셩본[47] 잇다는데

일직성(日直星)·화직성(火直星)·계도직성(計都直星)·월직성(月直星)·목직성(木直星)의 아홉 별. 남자는 열 살에 제웅직성(直星)이 들기 시작하여 열아홉 살에 다시 돌아오고, 여자는 열한 살에 목직성(木直星)이 들기 시작한다고 함.

35) 귀자형제(貴子兄弟). 귀한 자식 형제.

36) 석부정부좌(席不正不坐). 태교(胎敎)의 한 가지임. 자리가 바르지 않으면 앉지를 않고. 『논어』(論語) 향당편(鄕黨篇)에서 공자(孔子)의 일상생활을 설명하는 내용들 가운데 들어있는 구절들임.

37) 이불청음성(耳不聽淫聲). 역시 태교(胎敎)의 하나임. 귀로 음란(淫亂)한 소리를 듣지 아니함.

38) '목불시악색(目不視惡色)'의 와음. 역시 태교(胎敎)의 하나임. 눈으로 나쁜 색깔을 보지 않음.

39) '할부정불식(割不正不食)'의 와음. 태교(胎敎)의 한 가지임. 자른 것이 반듯하지 않으면 그 음식을 먹지 않음. 『논어』(論語) 향당편(鄕黨篇)에서 공자(孔子)의 일상생활을 설명하는 내용들 가운데 들어있는 구절들임.

40) '입불비(立不蹕)'의 와음. 역시 태교(胎敎)의 하나임. 외발(한쪽 발)로 서지 아니함. 『열녀전』(烈女傳)에 나오는 구절임.

41) '와불측(臥不側)'의 와음. 역시 태교(胎敎)의 하나임. 모로 눕지 아니함.

42) 먼저 난 것이. 먼저 태어난 아이가.

43) 넣었더니. 입학시켰더니.

44) 글동접. 동접(同接). 같은 곳에서 함께 공부하는 일이나 그 동무.

45) 하기로.

46) 듣기 싫어.

47) 성본(姓本). 성(姓)과 본관(本貫).

날갓흔 자식은 아비 셩본 업ᄉᆞ오니가?
미화부인 하는말이,
너의 형뎨 낫튼 힉에
텬하궁 당칠셩이 디하궁에 날여와서
가구적간 인물추심 단이다가
서산에 일모[48]허니, 우리 집와서 수인후로[49]
너의 형뎨 난 것이다.
저ᄋᆡ기 그말 듯고, 못할 저조[50] 견혀업시
텬하궁에 올나갈졔, 검은구룸 노를져어
무지긔로 다리놋코, 싯별로 원앙[51]달아
흰구룸 잡어타고, 텬하궁 올나가서
아비본 차질적에, 당칠셩 하는 말솜이,
너의 모친이 너의 형뎨 낫슬졔
셩은 무엇이라 하며, 일홈은 무엇이라 하시든야?
먼저난이 선문이요, 뒤에난이 후문이라 하옵듸다.
셩은 셩신이라 하는이다.
먼저난이 선문이는 대한국을 진여먹고[52]
뒤에난이 후문이는 소한국을 진이실졔,
옛날 시졀에는 달도 두분이 도드시고[53]
히도 두분이 도드실졔,
철궁[54]에 시윗살[55] 멕여들고

48) 일모(日暮). 해가 저묾.
49) 쉰 후로. 쉰 뒤로. 쉬고 간 뒤로.
50) 저조. 재주[才操].
51) 워낭. 마소의 턱 아래에 늘어뜨린 쇠고리. 혹은 마소의 귀에서 턱밑으로 늘여 단 방울.
52) 지녀 먹고. 지니고. 가지고. 차지하고.
53) 돋으시고. 돋고.
54) 철궁(鐵弓). 쇠로 만든 활.
55) 활시위에 올리는 살. 화살.

희하나 쏘와 뎨셕궁[56]에 걸어두고,
달하나 쏘와내여 명모궁[57]에 걸어두고
가즁불젼에 들어갈졔,
남북희동 조선국, 아모면[58] 아모동리 // 아모셩씨 한가즁, 수명장수 하옵기를
친밀축수[59] 정성이로 소이다.

56) 제석궁(帝釋宮). 여기서는 '천상 세계'를 말한 것으로 이해됨.
57) 명도궁(明圖宮). 여기서는 '저승'을 말한 것으로 이해됨.
58) 아무 면(面). 모면[某面]. 굿을 하는 구체적인 장소와 기주의 성에 따라 달라지는 부분이기 때문에 '모(某)'라고 한 것임. 따라서 이것으로 보면 이 자료는 자연상태에서 구연된 것은 아닌 것으로 추측할 수 있음.
59) 친밀축수(親密祝壽). 친함을 믿고 오래 살기를 축원함.

3. 일월노리푸념

손진태(孫晉泰) 선생이 『청구학총』(靑丘學叢) 제28호에 「조선무격의 신가」(朝鮮巫覡の 神歌)라는 제목으로 실은 자료 가운데 하나로서, 1940년 9월에 간행된 『문장』(文章) 제2권 제7호에도 실려 있고, 『손진태선생전집 5(孫晉泰先生全集 五)』에도 전재되어 있다. 『청구학총』 제20호(其一), 제22호(其二), 제23호(其三), 제28호(其四)로 나누어, 「조선무격의 신가」(朝鮮巫覡の 神歌)라는 제목으로 실은 이 자료들은 평안북도(平安北道) 강계읍(江界邑) 서부동(西部洞)의 남자 무당[覡] 전명수(田明守)가 구송한 것이다.

제목은 일월신(日月神)의 유래에 대한 설명인처럼 되어있으나, 주요 내용은 아내를 걸고 내기를 한 삽화, 구슬옷을 이용하여 적대자를 퇴치하고 부부가 재회하는 삽화, 거지잔치를 벌려 그리운 사람과 재회하는 삽화 등 민담적인 것이 대부분이다. 잘 알져진 바와 같이, 이러한 삽화들은 「고려사악지」에 기록된 '예성강'의 유래담, 전래설화인 '새신랑', 제주도 서사무가인 '삼공본풀이' 등과 관련이 있다고 할 수 있으며, '심청전'의 맹인잔치 대목과도 연결될 수 있는 것들이다.

명월각씨 해당금이 // 궁산선비가 명월각씨 한테
초년에 말을 부테[1] // 이년에 편지 바다
삼년만에 혼간을 무어[2] // 당개[3]를 가는데,
네장[4]을 사리[5] 쌀것이 없어
국시댕이[6]에 걸닌 비단을 // 다모아 네장을 싸고,

---

1) 말을 부쳐.
2) 혼인(婚姻)을 맺어.
3) 당개. '장가'에 해당하는 방언.
4) '예장'(禮狀)에 해당하는 방언. 혼서(婚書). 혼인 때에 신랑 집에서 예단에 붙여 신부 집으로 보내는 편지. 두꺼운 종이를 말아 간지(簡紙) 모양으로 접어서 씀.
5) '싸려니'에 해당하는 경상도 방언. 싸서 묶으려니.
6) '국사당'(國師堂)에 해당하는 방언. 민간에서 '성황당'(城隍堂)을 달리 일컫는 말.

네단함[7]이 없어 // 마리[8] 알에[9]를 보니
헌 껵둑짝[10]이 있어 // 껵둑짝을 네장함을 맨드러 놋코,[11]
네장 실을 말이 없어 // 숫닥[12] 말을 타여 놋코,[13]
싯구 간다. 가슬 나는[14] // 도라잔체[15] 하여 놋코
그댐에는[16] 궁산이가 // 너머[17] 어엽버서[18]
색씨를 떠나지 못하여 // 아무것도 버어지[19] 못하여
밥을 굼게[20] 되엿구나.
하로는[21] 명월각씨가 // 궁산이더러 말을허되,
오늘날은 낭글가서[22] // 허여오라 허는구나.
궁산이가 말을허되, // 낭글 못가갓네 하니
명월각씨가 허는 말이, // 어드래서[23] 못가갓노? 하니
님재[24]를 두고 못가갓네 하니
명월각시가 허는말이 // 내화상[25]을 그려주마 하고

---

7) 예단함(禮緞函). 예단(禮緞)을 담는 상자. 신랑 집에서 신부 집으로 보내는 비단을 담는 상자.
8) '마루'에 해당하는 경상도 방언. 대청 마루.
9) 아래.
10) 껵뚝짝. 나무 신짝. 나무로 된 신발.
11) '만들어 놓고'에 해당하는 방언.
12) 수탉.
13) 말 대신 수탉에다 실어 놓고.
14) '가서는'에 해당하는 경상도 방언.
15) 도라잔체. 아마도 '우귀(又歸: 신부가 처음으로 신랑 집에 들어오는 일)하여 하는 잔치'를 말함인 듯함.
16) '그 다음에는'에 해당하는 방언.
17) '너무'에 해당하는 방언.
18) (색시인 명월각시가 너무) 예뻐서.
19) '(아무것도 일을 하지 않아서 돈을) 벌지'에 해당하는 경상도 방언.
20) 굶게. 굶을 지경이.
21) 하루는. 어느 날은.
22) (산에) 나무하러 가서.
23) '어떻게 해서. 왜'에 해당하는 경상도 방언.
24) '임자'에 해당하는 경상도 방언. 자신의 아내에 대한 호칭의 하나.
25) 화상(畵像). 사람의 얼굴을 그림으로 그린 것.

화상을 그려주니 // 화상을 개지구[26] 낭글가니,
낭글가서, 나무가지에 // 화상을 걸고 낭글비다[27]
화상을 보니 광풍이 부러 // 화상이 나라나서
아렛녁혜[28] 배선부네[29] // 집에 가서 내리뎃네.[30]
배선부가 화상을 보니
웃녁혜[31] 명월각씨가 // 잘나기도 잘낫구나.
배에다가 생금을 싯고[32] // 궁산이과 내기장기 뒤려간다.[33]
올나와서 궁산이를 차자놋코 // 내기장기 뒤자하니
나는 부틸거[34] 없어 못뒤갓네.
배선비가 말을허되 // 내가지면 생금 한배 너를주고,
네가지면 명월각씨 // 나를 다고[35] 하는구나.
궁산이가 그럽시다 하여놋코 // 내기장기 뒤여노니,
삼 세테를[36] 잿구나라.[37]
할수없어 명월각씨 // 주게되여 집에 도라가
자리를 펴고 니지[38] 못하여 // 밥두 아니 먹는고나.
명월각씨가 무러보되 // 어더래서[39] 진지를 안이잡소?
내기장기 두엇는데, // 아랫녁혜 배선비가
생금 한배 싯구와서

---

26) '가지고'에 해당하는 경상도 방언.
27) '나무를 베다가'에 해당하는 방언.
28) 아래쪽에. 아래쪽에 사는.
29) 배(裵)선비네. 배씨 성(姓)을 가진 선비의.
30) 떨어졌네.
31) 윗녘의. 위쪽에 사는.
32) 싣고.
33) 두려 간다. 두려고 간다.
34) 붙일 것. 내기장기에서 걸 것.
35) '나를 다오'에 해당하는 방언. 나에게 다오.
36) 삼 세 판을. 세 판을.
37) '졌구나'에 해당하는 방언. (내기장기에서) 패(敗)했구나.
38) (자리에서) 일어나지.
39) '어떻게 해서. 왜'에 해당하는 방언.

배선비가 지면 // 생금 한배 나를주고,
내가지면 마누래를 // 주마 하여 내가젓네.
마누래를 일캇스[40] // 그래서 그러하오 하니,
명월각씨 허는말이 // 얼사조타[41] 정[42] 조쿠나.
없은사람 궁산이와 사는 것부다
잇는사람 대리고 살면 // 안조켓느냐? 하니, // 궁산이가 더운다.
명월각씨가 허는말이, // 이여손아[43] 낭군님아. 내말 드루우.
아랫너케 배선비가 날대리려 오면
우리 집으 큰종년을 // 내티레를[44] 맨드러 놋코,[45]
낭군님이 흐롱하고[46] // 나는 한다리를 절면[47]
눈에 풍지하고[48] 헌치매 닙고[49]
물을 길너 댕기면[50] 속아슬낭[51]
종년을 개갈테니[52] 밥 잡수시오.
궁산이가 듯더니만 // 얼사조타 정 조쿠나.
여보시오 마누래님아. // 그으사[53]가 어둘노서[54] 나오?
념통[55]으로 나오? 콩팟트로[56] 나오?

---

40) '잃겠으니'에 해당하는 방언.
41) 얼싸 좋다.
42) 정. 정히. 정녕. 진정으로.
43) 여보시오.
44) 나의 치레를. 나의 차림새를.
45) 만들어 놓고.
46) 희롱(戲弄)하고.
47) 한쪽 다리를 절며. 한쪽 다리를 저는 척하며.
48) 눈을 가리고.
49) 헌 치마를 입고. 낡은 치마를 입고.
50) '다니면'에 해당하는 방언.
51) (배선비가) 속아서. (배선비가) 속아서는.
52) '가져갈 테니'에 해당하는 경상도 방언. 데리고 갈테니.
53) '그 의사(意思)'에 해당하는 경상도 방언. 여기서는 '그 꾀'의 뜻에 가장 가까움.
54) '어디로부터'에 해당하는 경상도 방언. 어디에서.
55) 염통.
56) 콩팥으로. 콩팥에서부터.

얼사조타 정 조쿠나 하니
아랫넉헤 배선비가 // 명월각씨 대리려 왓네.
명월각씨 내노어란다 하니
궁산이가 흐롱허든 색씨를 // 엿다[57] 개니거라[58] 하니,
배선비가 보드니만 // 나는 실소.
궁산이과 백년 해로헐 // 마누래를 개가면 // 적원[59]이 될터이니
데마당에[60] 물깃는 // 종년을 나를 주소.
할수없어 명월각씨 대려간다.
명월각씨가 하는 말이
다섯수만[61] 주면 // 다섯만에 가갓소.
배선비가 그러시오 하고,
배선비가 가서. 다섯후에[62]
소를 자바 포육[63]을 떼서 // 맹글네서[64] 말니워서,[65]
궁산이 바디[66] 저고리에 // 소음[67]을 만히[68] 두고
명디꾸리[69] 한나[70] 바늘 한쌈 // 옷깃에 니어주니[71]
배선비가 또 대리려 왓네.

---

57) 옛다.
58) '가지고 가거라'에 해당하는 방언.
59) 적원(積怨). 오랫동안 쌓이고 쌓인 원한.
60) '저기 마당에'에 해당하는 방언.
61) 닷새 동안의 말미.
62) 내용상으로 보면 이 부분에 탈락한 것이 있음. '명월각시는 그 닷새 동안에' 정도의 내용으로 이어져야 할 자리임.
63) 포육(脯肉). 얇게 저미어서 양념하여 말린 고기 조각.
64) '만들어서'에 해당하는 방언.
65) '말려서'에 해당하는 경상도 방언. 건조(乾燥)시켜.
66) '바지'에 해당하는 경상도 방언.
67) 소음. '솜'에 해당하는 고어(古語).
68) 많이.
69) 명주실을 감은 실꾸리.
70) '하나'에 해당하는 방언.
71) 이어 주니. 연결시켜 주니.

배선비가 명월각씨와
우리둘이 살것는데 // 궁산이를 대리고 가다
섬둥에[72] 내여 놉시다[73] 하니,
그럼 그러자 하고 다리구 간다.
대리구 가다가 섬둥에 내려 노흐니,
궁산이가 섬둥에 내려서 // 먹을것이 제양[74] 업서,
옷을 뜨더보니 // 소고기 포육이 잇거늘
그포육을 다먹으니, // 그댐에는[75] 또 먹을것 없어
명지꾸리 낙수줄[76]을 맹그러고[77] // 바늘로서 낙실 휘여[78]
고길 낙가 먹는구나.
먹는데 하늘로서 // 학이 내려와 색기[79]를 친다.
색기를 까놓코 엉지학[80]이 // 옥황전에 죄를지어 잽혀가니,
색기학이 죽게 되엿네.
궁산이가 고길 낙가 // 먹여 노흐니 안죽엇네.
엉지학(鶴)이 죄를푸러[81] 내려왓네.
내려와 보니 궁산이가 // 저 색기를 살녓구나.
그신세를 가풀수가[82] 제양 업서 // 문등[83]에다가 내여 노흐니,
거랭이[84]가 되여서 댕기는데,[85]

---

72) 섬 중[島中]에. 섬 가운데에.
73) 내려놓읍시다. 여기서는 '버려둡시다'의 뜻임.
74) 제양. 전혀.
75) '그 다음에는'에 해당하는 방언.
76) '낚시줄'에 해당하는 경상도 방언. 아내가 주었던 명주꾸러미의 실로 낚시줄을 만들었다는 말임.
77) '만들고'에 해당하는 방언.
78) 낚시를 휘어. (바늘을) 휘어서 낚시를 만들어.
79) 새끼.
80) 엉지학. 어미학(鶴).
81) 죄(罪)를 풀어. '죄가 풀려서'의 뜻임.
82) 갚을 수가. 보답할 방법이.
83) 문등. 육지(陸地).
84) 거랭이. '거지'에 해당하는 방언.

명월각씨가 배선비네 집에 가서
말도 아니하고 웃디도 안흐니,
배선비가 말하기를//어더래서[86] 마누래가//말을 아니 하오?
내소원을 푸러 주소.//무슨 소원이오?
거랑잔체[87] 사흘만 허여주면//말을 하겟누란다[88] 하니,
거랑 잔체 사흘헌다.
궁산이가 거랭이가 되여 왓구나라.
첫날은 아럿구테[89] 안젓는데//우우로서[90] 내리[91] 상을 노아
한상이 모재래서[92]//궁산이가 못어더 먹고,
그이틀날 우끄테[93] 안즈니//그날은 아래로서 올니노아
또 한상이 모재래서 못어더 먹고,
그 이틀날어 가운데 안저노니//좌우로서 디리[94] 격겨[95]
또 한상이 모재래서 못어더 먹엇네.
궁산이가 말을하되//이놈으 팔짜 어떤 팔짠고?
초년에 애미네[96] 일코//둥년에[97] 거랭이 되고,
삼년에 거랑잔체도//못어더 먹네 하고 나오는데,
명월각씨가 사흘 잔채를 보니//궁산이는 못어더 먹는다.
단상[98]을 지어 사흘잔채 못먹은//거랭이 멕이라 하니,

---

85) '다니는데'에 해당하는 방언.
86) '어떻게 해서. 왜'에 해당하는 방언.
87) '거지 잔치'에 해당하는 방언.
88) '하겠노란다'에 해당하는 방언.
89) 아랫 귀퉁이에. 아래쪽의 귀퉁이에.
90) 위로부터. 위쪽으로부터.
91) 아래로.
92) '모자라서'에 해당하는 방언. 부족해서.
93) 위끝에. 위쪽의 끝에.
94) 들이. 마구.
95) 겪어. 문맥상으로는 '양편에서 음식상을 들여 놓는 바람에'의 뜻임.
96) 애미네. '아내'에 해당하는 방언.
97) 중년(中年)에.
98) 딴 상(床). 다른 상. 따로 차려 내놓은 상.

궁선이가 딴상을 바다 // 잘먹구, 나문거는[99]
쑥새 오쟁이[100]에 니어[101] 지고 나간다.
명월각씨가 말하기를
구슬 옷을 내티면[102] // 이옷을 깃을 잡아 고둘[103] 추어[104]
입어면 거랭이래두 // 내낭군이라 하니,
거렁이들이 모도 // 입을나니[105] 못닙는다.
궁산이가 고둘 추어 // 깃을 잡아 입어노니
배운 둥턴[106]에 나떳다가[107] // 도루[108] 내려왓네.
배선비가 말하기를 // 나두 닙어보자 하고
닙는 재주 보여 놋코 // 벗는 재주 못보여서
닙어 노흐니 배운 둥턴에 나떳구나.
벗논 데주[109]를 못보여서 못내려오니
게서[110] 죽어 소루개미[111]가 되엿습네다.
궁산이과 명월각씨 // 다시 모혀 살다가
죽은 혼넝이 일월마울로[112] // 돌녀 노앗습네다.
일월 마울로 바듭시사[113]

---

99) 남은 것은.
100) 오쟁이. 짚으로 만든 작은 섬.
101) 넣어.
102) 내치며. 밖으로 던지며.
103) 고대를. 깃고대를. '깃고대'는 옷의 깃을 붙이는 자리로, 두 어깨 솔 사이의 목이 닿는 부분.
104) 들추어.
105) 입을라니. 입으려고 하니.
106) '백운중천'(白雲中天)의 와음. 흰구름 떠가는 하늘 가운데.
107) 나가 떴다가.
108) '도로'에 해당하는 방언.
109) 재주.
110) 거기에서. 거기서.
111) 소루개미. 소리개. 솔개.
112) 일월신(日月神)으로.
113) (이 제차를) 받으십시오.

4. 성조풀이(동래본)

손진태(孫晋泰) 선생의 『조선신가유편(朝鮮神歌遺篇)』에 실린 자료로서 성조신의 내력을 풀이한 대표적 신화로 흔히 '동래본(東萊本)'이라고 부른다. 성조신은 민간에서는 그 집의 주인 남자를 보호하는 신으로 믿어지기 때문에 집의 주재신(主宰神)이라고 할 수 있고, 대청의 대들보 위에나 상기둥에 모셔지는 것이 보통이다. 집을 새로 지어 입주할 때에는 이 신을 위한 성대한 의례가 있으며, 안택을 할 때에는 이 성주풀이를 구연하는 것으로 알려져 있다. 이 자료에 '가신유래가(家神由來歌)'라는 부제(副題)가 붙은 것도 이 때문이다.

이 자료는 그 말미에 1925년 12월에, 동래군 구포면 구포리에 살고 있던 최순도가 제공한 것으로 되어 있는데, 수사가 매우 세련되어 있고 율격이 정제되어 있어 스토리의 번역만으로는 자료의 참모습을 알 수 없겠기에 원문에 주석을 보충하여 수록한다.

一.

홀연(忽然)천지 개벽(天地開闢)후(後)에 // 삼황오제(三皇五帝)[1] 그시절(時節)에,

천황씨(天皇氏)[2] 처음나셔 // 목덕(木德)으로[3] 임군되여,

1) 삼황오제(三皇五帝). 모두 고대 중국(中國)의 제왕(帝王)들임. '삼황'(三皇)은 천황씨(天皇氏)·지황씨(地皇氏)·인황씨(人皇氏) 혹은 수인씨(燧人氏)·복희씨(伏羲氏)·신농씨(神農氏) 또는 복희씨(伏羲氏)·신농씨(神農氏)·황제(黃帝)를 말한다는 등의 여러 가지 설(說)이 있음. '오제'(五帝)는 일반적으로 소호(少昊)·전욱(顓頊)·제곡·요(堯)·순(舜)의 다섯 성군(聖君)을 말하나 사기(史記)에서는 소호(少昊) 대신 황제(黃帝)를 넣은 것이 다름.

2) 천황씨(天皇氏). 중국 태고 시대의 전설적 인물. 삼황(三皇) 가운데 한 사람임.

3) 이목덕(以木德). 목덕(木德)으로써. 목덕 때문에. 본래 원(元)나라 사람인 증선지(曾先之)가 편찬한 『십팔사략』(十八史略)의 제일 첫머리에 나온 구절인데 후대에 여진(余進)이 원사(元史)를 보태고 통고(通考)하여 만든 『십구사략』(十九史略)의 첫머리에도 그대로 실렸음. 그 원문(原文) 부분은 '太古 天皇氏 以木德王 歲起攝提 無爲而化 兄弟十二人 各一萬八千歲[태고 천황씨는 목덕으로 임금이 되었다. 섭제 때에 일어났는데 아무것도 하지 않아도 잘 다스려졌다.

일월성신(日月星辰) 조림(照臨)[4]하니 // 날과달이 발가잇고,[5]

지황씨(地皇氏)[6] 후(後)에나셔 // 토덕(土德)으로 임군되니,

풀과남기[7] 도닷드라.[8] // 인황씨(人皇氏)[9] 다시나셔

형제(兄弟) 구인(九人)이 // 분장 구주(分掌九州)[10]하야,

개출어 인생(皆出於人生)[11]할제 // 인간문물(人間文物) 마련하고.

수인씨(燧人氏)[12] 후(後)에나셔 // 시찬수(始鑽樹)[13] 불을내여 // 교인화식(教人火食)[14] 마련하고.

유소씨(有巢氏)[15] 다시나셔 // 구목 위소(構木爲巢)[16]하고 // 식목실(食木實)[17] 할때,

남글얼거[18] 집을삼고 // 설한(雪寒)을 피(避)하더라.

헌원씨(軒轅氏)[19] 후(後)에나셔 // 고산(高山)의 남글비여,[20]

형제 열두 사람이 각각 만팔천세를 살았다]'라고 되어 있음.

4) 조림(照臨). 비추어 임함.

5) 밝아 있고.

6) 지황씨(地皇氏). 중국 태고 시대의 전설적 인물. 삼황(三皇) 가운데 한 사람임.

7) 남기. 나무가.

8) 돋았더라.

9) 인황씨(人皇氏). 중국 태고 시대의 전설적 인물. 삼황(三皇) 가운데 한 사람임.

10) '분장구주'(分長九州)의 잘못임. 아홉 개의 주를 나누어 각각 우두머리가 됨(『십구사략언해(十九史略諺解)』).

11) 개출어인생(皆出於人生). 모두 인간 세계에 나옴.

12) 수인씨(燧人氏). 중국(中國) 고대(古代)의 삼황(三皇)의 한 사람. 전설적(傳說的) 인물로 복희씨(伏羲氏) 이전의 사람인데 불을 가르쳤고 식물(食物)의 조리법(調理法)을 처음으로 가르쳤다고 전함.

13) '시찬수'(始鑽燧)의 잘못임. 나무를 뚫어 그 마찰하는 힘으로 불을 일으키기 시작함(『십구사략언해(十九史略諺解)』).

14) 교인화식(教人火食). 사람들에게 음식을 익혀 먹는 법을 가르침.

15) 유소씨(有巢氏). 중국 고대의 전설적 성인. 새가 보금자리를 만들어 사는 것을 보고 사람에게 집을 짓고 살 것을 가르쳤다고 함.

16) 구목위소(構木爲巢). 나무를 얽어 집을 만듦(『십구사략언해(十九史略諺解)』).

17) 식목실(食木實). 나무 열매를 먹음(『십구사략언해(十九史略諺解)』).

18) 나무를 얽어.

19) 헌원씨(軒轅氏). '황제'(黃帝)라고도 함. 고대(古代) 중국(中國)의 전설상(傳說上)의 왕. 복희씨(伏羲氏)·신농씨(神農氏)와 함께 삼황(三皇)이라 일컬어짐. 기원전 2700년경 천하(天下)를 통일하여 문자(文字)·수레·배 등을 만들고,

삼사척(三四隻) 배를모와 // 만경창파(萬頃蒼波) 씌여놋코,

억조창생(億兆蒼生) 통섭(統攝)[21]하며 // 고(罟)[22]맷고 그물지여 // 고기잡기 매련하고,[23]

신농씨(神農氏)[24] 후(後)에나셔 // 역산(歷山)[25]에 남글비여,

훌경[26] 쟁기 만드려셔,[27] // 농사법(農事法) 가러치고,

상백초(嘗百草)[28] 약(藥)을지여 // 치병생활(治病生活) 다사리고,[29]

복희씨(伏羲氏)[30] 성군(聖君)이라 // 창해(滄海)갓탄[31] 의견(意見)으로 // 하도낙서(河圖洛書)[32] 풀어내고,

---

도량형(度量衡)·역법(曆法)·음악(音樂)·잠업(蠶業) 등 많은 문물제도(文物制度)를 확립하여, 인류에게 문화 생활을 가져다 준 최초의 제왕(帝王)으로 숭앙되었음.

20) 나무를 베어.

21) 통섭(統攝). 통솔하고 으름.

22) 고(罟). 그물.

23) '마련하고'에 해당하는 방언.

24) 신농씨(神農氏). 반인반수(半人半獸)였다고 알려져 있는 고대(古代) 중국(中國)의 전설상(傳說上)의 왕. 영농(營農)과 약초(藥草)의 신(神)으로 알려져 있음.

25) 역산(歷山). 중국(中國) 산동성(山東省) 제남부(濟南府)에 있는 산. 순(舜)임금이 밭 갈아 먹고 살던 곳이라고 알려져 있음.

26) 훌경. 훌치이. '극젱이'에 해당하는 방언. 농기구의 하나. 쟁기와 비슷하나 보습 끝이 무디고 술이 곧게 내려 감. 소 한 마리로 끌어 쟁기로 갈아 놓은 논밭에 골을 타거나, 흙이 얕은 논밭을 가는 데에 사용함.

27) 만들어서.

28) 상백초(嘗百草). 온갖 풀을 맛봄. 신농씨가 그렇게 하여 약초를 감별하였다고 함(『십구사략언해(十九史略諺解)』).

29) '다스리고'에 해당하는 방언.

30) 복희씨(伏羲氏). 중국(中國) 고대(古代)의 제왕(帝王). 삼황오제(三皇五帝)의 수위(首位)를 차지하며 팔괘(八卦)를 처음으로 만들고 그물을 만들어 어렵(漁獵)의 방법을 가르쳤다고 전함.

31) 창해(滄海) 같은. 바다 같은.

32) 하도낙서(河圖洛書). 하도(河圖)와 낙서(洛書). 둘 다 주역(周易)의 기본 이치가 되었다고 알려져 있는 그림들임. '하도'(河圖)는 옛날 중국(中國)의 복희씨(伏羲氏) 때에 황하(黃河)에서 용마(龍馬)가 지고 나왔다는 쉰 다섯 점(點)의 그림. '낙서'(洛書)는 옛날 중국의 우(禹) 임금이 치수(治水)를 할 때에 낙수(洛水)에서 나온 신귀(神龜)의 등에 그려 있었다고 하는 마흔 다섯 점의 글씨. 서전(書傳)의 홍범구주(洪範九疇)는 이 낙서(洛書)의 이치에 따라 만들어

날[33]가운데 제자[34]모와[35] // 만물매매(萬物賣買) 가러치고,[36]
시획 팔괘(始劃八卦)[37]하여 // 음양(陰陽)을 가로칠제,
남자(男子)의 취처법(娶妻法)[38]과 // 여자(女子)의 출가법(出嫁法)을,
예필(禮必)로 가로치셔 // 부부(夫婦)를 정(定)하드라.
여와씨(女媧氏)[39] 후(後)에나셔 // 오색(五色)돌[40] 고이가라,[41]
이보천(以補天)[42] 하신후(後)에 // 여공제기(女工諸技) 가로치며 // 남녀의복(男女衣服) 마련하고.
법주씨(法主氏)[43] 법(法)을내고 // 도당씨(陶唐氏)[44] 역서(曆書)[45]내여,
춘하추동(春夏秋冬) 사시절(四時節)과 // 동장추수(冬藏秋收)[46] 마련하고.
공자(孔子)님 출세(出世)하야 // 시서백가(詩書百家) 삼강오륜(三綱五倫),
인의예지(仁義禮智) 선악반상(善惡班常) // 유식무식(有識無識) 가로치니,
그때 그시절(時節)에 // 성조본(成造本)이 어듸매뇨?

진 것이며 팔괘(八卦)의 법(法)도 여기서 나왔다고 알려져 있음.

33) 날짜. 일자. (많은) 날들. (모든) 날들.

34) 제자. 저자. 시장(市場).

35) (사람들을) 모와. 아니면 '(시장을) 만들어'로 볼 수도 있겠음.

36) 가르치고.

37) 시획팔괘(始劃八卦). 처음으로 팔괘를 그림. 처음으로 팔괘를 만듦.

38) 취처법(娶妻法). 아내를 취하는 방법. 아내를 취하는 법도.

39) 여와씨(女媧氏). 중국(中國)의 천지창조신화(天地創造神話)에 등장하는 여신(女神). 고대(古代)의 성신녀(聖神女)로서 사람의 머리에 뱀의 몸뚱이를 하고 있었으며 천지만물(天地萬物)을 만들었다고 알려져 있음. 흙을 빚어 인간을 만들고 그들의 혼인법(婚姻法)을 만들었으며 수신(水神)인 공공(共工) 때문에 찢어진 하늘을 기워 인류를 홍수로부터 구원했다고 알려져 있음.

40) 오색(五色)의 돌. 다섯 가지 색깔의 돌.

41) 고이 갈아. 곱게 갈아.

42) 이보천(以補天). (그것으로써) 하늘을 기움.

43) 법주씨(法主氏). 미상. 다른 무가 자료나 문헌에 이 이름이 등장하는 곳은 아직 알려진 바 없는 듯함. 단순히 뒤의 '법'(法)과 연결시켜 무당이 자신의 기억 단위로 기억하고 있는 것일 가능성이 크다고 보임.

44) 도당씨(陶唐氏). 중국(中國)의 성군(聖君)이었다고 전해지는 요(堯)임금을 말함. 『십구사략』(十九史略)에 의하면 '제요도당씨'(帝堯陶唐氏)라고 하였음.

45) 역서(曆書). 달력.

46) 동장추수(冬藏秋收). 가을에 거두어 겨울에 갈무리 함.

중원국(中原國)도 안이시오 // 조선국(朝鮮國)도 안이시오 // 서천국(西天國)[47]이 정본(正本)이라.

성조부친(成造父親) 천궁대왕(天宮大王) // 성조모친(成造母親) 옥진부인(玉眞夫人),

성조조부(成造祖父) 국반왕씨(國飯王氏) // 성조조모(成造祖母) 월명부인(月明夫人).

성조(成造)님 외조부(外祖父)는 정반왕[48]씨(淨飯王氏) 안이시며,[49]

성조(成造)님 외조모(外祖母)는 // 마야부인(摩耶夫人)[50] 안이시며,

성조(成造)님 실내부인(室內婦人) // 계화부인(桂花夫人) 안이신가.

二.

성조부친(成造父親) 천궁대왕(天宮大王) // 나히 설흔 일곱이오,

성조모친(成造母親) 옥진부인(玉眞夫人) // 나히 설흔 아홉이라.

양주(兩主)[51] 나히[52] 연당(年當) 사십(四十) 근(近)하도록[53]

슬하(膝下)에 일점혈육(一点血肉)이 업서 // 매일(每日) 부부(夫婦) 한탄(恨歎)할제,

한날은 복사(卜師)를 청(請)하야

문복(問卜)하니, 기복사(其卜師) 점지(点之) 왈(曰),

삼십전(三十前) 자식(子息)은 // 팔자(八字)로 두거니와,

사십전(四十前) 자식(子息)은 // 선심(善心)으로 수공(修功)하고

불전(佛前)에 지성(至誠)하면 // 생남부귀(生男富貴) 한다하니,

47) 서천국(西天國). 서천. 서천서역국(西天西域國). 인도(印度)의 옛 이름.

48) 정반왕(淨飯王). 기원전 6세기경 인도 가비라위국의 왕. 석가모니의 아버지임.

49) 아니시며.

50) 마야부인(摩耶夫人). 석가모니(釋迦牟尼)의 어머니. 고대(古代) 중인도(中印度) 구리성주(拘利城主) 선각(善覺)의 누이동생(一說에 의하면 딸이라고도 함)으로 가비라국(迦毗羅國) 정반왕(淨飯王)의 아내가 되어 태자(太子) 싯달타(석가모니의 어릴 때 이름)를 낳고 칠일(七日) 후에 죽었음. 불모(佛母).

51) 양주(兩主). 남편과 아내. 부부.

52) 나이.

53) 가깝도록.

부인(婦人)이 그말듯고 // 왼갓공(功)을 다드릴졔,

고산(高山)에 송죽(松竹)비혀[54] // 천문(天門)에 기도(祈禱)하고

지장(地場)에 금토(禁土)[55]놋코 // 금은채단(金銀采緞) 갓추와셔

수래[56]에 놉히실고 // 운문사(雲門寺)[57]로 차자[58]들어 // 지성(至誠)으로 공(功)드릴졔,

명산대천(名山大川) 영신당(靈神堂)[59]과 // 고미축수(姑未築修)[60] 석가산(石假山)[61]

제불보살(諸佛菩薩) 미륵(彌勤)님전(前) // 지성(至誠)으로 발원(發願)하며,

칠성불공(七星佛功) 나한불공(羅漢佛功) // 백일산제(百日山祭) 제석불공(帝釋佛功)

대해(大海)마다 용왕제(龍王祭)며 // 천제당(天祭堂) 천제(天祭)하기,

신중[62]마다 가사시주(袈裟施主) // 다기시주(茶器施主) 연등시주(燃燈施主),

노구(路口)마증[63] 집짓기며 // 가리(街里)송장[64] 초상(初喪)치기

빈(貧)한사람 해산시(解産時)에 // 매윽[65]양식(粮食) 시주(施主)하며,

조왕세존(竈王世尊) 후토신령(后土神靈)[66] // 당산(堂山) 처용(處容)[67]

---

54) '베어'에 해당하는 방언.

55) 금토(禁土). 제(祭)를 지낼 때에, 잡인(雜人)이나 사귀(邪鬼)의 접근을 막기 위하여 제장 주위에 뿌리는 흙. 대개는 황토(黃土)를 사용하게 됨.

56) 수레[車].

57) 운문사(雲門寺). 경상북도 청도군(淸道郡)에 있는 절. 신라 말기에 고려 태조 왕건(王建)이 보양(保養)의 말을 듣고 산적을 막아내었으므로 그 감사의 대가(代價)로 매년 쌀 50석을 기부하여 이 절을 크게 만들게 하였다고 함.

58) 찾아.

59) 영신당(靈神堂). 영험한 신을 모신 신당(神堂).

60) '고묘총사'(古廟叢祠)의 와음. '고묘'(古廟)는 오래된 사당(祠堂). '총사'(叢祠)는 잡신(雜神)을 제사하는 사당집. 이해조(李海朝)의 신소설『강상련』(江上蓮)에는 '명산대천 령신당 고묘 총ᄉ 셕왕ᄉ에 셕불보살 미륵님젼……'이라고 되어 있음.

61) '석왕사'의 와음. 위의 주) 참조.

62) 신중. 중. 특히 '여승'(女僧)을 지칭하는 경우가 많음.

63) 노구(路口)마다. 길 입구마다.

64) 가리 송장. 거리 송장. 거리에 내버려진 송장.

65) 매윽. '미역'에 해당하는 방언.

지신제(地神祭)를 // 지극정성(至極精神) 비럿더니[68]

공(功)든탑(塔)이 문허지며[69] // 심든낭기 썩거질가?[70]

대왕(大王)과 부인(婦人)이 길일(吉日)을 간택(簡擇)하야,

동방화촉(洞房花燭) 정(正)잠잘때 // 초경(初更)에 득몽(得夢)하니

감정새 두머리 청충(靑虫)을 물고 // 벼개 좌우편(左右便)에 안자[71] 보이고,

국화(菊花)꼿 세숭이[72]가 // 벼개우에 피엿거늘.

이경(二更)에 득몽(得夢)하니 // 삼태육경(三台六卿)[73] 자미성(紫微星),[74] // 부인(婦人)압헤 나리시고,

금(金)쟁반(盤)에 붉은구실 // 셋이 궁굴녀[75] 보이거늘.

삼경(三更)에 득몽(得夢)하니 // 궁중 방내(宮中房內)에 오운(五雲)이 모아들고,

엇더한[76] 선관(仙官)이 황학(黃鶴)을 타고 // 채운(彩雲)에 사이여셔[77]

---

66) 후토신령(后土神靈). 토지의 신. 지신(地神).

67) 처용(處容). 『삼국유사』(三國遺事) '처용랑망해사'(處容郎望海寺)조에 나오는 신격의 이름. 동해 용왕의 아들로 헌강왕을 따라 서라벌로 와서 왕을 도왔고, 아내와 동침하고 있는 역신(疫神)을 향해서 처용가를 불러 승복시킴으로써 문신(門神)이 됨.

68) 빌었더니.

69) 무너지며.

70) 꺾어질까?

71) 앉아.

72) 세 송이.

73) '삼태육성'(三台六星)의 와음. 큰곰자리 중에서 자미성(紫微星)을 지키는 별. 상태성(上台星) 두 개, 중태성(中台星) 두 개, 하태성(下台星) 두 개의 여섯 개로 되어 있어서 '삼태육성'(三台六星)이라고 하지만 흔히는 그냥 '삼태성'(三台星)이라고도 말함.

74) 자미성(紫微星). 자미원(紫微垣)에 있는 별의 이름. '자미원'은 옛날 중국 천문학에서 하늘을 삼원 이십팔수(三垣二十八宿)로 나눈 가운데, 태미원(太微垣), 천시원(天市垣)과 더불어 삼원의 하나인 별자리. 작은곰자리를 중심으로 한 170여 개의 별로 이루어졌는데, 천제(天帝)가 거처하는 곳이라고 일러져 내려옴.

75) '굴러'에 해당하는 방언. 여기서는 '구르는 모양이' 정도의 뜻임.

76) 어떠한.

77) 싸여서.

국문(國門)을 크게 열고 // 부인(婦人)겻헤 안지며 왈(曰),

부인(婦人)은 놀나지 마옵소셔.

나는 도솔천궁[78] 지왕[79](兜率天宮之王)이라.

부인(婦人)의 공덕(功德)과 정성(精誠)이 지극(至極)한 고(故)로

천황(天皇)이 감동(感動)하고 // 제불(諸佛)이 지시(指示)하사 // 자식(子息)주려 왓나니다.

일월성신(日月星辰) 정기(精氣)바다[80] // 동자(童子)를 마련하야 // 부인(婦人)을 쥬시며 왈,

이아기 일홈은 안심국(安心國)이라 지어시며 // 별호(別號)[81]는 성조씨(成造氏)라 하며.

무수(無數)히 길겨할때[82] // 무정(無情)한 풍성(風聲)소래[83]

부인(婦人)의 깁히든잠 // 홀연(忽然) 삼을 깨고보니,

선관(仙官)은 간곳업고 // 촉화(燭火)[84]만 도도엿다.[85]

부인(婦人)이 몽사(夢事)를 // 국왕전(國王前)에 설화(說話)하니[86] // 국왕(國王)도 길거드라.[87]

---

78) 도솔천궁(兜率天宮). 도솔천에 있는 궁궐. '도솔천'은 욕계육천(慾界六天)의 넷째 하늘을 가리키는 불교 용어(佛敎用語). 내외(內外)의 두 원(院)이 있는데, 내원(內院)은 미륵보살이 살면서 석가의 교화(敎化)를 받지 못한 중생(衆生)을 위하여 설법(說法)하며, 외원(外院)은 천중(天衆)의 환락(歡樂) 장소라고 함.

79) 지왕. 아이의 출산과 성장을 관장하는 삼신[産神]을 경상도 지방에서 달리 일컫는 말. '제왕', '지앙', '지양' 등으로도 불리는데, 할머니로 인식되기 때문에 '지왕 할머니' 등으로 지칭되기도 함.

80) 받아.

81) 별호(別號). 별명(別名). 달리 부르는 이름.

82) 즐거워할 때에.

83) 풍성(風聲). 바람소리.

84) 촉화(燭火). 촛불.

85) 돋았다.

86) 말하니.

87) 즐거워하더라. 즐거워하였다.

三.

이튼날 평명(平明)[88]에 // 해몽자(解夢者)를 급(急)히불너 // 몽사(夢事)를 설화(說話)하니,

초경(初更)에 감정새 두머리 // 청충(靑虫)을 물고 보이는 거슨

좌편(左便)은 대왕(大王)의 직성(直星)[89]이요 // 우편(右便)은 부인(婦人)의 혼령(魂靈)이라.

청충(靑虫) 두머리는 // 원앙비취지락(鴛鴦翡翠之樂)[90]일 쑨더러

국화(菊花)쏫 세숭이는 // 국가(國家)에 삼태육경(三台六卿)날 쑴이요.

이경(二更)에 어든쑴은 // 삼태육경(三台六卿) 자미성(紫微星)은

삼신제불(三神諸佛)이 대왕(大王)을 모신 바요,

금(金)쟁반(盤) 붉은구실 셋은 // 국가(國家)에 득남(得男)할 쑴이옵고

삼경(三更)에 어든쑴은

선관(仙官)이 부인(婦人)의 침실(寢室)에 좌정(坐定)한 거슨[91] // 이는곳 지양이라.

성신(星辰)의 정기(精氣)바다 // 동자(童子)를 마련하야 // 부인(婦人)을 쥬신거신[92]

국가(國家)에 득남(得男)하면 // 소년공명(少年功名)할 것이니

번몽(煩夢)[93]을 생각 마옵소셔.

---

88) 평명(平明). 아침 해가 뜨는 시각. 해가 돋아 밝아올 무렵.

89) 사람의 행년(行年)을 따라 그의 운명을 맡은 별. 제웅 직성(直星)·토직성(土直星)·수직성(水直星)·금직성(金直星)·일직성(日直星)·화직성(火直星)·계도직성(計都直星)·월직성(月直星)·목직성(木直星)의 아홉 별. 남자는 열 살에 제웅 직성(直星)이 들기 시작하여 열아홉 살에 다시 돌아오고, 여자는 열한 살에 목직성(木直星)이 들기 시작함.

90) 원앙비취지락(鴛鴦翡翠之樂). 원앙과 비취의 즐거움. '원앙'은 원앙새, '비취'는 물총새. 모두 부부 사이의 화락한 관계를 말하는 것들임.

91) 것은.

92) 주신 것은.

93) 번몽(煩夢). 번거로운 꿈. 번잡한 꿈.

四.

과약 기언(果若其言)[94]으로 // 그달부터 잉태(孕胎)잇셔,

한두달에 이실[95]맷고[96] // 삼사삭(三四朔)에 인형(人形)생겨,

다섯달 반짐싯고 // 육삭(六朔)에 육부(六腑)생겨,

칠삭(七朔)에 골육(骨肉)맷고 // 팔구삭(八九朔)에 남녀분별(男女分別),

삼만팔천 사혈공(三萬八千四血孔)과 // 사지수족(四肢手足) 골격(骨骼)이며 // 지혜총명(智慧聰明) 마련하고,

십삭(十朔)을 배살하야[97] // 지양[98]이 나려왓셔[99]

부인(婦人)의 품은아히 // 세상(世上)에 인도(引導)할제,

명덕왕(命德王)은 명(命)을주고 // 복덕왕(福德王)은 복(福)을 주고,

분접왕(分接王)[100]은 가래[101]들고 // 금탄왕(王)은 열ㅅ대[102]들고 // 부인(婦人)을 침(侵)노하니,

부인(婦人)이 혼미중(昏迷中)에 // 금광문(金光門)[103] 고이열어 // 아기를 탄생(誕生)하니,

딸이라도 방가운데[104] // 옥(玉)가튼 귀동자(貴童子)라.

부인(婦人)이 정신(精神)차려 // 침금(枕衾)에 의지(依支)하고 // 아기모

---

94) 과약기언. 과연 그 말과 같이.

95) '이슬'에 해당하는 방언. 무가에서 어머니의 뱃속에서 아이가 성장하는 과정을 표현할 때 사용하는 단어임.

96) 맺고. 맺히고.

97) 벼슬하여. 여기서는 '아이가 어머니 뱃속에서 열 달을 다 채워'의 뜻임.

98) 지양. 아이의 출산과 성장을 관장하는 삼신[産神]을 경상도 지방에서 달리 일컫는 말. '제왕', '지앙', '지왕' 등으로도 불리는데, 할머니로 인식되기 때문에 '지왕 할머니' 등으로 지칭되기도 함.

99) 내려와서.

100) 분접왕(分接王). '산모(産母)가 출산을 할 수 있도록 양 다리 사이를 벌어지게 하는 왕'이라는 뜻. 아이의 출산과정을 표현한 대목의 하나임.

101) 가래. '가랑이'에 해당하는 방언. 흔히는 '가래이'라고 발음함.

102) 열대. '열쇠'에 해당하는 방언.

103) 금광문(金光門). 아이가 나오는 어머니 신체의 특정 부위를 가리키는 무가 용어. 대개는 '금강문'이라고 함.

104) 반가운데. 반가울 것인데.

양 살펴보니

얼골은 관옥(冠玉)[105]갓고 // 풍채(風彩)는 두목지(杜牧之)[106]라

五.

부인(婦人)이 대희(大喜)하야 // 관상객(觀相客)을 급(急)히불너 // 아히 관상(觀相) 매련할제,[107]

설화상 백간지(雪花上白簡紙)[108]에 // 황모필(黃毛筆)[109] 덤벅 쩌셔[110]

홍연(紅硯)[111]에 먹을갈아 // 계하(階下)[112]에 복지(伏地)[113]하고

초중말년(初中末年) 부귀공명(富貴功名) // 흥망성쇠(興亡盛衰) 길흉화복(吉凶禍福)

개개(個個)히 기록(記錄)하니 // 그글에 하엿시되,

천정(天庭)[114]이 놉핫시니[115] // 소년공명(少年功名) 할거시요,

준두(準頭)[116]가 놉핫시니 // 부귀공명(富貴功名) 여일(如一)이라.

양미간(兩眉間)이 깁헛시니 // 전처(前妻)소박 할거시요,

일월각(日月角)[117]이 나자시니[118] // 이십전(二十前) 십팔세(十八歲)에,

---

105) 관옥(冠玉). 남자의 얼굴이 예쁜 것을 가리키는 말.

106) 두목(杜牧: 803-852년). 목지(牧之)는 자(字). 중국 당(唐)나라 말기의 시인. 시풍은 호방하면서도 아름다운 것으로 알려져 있음. 두보(杜甫)에 대해서 '소두'(小杜)라고도 함.

107) 마련할 때에.

108) 설화상백간지(雪花上白簡紙). 문맥상으로는 '설화 상백간지'로 끊어 읽어야 할 자리임. 눈꽃 같은 최고급의 흰색 종이.

109) 황모필(黃毛筆). 족제비의 꼬리털로 만든 붓. 붓 가운데 가장 고급으로 치는 것임.

110) 듬뿍 풀어서.

111) 홍연(紅硯). 붉은 벼루.

112) 계하(階下). 계단 아래. 섬돌 아래.

113) 복지(伏地). 땅에 엎드림.

114) 천정(天庭). 관상(觀相)에서 두 눈썹 사이 혹은 이마를 가리키는 용어.

115) 높았으니.

116) 준두(準頭). 코끝.

117) 일월각(日月角). 일각(日角)과 월각(月角)을 함께 일컫는 말. 둘 다 관상(觀相)을 볼 때 사용하는 용어임. '일각'(日角)은 정면에서 보아 앞이마의 약간 오른

무산천리(無山千里) 무인처(無人處)에 // 황토(黃土)섬에 삼년(三年)기양[119] 마련하엿거늘.

관상객(觀相客)이 보기를 다한후(後)에 // 상서(相書)[120]를 올니거늘,

부인(婦人)이 살펴보고 // 간장(肝臟)이 썩거지기[121] 해음업시[122] 설니운다.[123]

전공(前功)이 가석(可惜)[124]이라 // 이러헐줄 아랏시면 // 생기지나 마랏실ㅅ걸.

너의팔자(八字) 용렬(庸劣)하고 // 내복조(福祚)[125] 그쁜이라.

내 년당사십(年當四十)에 // 지극(至極)히 공(功)을드려,

독자(獨子)너를 어들적에[126] // 부귀영화(富貴榮華) 하잣더니,

이십전(二十前) 십팔시(十八時)에 // 삼년(三年)귀양 가단말가?[127]

제불보살(諸佛菩薩) 야속하고 // 삼신(三神)[128]지양 무정(無情)하다.

뉘다려[129] 원성(怨聲)하며 // 허물한들 무엇하리.

방성 애통(放聲哀痛) 설니[130] 우니,

시위(侍衛)하는 시녀(侍女)들과 // 태(胎)가러는 모든부인(婦人) // 눈물을 난금(難禁)[131]이라.

부인(婦人)을 달내면서 // 조흔말노 권청(勸請)[132]하니,

쪽 부분을, '월각'(月角)은 앞이마의 약간 왼쪽 부분을 가리킴.

118) 낮았으니.

119) 귀양.

120) 상서(相書). 관상 본 결과를 기록한 글.

121) 꺾어지게. 꺾어질 정도로.

122) 하염없이.

123) 섧게 운다.

124) 가석(可惜). 가히 애석함.

125) 나의 복조(福祚). 나의 복.

126) 얻을 적에. 얻을 때에.

127) 간다는 말이냐?

128) 문맥상으로 보면 '삼신'(三神)이 아니라, '삼신'[產神]이라고 보는 것이 옳음.

129) 뉘다려. 누구에게.

130) 설리. 슬피.

131) 난금. 금하기 어려움. 금하지 못함.

부인(婦人)이 애통(哀痛)타가, 몽사(夢事)를 생각(生覺)하고,
눈물을 긋치시며 // 아히일홈 정명(定名)할졔,
이아히 일홈을 // 안심국(安心國)이라 정(定)하시고,
별호(別號)는 성조(成造)라 부러더라.

六.

성조(成造)무병 장성(無病長成)하야 // 일취월장(日就月將) 잘아날졔,[133]
두쌀[134]먹어 거럼[135]하니 // 못갈바 정히업고,
세쌀먹어 말삼[136]하니 // 소진장의(蘇秦張儀)[137] 구변(口辯)갓고
네쌀먹어 행례(行禮)[138]하니 // 효제충신(孝悌忠信) 쏜을밧고[139]
다섯쌀에 서당(書堂)에 입학(入學)하니 // 사광(師曠)[140]의 총명(聰明)이라.
세월(歲月)이 여류(如流)하야 // 어느덧 성장(長成)하니 // 성조(成造)나히 십오세(十五歲)라.
시서백가(詩書百家) 만권서책(萬卷書冊) // 무불통지(無不通知)[141] 하는지라.
일일(一日)은 성조(成造) 내렴(內念)[142] 생각(生覺)하되
장부출세(丈夫出世) 하엿다가, 무삼 공(功)을어더,

---

132) 권청(勸請). 신불(神佛)의 내림(來臨)을 빎. 여기서는 '지성껏 위로함' 정도의 뜻임.
133) 자라날 때에.
134) 두 살.
135) 걸음.
136) 말삼. '말씀'에 해당하는 고어(古語). 여기서는 '말'의 뜻임.
137) 소진(蘇秦)과 장의(張儀). 두 사람은 중국(中國) 전국시대의 유명한 변설가(辨說家). 소진은 합종책(合從策)을 주장하고 장의는 연형책(連衡策)을 주장하였음.
138) 행례(行禮). 예를 행함. 여기서는 '예절을 알게 됨'의 뜻임.
139) 본을 받고.
140) 사광(師曠). '사'(師)는 벼슬 이름. '광'(曠)은 이름. 태사광(太師曠). 중국 진(晉)나라 평공(平公) 때의 사람으로 음악 소리를 잘 감별하는 예민한 귀를 가지고 있었기 때문에 '사광지총'(師曠之聰)이라는 말이 생겼음. 『맹자』(孟子) 이루장(離婁章) 상(上)에 '사광의 예민한 청각으로도 육률을 쓰지 않으면 오음을 바르게 할 수 없다'(師曠之聰 不以六律 不能正五音)는 구절이 있음.
141) 무불통지(無不通知). 통하여 알지 못하는 것이 없음.
142) 내렴. 속으로 생각함.

천추(千秋)에 빗난 일홈[143]//벽상(壁上)에 올니리요.

七.

그때 마참 지하궁(地下宮)을 살펴보니,
새즘생[144]도 말삼하고//가막간치[145] 벼살[146]할졔,
나무돌도 굼니러고[147]//옷남게[148] 옷도열고,
밥남게 밥이열고//쌀남게 쌀이열고,
국수남게 국수열고//온갓과실(果實) 다 여러셔,
세상(世上)에 생긴사람//궁박(窮迫)하리 업는지라.
인간(人間)이 생겻시되//연명(連命)은 풍족(豊足)하나,
집이업셔 숩풀[149]을 의지(依支)하고,
유월염천(六月炎天) 더운날과//백운한풍(白雲寒風) 차운절(節)을//곤곤(困困)히[150] 피(避)하거날,
성조(成造)님 생각(生覺)하되//내 지하국(地下國) 나려가셔,
공산(空山)에 남글비여//인간(人間)에 집을지여,
한열(寒熱)을 피(避)키하고//존비(尊卑)를 가라치면
성조(成造)의 빗난일홈//누만년(累萬年) 전(傳)하리라 생각(生覺)하고,
부모양위전(父母兩位前)에 인간(人間) 집엄심[151]을//민망(憫惘)히 내고(來告)하니,[152]
부모양위(父母兩位) 허락(許諾) 하시거늘,
허락(許諾)바다 지하국(地下國) 나려가서//무주공산(無主空山) 다다러매,

143) 일홈. '이름'에 해당하는 고어(古語).
144) 새즘생. 새와 짐승. '즘생'은 '짐승'에 해당하는 고어(古語).
145) 가막간치. 까막까치. 까마귀와 까치.
146) '벼슬'에 해당하는 방언.
147) 일어나 꿈틀거리고. 움직이고.
148) 옷이 열리는 나무에.
149) 수풀.
150) 곤곤(困困)히. 몹시 곤란하게. 몹시 피곤하게.
151) 집 없음. 집이 없음.
152) 아뢰니. 말하니.

왼갓남기 다잇시되 // 엇든남글 바라보니,

산신(山神)이 좌정(坐定)하야 // 그나무도 못씨겟고,

쏘 한남글 바라보니 // 당산(堂山)[153]직힌[154] 남기되야 // 그나무도 못씨겟고,

쏘 한남글 바라보니 // 오작(烏鵲)짐생[155] 집을지어 // 그나무도 못씨겟고,

쏘 한남글 바래보니 // 국수[156]직힌 남기되야 // 그나무도 못씨겟고

나무 일주(一株)[157]도 씰남기 업는고로,

나무업는 사정(沙汀)[158]을 // 역력(歷歷)히 기록(記錄)하야,

상소(上疏)지어 손에들고 // 하은(荷恩)[159]을 재배(再拜)하고 // 천은(天恩)을 사례(謝禮)하야,

천상옥경(天上玉京) 놉히소사[160] // 옥황(玉皇)님전(前) 복지(伏地)하고 // 상소(上疏)를 올니시니,

옥황(玉皇)님이 상소(上疏)바다 관찰(觀察)하시고,

성조(成造)를 보아 기특(奇特)히 넉이시고,[161]

제석궁(帝釋宮)에 하교(下敎)하샤 // 솔씨 서말닷되 칠홉오작(七合五勺)[162]를 허급(許給)하시거늘,

성조(成造)님이 솔씨바다 // 지하궁(地下宮) 나려왓셔,

무주공산(無主空山) 다다러셔 // 여게져게[163] 심어놋코,

환국(還國)할째, 불원간(不遠間) 삼년중(三年中)에 // 성조(成造)나히 십

153) 당산(堂山). 토지나 부락의 수호신이 있다고 믿어지는 곳. 우리 나라의 중부 이남에 많으며, 대개 부락에서 가까이 있는 산이나 언덕이 됨.

154) 지킨.

155) 오작 짐생. 까치와 까마귀.

156) 국수. '국사'에 해당하는 방언. 국사당. 성황당.

157) 일주. 한 그루.

158) 사정. 물가의 모래밭. 그러나 문맥상으로는 '사정'(事情)이라고 보는 것이 더 타당하겠음.

159) 하은. 입은 바 은혜.

160) 높이 솟아. (하늘로) 높이 솟아 올라가.

161) 여기시고. 생각하시고.

162) 칠홉오작. 일곱 홉 다섯 작. '일홉'은 '십작'(十勺), '한 되'는 '십홉'(十合)임.

163) 여기저기에.

팔세(十八歲)라.

八.

대왕(大王)과 부인(婦人)이 // 성조(成造) 장성(長成)홈을 기특(奇特)히 녁이시고,

일일(一日)은 만조제신(滿朝諸臣)을 모화[164] // 국사(國事)를 의론후(議論後)에,

성조(成造) 취처(娶婚) 간택령(簡擇令)이 나리시거늘,

좌정승(左政丞) 복지(伏地) 주(奏)왈,

황희궁(皇輝宮)에 한 공주(公主) 잇시되 // 여공자질(女工姿質)이 아롬답고[165]

숙녀(淑女)의 기상(氣象)이 되오니 // 그곳을 청혼(請婚)하소셔.

대왕(大王)이 그말삼을 올히녁여[166] // 황휘궁(皇輝宮)에 청혼(請婚)하니 // 황휘왕(皇輝王)이 허혼(許婚) 하시거늘,

사성[167]택일(四星擇日) 갈히바다[168] // 황휘궁(皇輝宮)에 보낸후(後)에,

납폐(納幣)[169]를 봉하시고 // 취혼일(娶婚日)이 당도(當到)하니,

성조(成造) 위의(威儀) 보랑이면[170] // 금관조복(金冠朝服) 정(正)히입고,

사모관대(紗帽冠帶) 놉히시며[171] // 옥교(玉轎)에 좌정(坐定)하고,

삼태육경(三台六卿)[172] 모든신하(臣下) // 좌우(左右)로 시위(侍衛)하고,

---

164) 모화. '모아'에 해당하는 고어(古語).

165) 아름답고.

166) 옳게 여겨. 옳다고 생각하셔서.

167) 사성(四星). 사주(四柱). 사람의 생년(生年)·생월(生月)·생일(生日)·생시(生時)의 간지(干支)를 쓴 여덟 글자. 혼인을 정할 때 신랑의 이것을 써서 신부집으로 보냄.

168) 가려 받아.

169) 납폐(納幣). 혼인 때에 신랑집에서 신부집으로 푸른색과 붉은색의 비단을 보내는 일 또는 그 비단.

170) 볼 양이면. 보게 되면. 보면.

171) (머리에) 쓰며.

172) 삼태육경(三台六卿). 삼태(三台)와 육경(六卿). 삼정승(三政丞)과 육판서(六判書).

외삼천(外三千), 내팔백(內八百)이 // 전후(前後)에 나열(羅列)하야,
황휘궁(皇輝宮)을 드러가셔 // 옥교(玉轎)를 노어시고,[173)]
그때 성조님(成造任)은 // 정례석(定禮席)에 드러서서,
복희씨(伏羲氏) 내신법(法)을 // 오리를 안(雁)을 하고,[174)]
북향사배(北向四拜) 하신후(後)에 // 금실로 인연(因緣)매져[175)]
여필 종부(女必從夫)하며 정례(定禮)를 필(畢)하드라.[176)]
기시(其時)[177)] 성조님(成造任)은 // 상방(上房)에 입시(入侍)하니,
일락서산(日落西山) 황혼(黃昏)되매 // 실내(室內)를 영접(迎接)하야
상방(上房)으로 모시드려[178)] // 주효(酒肴)[179)]로 상배(相盃)[180)]하고,
화촉동방(花燭洞房)에 백년(百年)을 인연(因緣)맺고 // 그날밤을 보낼적에,
천정(天定)이 불리(不利)하고, 연분(緣分)이 부족(不足)하야,
계화씨(桂花氏)를 소박하고 // 박대(薄待)가 자심(滋甚)[181)]하며.

九.

그때에 성조(成造)임이 // 주색(酒色)에 방탕(放蕩)하고,
화류(花柳)[182)]에 잠신(潛身)[183)]하야 // 국사(國事)를 모로더라.
사오삭(四五朔) 지내가니 // 조정(朝廷)에 간신(諫臣)[184)]들이 // 탑전주달

---

173) 놓으시고. 놓고.
174) 이 행은 '전안(奠雁)의 예'를 행했음을 말함. 대례를 치르기 전에 신랑이 신부에게 사랑의 서약으로 나무로 만든 기러기를 전하는 의식. 전통혼례법에 의하면 신랑이 이 기러기를 신부의 어머니에게 전하면 신부의 어머니는 방에 앉아 있는 신부의 치마에다 이것을 던져주는 것으로 되어 있음.
175) 맺어.
176) 마치더라.
177) 기시(其時). 그때.
178) 모셔 들여.
179) 주효(酒肴). 술과 안주.
180) 상배(相盃). 서로 술잔을 나눔.
181) 자심(滋甚). 매우 심함.
182) 화류(花柳). 꽃과 버들. '화가유항'(花街柳巷)의 준말로 갈보나 기생 또는 유곽을 일컫는 말.
183) 잠신(潛身). 몸이 잠김. 몸이 빠짐. 탐닉함.

(榻前奏達)[185] 하옵거늘,

대왕(大王)이 헐일업셔[186] // 통편(通編)[187]을 드려놋코[188]

법전(法典)을 상고(相考)하니 // 그글에 하엿시되,

삼강오륜(三綱五倫) 모로는[189]놈 // 부모불효(父母不孝) 하는자(者),

현처(賢妻)소박, 이웃불의(不誼) // 친척불목(親戚不睦) 하는자(者)는,

저저(這這)히[190] 사실(査實)[191]하야 // 국법(國法)을 시행(施行)하되,

무산천리(無山千里) 무인(無人) 황토(黃土)섬에 // 삼년(三年)귀양 마련하엿거늘,

대왕(大王)이 생각(生覺)하니 // 천지(天地)가 아득하고,

일월(日月)이 무광(無光)[192]하되 // 국법(國法)을 시행(施行)하고,

성조(成造)를 급(急)히불너 // 귀양가라 최촉(催促)하니,

성조(成造)임이 할 일업시 // 부왕(父王)의 명(命)을바다,

남별궁(南別宮)을 드러가셔 // 모친전(母親前)에 하직(下直)할제

불효자(不孝子) 안심국(安心國)이 // 부왕님전(父王任前) 득죄(得罪)하고,

무산천리(無山千里) 무인도(無人島) 황토(黃土)섬에 // 삼년(三年)귀양 가나니다.

모친님(母親任)은 존체무양(尊體無恙)[193] 하옵소셔.

소자(小子) 다행(多幸)히 귀양살고 도라오면,

대왕대비(大王大妃) 모시옵고 // 백세봉양(百歲奉養) 하련이와[194]

---

184) 간신(諫臣). 간관(諫官). 언관(言官). 사간원(司諫院)이나 사헌부(司憲府)의 관원.

185) 탑전주달(榻前奏達). 임금의 앞에서 어떤 일을 아룀.

186) 하릴없어. 어찌 할 수 없어.

187) 통편(通編). 대전통편(大典通編). 경국대전(經國大典)・대전속록(大典續錄)・대전후속록(大典後續錄)・수교집록(受教集錄)・속대전(續大典)을 한데 모아 이룬 책. 조선조 정조(正祖)의 명을 받아 김치인(金致仁)이 편집한 책으로 6권 5책으로 되어 있음.

188) 들여놓고.

189) '모르는'에 해당하는 방언.

190) 저저(這這)히. 저저이. 낱낱이 모두.

191) 사실(査實). 진실을 살핌.

192) 무광(無光). 빛을 잃음.

193) 존체무양. 귀한 몸에 탈이 없음.

소자(小子) 만일 황토(黃土)섬서 죽어지면,

오날이 모자간(母子間) 영이별(永離別)이로 소이다 // 방성애통(放聲哀痛) 설이[195]우니,

부인(婦人)이 듯기를 다한후(後)에 // 기절(氣絶)하야 업더저셔[196]

악수상별(握手相別)[197] 통곡(痛哭)하며 // 국아~ 안심국(安心國)아,

너의팔자(八字) 용렬(庸劣)하고 // 내복(福)이 그쁜이라.

대왕님(大王任)도 무정(無情)하고 // 조정간신(朝廷諫臣) 야속하다.

무삼죄(罪) 지중(至重)키로 // 이십전(二十前) 어린거슬

인적(人跡)도 부도처(不到處)[198]에 // 삼년(三年)귀양 왼말인야?

천지일월(天地日月) 성신(星辰)님과 // 명천(明天)이 감동(感動) 하사,

우리태자(太子) 안심국(安心國)이 // 정상(淸狀)을 살피시고,

무사(無事)히 귀양살고 // 도라오기 하옵소셔.

국아~ 안심국아 // 너 대(代)로[199] 삼년(三年) 귀양 // 내가살고 도라오마.

아모리 만류(挽留)하나 // 국법(國法)이 중(重)한지라,

성조(成造) 모친(母親)을 달내여 왈(曰),

부모(父母) 대(代)로 자식(子息) 가는법(法)은 // 예로부터 잇거니와,

자식(子息) 대(代)로 부모(父母) 귀양가는 법(法)은 // 천추(千秋)에 업사오니,

모친(母親)은 존체무양(尊體無恙) 하옵소셔.

눈물로 하직(下直)하고 // 궐문(闕門)박[200] 내다러니,

삼태육경(三台六卿) 모든신하(臣下) // 잘가라고 하직하며,

원근친척(遠近親戚) 일가(一家)들도 // 잘가라 하직하며,

삼천궁녀(三千宮女) 나인(人)들도 // 잘가라고 하직하고 // 곡성(哭聲)이

---

194) 하려니와. 하겠지만.

195) 설리. 슬피.

196) 엎어져서.

197) 악수상별(握手相別). 손을 잡고 서로 이별함.

198) 부도처(不到處). 이르지 못하는 곳. 닿지 않는 곳.

199) 대(代)로. 대신(代身)으로. 대신(代身).

200) 궐문 밝. 대궐 문밖.

낭자(浪籍)하니,

기시(其時)에 무사(武士)들이 // 성조(成造)를 모시내여,

수래우에 놉히실ㅅ고 // 장안(長安) 대도상(大道上)에

행색(行色)업시 써나가셔 // 강변(江邊)에 다다러매,

성조(成造)를 모시다가 // 경광선(輕廣船)[201]에 실어노코,

삼년(三年)먹을 양도[202]의복(粮度衣服) // 이물[203]에 실어놋코,

순금(純金)비단 돗틀[204]다니 // 양돗틀 갈나달고 // 쌋감고[205] 배씌우니,

기시(其時)에 성조님(成造任)은 // 고을[206]에 놉히안자 // 좌우산천(左右山川) 살피보니,

이리지척 저리지척 // 법범중류(泛泛中流)[207] 써나간다.

가며서 바라보니 // 서천국(西天國)은 머러가고[208] // 황토(黃土)섬은 가차온다.[209]

무정(無情)하다 동남풍(東南風)아 // 경광선(輕廣船)을 독촉(督促)마라.

산(山)도 예보든 산(山)이 아니요,

물도 예보든 물이 아니로다.

비금주수(飛禽走獸)[210] 흔한고제[211] // 인적(人跡)은 부도처(不到處)라.

삼년(三年)귀양 뉘를 바라 살아날고?

대왕님(大王任)도 무정(無情)하고 // 조정간신(朝廷諫臣) 야속하고 // 나의팔자(八字) 용렬(庸劣)하다.

---

201) 경광선(輕廣船). 가볍고 넓은 배.

202) 양도. 양식(糧食).

203) 이물. 배의 앞머리. 선수(船首).

204) '돛을'에 해당하는 방언.

205) 닻 감고. 닻을 감고.

206) 고을. '고물'에 해당하는 방언. 배의 뒷부분. 흔히는 '고울'이라고도 발음함.

207) '범피중류'(泛彼中流)의 와음으로 보는 것이 옳겠음. '저 물 가운데로 떠간다'의 뜻. 판소리 '심청가'에 심청이 공양미 삼백 석에 선인(船人)들에게 몸이 팔려 인당수 제수가 되어 바다로 출발하는, '범피중류'라는 유명한 대목이 있음.

208) 멀어가고. 멀어지고.

209) '가까워 온다'에 해당하는 방언.

210) 비금주수(飛禽走獸). 나는 날짐승과 닫는 길짐승. 여기서는 '온갖 짐승'의 뜻임.

211) 흔한 곳에.

내 무삼[212]죄(罪) 지중(至重)큰대 // 이십전(二十前) 십팔세(十八歲)에 황토(黃土)섬 무인처(無人處)에 // 삼년(三年)귀양 외인말고?[213]

산천초목(山川草木) 비금주수(飛禽走獸) // 눈물을 흘니는듯,

선인(船人)들도 통곡(痛哭)하며 // 성조(成造)를 위로(慰勞)하고

몃날몃칠 배질[214]하야 // 황토(黃土)섬에 도박(到泊)[215]하고,

삼년(三年)먹을 양도의복(粮度衣服) // 섬중(中)에 하륙(下陸)[216]하고 // 선인(船人)들을 하직(下直)할제,

여바라[217] 선인(船人)들아 // 고국(故國)에 도라가서,

불행(不行)한짓[218] 하지말고 // 삼강오륜(三綱五倫) 인의예지(仁義禮智) // 선악(善惡)을 생각하고,

평생(平生)을 평보(平保)[219]하면 // 내 삼년(三年) 귀양살고,

고국(故國)을 도라가면 // 다시 상봉(相逢) 하련이와,

내 신운(身運)이 불길(不吉)하야 // 이곳서 죽게되면 // 너희들도 영이별(永離別)이라.

성조님(成造任)이 앙천탄식(仰天歎息)[220] 설니우니,

제반 선인(諸般船人)[221]들도 실성(失聲)하야 통곡(痛哭)하며,

성조(成造)를 위로(慰勞)하고 // 삼년 정배(三年定配)에 안신환국(安身還國)[222] 하옵소서.

거수 재배(擧手再拜)[223]하고 // 배를띄야 고국(故國)으로 도라갈새,

---

212) 무삼. '무슨'에 해당하는 고어(古語).
213) 웬 말인가?, 어찌된 말인가?
214) 배질. 노를 젓거나 돛을 달아 배를 움직이게 하는 일.
215) 도박(到泊). 배로 와 닿음.
216) 배, 차, 비행기 등에 실어온 물건을 육지에 내리는 일.
217) 여봐라.
218) 해서는 안 될 짓. 해서는 안 될 나쁜 짓.
219) 평보(平保). 평안하게 몸을 보존함.
220) 앙천탄식(仰天歎息). 하늘을 우러러 탄식함.
221) 제반 선인(諸般船人). 모든 뱃사람들.
222) 안신환국(安身還國). 몸을 편안히 하여 나라로 돌아옴.
223) 거수 재배(擧手再拜). 손을 들어 두 번 절함.

성조님(成造任) 할 일업서 // 선인(船人)들을 하직(下直)하고,

十.

눈물을 친구삼고 // 새즘생을 벗을삶아,[224]

하로잇틀[225] 한달두달 // 일년(一年)이 잠간(暫間)이라.

이년(二年)잇해[226] 귀양사니 // 세월(歲月)이 여류(如流)하야 // 삼년(三年) 귀양 잠ㅅ간이라.

오날이나 소식(消息) 올ㅅ가? // 내일(來日)이나 해배(解配)[227] 할ㅅ가?

고국(故國)을 생각(生覺)하고 // 부왕소식(父王消息)을 기다리니

답답한 심한(心恨)중(中)에 // 장영사년(將迎四年)[228] 되얏스되 // 소식(消息)이 돈절(頓絶)[229]하다.

삼년(三年)입을 의복(衣服) 부족(不足)하니,

소슬한풍(蕭瑟寒風)[230] 찬바람에 // 백설(白雪)도 분분(紛紛)한데,

의복(衣服)업는 져인생(人生)이 // 추어[231] 어이 사라나며,

삼년양식(三年粮食) 써러지니 // 배가 곱하[232] 어이살냐?

한째굶고[233] 두째굴머 // 모진 목숨에 죽든[234] 아니하고,

기한(飢寒)[235]이 자심(滋甚)하야 // 견될수 업는고로,

해변청산(海邊青山) 올나가서 // 송피(松皮)[236]벗겨 위럽하고,[237]

---

224) 삼아.
225) 하루 이틀.
226) 이태. 이년(二年).
227) 해배(解配). 귀양을 풂.
228) 장영사년(將迎四年). 장차 사년(四年)을 맞이함. 곧 사년(四年)이 되려 함.
229) 돈절(頓絶). 아주 끊어짐. 갑자기 끊어짐.
230) 소슬 한풍(蕭瑟寒風). 쓸쓸한 찬바람.
231) 추워. 추워서.
232) 고파. 고파서.
233) 한 때 굶고. 한 끼 굶고.
234) 죽지는.
235) 기한(飢寒). 배고픔과 추위.
236) 송피(松皮). 소나무 껍질. 옛날 흉년에는 소나무 껍질을 벗겨 연명했다고 함.
237) 먹고.

해수(海水)에 나려가서 // 해채(海菜)[238] 산채(山菜) 캐여내여
연명(連命)은 겨우하되 // 여러달 여러날을 // 화식(火食)먹지 아니하니,
왼몸[239]에 털이나서 // 짐생인지 사람인지 // 분간(分間)할수 업는지라.

十一.

그때는 어너때냐?[240] // 갑자(甲子) 춘삼월(春三月)이라.
불탄속닙 새로나며 // 왼갓화초(花草) 만발(滿發)한데,
촉(蜀)나라 두견조(杜鵑鳥)[241]며 // 농산(隴山)[242]앵무(鸚鵡)[243] 오작(烏鵲) 즘생,
만경창파(萬頃蒼波) 녹수상(綠水上) // 원불상사(怨不相思) 원앙(鴛鴦)새,
왕사당전(王師堂前)[244] 저재비[245]며 // 알연장명(戛然長鳴)[246] 백학(白鶴)이며,
위보고인(爲報故人) 수기서(數寄書)[247] // 소식(消息)전(傳)튼 청조(靑鳥)[248]

238) 해채(海菜). 미역.
239) 온몸.
240) 어느 때냐?
241) 두견조(杜鵑鳥). 두견새. 두견새는 촉(蜀)나라 망제(望帝) 두우(杜宇)가 죽어서 된 새라는 전설이 있기 때문에 앞에 '촉나라'라는 말이 붙게 된 것임.
242) 농산(隴山). 중국에 있는 지명. 지금의 감숙성(甘肅省) 공창부(鞏昌府).
243) 앵무새. 중국의 농산(隴山)에서 많이 나기 때문에 이 새를 다른 이름으로는 '농금'(隴禽)이라고도 함. 그래서 앞에 '농산'이라는 말이 붙은 것임. 잠삼(岑參)의 시 '부북정도농산사가시'(赴北庭度隴山思家詩)에 '농산앵무능언어(隴山鸚鵡能言語) 위보가인수기서(爲報家人數寄書)'라는 구절이 있음.
244) '왕사당전'(王謝堂前)의 잘못임. 유우석(劉禹錫)의 시 '오의항'(烏衣巷)에 '구시왕사당전연(舊時王謝堂前燕) 비입심상백성가(飛入尋常百姓家)'라는 구절이 있음.
245) 제비.
246) 알연장명(戛然長鳴). '알연'은 금속이 서로 부딪치는 소리. '장명'(長鳴)은 길게 욺. 소동파(蘇東坡)의 「후적벽부」(後赤壁賦)에 나온 '때에 밤은 장차 한밤중이고 사방을 둘러보아도 적막한데 마침 외로운 학 한 마리가 강을 가로질러 동쪽으로 온다. 깃은 수레바퀴 같고 검은 치마에 흰 저고리를 하고 날카롭고 긴 소리로 울면서 나의 배를 스쳐 서쪽으로 날아간다'(時夜將半 四顧寂寥 適有孤鶴 橫江東來 翅如車輪 玄裳縞衣 戛然長鳴 掠予舟而西也)에서 온 구절임.
247) '위보가인수기서'(爲報家人數寄書)의 잘못임. 잠삼(岑參)의 시 '赴北庭度隴山思家詩'에 '농산앵무능언어(隴山鸚鵡能言語) 위보가인수기서(爲報家人數寄書)'라는 구절이 있음.
248) 서왕모(西王母)의 먹을 것을 마련하여 준다는 전설상의 새. 이 새를 보내어

새가 // 성조(成造)압헤 우지지니,

그때에 성조(成造)님이 // 고국(故國)을 생각(生覺)하고,

슯히우는 두견(杜鵑)새야 // 나도 이곳 죽어지면,

져른 늑시[249] 아니될ㅅ가? // 홀노 탄식(歎息) 통곡(痛哭)타가,

청조(靑鳥)새를 바라보고 // 반갑다 청조(靑鳥)새야 // 어데 갓다 인제 왓나?

인적(人跡)도 부도처(不到處)에 // 춘광(春光)따라 너왓거든,

편지한장 전(傳)해다가 // 서천국(西天國) 도라가서 // 명월각(明月閣)에 붓처쥬게.

명월각(明月閣) 계화부인(桂花夫人) // 날과 백년(百年) 임(任)이로다.

부탁(付托)하여 더져놋코[250] // 편지(片紙)를 씨자[251]하니 // 지필묵(紙筆墨)이 업는지라.

쩌러진 관대(官帶)ㅅ자락 // 씌여서 압헤놋코,

무명지(無名指)를 터주어서[252] // 피를내여 혈서(血書)할제,

그글에 하엿시되 // 부모(父母) 양위주(兩位主)님 // 옥체 무양(玉體無恙) 하옵시며,

부인(婦人)은 상별 수년(相別數年)[253]에,

부모(父母)님 모시옵고 // 귀체 안녕(貴體安寧) 하십닛가?

가군(家君)은 황토(黃土)섬 정배후(定配後)로 // 곤란(困難)이 막심중(莫甚中)에,

삼년(三年)먹을 양도의복(粮度衣服) // 전후(前後)로 핍절(乏絶)[254]이라.

기한(飢寒)이 자심(滋甚)한말 // 설음으로 기록(記錄)하야,

씨기를 맛친후(後)에 // 청조전(靑鳥前) 부탁(付托)하니,

서왕모가 주(周)나라 목왕(穆王)을 인도하였다고 함.

249) 넋이. 혼(魂)이.

250) 던져 놓고.

251) '쓰자'에 해당하는 방언. 쓰려고.

252) '터뜨려서'에 해당하는 방언. 여기서는 '깨물어 터지게 해서'의 뜻임.

253) 상별 수년(相別數年). 서로 헤어진 지 여러 해.

254) 핍절(乏絶). 끊어지고 없음.

저 청조(青鳥) 거동(擧動)보소 // 편지봉(片紙封)을 덥석 물고,

두하래[255]를 헐헐 치며 // 서천국(西天國)을 바라보고

둥둥쩌 놉히나라 // 만경창파(萬頃蒼波) 섭적[256]건너,

장안(長安) 대도상(大道上)에 나라들어 // 명월각(明月閣)을 바라보고 // 훨훨 나라 드러가니,

그때에 계화부인(桂花夫人) // 춘색(春色)을 귀경차로

봉황루(鳳凰樓)에 놉히올나 // 좌우산천(左右山川) 구경(求景)할제,

나무~ 속닙나고 // 가지마당[257] 춘색(春色)이라.

만당추수(滿塘秋水)[258] 홍련화(紅蓮花) // 암향부동(暗香浮動)[259] 월계화(月桂花)며

소식(消息) 전(傳)튼 단명화(短命花)며 // 삼월춘풍(三月春風) 해당화(海棠花)며

도리화(桃李花) 모란화(牡丹花)며 // 두견화(杜鵑花) 만발(滿發)하야 // 좌우산천(左右山川) 어리엇고,

남원녹초(南園綠草) 호접(胡蝶)[260]들은 // 矢을[261]보고 반기는 듯 // 쌍거쌍래(雙去雙來)[262] 나라들고,

동원도리(東園桃李) 편시춘(便是春)[263]은 // 곳곳마당 춘색(春色)이라.

또한편 바라보니 // 청강녹수(淸江綠水) 원앙(鴛鴦)새는

비취(翡翠)로 짝을지어 // 음양(陰陽)으로 쩌서 잇고,[264]

---

255) '두나래'의 오식(誤植). 두 날개.

256) 슬쩍. 별로 힘들이지 않고.

257) '가지마다'에 해당하는 방언.

258) 만당추수(滿塘秋水). 연못에는 가을 물이 그득하고.

259) 그윽한 향기가 떠다님. 그러나 사실 이 구절은 '매화'(梅花)를 표현한 것임. 매화를 가장 사랑한 것으로 유명한 중국 송(宋)나라 시인 임포(林逋)의 '산원소매'(山園小梅)라는 시에 '소영횡사수청천(疏影橫斜水淸淺) 암향부등황혼월(暗香浮動黃昏月)'이라는 구절이 있음.

260) 호접(胡蝶). 나비.

261) 꽃을.

262) 쌍거쌍래(雙去雙來). 쌍쌍이 가고 옴.

263) 동원도리편시춘(東園桃李片時春)의 잘못임. 동쪽 뜰의 복사꽃과 으얏꽃이 잠시 봄빛을 띰.

기산조양(箕山朝陽)[265] 봉황조(鳳凰鳥)[266]며 // 가인상사(佳人相思)[267] 기러기[268]며

알연장명(戛然長鳴) 백학(白鶴)이며 // 막교지상(莫敎枝上) 꾀꼬리[269]며

성성제혈(聲聲啼血)[270] 두견조(杜鵑鳥)[271]며 // 작지작난[272] 오작(烏鵲)이며

어엽분[273] 채련조(彩鸞鳥)며 // 강왕[274]명월(明月) 저황새며

구만장천(九萬長天) 대붕(大鵬)[275]새 // 왕사당전(王師堂前) 저재비며,

---

264) 떠서 있고. 떠있고.

265) 기산조양(箕山朝陽). 기산의 아침볕에. '기산'은 중국(中國) 섬서성 봉산부(鳳山府)의 동쪽에 있는 산(山)의 이름. 주(周)나라 무왕(武王)의 선조(先祖)인 고공단보가 이곳으로 옮아와 그 기슭에 주실(周室)의 터를 열었고 문왕(文王) 때에는 봉황(鳳凰)이 여기서 울었다고 함.

266) 봉황새. 봉황. 상상상(想像上)의 상서(祥瑞)로운 새. 몸은 닭의 머리, 뱀의 목, 제비의 턱, 거북의 등, 물고기의 꼬리 모양을 하고, 키는 6척(六尺) 가량이며, 몸과 날개에는 오색(五色)의 빛이 찬란하고, 오음(五音)의 소리를 낸다고 함. 오동(梧桐)나무에 깃들이고 대의 열매[竹實]를 먹으며 예천(醴泉)을 마심. 성천자(聖天子)가 나타나려고 하면 이 새가 나타나는데 뭇짐승들이 따라 모인다고 함. 수컷을 '봉'(鳳), 암컷을 '황'(凰)이라고 함. 용·거북·기린과 함께 사령(四靈)을 이루는데 중국(中國) 고대(古代)의 전설(傳說)에 많이 등장함. 지금 여기서 언급된 이유는 위의 주)를 참조할 것.

267) 아름다운 사람을 그리워함.

268) 기러기는 소식을 전해주는 새로 알려져 있기 때문에 '가인상사'(佳人相思)와 연결된 것임.

269) 이 행은 당(唐)나라 시인 김창서(金昌緖)의 시 「춘원」(春怨)에 나온 구절을 암인한 것인데 그 시는 다음과 같음.

타기황앵아(打起黃鶯兒) 막교지상제(莫敎枝上啼)
제시경첩몽(啼時驚妾夢) 부득도요서(不得到遼西)

270) 성성제혈(聲聲啼血). 소리소리 피나게 욺. 잡가 가사 등에서는 '성성제혈염화지'(聲聲啼血染花枝)라고 하였음.

271) 두견새는 밤새 울어서 목이 터져 죽고 그 피가 땅에 스며들어 피어나는 꽃이 진달래라는 전설(傳說)이 있음. 그래서 진달래꽃을 '두견화'(杜鵑花)라고도 부른다고 함.

272) 미상.

273) 어여쁜.

274) 미상.

275) 대붕(大鵬). 붕새. 상상상의 큰 새. 『장자』(莊子) 「소요유」(逍遙遊)편에 나오는 곤(鯤)이 변해서 된 새로서 날개의 길이가 삼천리(三千里)나 되며 한 번에 구만리(九萬里)를 날아간다고 함.

호반새[276] 북굼새[277]며 // 적벽화전(赤壁火戰)[278] 저 원조(怨鳥)[279]들 // 춘색(春色) 짜라 나라드니

거년추(去年秋)[280]에 이별(離別)하든 // 왕사당전(王師堂前) 저재비는

금춘 삼월(今春三月)[281] 삼길일(三吉日)[282]에 // 옛주인(主人)을 찻것마는[283]

슯허다 성조님(成造任)은 // 황토(黃土)섬에 귀양간지

우금[284]사년(于今四年) 지내도록 // 명월각(明月閣)을 못오신고? // 낙루탄식(落淚歎息)[285] 슯히울제,

서왕모(西王母)[286] 청조(靑鳥)새가 // 공중(空中)에서 우지진다.

계화부인(桂花婦人) 바라보고 // 새야 청조(靑鳥)새야 // 유정(有情)한 즘생이라

주유천하(周遊天下)[287] 다니다가 // 황토(黃土)섬 드러가서,

---

276) 호반새. 물총새과에 속하는 물새의 이름.

277) 북굼새. 뻐꾹새.

278) 적벽화전(赤壁火戰). 『삼국지』(三國志)에 나오는 적벽대전(赤壁大戰)을 말한 것임. 제갈량(諸葛亮)이 동남풍(東南風)을 빌어 조조의 군사들을 화공(火攻)으로 격파하였기 때문에 '화전'(火戰)이라고 한 것임. 『명경 증보신구잡가』(한국잡가전집 1, 계명문화사, p. 156)에 실린 「륙자동고리」에 '우연히 길을 가노라니 이샹스러운 식가 우름을 운다 적벽화젼에 죽은 조졸 원금나는 식가되여 조승샹을 원망ᄒᆞ고 구곡을 ᄇᆞ라다보고 슯히 울고 갈가나'(떡어쓰기 필자)라는 가사가 있음.

279) 위의 주) 참조.

280) 거년추(去年秋). 지난해 가을.

281) 금춘 삼월(今春三月). 금년 봄 삼월.

282) 삼길일. 삼진날. 삼질일. 음력으로 3월 3일을 '삼월 삼진날'이라고 함.

283) 찻건만은.

284) 우금(于今). 지금까지.

285) 낙루탄식(落淚歎息). 눈물을 흘리며 탄식함.

286) 중국 상대(上代)에 받들었던 선녀(仙女)의 하나. 성(姓)은 양(楊), 이름은 회(回). 주(周)나라 목왕(穆王)이 서쪽으로 곤륜산(崑崙山)에 사냥을 가서 서왕모(西王母)를 만나서 요지(瑤池)에서 노닐며 돌아오기를 잊었다고 함. 또 한(漢)나라 무제(武帝)가 장수(長壽)를 원하고 있을 때, 그를 가상(嘉祥)히 여기어 하늘에서 선도(仙桃) 일곱 개를 가지고 내려와 무제(武帝)에게 주었다고 함. 『산해경』(山海經)에서는 그 모양이, 반인반수(半人半獸)로 표범의 꼬리에 범의 이를 가지고, 더벅머리에 풀다리를 썼다고 하였음. 그 여자의 남(南)쪽에는 세 마리의 청조(靑鳥)가 있어서 먹을 것을 마련하여 준다고 함.

가군(家君)[288] 태자(太子) 성조(成造)임이 // 죽엇는지 살앗는지,
생사존망(生死存亡) 아라다가[289] // 나의게 붓처주게.
말이 맛지[290] 아니하야 // 청조(靑鳥)새 입에 물엇든
편지봉(片紙封)을 부인(夫人) 무럽헤[291] // 뚝 써러치고[292] 나라가니,
계화부인(桂花夫人) 고히녁여[293] // 편지(片紙)바다 개(開)탁[294]하니,
가군(家君)의 필적(筆跡)은 분명(分明)하나 // 눈물이 헐너[295] 글ㅅ발을 살피지 못하고,
곤곤히[296] 것친[297]후에 // 편지봉(封)을 집어들고 // 남별궁(南別宮)을 드러갈제,
성조모친(成造母親) 옥진부인(玉眞夫人) // 연당(年當) 사십(四十)에
왼갓대[298] 공(功)을 드려 // 독자(獨子) 성조(成造) 두엇시매,
사랑코 귀히길녀[299] // 주야(晝夜)로 사랑히 녀기시드니,
문득 조정참소(朝廷讒訴) 맛내[300] // 황토(黃土)섬 정배후(定配後)로,
성조(成造)를 생각하고 // 나날히 노탄(勞歎)하니,[301]
병(病)안들고 무엇되리? // 시름상사(相思) 병이드러,
침석(寢席)에 의지(依支)하야 // 눕고 이지[302] 못하더라.

---

287) 주유천하(周遊天下). 천하를 두루 노닒.
288) 가군(家君). 남에게 대하여 자기 남편을 일컫는 말.
289) 알아다가.
290) 마치지. 끝나지.
291) 무릎에.
292) 뚝 떨어뜨리고.
293) 이상하게 생각하여. 이상히 여겨.
294) 개탁(開坼). 봉한 편지나 서류를 뜯어 봄.
295) 흘러.
296) 곤곤(困困)히. 괴롭게.
297) 그친. 여기서는 '편지를 잠깐 살펴보고 난'의 뜻임.
298) 온갖 데. 많은 곳에.
299) 길러.
300) 만나. 당하여.
301) 탄식하니.
302) 일어나지.

인삼(人蔘)녹용(鹿茸) 고양진미(膏羔珍味)[303] // 아무리 공경(恭敬)한들 // 회춘(回春)할수 업는지라.

그때에 계화부인(桂花夫人) // 편지봉(片紙封)을 집어들고 // 부인(夫人) 겻테[304] 안저며 왈,

시모님(媤母任)은 정신(精神)을 진정(鎭定)하와,

태자(太子) 서간(書簡) 감찰(鑑察)[305] 하옵소서.

부인(夫人)이 드러시고 // 놀나며 하는말이 // 이거시 외인[306] 말이냐?

꿈이거든 깨지말고 // 생시(生時)거든 변(變)치마소.

하늘이 지시(指示)하사 // 태자(太子) 서간(書簡) 어더[307]보니,

슯허고 즐거와라 // 서간(書簡)씌여 개탁하니,

만지장서(滿紙長書)[308] 하엿스되 // 자자(字字)히 서름이라.

옥진부인(玉眞夫人) 통곡(痛哭)하며 // 대왕(大王)님도 무정(無情)하고 // 조정간신 무심하다.

우리 태자(太子) 성조씨(成造氏)가 // 귀양간지 수삼년(數三年)에 // 해배(解配)할ㅅ줄 모로신고?

의복(衣服)업는 저인생(人生)이 // 엄동설한(嚴冬雪寒) 찬바람에 // 추어어이 사랏스며,

양식(糧食)이 쩌러지니 // 삼사월(三四月) 진진해에[309] // 배가 곱하[310] 엇지한고?

참혹(慘酷)한 경과(經過)로다 // 이럿키[311] 설니우니,

삼천 궁녀(三千宮女)들도 // 갓치[312] 눈물지어 우니 // 곡성(哭聲)이 분

---

303) 고양진미. '고량진미'(膏粱珍味)의 잘못으로 보는 것이 옳겠음. 살찐 고기와 좋은 곡식으로 만든 맛있는 음식.

304) 곁에. 옆에.

305) 감찰(鑑察). 감시하여 살핌. 여기서는 '감정하고 살핌'의 뜻임.

306) 웬. 어찌된.

307) 얻어.

308) 만지장서(滿紙長書). 종이 가득 길게 씀.

309) 긴긴 해에. 길고 긴 해에.

310) 고파.

311) 이렇게.

분(紛紛)터라.

그때에 천궁대왕(天宮大王) // 용상(龍床)에 좌기(坐起)[313]하고,

제신(諸臣)을 모와 국사(國事)를 의론(議論)타가,

곡성(哭聲)이 들니거늘 // 이곡성(哭聲)이 엇진[314] 곡성이냐?

노신(老臣)이 복지(伏地) 주(奏)왈,

황토(黃土)섬 귀양가신 // 태자(太子) 서간(書簡)이 왓나이다.

대왕(大王)이 들어시고 // 서간(書簡)을 급(急)히 올녀,

사연(事緣)을 살펴보니 // 글자(字)마당 서름이라,

대왕(大王)이 마음이 알니여[315] // 낙루(落淚) 후회(後悔)하며

간신(諫臣)을 원찬(遠竄)[316]하고 // 금부도사(禁府都事)[317] 명령(命令)하야,

좌우승상(左右丞相) 모시시고 // 황토(黃土)섬 태자(太子) 성조(成造),

귀양풀어 입시(入侍)하라 // 재촉령(催促令)이 나리시니,

금부도사(禁府都事) 명(命)을듯고 // 일등목수(一等木手) 불너드려[318]

항장목[319] 비여내야 // 팔구간(八九間) 배를모와[320] // 순금(純金)비단 돗틀달고,

이십사명(二十四名) 선인(船人)들과 // 도사공(都沙工)[321]을 호령(號令)하되,

황토(黃土)섬이 어더매냐? // 얼는 밧비[322] 행선(行船)하라.

도사공(都沙工)이 명(命)을듯고 // 짐ㅅ대끗테[323] 국기(國旗) 달고,

적군[324]들을 총독하야[325] // 황토(黃土)섬을 드러갈제,

---

312) 같이. 함께.

313) 좌기. 관청의 우두머리가 사진(仕進)하여 일을 봄.

314) 어떻게 된.

315) 알리어. 아파서.

316) 원찬(遠竄). 멀리 유배(流配)시킴.

317) 금부도사(禁府都事). 의금부(義禁府)에서 일을 보든 도사(都事).

318) 불러들여.

319) 항장목. '황장목'(黃腸木)의 와음. '황장목'는 재관(梓棺)을 만들 때에 사용하는 질이 좋은 소나무.

320) 만들어.

321) 도사공(都沙工). 사공들의 우두머리.

322) 얼른 바삐.

323) 끝에.

바람도 순(順)히불고 // 물ㅅ결도 잠잠하니,
만경창파(萬頃蒼波) 대해중(大海中)에 // 범범중류(泛泛中流)[326] 써나간다.

十二.

그때 태자(太子) 성조씨(成造氏)는
청조(靑鳥)에게 편지 전(傳)한 후(後)로
계화부인(桂花夫人) 답서(答書)오기를 // 조석(朝夕)으로 바라드니,
난대업는 경광선(輕廣船)이 // 국기(國旗)를 놉히달고,
강상(江上)에 둥둥써서 // 어더메[327]를 향(向)하거늘,
성조님(成造任)이 바라보고 // 어허 그배 반갑고나.
지내가는 과선(過船)[328]인지 // 장사하는 상선(商船)인지,
시절(時節)이 요란하야 // 군량(軍糧)실ㅅ고 가는밴지,
십리장강 벽파상(十里長江碧波上)[329] // 왕래(往來)하는 거루ㅅ밴지[330]
태백(太白)[331]이 기경비상천(騎鯨飛上天)[332] 하니 // 풍월(風月)실ㅅ고 가

324) 적군. '곁군'에 해당하는 경상도 방언. 흔히는 '절군'이라고 발음함. '곁군'은 본래 '곁에서 남의 일을 거들어 도와주는 사람'이라는 뜻이나 경상도 해안지방에서는 일반 선원(船員)을 지칭하는 말로 사용됨. 어원적(語源的)으로 보면 '곁꾼'의 구개음화(口蓋音化) 및 단모음화(單母音化) 현상으로 이해됨.

325) 문맥상으로 보면 '독촉하여. 재촉하여' 정도의 뜻임.

326) '범피중류'(泛彼中流)의 와음으로 보는 것이 옳겠음. '저 물 가운데로 떠간다'의 뜻. 판소리 『심청가』에 심청이 공양미 삼백 석에 선인(船人)들에게 몸이 팔려 인당수 제수가 되어 바다로 출발하는, '범피중류'라는 유명한 대목이 있음.

327) '어디'에 해당하는 고어(古語).

328) 과선(過船). 지나가는 배.

329) 십리장강벽파상(十里長江碧波上). 십리의 긴 강 푸른 물결 위에.

330) 거룻배인지. '거룻배'는 돛 없는 작은 배.

331) 이태백(李太白). 이백(李白). 중국 당(唐)나라 시대의 유명한 시인(詩人). 호방하고 낭만적인 시풍으로 유명하며 일명 '시선'(詩仙)이라고 불림. 포도주를 잔뜩 먹고 물에 비친 달을 건지려다가 빠져죽었다고 전함.

332) 기경비상천(騎鯨飛上天). 고래를 타고 하늘로 올라감. 이백이 물에 빠져서 죽은 것을 고래를 타고 하늘로 올라갔다고 표현한 것임. 진소유(秦少游)의 시에 '이백기경비상천(李白騎鯨飛上天) 강남풍월한다년(江南風月閒多年)'이라는 구절이 있음.

는밴지,

동강 칠리탄(桐江七里灘)[333]에 // 엄자릉(嚴子陵)[334]의 낙시ㅅ밴지,
적벽강(赤壁江)[335] 추야월(秋夜月)[336]에 // 소자첨(蘇子瞻)[337]의 노든밴지,
만경창파(萬頃蒼波)[338] 욕모천(欲暮天)에 // 천어환주(穿魚換酒) 하든밴지,[339]
기산영수(箕山潁水)[340] 말근[341]물에 // 소부(巢父)[342] 허유(許由)[343] 노든밴지,

---

333) 동강칠리탄(桐江七里灘). 엄릉탄(嚴陵灘). 엄자릉(嚴子陵)이 낚시하던 여울.

334) 엄자릉(嚴子陵). 자는 자릉(子陵), 이름은 광(光). 중국 후한시대의 여요(餘姚) 사람. 어릴 때 광무제(光武帝)와 같이 공부하였는데 광무제가 즉위하자 변성명(變姓名)하고 숨어 살았음. 광무제가 찾아서 간의대부(諫議大夫)를 제수(除授)하였으나 사양하고 은거하였는데 후세 사람들이 그가 낚시질하던 곳을 '엄릉뢰'(嚴陵瀨) 혹은 '엄릉탄'(嚴陵灘)이라 불렀다고 함.

335) 적벽강(赤壁江). 적벽(赤壁)에 있는 강. '적벽'은 중국 호북성 황강현 성 밖에 있는 명승지. 소동파(蘇東坡)가 '적벽부'(赤壁賦)를 지은 곳임.

336) 소동파의 『적벽부』(赤壁賦)에서 시간적 배경이 된 것이 '임술년 칠월 십육일 달밤'[壬戌之秋七月旣望]이었음.

337) 소자첨(蘇子瞻). 소동파(蘇東坡). 중국(中國) 북송(北宋)의 문인(文人)으로 이름은 식(軾: 1036-1101년). 흔히 아버지 순(洵)과 아우 철(轍)과 더불어 '삼소'(三蘇)라고 불림. 당송팔대가(唐宋八大家)의 한 사람. 왕안석(王安石)과 대립하여 좌천(左遷)되었으나 후에 철종(哲宗)에게 중용(重用)되어 구법파(舊法派)의 대표자의 하나가 되었음. 서화(書畵)에도 능하였으며 저서에 『동파전집』이 전함. 문풍(文風)은 환상적이고 낭만적인 성향을 띠었으며 그의 「적벽부」(赤壁賦)와 「후적벽부」(後赤壁賦)는 중국(中國)에서도 명문(名文)으로 치는 작품임. 우리나라의 문인(文人)들에게도 많은 영향을 미쳤는데 특히 고려시대(高麗時代)부터 조선 전기(朝鮮前期)에 이르기까지 그 영향이 지대하였음.

338) '만리창파'(萬里滄波)의 잘못임.

339) 만경창파에 하늘은 어두워지려는데, 고기를 꿰어 술과 바꾸도다. 당나라의 시에 '만리창파욕모천(萬里滄波欲暮天) 천어환주유교변(穿魚換酒柳橋邊)'이라는 구절이 있음.

340) 기산 영수(箕山潁水). 중국 하남성(河南省) 등봉현(登封縣)에 있는 산과 강의 이름. 요(堯)임금이 천하를 허유(許由)에게 선양(禪讓)하려 하니 허유가 듣지 않고 기산(箕山)에 숨어 영수(潁水)에 귀를 씻었다고 전함[許由聞堯致天下而讓焉 乃退而遁於中嶽 潁水之陽 箕山之下(『高士傳』)].

341) 맑은.

342) 소부(巢父). 중국 고대의 고사(高士). 속세를 떠나서 산의 나무 위에 살았기 때문에 이 이름이 생겼다고 함. 요(堯)임금이 천하를 그에게 맡기려고 하였으나 이를 받지 않았다고 전함.

343) 허유(許由). 중국 고대의 고사(高士). 초세속적 사상을 가진 높은 선비로서 요(堯)임금이 천하를 맡기려 하였으나 이를 받지 않고 도리어 자신의 귀가 더

알기가 어렵고나 // 일너라 어늬배냐?

거게가는 선인(船人)들ㅅ게 // 고국부탁(故國付托) 전(傳)해볼ㅅ가.

상상봉(上上峰)에 놉히올나 // 소래를 크게하며,

져게가는 선인(船人)들아 // 기한(飢寒)이 자심(滋甚)하야

죽게된 이인생(人生)을 // 구원(救援)하고 돌아가소.

선인(船人)들이 바라보니 // 모양(貌樣)은 짐생이나 // 음성(音聲)은 사람이라.

사공(沙工)이 대답(對答)하되 // 네가 짐생이냐 사람이냐?

성조님(成造任)이 말씀한다 // 여바라, 선인(船人)들아.

나는 다른 사람이 아니라 // 서천국(西天國) 태자(太子) 성조(成造)ㄹ너니

부왕님전(父王任前) 득죄(得罪)하고 // 귀양온지 수삼년(數三年)에,

화식(火食) 먹지 못한고로 // 일신(一身)에 털이나서,

아라[344]볼수 업지마는 // 나도 일ㅅ정[345] 사람이라.

금부도사(禁府都事) 그말듯고 // 황황 급급(惶惶急急)하며,

좌우승상(左右丞相)은, 군신지례(君臣之禮)[346]로 차려,

금관조복(金冠朝服) 사모관대(紗帽冠帶) // 일신(一身)을 정제(整齊)[347]하고,

이십사명(二十四名) 적군들은 // 배를둘녀[348] 황토(黃土)섬에 도박(到泊)하고,

성조(成造)를 모셔다가 // 고상(高床)[349]에 좌정(坐定)하니,

성조(成造) 곤곤(困困)한 정신(精神)을 차리시고 승상(丞相)을 도라보며,

국가 흥망(國家興亡)과 부모(父母)의 존망(存亡)이며,

제신(諸臣)의 안부(安否)를 // 낫낫치[350] 무른[351] 후(後)에

러워졌다고 하여 영수(潁水)에 귀를 씻고 기산으로 들어가 숨었다고 전함.

344) 알아.

345) 일정(一定). 틀림없는.

346) 군신지례(君臣之禮). 임금과 신하 사이의 예의. 신하가 임금을 뵙는 예.

347) 정제(整齊). 옷차림이나 몸가짐을 가지런히 함.

348) 돌려. 가던 방향을 바꾸어.

349) 고상(高床). 높은 의자.

350) 낱낱이.

성조님(成造任)을 공경(供敬)할제 // 인삼(人蔘)녹용(鹿茸) 고양진미(膏羔珍味) // 나날히 봉양(奉養)하니,

왼몸에 낫든[352]털이 // 일시(一時)에 다빠지고,

정화수(精華水)에 목욕시켜 // 의복(衣服)을 갓추어 입어서니 // 남중호걸(男中豪傑)이 분명(分明)하다.

청삼옥대(青衫玉帶) 어수화(御授花)[353]로 // 머리에 꼬즈시고,[354]

선중(船中)에 좌정(坐定)하니 // 선관(仙官)이 분명(分明)하다.

발선일(發船日)[355]이 당도(當到)하니 // 도사공(都沙工)의 거동(擧動) 바라 // 고사(告祀)를 차리는데,

어동육서(魚東肉西)[356] 남과북채(南果北菜)[357] // 차례되로[358] 차려놋코,

큰돗[359]자바[360] 수족(手足)묵거[361] // 산것갓치 차려놋코[362]

왼갓제수(祭需) 갓추[363]구(求)해 // 지성(至誠)으로 제(祭)만[364]할제,

---

351) 물은.

352) 났던.

353) 어수화(御授花). '어사화'(御賜花)의 와음으로 보는 것이 옳겠음. 옛날 과거(科擧) 급제자들에게 임금이 내리던 꽃. 길고 가는 참대 오리 둘에 푸른 종이를 감고 서로 비틀어 꼬아서 그 사이에 종이로 보라·다홍·황색의 세 가지 무궁화 송이 조화(造花)를 만들어 끼었음. 한끝을 붉은 실로 잡아매어 머리 위로 휘어 넘어가게 하고 실을 입에 묾. 과거에 새로 급제한 사람은 이 꽃을 꽂고 삼일유가(三日遊街)에 나서게 하였다고 함.

354) 꽂으시고.

355) 발선일(發船日). 배가 떠나는 날. 배가 출발하는 날.

356) 어동육서(魚東肉西). 제물을 진설하는 방법의 하나. 생선을 동쪽에 육고기를 서쪽에 차림.

357) 남과북채(南果北菜). 역시 제물을 진설하는 방법의 하나. 과일은 남쪽에 나물은 북쪽에 차림.

358) 차례대로. 여기서는 '격식에 맞추어'의 뜻임.

359) 큰 돼지.

360) 잡아.

361) 수족(手足)을 묶어. 손발을 묶어.

362) 무속 제의에서 돼지를 제물로 쓸 경우에는 이런 방법으로, 내장을 뺀 돼지를 산 것처럼 차리고 그 두 귀에 오색 천을 늘여 장식을 하는데 이것을 '홍굴레 씌운다'고 말함.

363) 갖추어. 빠짐없이.

364) 제만. 제(祭). 제사(祭祀). 신사(神祀).

북채를 갈나[365]잡고 // 북을둥둥 울니면서,

사해용왕(四海龍王) 서두칠성(四斗七星) // 오악산령(五嶽山靈) 일월성신(日月星辰)

명명(明明)한 천지간(天地間)에 // 하강 휘명(下降輝明)[366] 하옵소서.

헌원씨(軒轅氏)[367] 배를모와[368] // 이제불통(以濟不通)[369] 한연후(然後)에

후생(後生)이 쏜을[370]바다 // 다 각기(各其) 위업(爲業)[371]하니 // 막대(莫大)한 공(功)이 아니며.

하우씨(夏禹氏)[372] 구년치수(九年治水)[373] // 배아니고 다시리며[374]

서천국(西天國) 태자(太子)성조(成造) // 황토(黃土)섬 드러올제 // 배아니고 어이오며,

수삼년(數三年) 귀양후(後)에 // 다시환국(還國) 하오시니,

바람도 순(順)히불고 // 물물질[375]도 잔잔하야

무사(無事)히 도달(到達)하기 // 천만(千萬)복축(伏祝)[376] 발원(發願)이요.

광풍(狂風)도 막아주고 // 치파(致破)[377]업시 점지 하옵소서.

---

365) 갈라. 나누어. 여기서는 '양손에 하나씩'의 뜻임.

366) 하강휘명(下降輝明). 내려와 밝게 비춤.

367) 헌원씨(軒轅氏). '황제'(黃帝)의 이름이 '헌원씨'(軒轅氏)임. '황제'(黃帝)는 고대(古代) 중국(中國)의 전설상(傳說上)의 왕. 복희씨(伏羲氏)·신농씨(神農氏)와 함께 삼황(三皇)이라 일컬어짐. 기원전 2700년경 천하(天下)를 통일하여 문자(文字)·수레·배 등을 만들고, 도량형(度量衡)·역법(曆法)·음악(音樂)·잠업(蠶業) 등 많은 문물제도(文物制度)를 확립하여, 인류에게 문화 생활을 가져다 준 최초의 제왕(帝王)으로 숭앙되었음.

368) 만들어.

369) 이제불통(以濟不通). (그것으로)써 건너다니게 하여 통하지 못하는 곳이 없음.

370) 본을.

371) 위업(爲業). 업으로 삼음.

372) 하우씨(夏禹氏). 중국 하(夏)나라 우왕(禹王).

373) 민간(民間)에 널리 유포되어 있는, 중국 하(夏)나라 우왕(禹王) 때의 고사(故事). 구년(九年) 동안을 계속해서 비가 왔다고 함. 우왕(禹王)이 이 구년(九年) 동안이나 계속되는 장마 속에서 황하(黃河)의 치수사업(治水事業)을 성공시켜 제업(帝業)을 이루었다고 알려져 있음.

374) '다스리며'에 해당하는 방언.

375) 물에 물길.

376) 복축(伏祝). 엎드려 축원함.

빌기를 다한후(後)에 // 배를띄아[378] 고국(故國)을 도라올때,
짯감고 돗틀 다라[379] // 어기여차 소래하며,
북을둥둥 울녀내니 // 원포귀범(遠浦歸帆)[380]이 이 아니냐?
그때에 성조님(成造任)은 // 황토(黃土)섬을 바라보고,
해변청산(海邊青山) 잘잇거라 // 나무돌도 잘잇거라.
일희일비(一喜一悲) 하직(下直)하며 // 고국(故國)을 도라올제,
그때는 어는때냐?[381] // 추칠월(秋七月) 망간(望間)[382]이라.
백로(白鷺)는 희엿는데 // 월광(月光)은 명랑(明朗)하다.
강상(江上)에 백구(白鷗)들은 // 오락가락 왕래(往來)할제,
청풍(淸風)은 서래(徐來)하고[383] // 수파(水波)는 불흥(不興)이라.[384]
백빈주(白蘋洲)[385]에 갈미기[386]는 // 홍요(紅蓼)로[387] 나라들고[388]
삼산(三山)[389]에 기럭이[390]는 // 한수(漢水)로[391] 도라들제,[392]

---

377) 치파(致破). 파선되는 데에 이름.

378) 띄워. 출발시켜.

379) 돛을 달아.

380) 원포귀범(遠浦歸帆). 소상팔경(瀟湘八景)의 하나. 먼 포구(浦口)에 돛단배가 돌아오는 모습.

381) 어느 때냐?

382) 망간(望間). 보름께. 보름 무렵. 소동파의 '적벽부'의 시간적 배경이 '임술지추칠월기망(壬戌之秋七月旣望)'이었기 때문에 이렇게 말한 것임.

383) 청풍서래(淸風徐來). 맑은 바람은 산들산들 불어오고. 소동파의 「적벽부(赤壁賦)」에 나온 구절임.

384) 수파불흥(水波不興). 물결은 일지 않음. 역시 소동파의 「적벽부」(赤壁賦)에서 '청풍서래'(淸風徐來)와 짝이 된 구절임.

385) 흰꽃 핀 평초(萍草) 가득한 강가의 삼각주(三角洲).

386) '갈매기'에 해당하는 방언.

387) '홍요안(紅蓼岸)으로'의 와음. 단풍이 들어 붉은 대만 남은 여뀌꽃 핀 언덕. 판소리 『심청가』에 나오는 유명한 '범피중류'(泛彼中流)의 첫대목임. '여뀌'는 마디풀과(科)에 속하는 일년초(一年草). 줄기는 높이 60cm 가량이고 홍갈색을 띠며, 잎은 호생(互生)하고 유병(有柄)의 피침형(披針形)임. 초상 탁엽은 짧은 원통형(圓筒形)이고 막질(膜質)임. 6~9월에 백색(白色)의 꽃이 수상 화서(穗狀花序)로 줄기 끝과 가지 끝에 정생(頂生)함. 과실은 수과(瘦果)임. 거의 전국에 야생함. 잎줄기는 짓이겨 물에 풀어서 고기를 잡고, 잎은 맛이 매우므로 조미료(調味料)로 쓰임.

388) 날아들고.

심양강(潯陽江)[393] 당도(當到)하니 // 백락천(白樂天)[394] 일거후(一去後)에[395]// 비파성(琵琶聲) 끈어지고,[396]

적벽강(赤壁江) 지내오니 // 소동파(蘇東坡) 노든차취[397] // 의구한객(依舊閒客)[398] 잇것마는,

조맹덕(曹孟德)[399] 일세지웅(一世之雄)[400]은 이금안재(以今安在)[401]아?

월락오제(月落烏啼)[402] 깁푼[403]밤에 // 고소성(姑蘇城)[404]에 배를매니

한산사(寒山寺)[405] 쇠북성(聲)[406]이 // 객선(客船)에 들니온다.[407]

---

389) '삼상'(三湘)의 와음. 이상(灕湘), 소상(瀟湘), 증상(蒸湘)을 함께 일컫는 말. 이수(灕水)와 상수(湘水)가 합수한 것이 이상(灕湘), 소수(瀟水)와 상수(湘水)가 합수한 것이 소상(瀟湘), 증수(蒸水)와 상수(湘水)가 합수한 것이 증상(蒸湘)임.

390) 기러기.

391) '평사(平沙)로'의 잘못임. 평평한 모래밭으로.

392) 평평한 모래밭에 기러기가 날아 내리는 것이 '평사낙안'(平沙落雁)으로 역시 소상팔경(瀟湘八景) 가운데 하나임.

393) 심양강(潯陽江). 중국 강서성(江西省) 구강현(九江縣)의 북쪽에 있는 강.

394) 백락천(白樂天). 백거이(白居易: 772-846년). '낙천'(樂天)은 자(字). 호는 향산거사(香山居士). 중국 당나라 때의 대표적 시인. 대표작으로 치는 '장한가'(長恨歌)나 '비파행'(琵琶行) 등은 문사(文士)들은 물론 서민들도 애송하였다고 함. 또한 평이하고 명쾌한 시풍은 원백체(元白體)로 통칭됨.

395) 한 번 가버린 뒤에.

396) 백거이(白居易)의 작품인 '비파행'(琵琶行)에 '심양강두야송객'(潯陽江頭夜送客)이라는 구절이 있기 때문에 이렇게 말한 것임.

397) 자취. 흔적.

398) 의구한객(依舊閒客). 옛날과 다름 없는 한가한 손.

399) 조맹덕(曹孟德). 조조(曹操: 154-220년). '맹덕'은 그의 자(字). 중국 삼국 시대의 위나라의 왕. 권모술수(權謀術數)에 능하고 시문(詩文)에도 밝았음. 후한 말기에 황건(黃巾)의 난을 평정하여 공을 세우고, 동탁(董卓)을 죽인 후 실권을 장악하였음. 208년에 적벽(赤壁)에서 촉나라와 오나라의 연합군에게 크게 패했으나, 216년에 위나라 왕이 되고 화북(華北)을 지배함. 여기서 언급된 이유는 그가 크게 패한 곳이 '적벽'(赤壁)이기 때문임.

400) 일세지웅(一世之雄). 한 세상을 풍미하던 영웅.

401) 이금안재(以今安在). 지금은 어디 있는가? '안(安)'은 의문사임.

402) 월락오제(月落烏啼). 달은 지고 까마귀 울.

403) 깊은.

404) 고소성(姑蘇城). 고소산(姑蘇山)에 있는 성(城). '고소산'은 중국 강소성(江蘇省) 오현(吳縣) 서남쪽에 있는 산.

405) 한산사(寒山寺). 중국 강소성(江蘇省) 오현(吳縣)의 성(城) 서쪽, 풍교(楓橋)

고기낙는 어부(漁父)들은 // 강태공(姜太公)[408]의 낙대[409]빌고,

엄자릉(嚴子陵)의 긴줄어더[410] // 범여선(范蠡船)[411] 빌여[412]타고

오락가락 왕래(往來)하며 // 외로운밤 천리원객(千里遠客)[413] // 겨우든 잠 깨와내고[414]

탑전(塔前)에 노승(老僧)들은 // 팔폭장삼(八幅長衫)[415] 꼬갈[416]쓰고,

꾸벅꾸벅 읍(揖)[417]을하니 // 한사모종(寒寺暮鍾)[418]이 아니며,

소상야우(瀟湘夜雨) 동정추월(洞庭秋月) // 평사낙안(平沙落雁) 어촌낙조(漁村落照) // 황릉애원(黃陵哀怨), 원포귀범(遠浦歸帆)이 아니냐?

가까이에 있는 절의 이름.

406) 쇠북성(聲). 쇠북 소리. 종소리. '종(鍾)'의 훈이 '쇠북'임.

407) '월락오제'(月落烏啼)부터 여기까지는 장계(張繼)의 시 '풍교야박'(楓橋夜泊)에서 온 구절들임.

> 월락오제상만천(月落烏啼霜滿天) 강풍어화대수면(江楓漁火對愁眠)
> 고소성외한산사(姑蘇城外寒山寺) 야반종성도객선(夜半鍾聲到客船)

408) 강태공(姜太公). 태공망(太公望). 중국 주나라 초기의 정치가. 성은 강(姜). 이름은 상(尙). 문왕(文王)이 위수(渭水)가에서 처음 만나 스승을 삼았으며, 뒤에 무왕(武王)을 도와 은(殷)나라를 평정하여 그 공으로 제(齊)나라에 봉함을 받아 그 시조가 되었음. 그는 160세를 살았다고 하는데 처음의 80년은 벼슬하지 못하고 가난하게 살았고 뒤의 80년은 부귀를 누리면서 살았다고 함.

409) 낚싯대.

410) 얻어.

411) 범여선(范蠡船). 범여의 배. 범여(范蠡). 중국 춘추 시대의 초나라 사람으로 월(越)나라 재상(宰相)이 되었음. 자는 소백(少伯). 월왕 구천(越王句踐)을 잘 도와 오왕 부차(吳王夫差)를 이겨 회계(會稽)의 치욕을 씻게 함. 뒤에 제(齊)나라에서 크게 치부(致富)하여 소위 도주공(陶朱公)의 부를 쌓았음. 오(吳)나라를 멸하고 나서는, 미인계(美人計)로 부차에게 보내었던 미인 서시(西施)를 배에 태우고는 강호로 사라졌다는 이야기가 전해지는데, 여기서의 배는 바로 그 배를 말한 것임.

412) 빌어.

413) 천리 원객(千里遠客). 천리나 떠나온 길손.

414) 깨워 내고. 깨우고.

415) 팔폭 장삼(八幅長衫). 여덟 폭 베로 지은 장삼(長衫).

416) 고깔.

417) 읍(揖). 인사하는 예의 하나. 공수한 손을 얼굴 앞으로 들고 허리를 앞으로 공손히 구부렸다가 펴면서 내림.

418) '연사만종'(煙寺晩鍾)의 와음.

팔경(八景)[419]을 지내오며 // 수궁경가(水宮景佳)[420] 다본후(後)에,
기일간(幾日間)[421] 배질하야 // 서천국(西天國)을 당도(當到)할제,
고국산천(故國山川) 반가와라 // 선창(船艙)에 도박(到泊)하고.
그때 성조(成造)님이 궐내(闕內)에 입시(入侍)할제,
좌우승상(左右丞相) 옹위(擁衛)하며 // 육조제신(六曹諸臣) 나와 맛고[422]
전후좌우(前後左右) 어전사령(御前使令) // 압뒤로 나려서서,
삼인풍악(風樂)[423] 권마성(勸馬聲)[424]은 // 대도상(大道上) 진동(振動)하고 // 태자(太子) 기구[425] 놀나와라.

그렁저렁 성조(成造)님이 궐내(闕內)에 입시(入侍)하야 // 부왕님전(父王任前) 숙배(肅拜)하니,
대왕님(大王任)이 부자(父子)의 애정(愛情)과 군신지절(君臣之節)로,
일희 일비(一喜一悲)하며 기특(奇特)히 녁이시고,
전옥(典獄)[426]에 갓친[427]죄인(罪人) // 수삼년(數三年) 귀양죄인(罪人)
백방[428] 해배(白放解配) 하옵시며 // 대연(大宴)을 배설(配設)터라.

---

419) 팔경(八景). 여덟 가지의 아름다운 경치. 여기서는 '소상팔경'(瀟湘八景)을 말한 것임. 중국 소수와 상수 지방에 있는 여덟 가지의 아름다운 경치. 소상야우(瀟湘夜雨)·평사낙안(平沙落雁)·원포귀범(遠浦歸帆)·산시청람(山市晴嵐)·강천모설(江天暮雪)·동정추월(洞庭秋月)·어촌석조(漁村夕照)·연사만종(煙寺晩鍾)의 여덟 가지임.

420) 수궁가경(水宮佳景). 수궁의 아름다운 경치.

421) 기일간(幾日間). 며칠간. 며칠 동안.

422) 맞고. 맞이하고.

423) '삼현 풍악'(三絃風樂) 내지는 '삼현육각'(三絃六角) 정도의 와음으로 보는 것이 옳겠음.

424) 권마성(勸馬聲). 임금이 말이나 수레, 가마 등을 탈 때, 또는 봉명고관(奉命高官)이나 수령(守令) 또는 그 부인이 말이나 쌍교(雙轎)를 타고 행차할 때, 위세를 더하기 위하여 그 앞에서 임금일 때에는 사복(司僕) 하인(下人)이, 그 밖의 경우에는 역졸(驛卒)이 가늘고 길게 부르는 소리.

425) 기구(器具). 여기서는 '행차의 차림새와 위엄' 정도의 뜻임.

426) 전옥(典獄). 죄인을 가두는 감옥.

427) 갇힌.

428) 백방(白放). 무죄로 판명되어 놓아 줌. 여기서는 '죄를 없애서 놓아 줌' 정도의 뜻임.

그때에 옥진부인(玉眞夫人) // 성조(成造) 귀양푼단 말삼 드러시고
수삼년(數三年) 깁피든병(病) // 기월간(幾月間)[429]에 완쾌(完快)하야,
옥경루(玉瓊樓)에 놉히올나 // 성조(成造) 드러오심을 고대(苦待)터니,
문득 성조씨(成造氏)가 남별궁(南別宮)을 들오거늘,
부인(夫人)이 급(急)히나려 // 성조(成造)의 손을잡고,
수삼년(數三年) 고생(苦生)함을 // 만번(萬番)이나 위로(慰勞)터라.
모주전(母主前)[430]에 대강(大綱) 설화(說話) 하신후(後)에,
이날ㅅ밤 삼경시(三更時)에 // 성조님(成造任)이 명월각(明月閣)을 차저 드러[431]
계화부인(桂花夫人) 삼사년(三四年) 못보든 애정(愛情)을 // 낫낫치 서회(敍懷)[432]할제,
주효(酒肴)로 상배(相盃)하고 // 언어(言語)로 상통(相通)하며,
원앙침(鴛鴦枕) 비취금(翡翠衿)에 // 음양(陰陽)을 히롱하며[433]
만단수회(萬端愁懷)[434] 위로하며 // 그밤을 지낼적에,
도솔천궁(兜率天宮) 지양님이 // 성조(成造) 가문(家門) 드러왓서 // 열 자식(子息)을 마련하다.
일남자(一男子) 탄생(誕生) 이남자(二男子) 탄생(誕生)
삼남자(三男子) 탄생(誕生) 사남자(四男子) 탄생(誕生)
오남자(五男子) 탄생(誕生)하니 // 아달[435] 다섯 분명(分明)하고
일녀(一女) 탄생(誕生) 이녀(二女) 탄생(誕生)
삼녀(三女) 탄생(誕生) 사녀(四女) 탄생(誕生)
오녀(五女) 탄생(誕生)하니 딸다섯 분명(分明)커늘,
남녀간(男女間) 십자식(十子息)이 // 충실(充實)하게 자라난다,

---

429) 기월간(幾月間). 몇 달 사이.
430) 어머니 앞에.
431) 찾아 들어.
432) 서회(敍懷). 회포를 말함.
433) 희롱(戱弄)하며.
434) 만단수회(萬端愁懷). 온갖 근심과 회포.
435) '아들'에 해당하는 방언.

일취월장(日就月將) 장성(長成)할제.

十三.

그때에 성조님(成造任)이 // 연당(年當)칠십(七十) 백발(白髮)이라.

일일(一日)은 성조님(成造任)이 // 과거사(過去事)를 생각(生覺)하니 // 오호(嗚呼)라, 슯흔지라.

기부유어 천지(寄蜉蝣於天地)[436]하고 // 묘창해지 일속(渺滄海之一粟)[437]이라.

어화청춘 소년(青春少年)들아 // 어제소년(少年) 오날[438]백발(白髮) // 내 어이 모로리오?

서산(西山)에 지는해는 // 명조(明朝)[439]라 돗것마는

동해수(東海水) 허른[440]물은 // 다시오기 어려와라.

홍안(紅顔)이 백수(白首)되니 // 다시졺들 못하리라.

내 소년시절(少年時節)에 // 천상궁(天上宮) 올나가서

솔씨어더 심은제가[441] // 해수(數)를 헤여보니 // 사십구년(四十九年) 되얏고나.

기간(其間)에 엇든남기 // 다 성림(成林) 하얏는지,

완경차(翫景次)[442]로 나려가서 // 집이나 지여볼ㅅ가.

성조(成造)님 아달다섯 딸다섯 // 열자식을 그나리고[443]

지하궁(地下宮)을 나려왓서 // 종남산(終南山)[444] 놉피소사[445] // 나무마

---

436) 기부유어 천지(寄蜉蝣於天地). 천지에 하루살이로 살아감. 인생이란 허무한 것이라는 뜻임. 소동파의 「적벽부」(赤壁賦)에 나온 구절임. '부유'(蜉蝣)는 하루살이.

437) 묘창해지일속(渺滄海之一粟). 아득한 푸른 바다에 좁쌀 한 알 같음. 인생이란 허무한 것이라는 뜻임. 역시 소동파의 「적벽부」(赤壁賦)에 나온 구절임.

438) '오늘'에 해당하는 방언.

439) 명조(明朝). 내일 아침.

440) 흐른. 흘러간.

441) 심은 지가.

442) 완경차(翫景次). 경치를 구경할 목적으로.

443) 거느리고.

444) 종남산(終南山). 중국 섬서성 남부에 있는 산. 명승지와 오래된 절들이 많음.

당[446] 적간[447]할제,

왜척촉(倭躑躅)[448] 진달목(木)[449] // 느러진 장목(長木)이며

휘어진 고목(古木)이며 // 객사청청(客舍青青)[450] 유목(柳木)[451]이며

세답한[452] 박달목(木)[453] // 군자절(君子節) 송목(松木)이며

일출봉(日出峰) 부상목(扶桑木)[454] // 월중(月中) 계수목(桂樹木)[455]과

노가지[456] 상목(木)[457]이며 // 몸ㅅ질조흔 오동목(梧桐木)과,

음양상충(陰陽相沖) 행자목(杏子木)[458]과 // 백자목(柏子木)[459] 석류목(石榴木)이 // 장성(長成)하기 서이시나,[460]

연장업는 저남글 // 누라서 비여내리?

성조(成造) 한 계(計)교를 생각하고,

열자식(子息)을 그나리시고[461] // 시내ㅅ가에 나려가서,

우리 나라에서는 서울의 남산을 종남산이라 부르기도 했음.

445) 높이 솟아.

446) '나무마다'에 해당하는 방언.

447) 적간(摘奸). 부정이 있나 없나를 캐어 살핌.

448) 왜척촉(倭躑躅). 왜철쭉. 철쭉.

449) 진달래 나무.

450) 객사청청(客舍青青). 객사 앞의 푸릇푸릇한. 이 구절은 왕유(王維)의 시 「송원이사안서」(送元二使安西)에 나오는 '객사청청유색신'(客舍青青柳色新)이라는 구절에서 온 것임.

451) 유목(柳木). 버드나무.

452) 세답한. 마전한. 표백한. 박달나무는 속이 하얗기 때문에 이렇게 말한 것으로 짐작됨. '세답'은 마전. '마전'은 '피륙을 표백하는 일'임.

453) 박달나무. 자작나무과에 속하는 낙엽 활엽 교목. 재질이 매우 단단한 것으로 알려져 있음.

454) 부상목(扶桑木). 부상(扶桑)에 있다는 나무. '부상'(扶桑)은 옛날 중국에서 해가 뜨는 동쪽 바다 속에 있다고 상상했던 신성한 나무. 해가 이 나무의 가지에 걸려 있다가 아침이 되면 이 나뭇가지 위에서 뜬다고 했음.

455) 계수목(桂樹木). 계수나무. 옛날 사람들이 달 속에 있다고 상상했던 나무.

456) 노가지. 노간주 나무. 노가주 나무.

457) 상목. '향목'(香木)에 해당하는 방언. 향나무.

458) 행자목(杏子木). 은행나무.

459) 백자목(柏子木). 잣나무.

460) 서 있으나.

461) 거느리시고.

좌수(左手)에 함박[462]이며 // 우수(右手)에 쪽박[463]들고,

칫철(鐵)을 일엇시되[464] // 사철(沙鐵)[465]이라 못시갯고,[466]

두분채[467] 다시이러 // 상(上)쇠닷말, 중(中)쇠닷말 // 하(下)쇠도 닷말이라.

열닷말 이러내여 // 대등(大等)에 중(中)불미[468]며 // 소등(小等)에 소(小)불미며,

불미세채 차려놋코 // 온갓연장 장만한다.

대(大)독기[469] 중(中)독기 소(小)독기 // 대(大)짜구[470] 중(中)짜구 소(小)짜구며

대(大)톱 중(中)톱 소(小)톱이며 // 대(大)찍개[471] 중(中)찍개 소(小)찍개며

대(大)쓸[472] 중(中)쓸 소(小)쓸이며 // 대(大)맛치[473] 중(中)맛치 소(小)맛치며

대(大)칼 중(中)칼 소(小)칼이며 // 대대포(大大鉋)[474] 중대포(中大鉋) 소

---

462) 함박. 함지박. 통나무의 속을 파서, 전이 없이 큰 바가지처럼 만든 그릇.

463) 쪽박. 작은 바가지.

464) 일었으되. '일다'는 '물건을 물 속에 넣고 흔들어서 그 비중 차이를 이용하여 필요한 것을 가려내다'의 뜻임. 예컨대 쌀을 씻을 때에 돌을 가려내는 일을 '돌 인다'라고 말하는 경우가 이에 해당함.

465) 사철(沙鐵). 사광상(砂鑛床)의 한 가지. 화성암이 풍화작용에 의하여 파괴되어, 그 속에 들어 있던 자철광이 모래 모양으로 되어 흘러서, 강이나 바다의 밑바닥에 쌓인 것. 제철 원료로 하는 것 외에 티탄 원료 또는 벽을 바르는 데에 사용함. 여기서는 '모래가 섞인 쇠' 정도로 이해해도 되겠음.

466) 못 쓰겠고. 사용할 수 없고.

467) 두 번째.

468) 불미. '풀무'에 해당하는 방언. '풀무'는 불을 피울 적에 바람을 불어 넣는 기구. 시골의 대장간에 가면 아직 이것을 볼 수 있음.

469) 대(大)독기. 대도끼. 큰 도끼.

470) 대짜구. 큰 짜구. '짜구'는 '자귀'에 해당하는 방언. 나무를 깎아 다듬는 연장의 하나. 나무 줏대 아래 날이 있는 투겁을 박고, 줏대 중간에 자루를 가로 박음.

471) 대집게. 큰 집게. '집게'는 물건을 집는 데에 쓰는 끝이 두 가닥으로 갈라진 연장.

472) 대끌. 큰 끌. '끌'은 나무에 구멍을 파거나 다듬는 데에 쓰는 연장. 가늘고 긴 쇠의 날을 세워 위에는 나무로 머리를 만들어 망치로 때려 구멍을 팜.

473) 대마치. 큰 마치. '마치'는 못 같은 것을 박는 데에 쓰는 연장의 한 가지. 쇠뭉치에 자루가 달려 있음.

474) 대대패. 큰 대패. '鉋'의 훈이 대패임. '대패'는 나무를 곱게 밀어 깎는 연장의

대포(小大鉋)며

대(大)송곳 중(中)송곳 소(小)송곳 // 대(大)자 중(中)자 소(小)자이며

광이[475] 호망[476] 낫연장과 // 대중(大中)못 소(小)못까지

온갓연장 갓초지어[477] // 각각(各各) 용처(用處)[478] 마련하고,

목수(木手)를 고로아서[479] // 집짓기 마련할제,

서른세명(名) 목수(木手)들이 // 금(金)독기 둘너매고

대(大)등[480]에 대목(大木)비고 // 중(中)등에 중목(中木)비고 // 소(小)등에 소목(小木)비여

굴근남근[481] 잣따듬고[482] // 자즌남근[483] 굴ㅅ게싹가[484] // 집남글 만든후(後)에,

주과포염(酒果脯鹽)[485] 갓추어서[486] // 천지정신(天地精神) 제(祭)만하고,

상목(上木)은 국궁(國宮)짓고 // 중목(中木)은 관사(官舍)짓고,

여목(餘木)[487]을 골나내야 // 부귀빈천(富貴貧賤) 백성(百姓)들의 // 집을 지어 맛기실제,

집터를 살피시고 // 용두(龍頭)에 터를싹고,

학두(鶴頭)를 ᄶᅩ리삼아 // 역군(役軍)들을 총독하야

한 가지. 장방형의 작고 단단한 나무 도막에 장방형의 납작한 쇠날을 위에서 아랫바닥까지 빗겨 내리박고 위쪽에 손잡이가 가로 양쪽에 나와 있는데 쓰임새에 따라 여러 가지 종류가 있음.

475) 광이. '괭이'에 해당하는 방언. 땅을 파는 데에 사용하는 농기구의 하나.

476) 호망. '호미'에 해당하는 방언. 땅을 파는 데에 사용하는 농기구의 하나.

477) 갖추어 만들어. 두루 만들어. 모두 만들어.

478) 용처(用處). 사용하는 곳. 쓰임새.

479) '가려서'에 해당하는 방언.

480) 대(大)등. 대부등(大不等). 매우 큰 아름드리의 목재.

481) 굵은 나무는.

482) (너무 큰 것은 용도에 맞추어) 작게 다듬고.

483) 문맥상으로는 '작은 나무는'으로 보는 것이 옳겠음.

484) 굵게 깎아.

485) '주과포혜'(酒果脯醯)의 와음. 술 · 과실 · 포(脯) · 식혜. 곧 간략하게 차린 제물(祭物).

486) 갖추어서.

487) 여목(餘木). 나머지 나무.

꽁[488]의머리 돌치우고 // 가래머리 흙골울제[489]

놉흔대[490] 낫게하고 // 나진대[491] 놉게하야

고하(高下)업시 터를딱가[492] // 집을한간 시작(始作)한다.

오행(五行)[493]으로 주초(柱礎)[494]놋코 // 인의예지(仁義禮智) 지동[495]세와[496]

삼강오륜(三綱五倫) 들ㅅ보[497]언ㅅ고[498] // 팔괘(八卦)[499]로 연목(椽木)[500]걸고

구궁(九宮)[501]을 밧궁[502]걸고 // 팔조목(八條木)[503] 도리[504]언ㅅ고

488) 꽁. '꿩'에 해당하는 방언.

489) 고를 제. 고를 때에. 평평하게 만들 때에.

490) 높은 데. 높은 곳에.

491) 낮은 데. 낮은 곳에.

492) 닦아.

493) 오행(五行). 우주간에 운행하는 금(金)·목(木)·수(水)·화(火)·토(土)의 다섯 가지 원기. 오행 상생(五行相生)과 오행 상극(五行相剋)의 이치로 전 우주 만물을 지배한다고 함.

494) 주초(柱礎). 주추. 기둥 밑에 괴는 돌맹이 같은 것.

495) 지동. '기둥'에 해당하는 방언.

496) 세워.

497) 들보. 대들보. 대량(大樑). 칸과 칸 사이의 두 기둥을 건너질러, 도리와는 'ㄴ'자, 마룻대와는 '十'자 모양을 이루는 나무. 가정을 주재하는 신인 성조신이 이 대들보 위에 모셔지는 것이 일반적임.

498) 얹고.

499) 팔괘(八卦). 중국(中國) 상고시대(上古時代)의 복희씨(伏羲氏)가 지었다는 여덟 가지의 괘(卦)로, 주역(周易)에서 자연계(自然界) 및 인사계(人事界)의 모든 형상을 음양(陰陽)을 겹치어 건(乾)·감(坎)·간(艮)·진(震)·손(巽)·이(離)·곤(坤)·태(兌)의 여덟 가지 상(象)으로 나타낸 것. 오행(五行)과 방위(方位)에 맞추어 길흉(吉凶)과 화복(禍福)을 점치는 데에 사용함.

500) 서까래. 도리에서 처마 끝까지 건너 지른 나무. 그 위에 산자를 얹게 됨.

501) 구궁(九宮). 낙서(洛書)에 응(應)한 일백(一白)·이흑(二黑)·삼벽(三碧)·사록(四綠)·오황(五黃)·육백(六白)·칠적(七赤)·팔백(八白)·구자(九紫)의 구성(九星)에 중궁(中宮)과 건(乾)·감(坎)·간(艮)·진(震)·손(巽)·이(離)·곤(坤)·태(兌)의 후천 팔괘(後天八卦)와 휴(休)·사(死)·상(傷)·두(杜)·개(開)·경(驚)·생(生)·경(景)의 팔문(八門)을 배합하여 그 운행하는 아홉 방위(方位)의 자리를 일컫는 말.

502) 밧궁. 미상. 손진태 선생은 '패공'(牌工)이라고 하였는데, 아마도 '문패'(門牌)를 말한 것이 아닐까 추측됨.

503) '팔조목'(八條目)의 잘못임. 문맥상으로 보아 기자(箕子)의 '팔조금법'(八條禁

육십사괘[505] 지법(六十四卦之法)을 알매[506] 언ㅅ고// 삼백팔십 사효지법(三百八十四爻之法)[507]을 개와(盖瓦)[508]언저

하도낙서(河圖洛書) 산지[509]얽고// 일월(日月)노 창호(窓戶)[510]내고

태극(太極)[511]을 단청(丹靑)[512]하고// 음양(陰陽)을 빈주[513]짜고[514]

만권서책(萬券書冊) 마루놋코// 오십토(五十土)[515]로 도벽(塗壁)[516]하고

法)이라기보다는 『대학』(大學)의 '팔덕목'(八德目)인 '격물(格物)·치지(致知)·성의(誠意)·정심(正心)·수신(修身)·제가(齊家)·치국(治國)·평천하(平天下)'라고 보는 것이 타당하겠음. 아니면 '인(仁)·의(義)·예(禮)·지(智)·충(忠)·신(信)·효(孝)·제(悌)'의 '팔덕'(八德)으로 보는 것도 가능하리라고 보임.

504) 도리. 기둥과 기둥 위에 둘러 얹히는 나무. 그 위에 서까래를 얹게 되어 있음.

505) 64개의 『주역』(周易)의 괘수(卦數). 팔괘(八卦)만으로는 너무 단순해서 복잡한 사상(事象)을 점치기가 어렵기 때문에 팔괘를 두 개씩 합쳐 괘를 만들게 되었음. 따라서 팔괘에다 팔(八)을 곱하여 64괘가 된 것임.

506) 알매. 산자 위에 받는 흙.

507) 삼백팔십사효지법(三百八十四爻之法). 384개 효(爻)의 법. 64괘의 각 괘에다 다시 6효의 6을 곱하여 384개효를 만들었는데, 여기에는 우주에서부터 인간에 이르기까지 모든 변화가 전부 포함된다고 함. '효(爻)'는 『주역』의 괘를 나타내는 가로 그은 획(劃). [--]을 양(陽), [- -]를 음(陰)으로 함. 밑으로부터 세어 초효(初爻), 이효(二爻), 삼효(三爻)라 하며, 맨 위(제6위)의 것을 상효(上爻)라고 함.

508) 개와(盖瓦). 기와.

509) '산자'(橵子)의 와음. 지붕 서까래 위나 고물 위에 흙을 받치기 위해 엮어 까는 나뭇개비 또는 수수깡. 산자발.

510) 창호(窓戶). 창과 문의 통칭.

511) 태극(太極). 우주 만물이 생긴 근원이라고 보는 본체. 하늘과 땅이 아직 나누어지기 전의 세상 만물의 원시 상태. 역학(易學)에서 시작하여 중국 송(宋)나라 때에 이르러 크게 이루어진 철학 사상이기도 함.

512) 단청(丹靑). 집의 벽·기둥·천장 같은 데에 여러 가지 빛깔로 그림과 무늬를 그리는 일. 고궁(古宮)이나 사찰(寺刹) 등의 것이 특히 아름다운 것으로 알려져 있음.

513) 빈주. '빈지'에 해당하는 방언. 널빈지. 한 짝씩 끼었다 떼었다 하게 만들어진 문. 가게의 앞에 문 대신 흔히 씀.

514) 짜고.

515) 오십토(五十土). 오행(五行)과 숫자를 맞춘 짝. 오행의 토(土)는 숫자로는 오와 십에 짝이 된다는 뜻. 천오생토(天五生土)에 지십성지(地十成之).

516) 도벽(塗壁). 벽을 바름.

오채(五彩)[517]로 영창(映窓)[518]달아 // 고대광실(高臺廣室) 놉흔집에
생남생녀(生男生女) 부귀공명(富貴功名) // 갓게[519]지어 맛기시고[520]
삼팔목(三八木)[521]을 동문(東門)내고 // 이칠화(二七火)[522]로 남문(南門)내되
그때에 성조(成造)님이 // 패철(佩鐵)[523]을 내여놋코 // 이십사방(二十四方) 가리실제,

동편(東便)을 바래보니 // 청룡산(青龍山)이 응(應)을하야 // 화재지신(火災之神) 막아내고

황조(黃租)[524]정조(正租)[525] 두태(豆太)[526]서속(黍粟)[527] // 곡간(穀間)이 찰것이요.

남편(南便)을 바라보니 // 주작산(朱雀山)이 응(應)을하야 // 관재[528]구설(官災口舌)[529] 막아내고,

삼정승(三政丞) 육판서(六判書)며 // 조관(朝官)[530]사부(四夫)[531] 날거시요.
서편(西便)을 바라보니 // 백호산(白虎山)이 응(應)을하니
백호(白虎)는 산신(山神)이라 // 이집지어 맛기시면

517) 오채(五彩). 다섯 가지의 아름다운 채색. 곧 청(青)·황(黃)·홍(紅)·백(白)·흑(黑).
518) 영창(映窓). 방을 밝게 하기 위하여 방과 마루 사이에 낸 두 쪽의 미닫이.
519) 갖게. 갖추어지게.
520) 맡기시고.
521) 삼팔목(三八木). 오행(五行)과 숫자를 맞춘 짝. 오행의 목(木)은 숫자로는 삼과 팔에 짝이 된다는 뜻. 천삼생목(天三生木)에 지팔성지(地八成之).
522) 이칠화(二七火). 오행(五行)과 숫자를 맞춘 짝. 오행의 화(火)는 숫자로는 이와 칠에 짝이 된다는 뜻. 지이생화(地二生火)에 천칠성지(天七成之).
523) 패철. 지관(地官)들이 몸에 지니고 다니는 나침판. 혹은 지관(地官)들이 나침판을 지니고 다니는 일. 다른 말로는 흔히 '쇠'라고도 함.
524) 미상.
525) 정조(正租). 벼.
526) 두태(豆太). 콩.
527) 서속(黍粟). 조. 대개는 '서숙'이라고 발음함.
528) 관재(官災). 관재살(官災煞). 관청으로부터 당하는 재난.
529) 구설(口舌). 구설수(口舌數). 좋지 못한 일로 남의 입에 오르내리는 운수.
530) 조관(朝官). 조정의 신하. 조정에서 섬기는 신하.
531) '사대부'(士大夫)의 잘못임.

남자(男子)는 장성(長成)하야 // 지식(智識)이 넉넉하야 // 정부대신(政府大臣) 지낼거요

여아(女兒)는 장성(長成)하면 // 숙녀(淑女)의 절개(節慨)로서

타문(他門)[532]에 출가(出嫁)하면 // 정렬부인(貞烈婦人) 될것이요.

북편(北便)을 바라보니 // 현무산(玄武山)이 응(應)을하야

실물(失物)[533]손재(損財)[534] 막아내고 // 금은전(金銀錢) 전여답(田與畓)[535]을 // 연년(年年)히[536] 부라가고[537]

생재 여수(生財如水)[538]하야 // 취지무금(取之無禁)[539] 용지불갈(用之不渴)[540] // 소원성취(所願成就) 할것이라.

그때에 성조(成造)님이 // 집과터를 칭찬(稱讚)하고 // 입춘(立春)[541] 써 붓치실제

개문(開門)하니 만복래(萬福來)[542]요 // 소지(掃地)하니 황금출(黃金出)[543]이라.

천증세월 인증수(天增歲月人增壽)[544]요 // 춘만건곤 복만가(春滿乾坤福滿家)[545]라.

요지 일월(堯之日月)[546]이요 // 순지 건곤(舜之乾坤)[547]이라.

---

532) 타문(他門). 남의 가문. 남의 집안.
533) 실물수(失物數). 무단히 물건을 잃어버리는 운수.
534) 손재수(損財數). 재물에 손해를 보는 운수.
535) 전여답(田與畓). 밭과 논.
536) 해마다. 매년.
537) '불려 가고'에 해당하는 방언.
538) 생재 여수(生財如水). 생기는 재물이 물과 같음. 재물이 물처럼 많이 생김.
539) 취지무금(取之無禁). 그것을 취해도 금하는 사람이 없음. 소동파의 「적벽부」(赤壁賦)에 나온 구절임.
540) 용지불갈(用之不渴). 이것을 써도 마르지 않음. 역시 소동파의 「적벽부」(赤壁賦)에 나온 구절로 '취지무금'(取之無禁)과 짝이 된 구절임.
541) 입춘(立春). 입춘첩(立春帖). 입춘서(立春書). 춘방(春榜). 입춘날에 벽이나 문짝 등에 써 붙이는 글귀.
542) 개문만복래(開門萬福來). 문을 여니 온갖 복이 들어옴.
543) 소지황금출(掃地黃金出). 땅을 쓰니 황금이 나옴.
544) 천증세월인증수(天增歲月人增壽). 하늘이 세월을 더하니 사람은 나이를 더함.
545) 춘만건곤복만가(春滿乾坤福滿家). 봄은 하늘과 땅에 그득하고 복은 집에 그득함.

당상학발 천년수(堂上鶴髮千年壽)[548]요 // 슬하아자손 만세영(膝下兒子孫萬歲榮)[549]이라.

상량문(上梁文)[550]에 하엿시되 // 응천상지 삼광(應天上之三光)[551]이요 // 비인간지 오복(備人間之五福)[552]이라.

입춘(立春)을 붓친후(後)에 // 성조님(成造任) 입주성조(成造) 되야시고[553]

그실내(室內) 계화부인(桂花夫人) // 몸ㅅ주[554]성조(成造) 되야시며

성조(成造) 아달 다섯튼[555] // 오토지신(五土之神)[556] 마련하고

성조(成造) 쌀 다섯튼[557] // 오방부인(五方夫人) 마련후(後)에,

기시(其時) 도대목(都大木)[558]은 // 용린봉갑(龍鱗鳳甲) 투구[559] 쓰고 // 장창(長槍)을 놉히들어,

천재만액(千災萬厄)[560] 일백겁살(一百怯殺)[561] // 오방해살(五方害殺) 막아내니

성조(成造)님이 어진 성덕(聖德)과 // 신령(神靈)한 명감(明鑑)[562]으로

---

546) 요지일월(堯之日月). 요(堯)임금 때의 일월(日月). 태평성대를 말함.

547) 순지건곤(舜之乾坤). 순(舜)임금 때의 하늘과 땅. 태평성대를 말함.

548) 당상학발 천년수(堂上鶴髮千年壽). 대청 위의 머리가 허연 부모님은 천 년을 사시고.

549) '슬하자손만세영'(膝下子孫萬歲榮)의 와음. 슬하의 자손들은 만세의 영화를 누림.

550) 상량문(上梁文). '상량'(上梁)을 할 때에 축복하는 글.

551) 응천상지삼광(應天上之三光). 하늘의 삼광(三光)에 응함. '삼광'(三光)은 해와 달과 별.

552) 비인간지오복(備人間之五福). 인간의 오복(五福)이 갖추어짐.

553) 되시고.

554) 몸주. 몸을 주관하는 존재. 강신무들의 경우에 자신이 모시는 가장 중요한 신을 '몸주신'이라고 함. 여기서는 '집을 주관하는 존재'의 뜻임.

555) 아들 다섯은.

556) 오토지신(五土之神). 오토(五土)의 신. '오토'(五土)는 다섯 가지 토지. 곧 산림(山林)・천택(川澤)・구릉(丘陵)・분연(墳衍)・원습(原濕).

557) 딸 다섯은.

558) 도대목(都大木). 대목의 우두머리. 목수의 우두머리.

559) 용린갑(龍鱗甲)과 봉투구 . '용린갑'은 용의 비늘 모양으로 미늘을 달아 만든 갑옷. '봉투구'는 봉의 깃털 모양으로 장식한 투구.

560) 천재만액. 온갖 재난과 액.

561) 일백겁살(一百怯殺). 백 가지의 겁살.

인간(人間)에 하강(下降)하사 // 억조창생(億兆蒼生)에 집을지어 맛기시니

여하해지 성덕(如河海之聖德)[563]이요 // 여태산지 보공(如泰山之報功)[564]이라.

근축(謹祝)[565] 성조(成造)는 상량(上梁)[566]에 응접(應接)하옵소서.

본(本) 성조(成造)푸리는, 조선(朝鮮)서 자고이래(自古以來)로, 빈부간(貧富間), 입택후(入宅後)에 맹인(盲人)을 초치(招致)하야, 낙성연(落成宴)을 겸(兼)하야 안택기도(安宅祈禱)로서, 이노래를 불너, 써 성조(成造)의 내력(來歷)를 전(傳)하며, 사람의 창울(愴鬱)한 수회(愁懷)를 소멸(消滅)하고, 만정 화락리(滿庭和樂裡)에 성조(成造)님씌 성심기도(誠心祈禱)를 밧치게 하는 것이니라.[567]

562) 명감(明鑑). 높은 식견.

563) 여하해지성덕(如河海之聖德). 하해와 같은 성스러운 덕(德).

564) 여태산지보공(如泰山之報功). 갚아야 할 공이 태산과 같음.

565) 근축(謹祝). 삼가 축원함.

566) 상량(上梁). 대들보.

567) '본(本) 성조(成造)푸리는'부터 여기까지는 실제 구연되는 내용이라기보다는 성조풀이의 내력을 설명한 것으로 이해됨.

5. 성주본가(황우양 씨)

여기에서는 아카마쓰 지죠(赤松智城)와 아키바 다카시(秋葉隆)가 공동으로 편찬한 『조선무속(朝鮮巫俗)의 연구(硏究)』 상(上)에 수록된 「성주본가」를 원문대로 소개한다. 제보자는 경기도 고양군(高陽郡) 용인면(龍仁面) 아현리(阿峴里)에 사는 이성녀(李姓女) 무녀이다. 동래본과는 주인공의 이름도 다르고 사건 전개도 전혀 다르기 때문에 다 같은 성조신의 내력담이지만 그 계통이 완전히 다른 것이다. 동래본이 성조의 시련과 극복과정을 통해 자기성숙이 강조되어 있다면, 이 본은 악인의 내침으로 파괴된 한 가정을 부부가 합심하여 다시 복원하는 과정을 통한 투쟁이 강조되어 있다.

초년에는 초년성주, 이년에는 이년성주
십년에는 대도감, 독성주[1] 마누라[2]
성주님 본푸리를 외야들이랴[3] 하옵고자
촛불영등, 말에말양,[4] 명젼[5]나젼,[6] 산닭 밧처놋코[7]
성주님 본푸리를 외야서 들입니다.
성주님의 본은 텬하궁이 본이라.

---

1) 독성주. 독성조(纛成造). 깃발을 세운 성조신. 성조대에 오시는 성조신. 경기도 지역의 무당들은 성주굿을 할 때에 종이로 만든 술을 단 성주대를 만들어 제물로 바친 쌀 위에 꽂아놓고 굿을 한다.(서대석 · 박경신, 『安城巫歌』, 서울: 집문당, 1990. 273면 참조).

2) 마누라. 무가에서의 '마누라'는 반드시 '여자'를 뜻하는 것은 아님. '으뜸 가는 신. 가장 큰 신'이라는 의미인 경우가 더 많음.

3) 외워 드리려고.

4) 말양. 말[斗]에다 그득히 담은 양식. 제석굿이나 성주굿을 할 때에는 따로 쌀한 말씩을 담아 올려놓고 굿을 하는 경우가 많음.

5) 명전(命錢). 오래 살게 해 달라는 뜻으로 올리는 돈.

6) 나전. 나이전. 오래 살게 해 달라는 뜻으로 올리는 돈.

7) 받쳐 놓고.

텬하궁 텬대목신, 지하궁 지탈부인
백년가약 믹진후에,[8] 석달에 피를모고
다섯달 반짐 바더, 륙칠삭 되여갈졔
활부졍 불시[9]하고, 석부졍 부좌[10]하고,
이불청 음셩[11]하고, 목불식 안식[12]하고,
침식에 변화업시 십삭이 당도하야
옥엽태아[13] 나아노니,[14] 저 아기의 거동봐라.
얼골은 관옥[15]이요, 풍채는 두목[16]이라 // 말삼[17]은 소진[18]이라.
남게도[19] 눈을 쓰고, 돌에도 눈을 써서,
상통천문[20] 하달지리,[21] 륙도삼략[22] 구궁팔괘[23]

---

8) 맺은 후에.
9) '할부정불식'(割不正不食)의 와음. 태교(胎敎)의 한 가지임. 자른 것이 반듯하지 않으면 그 음식을 먹지 않음. 『논어』(論語) 향당편(鄕黨篇)에서 공자(孔子)의 일상생활을 설명하는 내용들 가운데 들어 있는 구절임.
10) 석부정부좌(席不正不坐). 태교(胎敎)의 한 가지임. 자리가 바르지 않으면 앉지를 않고. 『논어』(論語) 향당편(鄕黨篇)에서 공자(孔子)의 일상생활을 설명하는 내용들 가운데 들어 있는 구절임.
11) 이불청음성(耳不聽淫聲). 역시 태교(胎敎)의 하나임. 귀로 음란(淫亂)한 소리를 듣지 아니함.
12) '목불시악색'(目不視惡色)의 와음. 역시 태교(胎敎)의 하나임. 눈으로 나쁜 색깔을 보지 않음.
13) 옥엽태아(玉葉胎兒). 귀한 자식.
14) 낳아 놓으니.
15) 관옥(冠玉). 남자의 얼굴이 예쁜 것을 가리키는 말.
16) 두목(杜牧: 803-852년). 자(字)는 목지(牧之). 중국 당(唐)나라 말기의 시인. 시풍은 호방하면서도 아름다운 것으로 알려져 있음. 두보(杜甫)에 대해서 '소두'(小杜)라고도 함.
17) 말삼. 말씀. 말. 말솜씨.
18) 소진(蘇秦). 중국(中國) 전국시대의 유명한 변설가(辨說家). 합종책(合從策)을 주장하였음.
19) 남게도. 나무에도.
20) 상통천문(上通天文). 위로 천문에 능통함.
21) 하달지리(下達地理). 아래로 땅의 이치를 앎.
22) 육도삼략(六韜三略). 중국(中國) 병법(兵法)의 고전(古典). 태공망(太公望)의 찬(撰)이라고 알려져 있는 '육도'(六韜)와 황석공(黃石公)의 찬(撰)이라고 알려

둔갑 장신[24]들을 임의용지[25] 하올적에,
텬하궁 일쳔란간[26] 루각[27]에
난데업는 쇠동풍[28]이 끗임업시 불어와서,
동으로 기우러저 남으로 픽국[29]하고// 패성쥬[30] 되엿스나,
셩쥬목안 일울자가[31] 텬하궁에도 업고,
디하궁당[32] 황산밋[33] 황우양씨 뿐이로다.
채사[34]를 불너들여, 특패자[35] 내여주며,
황우양씨 성화[36] 참닉허라.[37]

져 있는 '삼략'(三略)을 합한 책.

23) 구궁팔괘(九宮八卦). '구궁'(九宮)과 '팔괘'(八卦)를 함께 말하는 것으로 구성(九星)을 오행(五行)과 팔괘(八卦)의 방위(方位)에 맞추어 길흉(吉凶)과 화복(禍福)을 점치는 일. '구궁'(九宮)은 낙서(洛書)에 응(應)한 일백(一白)·이흑(二黑)·삼벽(三碧)·사록(四綠)·오황(五黃)·육백(六白)·칠적(七赤)·팔백(八白)·구자(九紫)의 구성(九星)에 중궁(中宮)과 건(乾)·감(坎)·간(艮)·진(震)·손(巽)·이(離)·곤(坤)·태(兌)의 후천 팔괘(後天八卦)와 휴(休)·사(死)·상(傷)·두(杜)·개(開)·경(驚)·생(生)·경(景)의 팔문(八門)을 배합하여 그 운행하는 아홉 방위(方位)의 자리를 일컫는 말. '팔괘'(八卦)는 중국(中國) 상고시대(上古時代)의 복희씨(伏羲氏)가 지었다는 여덟 가지의 괘(卦)로, 주역(周易)에서 자연계(自然界) 및 인사계(人事界)의 모든 형상을 음양(陰陽)을 겹치어 건(乾)·감(坎)·간(艮)·진(震)·손(巽)·이(離)·곤(坤)·태(兌)의 여덟 가지 상(象)으로 나타낸 것.

24) 둔갑장신(遁甲藏身). 둔갑의 술법으로 남에게 보이지 않게 몸을 감춤.

25) 임의용지(任意用之). 뜻대로 그것을 씀. 마음대로 부림.

26) 일천난간(一千欄干). 천 개의 난간.

27) 누각(樓閣).

28) 새동풍. 샛바람. 동풍(東風).

29) 패국(敗局). 쇠폐한 국면. 황폐한 형편.

30) 패성주. 성조신이 없어지게 됨. 집을 수호할 수호신이 없어짐.

31) 이룰 자가. 이룰 사람이.

32) 지하궁 땅. 지하궁의 땅에.

33) 황산 밑. 황산 아래. 황산 아래에 사는.

34) 채사. 차사(差使). 중요한 임무를 위하여 파견하는 관리.

35) 특패자(特牌子). 특별한 패자(牌子). 특별한 패지(牌旨). '패자'는 지위가 높은 사람이 낮은 사람에게 공식으로 주는 글발.

36) 성화(星火). 여기서는 '성화 같이'의 뜻임. 본래 '성화'는 운성이 떨어질 때의 불빛을 말하나, 전이되어 '운성(隕星)이 떨어지듯 매우 급박한 상황'의 비유적

추상갓치[38] 분부허니, 저 채사 거동보소.
산수털[39] 벙거지[40]에 올을정자[41] 쪅 붓치고[42]
삼승[43]쾌자[44] 남젼대띄,[45] 흉즁눌너[46] 질끈믹고[47]
삼승버선 통힝젼[48]에, 육라경치[49] 들메이고[50]
별불갓치[51] 날여와서,[52] 첫번 잡으려 달여드나 // 엄쟝[53]이 커서 못잡고,

인 뜻으로 사용됨. 여기서는 '급히. 바삐'의 뜻으로 이해하면 되겠음.
37) 참내(參內)하라. 왕궁에 들어와 임금을 뵈라.
38) 추상(秋霜)같이. 서릿발같이.
39) 산수털[山獸毛]. 산짐승의 털. 산짐승의 털로 만든.
40) 벙거지. 털로 검고 두껍게 만든 갓처럼 쓰는 물건. 갓모자는 높고 귀가 둥글며 전이 평평하고 넓게 만들었음. 처음에는 군인(軍人)이나 하례(下隷)들만 썼으나, 뒤에는 여정(輿丁)·혼여군(婚輿軍)·상여군(喪輿軍)·교군(轎軍) 등이 썼음.
41) 옳을 정자(正字). '바를 정자'의 잘못임.
42) 떡 붙이고. 떠억 붙이고.
43) 삼승(三升). 석새 굵기의 베. 석새 굵기의 베로 만든. '-승'(升)은 베[布]의 굵기를 나타내는 말.
44) 쾌자(快子). 옛 전복(戰服)의 한 가지. 등솔을 길게 째고 소매는 없음. 근래에는 복건과 함께 명절이나 돌날에 아이들이 주로 입음. 굿을 할 때 무녀들이 가장 많이 착용하는 옷이기도 함.
45) 남전대띠. 남색으로 된, 전대처럼 한쪽 어깨에서 반대편 허리쪽으로 매는 띠. 무당들이 쾌자를 입고 굿을 할 때에는 이렇게 가슴띠를 매고 함. 관중들이 굿의 진행중에 무당에게 돈을 주고자 할 때에는 앞으로 나와서 이 가슴띠에다 돈을 꽂아주게 됨.
46) 흉중(胸中) 눌러. 가슴 중간을 눌러. 가슴 중간쯤으로 이 띠가 지나가기 때문에 이렇게 말한 것임.
47) 질끈 매고. 질끈 묶고.
48) 통행전. 통으로 된 행전(行纏). '행전'은 바지·고의를 입을 때 정강이에 꿰어서 무릎 아래에 매는 물건. 옹구바지가 되지 아니하고 가든하게 하고자 발회목에서 장딴지까지 바지 위에 눌러 치는 것으로, 번듯한 헝겊으로 소맷부리처럼 만들고 위쪽에 끈 둘을 달아서 졸라매게 되어 있음.
49) 육라경치. 문맥상으로 보면 '육모 방망이'를 말한 것으로 판단됨. '육모 방망이'는 여섯 모가 난 방망이로 조선 시대에 포졸(捕卒)들이 들고 다니던 것으로 알려져 있음.
50) 들 메이고. 들쳐메고. 어깨에다 메고.
51) 별불같이. 성화(星火)같이. '성화'(星火)는 운성(隕星) 곧 살별.
52) 내려와서.
53) 엄장. 겉모양이 드러나게 어울리는 큰 덩치. 여기서는 황우양 씨의 덩치가 컸

두번 잡으려 들엇스나 또 잡지를 못하야서, // 길가에 우둑히[54] 서 잇스니,

황우양집 주왕하라버지,[55] 어느궁 채사이냐 물으니,

텬하궁 채사 일너니, 텬하궁 일쳔난간 누각집이

쇠동풍에 쓸어저서, 픽국 픽셩쥬 되여

만조빅관 공론하고, 황우양씨 잡어오라 허나 // 엄장이 커서 못잡나이다.

그러면 릭일[56] 편명시에,[57] 칙간[58]에 나가거든 // 줄로 올가[59] 잡어가라.

채사가 그말 듯고, 저진[60] 담안에 홀로 서서

나올때를 기다리니, 그잇흔날[61] 편명시에

칙간에 나갈때에 달녀들어 잡어묵고

특패자를 내주니, 황우양씨 할일업서,[62]

염라국의 디부왕도 패자긔약 못하엿스나

쓰든 구연장[63]도 업스니 // 석달 말미[64] 달나허니

멀다허고 아니주고, 사흘말미 주고가니

황우양씨 긔가막혀, 근심으로 지내시며

잘잣든[65] 메[66]도 아니잣고,[67] 수심으로 지내실제

다는 말임.

54) 우두커니. 멍하니.

55) 조왕 할아버지. 대개의 경우 조왕신은 할머니로 되어 있고 논리적으로도 그것이 타당함. 따라서 이 단어는 '조왕 할머니'의 잘못으로 볼 수도 있겠음.

56) 내일(來日).

57) 평명시(平明時)에. 평명 때에. 해가 돋을 무렵에.

58) 칙간[厠間]. 화장실.

59) 옭아.

60) 젖은. 습기가 많은.

61) 그 이튿날.

62) 하릴없어. 어쩔 수 없어.

63) 구연장. 옛날에 쓰던 연장.

64) 말미. 휴가(休暇). 시간적 여유.

65) 잘 잡숫던. 잘 먹던.

66) 메. '밥'의 높임말. 대개는 제사(祭祀)에 올리는 밥을 일컫는 말임.

황우양씨 부인 말이 // 대감은 무슨일로 식음을 젼폐 하십니가?
황우양씨 일론[68] 말이 // 부인은 눈도 귀도 업나이가?
텬하궁 일쳔란간 누각집이 쇠동풍에 쓸어저서
픠국 픠셩쥬 되엿스나 // 셩쥬 일욱할이[69] 업서
패자 노와[70] 잡혓스니
씨든[71] 구연장도 업고, 한벌 의복도 업사오니
엇지하면 조흐릿가? 부인이 일온 말솜
대감의 궁량[72]으로 그만일에[73] // 식음을 젼폐하십니가?
아모[74] 걱정 마옵시고, 진지나 잡수시오.
황우양 잠들여 놋코,[75] 소지[76]한쟝 지여니여 // 텬하궁에 치첫드니[77]
가로쇠[78] 닷말, 놋쇠 닷말, 편쇠[79] 닷말 // 열닷말을 나리시고
대산에 대풀무, 소산에 소풀무, 대독끠[80] 소독끠
대톱 소톱, 자귀[81] 먹통[82] 대픠,[83] 먹쟈[84] 믠들어 놋코[85]

67) 아니 잡숫고.
68) 이른. 말한.
69) 이룩할 이. 이룩할 사람이.
70) 놓아.
71) 쓰던. 사용하던.
72) 국량(局量). 도량과 재주.
73) 그만한 일에. 그런 정도의 일에.
74) 아무.
75) 잠들여 놓고. 재워 놓고.
76) 소지(燒紙). 신령 앞에서, 비는 뜻으로 얇은 종이를 불살라 공중으로 올리는 일. 이 종이가 잘 타서 높이 올라가면 신명이 그 제사를 즐겨 받은 것으로 인식함.
77) 올렸더니.
78) 가루쇠. 가루로 된 철(鐵).
79) 편쇠[片鐵]. 쇳조각. 조각 난 쇠.
80) 대도끼. 큰 도끼.
81) 자귀. 나무를 깎아 다듬는 연장의 하나. 나무 줏대 아래 날이 있는 투겁을 박고, 줏대 중간에 자루를 가로 박음.
82) 먹통. 목공이나 석공들이 곧은 금을 긋는 데에 사용하는 도구. 나무를 우비어 파서 두 개의 그릇 모양으로 만들고, 한쪽엔 먹물에 적신 솜을 담고 한쪽에는 먹줄을 감아 두어 그 줄이 먹 그릇을 통하여 나오게 되어 있음.

사쳘의복 버선 신발, 모든 범졀 다헌[86] 후에
서산나귀[87] 솔질하야, 반부담[88] 실녀놋코[89]
대감님 일어나소, 때늣고 시느저[90] 가니 // 어서 급히 써나소서.
황우양씨 깜짝놀나, 일어나 자세본즉[91]
치힝제구[92] 분명허다 // 시급히 길써날제
말은 가자 굽[93]을 치고 // 님은 잡고 락루헌다.[94]
황우양 부인 허는 말이
가시는 로즁에[95] 누가 뭇든지,[96] 말대쳑[97]을 마옵소서.
만일 대쳑을 하옵시면, 사랑허는 나의 쳐를
남을 주는 것이오니, 부대[98] 대쳑 마옵소서.
황우양씨 작별허고, 채[99]를 들어 한번치니
닷는말[100] 살갓하야,[101] 황산뜰 눈썰[102]에 지나

---

83) 대패. 나무를 곱게 밀어 깎는 연장의 한 가지. 장방형의 작고 단단한 나무 도막에 장방형의 납작한 쇠날을 위에서 아랫바닥까지 빗겨 내리 박고 위쪽에 손잡이가 가로 양쪽에 나와 있는데 쓰임새에 따라 여러 가지 종류가 있음.
84) 먹자. 목수들이 나무에 먹으로 금을 그을 때에 사용하는 자. 쇠로 된 것으로 기역(ㄱ)자 모양을 하고 있고 짧은 쪽에 눈금이 그려져 있음.
85) 만들어 놓고.
86) 다한.
87) 서산나귀. 중국에서 나는 나귀의 한 가지. 보통 나귀보다 큼.
88) 반부담(半負擔). 부담농(負擔籠). 옷이나 책 같은 것들을 담아 말 등에 싣는 농짝.
89) 실려 놓고. 실어 놓고.
90) 시(時) 늦어. 시(時)가 늦어.
91) 자세히 본즉. 자세히 보니.
92) 치행제구(治行諸具). 길 떠날 때에 차리는 모든 준비물.
93) 굽. 말굽.
94) 낙루(落淚)한다. 눈물을 흘린다.
95) 노중에. 길에서.
96) 묻든지.
97) 말대척. 말대답. 말상대.
98) 부디.
99) 채. 채찍. 말채찍.
100) 닫는 말. 달리는 말.

소진뜰에 다달으니, 소진뜰의 소진랑이
비루[103]먹은 말에다가 // 좀먹은 안쟝 지여타고
소진뜰로 날여오며, 황우양 보고 허는말이
거기 가는 양반 뉘라시요?
한번 물어 대척업고, 두번 물어 대척 안허니
일부러 좃차가며[104] // 애비업는 후레자식이라 하니
황우양씨 속으로, 부인 말대로 하얏드니
고욕[105]이 자심타[106] 하고, 돌아서서 허는 말이
먼길가는 사람보고, 말허자 허는 자도
이비업는 후레자식이라. 계는[107] 뉘라 하오?
나는 황산밋헤 사는 황우양씨라 하오.
계는 뉘라 하오? // 소진뜰 소진랑이라 하오.
계는 어듸 가오? // 텬하궁에서 불너서, 셩쥬일욱 하러가오.
디하궁 돌번 삼년[108] 조악돌[109] 삼년
석삼년[110] 싸러가오.[111] 소진랑이 허는 말이 // 사각[112]이나 보시엿소?
좀사각[113]에 집을 지면,[114] 뉘에[115] 사각이라.

---

101) 살 같아서. 화살 같아서.
102) 눈결. 눈 한 번 깜짝 하는 사이.
103) 비루. 개・나귀・말 등의 피부에 생기는 병. 온몸에 점점 번지며 털이 빠짐.
104) 좇아가며. 뒤따라가며.
105) 고욕(苦辱). 고통과 욕됨. 문맥상으로 보면 '곤욕'(困辱)의 와음으로 볼 수도 있겠음.
106) 자심하다. 매우 심하다.
107) 거기는. 당신은.
108) 자신의 차례가 돌아와, 돌을 삼년간 쌓는 일의 뜻임.
109) 조약돌.
110) 삼년씩 세 번. 곧 구년(九年)을 말함.
111) 쌓으러 가오.
112) 사각. 사성(莎城). 풍수지리설(風水地理說)에서 사용하는 용어. 묏자리의 뒤꼭지에서 작은 맥이 혈(穴)의 가장자리를 에워싼 두둑.
113) 잠(蠶)사각. 누에 사각.
114) 지으면.
115) 뉘에. '누에'[蠶]에 해당하는 방언.

뉘에가 집을지면 죽는 법이라.
방소[116]는 일쳘녹[117] 이안손,[118] 삼식신[119] 사승픠[120]
오귀[121] 육갑[122] 칠칠귀[123] 방이 되니
그대 가는자최 잇서도, 오는자최 업슬이라.[124]
황우양씨 허는 말이, 엇지하면 좃소릿가?[125]
옷박굼[126]을 하옵시다.
황우양씨와 소진랑이 의복을 밧구어[127] 입고
황우양씨는 텬하궁에[128]
소진랑은 황우양의 부인이
인물이 일색이란 말을 듯고, 황산뜰로 날여갈제,
이때에 황우양 부인이 심신이 산란하야서
뒷동산에 꼿노리[129] 입노리,[130] 화류구경을 나갈제
옥단춘이 단단춘이, 밀한임 썰한임[131]

---

116) 방소(方所). 방향.
117) '일천록'(一天祿)의 와음.
118) 이안손(二眼損).
119) 삼식신(三食神).
120) '사징파'(四徵破)의 와음.
121) 오귀(五鬼).
122) '육합식'(六合食)의 와음.
123) '칠진귀'(七進鬼)의 와음. '일쳘녹'부터 여기까지는 민속(民俗)에서 말하는 구궁(九宮)의 일부임. 방소(方所)를 볼 때에 낙서(洛書; 옛날 중국 하(夏)나라의 우(禹)임금이 치수(治水)를 할 때 낙수(洛水)에서 나온 신령스러운 거북의 등에 있었다고 하는 마흔 다섯 개의 점과 글씨)의 숫자에 단어를 결합시킨 것. 일천록(一天祿), 이안손(二眼損), 삼식신(三食神), 사징파(四徵破), 오귀(五鬼), 육합식(六合食), 칠진귀(七進鬼), 팔관인(八官印), 구퇴식(九退食)이 됨.
124) 이 행은 가기는 가지만 살아서 돌아오지는 못할 것이라는 뜻임.
125) 좋겠소?
126) 옷바꿈. 서로 옷을 바꾸어 입는 일.
127) 바꾸어.
128) 뒤에 '올라가고' 정도의 말이 생략된 것임.
129) 꽃놀이.
130) 잎놀이. 앞의 '꽃놀이'에 짝을 맞춘 것임.
131) 밀하님 썰하님. '밀'과 '썰'은 '밀물. 썰물' 할 때의 '밀'과 '썰'로 '진(進). 퇴(退)'

압서거니 뒤서거니, 뒤ㅅ동산에 올나갈졔
도화만발 홍산[132]이요, 리화만발 빅산[133]이라.
황금갓흔 꾀꼬리는 양류간[134]에 노리하고
빅설갓흔 흰나뷔[135]는 꼿사이에 왕리헌다.
이리저리 건일면서,[136] 봄경식[137]을 완상트니[138]
담박게[139] 말굽소리 요란하고, 원앙소리[140] 들니우니
저기오는 저구낭이[141] 도젹사람이 분명하니 // 어서 밧비 들어가자.
문직이는 문을 닷고, 쇠직이[142]는 쇠를 채라.[143]
발영업시[144] 문을 열면 // 대감마님 힝차후에, 군법으로 참하리라.
과연 문열어라 하며
어룬[145]이 나갓다 돌아오면, 닷친[146] 문도 열거든
엇지하야 열인[147] 문을 도루[148] 닷침은 무슨 일이냐?
황우양 부인 허는 말이 // 우리 대감님은 엇그제 가섯는데
이졔 올리 만무허니, 빨이[149] 도라가시요.

의 뜻임. 따라서 이 구절은 '앞뒤 하녀'의 뜻으로 이해됨.
132) 도화만발홍산(桃花滿發紅山). 복사꽃이 만발하니 산이 붉음.
133) 이화만발백산(李花滿發白山). 오얏꽃이 만발하니 산이 흼.
134) 양류간(楊柳間). 버드나무 사이.
135) 흰나비.
136) 거닐면서.
137) 봄경색. 봄경치.
138) 완상하더니. 즐겁게 구경하더니.
139) 담 밖에. 담장 밖에.
140) 워낭소리. 워낭의 소리. '워낭'은 마소의 턱 아래에 늘어뜨린 쇠고리 혹은 마소의 귀에서 턱 밑으로 늘여 단 방울.
141) 저 군왕(君王)이. 저 남자가.
142) 쇠지기. 열쇠를 관리하는 하인.
143) 채워라.
144) 발령(發令) 없이. 명령을 발함이 없이. 명령이 없는데도.
145) 어른. 집안 어른. 주인.
146) 닫힌. 닫은. 닫았던.
147) 열린. 열었던.
148) 도로.

소진랑이 한참 싱각다가, 입엇든 속적삼 버서[150]
쉰길 담넘어로 던지며, 이걸보고 열어 주시요.
부인이 젹삼을 집어보니, 바누질[151]은 내솜씨나
짬닉[152]가 달낫스니,[153] 어서 밧비 돌아가소.
소진랑의 거동 보소.
안녀자[154]가 다든[155] 문을 대장부가 못열손야?[156]
졔귀[157]야 졔귀야라고, 삼세번을 불으드니[158]
졔쇠업는[159] 대문즁문 소리업시 열이더라.[160]
집안으로 달녀들며, 한손에는 칼을 들고 // 한손으로 멱[161]을 들고
네 아모리 난다 긴다 할지라도
바람가비[162]라 비상텬[163]하며 // 두더지라 짱속으로 들어갈가?
황우양씨 쳡의 부인[164] 매게[165]잡힌 꿩이되고
개게 물닌 닭이로다. 할수업시 꾀를내여 // 소진랑 보고 허는말이

---

149) 빨리.
150) 벗어.
151) 바느질. 바느질 솜씨.
152) 땀내. 땀냄새.
153) 달랐으니. 다르니.
154) 아녀자.
155) 닫은.
156) 못 열소냐?
157) 제귀(諸鬼). 모든 귀신.
158) 부르더니.
159) 제 쇠 없는. 자기 열쇠가 없는. 열쇠가 없이.
160) 열리더라.
161) 멱. 목의 앞부분. 여기서는 단순히 '목'으로 보면 되겠음. 이 '목'은 '황우양 씨 부인의 목'을 말한 것임.
162) 바람가비. 바람개비. 아이들이 장난감으로 가지고 노는 바람개비로 볼 수도 있겠으나, 여기서는 '쏙독새'로 보는 것이 더 타당할 듯 함. '쏙독새'는 쏙독새과에 속하는 새로 '바람개비'라고도 불림. 토문조(吐蚊鳥). 신풍(晨風).
163) 비상천(飛上天). 하늘로 날아오름.
164) 여기서는 단순히 '황우양 씨의 부인'이라는 뜻임.
165) 매에게.

신졍[166]도 좃커니와 구졍좃차[167] 이즐손가?
해가 저서 밤이 되면, 시아버님 친기[168]오니
졔사나 지내인[169] 뒤에, 자리동품[170] 하옵시다.
대장부의 쳐가살이 귀향살이 갓ᄉᆞ옵고,
녀자의 싀집살이 원살이[171]와 갓ᄉᆞ오니[172] // 그대 궁을 가사이다.
부인 말이 올타허고,[173] 부졍지속[174] 수습하야 // 소진뜰로 날여갈졔
부인이 입고잇든 명쥬한삼[175] 소ᄆᆡ씌여[176]
음양지[177] 장가락[178]을 입으로 ᄭᆡ물어서[179] // 류혈[180]로 글을 쓰되
죽어서 오시거든, 황쳔으로 만나보고
살어서 오시거든, 소진뜰로 오옵소서.
만단사연 적은후에, 상주추ㅅ돌[181] 밋헤 넛코[182] // 소진뜰로 날여갈졔
부인이 ᄯᅩ 한ᄭᅬ를 생각하야, 방소이나[183] 보옵시다.
일텬록 이안손 삼식신 사승패
오귀 륙갑시 칠칠귀 방위 신이라.

---

166) 신정(新情). 새로 든 정. 여기서는 '새 남자와 맺은 정'의 뜻임.
167) 구정(舊情)조차. 옛 정조차. 옛 남자와의 정분까지.
168) 친기(親忌). 부모의 제사.
169) 지낸.
170) 자리동품. 남녀가 잠자리를 같이 함.
171) 원(員)살이. 원님 벼슬에 있는 일.
172) 같사오니. 같으니.
173) 옳다 하고. 옳다고 생각하고.
174) 부정지속(釜鼎之屬). 솥 따위의 살림살이 도구들.
175) 명주 한삼. 명주베로 만든 한삼(汗衫). '한삼'은 손을 감추기 위하여, 두루마기나 여자의 저고리 소매 끝에 흰 헝겊으로 길게 대는 덧소매. 그러나 여기서는 '명주베로 만든 속적삼' 정도의 뜻임.
176) 소매 떼어. 소매를 떼어.
177) 음양지(陰陽指).
178) 장가락. 가운뎃손가락.
179) 깨물어서.
180) 유혈(流血). 흐르는 피.
181) 상주추[上柱礎]돌.
182) 밑에 넣고.
183) 방소나. 방향이나.

나의 몸에 일곱귀신이 지졉하야[184] 잇ᄉᆞ오니

ᄀᆡᄯᅩᆼ밧헤[185] 지함[186]파고, 구메밥[187] 삼년 먹은 후에 // 자리동품 하ᄋᆞᆸ시다.

만일 내몸을 허락허면, 삼족[188]을 멸허기는 컨양[189]

구족[190]이 멸시할[191] 것이니, 구메밥 삼년 멕여달나.[192]

그걸낭은[193] 그리 하소.

ᄀᆡᄯᅩᆼ밧헤 지함파고, 구메밥을 먹을적에

황우양씨 괴상헌 ᄭᅮᆷ을ᄭᅮ고, 심사가 산란하야지ᄆᆡ[194]

여기 문복[195] 잇는야 허니, 십리박게 잇나이다.

싱금 서되 갓다주며, 문복하야 달나 허니 // 저 판수[196] 거동 보소.

옥두리반[197] 내여놋코, 대모[198]산통[199] 흔들면서

---

184) 지접(止接)하여. 한 때 거접(居接)하여. 잠시 몸을 의탁하여 거주(居住)함. 여기서는 보통 말하는 대로 하면 '귀신이 붙었다'는 말임.

185) 개똥밭에.

186) 지함. 땅을 팜. '땅굴' 정도로 이해하면 되겠음.

187) 구메밥. 구멍으로 넣어 주는 밥.

188) 삼족(三族). 부계(父系)·모계(母系)·처계(妻系) 혈족을 함께 일컫는 말.

189) 멸(滅)하기는커녕. 여기서는 '멸(滅)하는 정도가 아니라'의 뜻임.

190) 구족(九族). ① 고조(高祖)로부터 증조(曾祖)·조부(祖父)·부친(父親)·자기·아들·손자(孫子)·증손(曾孫)·현손(玄孫)까지의 직계친(直系親)을 중심으로 하여 방계친(傍系親)으로 고조의 사대손(四代孫)되는 형제·종형제(從兄弟)·재종 형제(再從兄弟)·삼종 형제(三從兄弟)를 포함하는 동족(同族) ② 부족(父族) 넷·모족(母族) 셋·처족(妻族)둘을 함께 일컫는 말, 곧 부족의 넷인 고모의 자녀·자매의 자녀·딸의 자녀·자기의 동족, 모족의 셋인 외할아버지·외할머니·이모의 자녀, 처족의 둘인 장인·장모. 여기서는 ②의 뜻에 더 가까운 것으로 판단됨.

191) '멸(滅)할'의 잘못임.

192) 먹여 달라.

193) 그걸랑은. 그것은.

194) 산란(散亂)하여짐에. 마음이 어지러워짐에.

195) 문복(問卜). 여기서는 '문복자(問卜者)'의 뜻임. 점쟁이.

196) 판수. 점치는 것을 업으로 하는 소경.

197) 옥두리반. 옥도리판. 옥으로 만든 둥그런 상(床). '점상'(占床)을 말한 것임.

198) 대모(玳瑁). 대모갑(玳瑁甲). '대모'(玳瑁)는 거북과(科)에 속하는 바다 거북의 한 종류. 각판은 반투명의 황색 바탕에 암갈색 구름 무늬가 있는데 대개 지붕의 기와처럼 포개어져 있음. 인도양·태평양·대서양의 열대와 아열대에 분포

고축사[200] 하되, 텬하언재[201] 하며, 디하언재[202] 하나니[203]
춘추 미일 통ᄉ언,[204] 여텬디로 획기덕[205] 하고
여일월로 획기명[206]하고, 여사시로 획기길흉[207] 하나니
대셩인[208] 복희[209] 신롱[210] 황뎨,[211] 구텬 텬왕[212] 문왕[213]

하는데 등껍데기를 '대모'(玳瑁) 혹은 '대모갑'(玳瑁甲)이라고 하며 공예품·장식품 등에 귀중하게 쓰임.

199) 산통(算筒). 장님이 점을 칠 때에 쓰는 산가지를 넣는 통.

200) 고축사(告祝詞). 고축(告祝). 고하여 아룀. 하소연하여 빎.

201) 천하언재(天何言哉). 하늘이 무엇을 말씀하시더냐? 『논어』(論語) 「양화」(陽貨) 편에 '하늘이 무엇을 말씀하시더냐? 사시가 운행되며 만물이 생겨난다. 하늘이 무엇을 말씀하시더냐?'(天何言哉 四時行焉 百物生焉 天何言哉)라는 구절이 있음. 또한 『맹자』(孟子) 만장장구 상(萬章章句上)에는 '하늘은 말이 없으시다. 오직 행동과 사실로서 보여 주실 따름이다'(天不言 以行與事示之而已矣)라는 구절이 있음.

202) 지하언재(地何言哉). 땅이 무슨 말을 하리요.

203) '-리요'라고 토(吐)를 다는 것이 맞음. 이 행은 점을 칠 때 사용하는 말임.

204) 춘추매일통사언(春秋每日通事焉). 언제나 일을 통할 뿐이다. 천지는 말을 통해서 뜻을 보이는 것이 아니라 일을 통해서 뜻을 나타낸다는 말임.

205) 여천지획기덕(與天地劃其德). 천지로써 그 덕을 나눔.

206) 여일월획기명(與日月劃其明). 일월로 그 밝음을 나눔.

207) 여사시획기길흉(與四時劃其吉凶). 네 계절로 그 길흉을 나눔.

208) 대성인(大聖人).

209) 복희. 복희씨(伏羲氏). 중국(中國) 고대(古代)의 제왕(帝王). 삼황오제(三皇五帝)의 수위(首位)를 차지하며 팔괘(八卦)를 처음으로 만들고 그물을 만들어 어렵(漁獵)의 방법을 가르쳤다고 전함.

210) 신농. 신농씨(神農氏). 반인반수(半人半獸)였다고 알려져 있는 고대(古代) 중국(中國)의 전설상(傳說上)의 왕. 영농(營農)과 약초(藥草)의 신(神)으로 알려져 있음.

211) 황제(黃帝). 고대(古代) 중국(中國)의 전설상(傳說上)의 왕. 복희씨(伏羲氏)·신농씨(神農氏)와 함께 삼황(三皇)이라 일컬어짐. 기원전 2700년경 천하(天下)를 통일하여 문자(文字)·수레·배 등을 만들고, 도량형(度量衡)·역법(曆法)·음악(音樂)·잠업(蠶業) 등 많은 문물제도(文物制度)를 확립하여, 인류에게 문화생활을 가져다 준 최초의 제왕(帝王)으로 숭앙되었음.

212) 구천천왕(九天天王). 구천(九天)을 관장하는 하늘의 신. '구천'(九天)은 대지를 중심으로 그 주위를 회전한다고 가정한 아홉 개의 천체를 가리키는 불교 용어. 곧 일천(日天)·월천(月天)·수성천(水星天)·금성천(金星天)·화성천(火星天)·목성천(木星天)·토성천(土星天)·항성천(恒星天)·종동천(宗動天)의 총칭.

213) 문왕(文王). 중국 주나라 무왕(武王)의 아버지.

귀곡선싱[214] 손빈선싱,[215] 곽각선싱[216] 리순풍[217]
소강절[218] 팔팔 육십사괘,[219] 소불난등[220]하야
길즉[221] 길신[222]이 융성하고, 흉즉 흉신이 복챵[223]하야
일결에[224] 멩판ᄒᆞ소서.[225]
ᄯᅥᆯ썩쏘다[226] 내던지니, 질산[227]이 지는구나.
ᄯᅩ한번 내던지니, 모듬산[228]이 지는구나.

---

214) 귀곡선생(鬼谷先生). 귀곡자(鬼谷子). 중국 전국시대(戰國時代)의 종횡가(縱橫家). 성씨(姓氏)나 사적(事跡)이 모두 미상인데 그가 은신하든 귀곡(지금의 산서성 택주부)을 따서 호로 삼았다고 함. 소진(蘇秦)과 장의(張儀)의 스승이었다고 알려져 있음.

215) 손빈선생(孫臏先生). 손빈. 중국 전국시대(戰國時代) 제(齊)나라의 병법가(兵法家). 손무(孫武)의 후손. 기원전 367년경 위(魏)나라 군사를 계릉(桂陵)에서 대파하고 기원전 353년 조(趙)나라를 도와 위나라 군사를 재차 하남(河南) 대량(大梁)에서 격파하여 병법가로 명성이 높았음.

216) 곽각선생. '곽곽선생'(郭郭先生)의 와음. 대개의 무당들은 '곽곽선생'이라고 지칭함. '곽곽'은 '곽박'(郭璞)의 와음. '곽박'(郭璞)은 중국 동진(東晉)의 학자. 『산해경』(山海經)과 『수경』(水經) 등을 지었으며, 경학(經學)과 역수(易數)에 능했다고 함. 무당들에게는 정확한 점괘를 내게 해 주는 신적인 존재로 인식되고 있으며, 국사당(國師堂)의 무신도(巫神圖)에도 이 곽곽선생이 있음.

217) 이순풍(李淳風). 중국 당나라 사람으로 보천(步天), 역산(曆算)에 능하여 갑자원력(甲子元曆)을 지어 올렸다고 알려져 있음. 저서에는 법상서(法象書) 7편과 기사점(己巳占) 등이 있으며, 무가에서는 위의 주)에의 '곽곽선생'과 함께 신통한 점괘를 내어주는 신적인 존재로 인식되고 있음.

218) 소강절(邵康節: 1011-1077년). 중국 송나라 때의 유학자. 이름은 옹(擁). 자는 요부(堯夫). 시호는 강절(康節). 이정지(李挺之)에게 도가서(道家書)인 선천상수(先天象數)의 학을 배웠고 신비적인 수리학설을 세웠음. 저서로 『극경세서』(皇極經世書), 『격양집』(擊壤集)이 있음.

219) 팔팔육십사괘(八八六十四卦).

220) 소불난등(疎不難等). 뜻이 통하여 어렵지 않음.

221) 길즉(吉則). 길한 즉. 길하면. 좋은 일이면.

222) 길신(吉神). 길한 신. 좋은 신.

223) 복창. 명령에 따름.

224) 일결에. 한번에. 한꺼번에.

225) 명판(明判)하소서. 밝게 판결하소서. 여기서는 '확실한 점괘가 나오게 하소서'의 뜻임.

226) 떨걱 쏟아.

227) 질산. 흩은 산. 산가지가 흩어져서 점괘가 잘 나오지 않는 상태.

도제[229] 이졈[230] 못하겟소.

뭇자는[231] 문복이요, 아자는[232] 쳔문이라 // 아는대로 일너주오.

그대집 터는 쑥밧 되고 // 부인은 남의 궁에 시집 갓스니

어서 급히 가서 보오 // 황우양씨 긔가막혀 시급히 밧비나와[233]

속히 일을 하려하고, 삼년할걸 일년하고

일년할걸 한달하고, 한달할걸 하루하야

밧비밧비 날여와서,[234] 살든집에 와서보니

집터는 쑥밧이 되여, 주추ㅅ돌만 남어잇고

길어먹든 우물에는 쳥잇끼[235]가 끼여잇고

길아래 댕댕이[236]가 길우로 뻐덧스니[237]

황우양씨 탄식하며, 하날을 우러러 통곡하고

상주추돌을 베고, 기진하야 잠들을졔

태빅산 갈마귀가 차돌[238]도 돌도 못어더 먹고

갈곡질곡[239] 울고 가며 // 하석필[240]이라 울고가니

---

228) 모듬산. 산가지가 모아지는 점괘.
229) 도저히.
230) 이 점. 문맥상으로는 '당신의 점'의 뜻임.
231) 묻자는.
232) 알자는. 알고자 해서 하는.
233) 바삐 나와.
234) 내려와서.
235) 청이끼. 푸른 이끼.
236) 댕댕이. 댕댕이 덩굴. 새모래덩굴과에 속하는 낙엽 활엽 만초. 줄기는 목질(木質)에 가깝고 잔털이 났으며, 잎은 호생하고, 난원형에 두세 갈래로 째짐. 6월에 황백색의 잔 꽃이 취산 화서로 액생하는데 자웅이가(雌雄二家)이고, 암꽃은 원주상의 꽃자루가 있고 수꽃은 여섯 개의 수술이 있음. 직경 6-8mm의 핵과(核果)는 거의 구형이며, 황해도 이남 및 일본·대만·중국·필리핀 등지에 분포함. 덩굴과 뿌리는 '목방기'(木防已)라 하여 이뇨제(利尿劑)로 쓰고 덩굴은 바구니 재료용임.
237) 뻗었으니.
238) 차돌. 석영(石英). 유리 같은 광택을 갖추고 있는 매우 단단한 광물. 흔히 단단하고 야무진 사람을 비유할 때 '차돌 같다'고 말함.
239) 까마귀 울음소리를 의성한 것임.
240) 하석필(下石筆). 문맥상으로 해석하면 '돌 아래에 편지가 있다'의 뜻임.

황우양씨 깜짝놀나 일어나며
날어가는 저 갈마귀, 날 비하야[241] 울고가나?
하자[242]는 아릐하ㅅ자 분명하고 // 석자는 돌석자 분명허다.
돌밋헤 무엇이 잇나보다.
주초ㅅ돌을 들고보니, 부인의 한삼 들엇거라.
자세히 펼쳐보니, 유혈로 글을 썻스되
죽어서 오시거든, 황천으로 만나보고
살어서 오시거든, 소진뜰로 보옵시다 // 만단설화 하엿거라.
황우양씨 혈서보고, 성화갓치 날여가서
청다락[243] 우물가에 로송나무[244] 우에 안저
부인에게 쉼자리를 어질업게[245] 하얏드니
부인이 짐작허고, 은동이 머리에 이고
우물가에 나가안져, 물한번을 둘너뜬이[246]
황우양씨 그림쟈가 물가운데 빗치거라.
황우양씨 부인 이론말이[247]
죽엇거든 울어 날이시고 // 살엇거든 우서[248] 나리소서.
황우양씨 깃거하야,[249] 허허웃고 나려오며
그사이를 못참어서, 남의 처가 되엿는가?
부인이 이론말이, 내 무엇이라 하옵띄까?[250]
뭇는말 대답하야, 나까지 고싱 하얏스나
그놈과 오날까지 상관업시 피하야 왓스오니

241) 나를 비유하여. 나를 빗대어.
242) 하자(下字). '하'라는 글자.
243) 청다락. 푸른 다락. 푸른색으로 지붕을 얹은 다락.
244) 노송(老松)나무. 늙은 소나무.
245) 어지럽게.
246) 둘러 뜨니. (물을) 휘휘 저어 뜨니.
247) 이른 말이. 하는 말이.
248) 웃어. 웃고.
249) 기뻐하여.
250) 하옵디까? 합디까? 말합디까? 말하였습니까?

원슈갑고 갓치가서, 질거웁게 사옵시다.
황우양씨 요술불여,[251] 청싀홍싀 몸이되여
부인의 아홉폭치마 폭폭이 쌔여[252] 들어가서
대직쎄[253] 소직쎼 내여들고
소진랑의 경수리[254]가죽 발쑴치로 붓처놋코
삼만육쳔 일신수족 용수업시[255] 하야놋코
물푸레[256] 회차리[257]로 사졍업시 싸리이니[258]
소진랑이 혼겁하야,[259] 고두빅비[260] 허는말이
아모죄도 업ᄉᆞ옵고, 깃쏭밧헤 지함파고
구메밥 잠년[261]간을 멕인죄 밧게 업ᄉᆞ오니
목숨이나 살여쥬오. 황우양씨 이론말이
너를 피를내여 죽일 것이로되
국공[262]의 자손이라. 그는 그리 못할망졍
돌함속에 가두어서 // 물한목음 못먹게 하야놋코
녜집 혼솔[263]들은 거리거리 성왕[264]되여

---

251) 요술 부려.
252) 싸여.
253) 대(大)집게. 큰 집게. '집게'는 물건을 집을 때에 사용하는 끝이 두 갈래로 갈라진 연자.
254) 정수리. 머리 위에 숫구멍이 있는 자리.
255) 용수(用手) 없이. 수단을 부릴 방법이 없이.
256) 물푸레. 물푸레 나무. 목서과에 속하는 낙엽 활엽 교목. 잎은 우상 복생하고 소엽은 긴 나형이며 뒷면의 주맥에 갈색의 털이 났음. 5월에 자웅이가(雌雄二家) 또는 잡가(雜家)의 꽃이 원추 화서로 풋가지 끝에 액생하고, 시과는 9월에 익음. 산중턱 이하의 습지에 나는데, 한국 각지 및 만주 · 북중국에 분포함. 기구재 · 총대 · 도끼자루, 나무 껍질은 약재, 숯은 염료로 사용함.
257) 회차리. '회초리'에 해당하는 방언. 어린아이를 때리거나 마소를 부릴 때에 사용하는 가는 나뭇가지.
258) 때리니.
259) 혼겁(魂怯)하여. 혼이 빠지도록 겁을 내어.
260) 고두백배(叩頭百拜). 머리를 조아리며 백 번이나 절을 함.
261) '삼년'(三年)의 오식(誤植).
262) 국공(國公). 고려 때의 다섯 작위(爵位)의 첫째.

올나가는[265] 쟝군[266]들 나려오는 힝인들의
침이나 바더[267]먹게 말연허고[268]
닭이 짐싱들은 뒷동산에 치처놋코[269]
꿩비닭이[270] 사심[271] 되어 // 총으로 탕탕 노와먹게 말연하고
황우양씨 양위부처 황산뜰로 올나와서 // 그날밤 유경할졔[272]
억새[273]덕새[274] 이웃잡어 저웃매고 // 저웃잡어 이웃믹고
아홉폭 쥬리치마 좌우로 휘쟝치고 // 그날밤을 유경할졔
부인은 그동안에 무슨 직조를 비웟소?[275]
대감님 쪄나가신 후로, 눈물로 셰월을 보닉옵다
소지한쟝 지여써서, 텬하궁에 올녓드니 // 익기누에[276] 한졉시라.
열흘밤 멕여 쟘직이고, 셥헤다[277] 올녓드니
청식곳치[278] 빅식곳치 황식곳치 닷말이라.
거린대[279] 압헤 놋코 // 한번잡어 닉외치니, 나그네명지 것명지[280]

---

263) 혼솔(渾率). 혼가(渾家). 한 집안의 온 식구.
264) '성황'(城隍)의 와음. 서낭. 부락 수호신(守護神)의 하나. 주로 마을의 입구나 마을의 한복판에 이 신(神)을 모신 당(堂)이 있는 부락들이 많은. 당집의 형태를 취하고 있는 경우도 있으나 단순히 돌무더기로 되어있는 형태도 상당수 있음.
265) 올라가는. (산을) 올라가는.
266) 장군. 시장에 모여드는 장사치들. 시장을 보러 가는 사람들.
267) 받아.
268) 마련하고.
269) 쫓아 올려 보내어 놓고. 쫓아 올려 보내어서.
270) 꿩과 비둘기.
271) '사슴'에 해당하는 방언.
272) 유경(留經)할 때에. 머물러 시간을 보낼 적에. 머물러 밤을 보낼 적에.
273) 억새. 억새풀.
274) 앞의 '억새'에 운을 맞춘 것임.
275) 배웠소?
276) 애기 누에. 누에 새끼.
277) 섶에다. '섶'은 누에가 올라가 고치를 짓도록 마련해 놓은 짚이나 잎나무.
278) 청색 고치. 푸른색의 누에고치.
279) 거린대. 베를 짜는 기계. 베틀.
280) 겉명주.

두번잡어 너외치니, 쥬인네 명지 속명지
쉰대쟈 마흔대쟈 나가지고[281] // 대감님 일습[282]한벌 지여놋코
동창문을 열고보니 // 졈심골이[283]가 왓다갓다 하옵듸다.[284]
그저조가 무던하오?[285] 황우양씨 이론말이
우리지조 그러허나, 사후에 죽어지면
물술[286]이나 어더먹고,[287] 쳔추만년 가드릭도
축원덕담 바더먹게, 나는 셩쥬되고
부인은 지신되여, 방방[288] 면면촌촌[289]
집집마다 셩쥬되고 지신 되엿슬졔
아모동[290] 아모가즁 셩쥬지신 되엿는대
셩쥬님 위하실여 하옵고
시루머리 독반[291] 별머리[292] 위셩,[293] 쟌상거완[294] 명젼[295]나젼[296]
로보시[297] 산닭 모고리[298] 밧쳐놋코

---

281) 날아 가지고. '날다'는 '피륙이나 돗자리 같은 것을 짜려고 틀에 날을 걸어 벌리다'의 뜻임. 아니면 '베를 짜서'로 볼 수도 있겠음.
282) 일습(一襲). 옷 한 벌.
283) 점심고리. 점심을 담은 고리. '고리'는 껍질을 벗기어 말린 고리버들로 만든 그릇. 옷을 담는 데 등에 주로 사용함.
284) 결국 이 부분은 황우양 씨 부인이 하루 아침나절에 명주베를 짜서 옷 한 벌을 지을 수 있었다는 말임.
285) 보통입니까? '대단하지 않습니까?'의 뜻임.
286) 물술. 무술. 현주(玄酒). 술 대신에 제사에 쓰는 냉수.
287) 얻어먹고.
288) 방방곡곡.
289) 면면촌촌(面面村村). 면마다 촌마다.
290) 아무 동[某洞]. 어느 동네. 이 '아모'는 실제 굿을 할 때에는 그 굿을 하는 마을에 따라 다르게 불리게 됨.
291) 시루머리 독반. 따로 차린 떡시루. 따로 차린 시루떡 시루.
292) 별머리. (성주를 위하는 뜻으로) 특별히 마련한 소머리.
293) 위성. 떠받들어 모심.
294) 잔상거완(盞床巨碗). 잔과 상과 큰 주발.
295) 명전(命錢). 오래 살게 해 달라는 뜻으로 올리는 돈.
296) 나전. 나이전. 오래 살게 해 달라는 뜻으로 올리는 돈.
297) 아마도 '너붓이'일 것으로 판단됨. 너부죽이. 널다랗게.

위셩하고 대하오니, 경셩으로 감하시고[299]
만사망[300] 덕사망[301]을 나리시고
아모 가즁은 이러니 저니러 할지라도
위대헌[302] 가중은 일년 열두달// 과년[303] 열석달이 지나가도
삼직[304]팔란수[305] 다 익운[306]을 쳔리밧게 소멸하고
만ᄉ순셩[307] 대통운[308] 하고
맘먹엇든 일을낭은[309] 쓧과갓치 되게 졈지하고

---

298) 아마도 '목 오리'였을 것으로 판단됨. 목을 잘라.

299) 감하시고. 운감하시고. '운감'은 제사에 차려 놓은 음식을 귀신이 맛봄.

300) 만사망. 온갖 사망. '사망'은 장사에서 이익을 많이 보는 운수.

301) 덕(德)사망. 앞의 '만사망'에 운을 맞춘 것임. 굳이 해석을 하자면 '많은 덕'의 뜻임.

302) 우대(優待)한. 신을 모셔 잘 위한 (가정). 곧 '이 제의를 거행한 (이 가정)'을 말함.

303) 과년(過年). 음력으로 윤년(閏年)을 말함. 음력에서는 3년에 한 번씩 윤달이 들고 따라서 이 해에는 한 해가 열석 달이 됨.

304) 삼재(三災). 사람의 태어난 해의 간지(干支)에 맞추어 한 해의 운수(運數)를 점치는 방법 가운데 하나. 띠만 알면 판별이 가능하기 때문에 가장 단순한 것이라고 할 수 있고 그만큼 널리 알려져 있기 때문에 민간(民間)에서는 일차적으로 꺼리는 대상이 됨. 사유축생(巳酉丑生)은 해자축년(亥子丑年)에, 신자진생(申子辰生)은 인묘진년(寅卯辰年)에, 해묘미생(亥卯未生)은 사오미년(巳午未年)에, 인오술생(寅午戌生)은 신유술년(申酉戌年)에 각각 삼재가 들게 됨. 이 가운데에서 제일 앞에 있는 해를 '들삼재'라고 하고, 가운데 들어 있는 해를 '묵삼재'라고 하며, 제일 뒤에 들어 있는 해를 '날삼재'라고 부름. 예컨대 신자진생(申子辰生; 원숭이띠, 쥐띠, 용띠인 사람)은 인년(寅年)이 '들삼재'이고, 묘년(卯年)이 '묵삼재'이며, 진년(辰年)이 '날삼재'에 해당하게 됨. 이와 같이 삼재가 드는 사람은 입춘일(立春日)에 경명주사로 부적(符籍)을 써서 1년간 가지고 있다가 다음해 입춘 되는 날 새것으로 갈고 또 다음해 입춘일에 다시 새것으로 가는 방법으로 3년을 계속 지니고 있으면 모든 액(厄)이 제거된다고 함.

305) 팔난수(八難數). 여덟 가지의 재난을 만나는 운수. '팔난'은 배고픔·목마름·추위·더위·물·불·칼·병란(兵亂)의 여덟 가지의 재난. 혹은 부처를 보지 못하고 불법(佛法)을 들을 수 없는 여덟 가지의 곤란이니 곧 지옥(地獄)·축생(畜生)·아귀(餓鬼)·장수천(長壽天)·맹롱음아(盲聾瘖瘂)·울단월(鬱單越)·세지변총(世智辨聰)·생재불전불후(生在佛前佛後).

306) 액운(厄運).

307) 만사순성(萬事順成). 온갖 일이 순조롭게 이루어짐.

308) 대통운(大通運). 운수 대통.

셩쥬님이 불안허면, 지신님이 안존허고
지신님이 불안허면, 셩쥬님이 안위안경 하시고
대쥬님이 불안허면, 계쥬님이 안위안경 하시고
셩주님도 가왕이요, 지신님도 가왕이요
대쥬님도 가왕이요, 계쥬님[310]도 가왕이라
네 가왕이 합이[311]되야//한나무 슷이[312] 눌낙일낙[313] 하고
이 만신[314] 놀고간 뒤에는//선삼일 복을 쥬고, 후삼일은 명을 주어
칠비동산[315]에 만만슈[316] 노젹[317]이 나리여 쥽소서.

309) 일일랑. 일은.
310) 계주. 무당이 굿을 하는 집의 주인 여자를 일컫는 말.
311) 합의(合意).
312) 끝이.
313) 누울락 일어나락.
314) 만신. 무당을 일컫는 용어의 하나.
315) 칠비동산. 칠보(七寶). 칠보로 장식한 동산. '칠보'(七寶)는 일곱 가지의 보배, 혹은 전륜성왕(轉輪聖王)이 가지고 있다는 일곱 가지의 보배. 무량수경(無量數經)에서는 금(金)·은(銀)·유리·파리·마노·거거·산호의 일곱 가지를, 법화경(法華經)에서는 금·은·마노·유리·거거·진주·매괴의 일곱 가지를 각각 '칠보'(七寶)라고 하였고, 전륜성왕(轉輪聖王)의 칠보(七寶)는 윤보(輪寶)·상보(象輔)·마보(馬寶)·여의주보(如意珠寶)·여보(女寶)·장보(將寶)·주장신보(主藏臣寶)라고 알려져 있음.
316) 만만수. 많고 많은.
317) 노적(露積). 밖에 쌓아 놓은 곡식.

6. 제석본풀이

여기에서는 무속 생산신 신화인 「제석본풀이」를 수록한다. 제석본풀이는 전국에서 전승되며 채록된 각편도 수십 편이 있으나 가장 장편이고 짜임새가 있는 양평본을 원문대로 수록하기로 한다. 이 본은 필자가 1968년 2월 2일 경기도 양평군 양근 4리 김용식(金用植)의 자택에서 그의 구연본을 녹음하여 정리한 것인데 구연시간이 4시간이나 되고 총분량이 5만여 자(五萬餘字)에 이르는 장편이다. 길이가 길 뿐만 아니라 구성이 치밀하고 묘사로써 장면을 제시하고 있으며 등장인물의 개성이 잘 부각되어 있다.

제보자인 김용식은 1929년 5월 1일 경기도 양평군 강상면 병산 3리 544번지에서 장님으로 태어나, 어려서부터 유명한 독경무인 김종선 문하에서 7년간을 배운 후 독립하여, 조사 당시까지 23년간 무업에 종사하고 있었던, 암기력이 비상하고 사설조직력이 뛰어난 남자 무당이었다.

제석천왕은 세장멸, 사중인생은 밀감제, 만인중생은 여적적, 세공아공은 골곤양, 원아일심은 아계일심, 일인승수는 범천지, 각집산왕은 등반아, 십차가지는 등구국, 고고왕 십방은 제성주, 불설고양은 스철고양, 동반에 동심에 정성 축원을 받던 제석, 만인관장은 정반향, 여래불 저부처 관음보살, 위부처서 약사보살, 천과나 만리 장천연관 위력에 존불전이 차가중으로[1] 하강하옵소서.

상이하이 — 아미타불

상으로 하늘을 위성하고,[2] 중으로 부모를 위성하고, 하에지신은 부군안녕을 창성하심이라. 남무와[3] 천월공주 제석존불, 남무와 지하공주 제

---

1) 차가중(此家中)으로. 이 집 가운데로. 이 집으로.

2) 위성하고. 위하고. 모시고. 대우하고.

3) 나무(南無). 부처나 경문(經文)의 이름 앞에 붙이어 절대적 믿음을 표시하는 말. 원래 범어(梵語) '나마스'(Namas)에서 온 말로 이 말은 '돌아가 의지하다'의 뜻이었음.

석존불, 사해구천을 살자하니, 그 불절은 정좌하니 하불관은 영좌하니, 부리부리 열두부리, 제석승통을 이어나려 일체중생은 한이진원, 초리[4] 뻗어 가지뻗어 묘향산 영주로 내려오실제, 천금산 도로도로[5] 황금산 돌아 나오실제, 우리 조선 팔도도 솔잎이 푸르르 청청 삼월이라 하구두 나오실제, 다강수[6]나 다달으니 다강수를 어찌하여 건느셨나? 나루배를 잡아타니 목선이라 썩어지고, 돌배를 잡아타니 석선이라 갈아안고, 무쇠배를 잡아타니 지남철이라 갈아안고, 흑두선[7]을 잡아타니 토선이라 어화 설설 풀어지고, 종이배를 잡아타니 모진 물결을 못이겨 지선[8]이라 미어지고,[9] 부처님의 도술인지 통두선을 잡아타고, 청룡황룡이 배를 미고[10] 나는듯이 건느실제, 소한제석 대한제석 양외제석, 부리[11]부리 열두부리 제석승통 이어나려 일체중생은 한이지원, 부리부리 제석님네 본이본이 긔 어디가 본이신가? 서천 서역국 오십 삼불전이[12] 차가중으로 하강하옵소사.

우리조선 팔도도를 밟아 자시던 삼세조앙, 명과 복을 타라하고 하라리 하라리 — 앞으루두 열상지[13] 뒤루두 열상지, 이십에 상제[14]를 거나리고 헐헐층층 나려오실제, 관재[15]고깔을 접어 쓰고, 스대삿갓[16]을 숙여

4) 초리. '꼬리'의 고어(古語).

5) 돌아돌아.

6) '대강수'(大江水)의 와음.

7) '흙토선'[土船]의 와음. 흙배. 흙으로 만든 배.

8) 지선(紙船). 종이로 만든 배.

9) (팽팽하게 된 종이나 가죽 같은 것이) 해져서 구멍이 나고.

10) '메고'에 해당하는 방언.

11) 부리. 뿌리. 근원(根源).

12) '오십삼불존(五十三佛尊)이'의 와음. 쉰 셋의 부처가. 다른 지방의 무가 자료들에도 보면 '쉰 셋'이라는 단어가 상당수 발견되며 설화자료들에도 이 숫자가 나옴. 무가자료와 설화자료 가운데 어느 쪽이 그 소재적 원천이었는지 밝히기 곤란함. 설화자료로는 '쉰 셋'의 부처가 돌배[石舟]를 타고 강원도 고성(高城) 앞바다로 떠내려 왔다는 이야기가 '유점사와 오십삼불'이라는 제목으로 보고되어 있음(최상수, 『한국민족전설집』, 통문관, 1984. 442-445면).

13) 열 상좌[十上佐]. 열 사람의 행자(行者).

14) '상좌'(上佐)의 와음. 사승(師僧)의 대(代)를 이을 여러 사람 중에서 가장 높은 사람.

쓰고, 좌수[17]에는 법화경 들고 우수에는 운전승[18] 들고, 헐헐층층 나려오실제, 일락서산[19]에 해는 지고 월출동령[20]에 달이 돋아, 좌두필성 옹위하는 듯이 우두필성 알현하는 듯이, 무지개 발[21]로 휘여다가 서기발루[22] 나꾸어다,[23] 이가중에 자손들을 전후좌후 살피실때, 남자손두 점지하구 여자손두 점지하야, 남자손은 대천하나라구 이름짓구 여자손은 소천하나 이름지어, 대천·소천을 이름질 때 무량복수를 점지하다.

칠성님이 명을 주고 제석님이 복을 주고, 석가여래 제도함으로 삼신제왕에 인도받아, 인간세상에 탄생하니, 식신복래[24] 안호대덕[25]을 점지할 때, 명복수를 빌어주자. 명길기는[26] 팽대[27]같고 창해같이 명복수를 나려줄 때에, 명이 단명하다 하옵걸랑은 강태공[28]에 명을 빌어 선팔십[29]을 빌어주시고 동방석[30]에 나이를 빌어 후팔십[31]을 빌어가자. 억조

15) '관자'(冠子)의 와음. '모자'를 말한 것임.
16) 세대[細竹] 삿갓. 가늘게 쪼갠 대로 만든 삿갓. 중이 쓰는 것으로 보통 삿갓보다 훨씬 작음.
17) 좌수(左手). 왼손.
18) 문맥상으로 보면 '염주'(念珠) 정도의 와음이었을 것으로 판단됨.
19) 일락서산(日落西山). 서쪽 산으로 해가 짐.
20) 월출동령(月出東嶺). 동쪽 산에서 달이 떠오름.
21) 무지개발. 무지개의 기운.
22) 서기(瑞氣)발로. 상서로운 기운으로.
23) 낚아채다가.
24) '식신복록'(食神福祿)의 와음. 식신이 주는 복록. '식신'은 음식을 맡은 귀신.
25) 안호대덕(安護大德).
26) 명(命)이 길기는. 오래 살기는.
27) '팽조'(彭祖)의 와음. 중국의 전설적인 장수자(長壽者). 요(堯)임금 때부터 하(夏), 은(殷), 주(周)의 세 왕조를 살았으며, 나이가 700세 혹은 800세였다고 알려져 있음. 『장자』(莊子) 「소요유」(逍遙遊)편에 이 사람의 이름이 나옴.
28) 강태공(姜太公). 태공망(太公望). 중국 주나라 초기의 정치가. 성은 강(姜). 이름은 상(尙). 문왕(文王)이 위수(渭水)가에서 처음 만나 스승을 삼았으며, 뒤에 무왕(武王)을 도와 은(殷)나라를 평정하여 그 공으로 제(齊)나라에 봉함을 받아 그 시조가 되었음. 그는 160세를 살았다고 하는데 처음의 80년은 벼슬하지 못하고 가난하게 살았고 뒤의 80년은 부귀를 누리면서 살았기 때문에 그 삶의 성격이 다르다고 할 수 있는데, 앞의 80년을 흔히 '선팔십'(先八十)이라고 하고 뒤의 80년을 '후팔십'(後八十)이라고 함.
29) 선팔십(先八十). 위의 주) 참조.

창생을 못할망정 선팔십 후팔십 이팔이 십육 일백육십씩을 나려줄 때에, 단명은 이어주고 길구긴명은 서려[32]담아, 무쇠 목숨에 돌끈달어 수명장수 넘게스리,[33] 차가중에 자손들을 살피시고 도우시길 천만복축에 비나니오. 삼불제석님은 이가 중에 인간의 소원성취 나리시고 이 정성을 즐겁게 받으시고 세세원정[34] 나리소사.

제석님은 어찌하여 제석님이 되셨으며 어찌하야 내 땅에 만인들이 위성하게 되셨을가? 제석에 근본을 찾아보자. 제석에 근본이 어디신가?

제석에 근본은 서천서역국 서여불전 천축국 왕불암 반왕[35]에 태자론데, 태자드면 어찌하야 제석님이 되셨을가? 서서히두 알리리다.

때는 어느때냐? 국태민안하고 시화년풍 시절인데, 서천국을 누리고 있는 왕이로다. 성은 왕가요 이름은 부설씨, 왕부설씨론데, 그때에 하나님의 덕분으로 유지[36]루 있어, 또한 왕의 벼살을 누리고 있어, 그릴 것은[37] 없지마는 자손이 하나 없었세라.

이때에 왕께서 문전에 나와 서산을 바라보시니, 일락서산에 해는 지고 월출동령에 달이 받드러 돋는 것을 보시다니, 마음이 좋시지 못하였에라.

"인간세상에 태여나서 살다가 자손을 못이으면, 우리 재산 누가 맡으며 우리 봉지사[38]는 누가 받드나?"

---

30) '동방삭'(東方朔)의 와음. '동방삭'(東方朔)은 오래 산 것으로 널리 알려져 있는 중국 한(漢)나라 무제(武帝) 때의 사람 이름. 속설(俗說)에 의하면 서왕모(西王母)의 복숭아를 훔쳐 먹어 죽지 않고 장수(長壽)하였으므로 '삼천갑자(三千甲子) 동방삭'이라고 알려져 있음. 여기서는 오래 사는 사람의 대명사로 사용된 것임.

31) 후팔십(後八十). 앞의 앞의 주) 참조.

32) 서려. 길고 잘 감기는 동그랗게 포개어 감아.

33) '넘게'에 해당하는 경상도 방언. 넘치게.

34) '세세연년'(歲歲年年)의 와음. 연년세세(年年歲歲). 길이길이.

35) '정반왕'(淨飯王)의 와음. 기원전 6세기경 인도 가비라위국(迦毘羅衛國)의 왕. 석가모니의 아버지.

36) 한 지역에서 명망 있는 인사(人士).

37) 그리워할 것은. 부족한 것은.

38) '봉제사'(奉祭祀)의 와음. 제사를 받드는 일.

하야 마음이 좋시지 못한 연고로, 그때나 이때나 부인께서 남자보담 한층 더한고로, 반왕을 불러 갈아사대

"우리가 하나님의 덕분으로 유지로 있어, 또한 서천국을 누리구 있는 왕으로서 그릴것은 없지마는 자손이 하나없어 그렇지 아니하옵니까?"

이와 같이 말씀하시니 반왕께서 하시는 말씀

"그런 줄을 인제 아오? 팔자에 없는 자손 어찌하오?"

하니 부인이 갈아사대

"그런 줄을 인제 안 것이 아니오나, 우리 정성이 부족하야 자손을 못 이루니, 명산대천에 빌어 자손 하나 낳아 보옵시다."

하시거늘, 반왕이 대답하되

"요사한 마음이지. 정성드려 자손을 본다하면 이 세상 사람마두 자손 없는 사람이 어디 있으며, 부자 아니 될 사람이 어디 있으료?"

이와 같이 말씀하옵시니, 부인이 갈아사대

"그런 것도 아니야요. 정성이면 다합니까? 정성드리기가 자손 두기보담도 어려운 일입니다. 나의 정성만 지극하면 세상만사 안 되는 일이 없느니라. 정성이 지극하면 지성이 감천이라 하옵는데 아니될 리 만무로다."

이와 같이 말씀하옵시니, 반왕께서는 말이 맞지 못하여서 부득히 허락을 하시거날, 부인께서는 허락을 받으신 이후로, 가정청결 고이하고, 명산에 올라가서 황토로다 단을 높이 모고,[39] 상탕에 머리감고 중탕에 목욕하고 하탕에 수족씻고, 향로 향합에 불받치고 황초 한쌍에 불켜놓고, 소지[40] 삼장[41]을 드린 후에, 두 무릅 꿇고 두 손 합장 비는 말이

"비나니오 비나니오. 명찰[42]하신 하나님, 산신국사, 후토신령,[43] 태상

---

39) 모으고.

40) 소지(燒紙). 신령(神靈) 앞에서, 비는 뜻으로 종이를 불살라서 그 재를 공중으로 올려 보는 일. 전국 어느 지방의 무당굿에나 대개 다 있는데 일반적으로 그 종이가 잘 타서 높이 잘 올라가면 신명(神明)이 즐겨 받아 좋은 결과가 있는 것으로 이해함.

41) 삼장(三張). 석 장. 세 장.

노군[44]이 감응하사, 빌기는 다름이 아니오라 서천 서역국을 누리고 있는 왕이요, 성은 왕가요, 이름은 왕부설이옵는데, 하나님의 덕분으로 유지로 있어, 또한 왕의 벼슬을 누리고 있어 그럴 것은 없지마는, 자손이 하나 없어 그러하오니 자손 점지하시기루 비나니오."

이와 같이 빌기를 시작하야 일심정기[45] 다 드려서, 하루 빌고 이틀을 빌어, 세월은 흘러 흘러 가는 연고로 어연간에 석달 열흘 백일기도를 다 드리고, 본가로 나려와서 침실에 누워 숙식을 하는 제다. 이때 밤 삼경쯤 되어 몽사[46]를 이루신다. 꿈에 현몽하옵기를 어떤 소동 하나 나타나더니만

"부인은 놀라지 마옵소서. 소동은 다름이 아니오라 천상선관였었는데, 천상에서 죄를 많이 졌으므로 명산에 내려보내 갈 바이 없드니만, 산신국사 후토신령전에서 부인댁으로 지시하야 부인과 저와 모자의 상봉이올시다."

하고 인품안에 아이담숙[47] 앵기거날,[48] 깜짝 놀래 깨어보니 남가일몽이로구나.

이때에 반왕을 불러 말씀하시되

"금야 꿈이 여차여차 하옵디다."

하고 말씀하오시니, 반왕께서 그 꿈을 해몽을 하시더니만

"아차 이제는 우리 집안에 좋은 영화가 있겠구나. 꽃이 피겠구나."

하고 웃음으로 열락하며[49] 그 날 밤을 넹기셨거날,[50] 때는 어느 때냐? 계해년 명추[51] 팔월이었는데. 이제서부터 댁이 태기 있으신 줄 이미 아

---

42) '명철'(明哲)의 와음. 총명하고 사리에 밝음.

43) 후토신령(后土神靈). 토지(土地)의 신.

44) 태상노군(太上老君). '노자'(老子)의 존칭. 무가에서는 하나의 신격(神格)으로 말해짐.

45) 일심 정기(一心精氣).

46) 몽사(夢事). 꿈.

47) 아이가 담숙. 아이가 덥석.

48) '안기거늘'에 해당하는 방언.

49) 열락(悅樂)하며. 즐거워하며.

50) '넘기셨거늘'에 해당하는 방언.

시구서, 몸을 고이곱게 길러 내실때, 옆으루두 돌아 눕지 아니하고, 누취한[52] 자리 아니 앉이시고, 자리 끝이나 마루 끝이나, 끝자리 아니 앉이시며, 이와 같이 좋고 좋은 자리로만 골라 앉아 정성을 드려 이와 같이 세월을 보내시거날

때는 어느 때냐? 계해년이 다 지나가고 갑자년이 돌아오매, 이 달은 어느 달이냐? 갑자년 사월 초칠일이 되였는데, 그날은 별안간 팔다리 속속, 등골이 득득,

"아이고 데이고"

하고 병석에 눕더니만 팔일 오시가 되더니만 옥남자를 탄생하시다.

그 남자를 탄생하야 그 아기의 얼굴을 바라다 보니, 얼굴은 관옥같고 풍채는 두목지[53]라. 선풍도골의 귀한 남자 효자 충신을 탄생일세. 그러나 형상은 사람이 아니걸랑, 앞으루 바라보니 삼태성이 응해있고, 뒤루다 바라보니 북두팔성이 응했거늘, 부인이 생각하여 보시더니

"아차 그런 것이 아니오라 내가 명산대천에 빌어난 자손이라 응했나부다."

하고 그 아이를 길를 때에 이름을 무어라고 지으실가? 이름은 석가여래라구 지어 놓구 그 아이를 길러 낼 때, 불면은 날을사라,[54] 쥐면은 꺼질사라. 어허둥둥 내사랑아. 어엿버라 구여워라하며 그 자식을 길러 낼 때 세월 가는 줄을 모르겠구나.

석가여래 부친과 모친은 하루두 몇 번씩 안고

"둥기둥실 내 사랑아. 어엿버라 귀여워라. 네가 하날에서 떨어졌나? 땅에서 솟아났나? 바람에 불려왔나? 네가 정말 내 아들이냐?"

하고 웃음으로 세월이라.

---

51) '맹추'(孟秋)의 와음. 그러나 내용상 맞는 말이 아님. '맹추'(孟秋)는 음력 '팔월'(八月)을 말하는 것이 아니라 음력 '칠월'(七月)을 말함.

52) '누추(陋醜)한'에 해당하는 방언. 지저분하고 더러운.

53) 두목지(杜牧之). 두목(杜牧: 803-852년). 목지(牧之)는 자(字). 중국 당(唐)나라 말기의 시인. 시풍은 호방하면서도 아름다운 것으로 알려져 있음. 두보(杜甫)에 대해서 소두(小杜)라고도 함.

54) '날새라'에 해당하는 방언. 날아갈까 봐.

석가여래 거동보소. 세월 흘러 가는대로 가지 자라득히[55] 무럭무럭이 자라날 때, 무병하구 충실하게두 자라난다. 한두 살에 걸음을 배기[56] 시작하야, 아장아장 걷는 걸음 참으로 진정 볼만하다.

갑자년이 다 지나가고 을축년이 돌아옴애 이제 두 살 자손이 되였구나. 석가여래 부친과 모친은 하루두 몇 번씩 안구

"둥기둥실 내사랑. 어엿버라 구여워라."[57]

하고 길러낼 제 무병하구 충실하게 자라난다. 가지 자라득히 무럭무럭이 자라날 때, 석가여래 부친 모친은 하루두 몇 번씩 웃음으로 세월이라.

세월은 물결같이, 유수[58]같이 흘러가는 연고로, 을축년이 다 지나가고 병인년이 돌아옴애 이제 나이가 몇 살이냐? 어연간에 세 살 자손이 되였구나. 석가여래 거둥보소. 한두 살에 걸음을 배기 시작하드니만, 세 살됨에부텀 말을 배우기 시작하야 야죽야죽 하는 말 참으로 진정 볼만하다. 석가여래 거둥보소. 무병하구 충실하게 자라난다. 석가여래 부친과 모친은 기뻐하구 신기하게 여기시며, 나가며는 재수열락, 집에서는 웃음으로 열락하며 세월을 보낼 때에, 흘러가는 세월이라, 어느 자가 막을 자 있나니까? 석가여래 부친 모친 한편 생각하면 기쁘거니와, 한편 생각하면 슬프도다. 슬프게 생각하긴 왜냐 하오면, 한 해 두 해 갈수룩에[59] 자기네들은 점점 늙어가는 것을 생각할제 슬프도다. 한 해 두 해 갈수록에 석가여래 점점 자라나며 재롱 떠는 것을 볼진대는 기쁘구나 하며 세월을 보낼 때에,

흘러가는 세월이라. 병인년이 다 지나가고 정묘년이 돌아오매 이제 나이가 몇 살이냐? 네 살 자손이 되였구나. 석가여래 거동보소. 삼사세에 왼갖[60] 말을 다져낸다. 충실하구 무병하게 자라나며, 소명[61]하구

---

55) '가지가 자라듯이'에 해당하는 방언. 오이나 가지는 잘 자라는 것으로 인식되고 있기 때문에 아이가 무럭무럭 잘 자라는 것을 표현할 때 흔히 '외붙듯 가지붙듯'이라는 표현이 무가에서 사용됨.

56) '배우기'에 해당하는 방언.

57) '귀여워라'에 해당하는 방언.

58) 유수(流水). 흘러가는 물.

59) '갈수록'에 해당하는 방언.

똑똑하고 상략하게[62] 자라나는 석가여래를 보시는 부친 모친 부모네는, 더욱 기뻐 생각하며 세월을 보낼 때에,

때는 어느 때냐? 정묘년이 다 지나가고 무진년이 돌아옴애 이제 나이 몇 살이냐? 다섯 살이 되얏구나. 석가여래 거동보소. 충실하게두 자라난다. 석가여래 부친 모친은 하루두 몇 번씩 안구

"둥기둥실 내 사랑아. 어엽부구나 귀엽구나. 네가 진정 내 아들이냐?"

하구 이와 같이 고이곱게 길러낸다.

세월은 유수같이 흘러가는 세월이라 빠른고로, 무진년이 다 지나가고 기사년이 돌아옴애, 이제 나이 몇 살이냐? 여섯 살이 되얏거날, 석가여래 이와 같이 한 해 두 해 갈수룩에 가지 자라득히 두럭무럭이 자라났다.

때는 어느 때냐? 경오년이 돌아옴에, 이제 나이 몇 살이냐? 일곱 살이 되엿구나. 칠 세가 되엿으니 공부를 가리키겠다 하고, 석가여래 부친 모친은 의론공론 하시면서, 그 아이를 이때부터 글공부를 가리키기 시작하야, 천자 유학 동몽선습 시전 서전 논어 맹자 주역팔괘 삼전사가[63] 사서삼경 백가서를 십 세 안에 읽어떼니, 무불능통 한퇴지[64]요, 글 잘짓기는 석가여래, 맥힐 것이 없도다.

이와 같이 공부를 가리키신 연후에 석가여래 부친 모친이 더욱 기뻐 생각하시구

"신기하구나. 쇠명두[65] 하구나. 똑똑하구나. 네 그다지 정신좋게 공부 잘하였으니, 이 앞으루 아무쪼록 출세하구 득세하여 고이 곱게 잘 되

60) 온갖.

61) 소명(昭明). 어린아이의 속이 밝고 영리함.

62) '상냥하게'의 와음.

63) 책이름을 말한 것이나 더 이상은 미상임.

64) 한퇴지(韓退之). 한유(韓愈: 768-824년). '퇴지'(退之)는 자. 중국 당나라 덕종 때의 문학자. 창려(昌黎) 사람. 정치적으로는 불우했으나 문단에서는 당송팔대가(唐宋八大家)의 한 사람으로 칭송됨.

65) '소명(昭明)도'의 와음.

거라."

이와 같이 축원하며 그 아이를 기를 때에, 웃음으로 열락하고 근심없이 수심없이 석가여래 십 세를 멕였는데, 그러나 저러나 흥진비래[66] 고진감래[67]라. 사람이 한 번 흉하면 한 번 길하고, 한 번 길하면 한 번 흉하다는 말과 같이, 석가여래 탄생 이후루다 근심없이 수심없이 이와 같이 길렀는데, 석가여래 슬프도다. 이제 나이 십 세가 되였는데 석가여래 부친이 우연히 득병하야 병석에 누셨거날, 이제 나이 십 세지마는 자기 부친의 병환을 곤치랴고,[68] 면면촌촌 방방곡곡 삼지사방[69] 댕기면서 약을 구해다가 쓰니, 백약이 무효로다.

석가여래 슬프도다. 자기 부친 사별을 당했거날 어쩌할 수 없는지라. 명산에다 모시구서 혼자 하는 말이,

"하나님도 무심하오. 산신국사도 야속하오. 나를 인간에 탄생을 시켜 고이 곱게 부모앞에 자라났다 하지마는, 이제 어린나이 십 세에 부친 이별을 시키신다하니 나에 앞길을 어찌하라고 이리하옵니까?"
하고 꾸중하니 소용있나 쓸곳있나? 할일없이 본집으로 내려와 세월을 보내는데, 흘러가는 세월이라 빠른고로 그 해는 다 지나가고, 이때는 어느 때냐? 갑술년이 돌아옴에 이제 나이 몇 살이냐? 십일 세가 되였거날,

슬프도다 석가여래. 모친이 우연히 득병하여 병석에 누시거날, 자기 부친과 같이 병을 곤처드리랴[70] 하고, 면면촌촌 방방곡곡 삼지사방 약을 구해디려[71] 쓰니 백약이 무효로다. 말이 맞지[72] 못하야서 자기 모친 또 사별을 당했거늘,

슬프도다 석가여래. 슬프도다, 십 세에 부친이별, 십일 세는 모친이

---

66) 흥진비래(興盡悲來). 즐거움이 다하면 슬픔이 찾아옴.
67) 고진감래(苦盡甘來). 고생이 다하면 기쁜 일이 찾아옴.
68) '고치려고'에 해당하는 방언.
69) 모든 곳.
70) '고쳐 드리려'에 해당하는 방언.
71) '구해 드려'에 해당하는 방언.
72) '마치지'에 해당하는 방언. 끝나지.

별을 당했으니, 이 노릇을 어찌하나?

"하나님도 무심하오. 산신국사 야속하오. 나를 이다지 양친을 다 잃게 하여 놓니, 나는 어린 나이 십이 세에 나에 앞길을 어찌하라고 이리하옵시니있가?"

하고 떠들으니 소용있나? 할일없이 자기 모친 명산에 모신연후에 자기 앞길 생각하니 기맥히도다. 그러나 저러나 서천국 백성들이 떠드는 소리가 들려오는데, 서천국 백성들이 허는 말

"국상이 나서 어린태자 하나 남어 있으니, 그 몫으루다 벼슬을 옮기리라."

하는 소리 석가여래 귀에 쟁쟁 들렸거날, 어린나이 십이 세지마는, 자기 부친 쓰시던 옥쇠[73]를 찾어다가 명산에 감춰두고, 자기 몸을 피신하야 명산으로 쫓겨올라가, 깊은 산중 들어가서 혼자 생각하니 기맥히도다. 어린 나이 십이 세에 부친 모친 다 잃구서, 나 혼자 남어 있으니 나의 앞길은 어찌해야 좋을가? 하구, 수심하구 근심하구 한숨 쉬니, 어느 누가 보아 주는 사람없고 도와주는 자 없아오니, 나의 앞길 찾어볼 수밖에 없나이다 하구서,

이때는 어느 때냐? 병자년 춘이로다.[74] 이제 나이 몇 살이냐? 삼십 세 되였는데, 이제서부터 빌기루 세월을 보내리다 하고, 이때 향토[75]로 단을 모고서, 두 무릎 꿇고 두 손 합장 비는 말이

"비나이다 비나이다. 명찰[76]하신 하나님 산신국사 후토신령 태상노군이 감응하사, 빌기는 다름이 아니오라, 나는 인간에 탄생하야 십 세까지 부모앞에 호의호식허구 부모앞에 자라나다, 십 세에 부친이별, 십이 세에 모친이별, 십이 세에 명산에 쫓겨와서 나의 앞길 찾을 길이 없어, 십삼 세부터 빌기루 다 세월을 보내니, 나의 앞길 찾자하면 어찌하여야 좋겠읍니까?"

73) '옥새'(玉璽)의 와음. 옥으로 만든 국새(國璽). 임금의 도장.

74) 춘(春)이로다. 봄이로다.

75) '황토'(黃土)의 잘못임.

76) '명철'(明哲)의 와음.

하고 이와 같이 빌기루다 세월을 보내는데, 하루는 별안간 광풍이 불더니만 석가여래 앞에 염주 하나가 나려진다.[77] 석가여래 거둥보소. 그 염주를 집어들고 하는 말이

"니가 하늘에서 떨어졌나? 땅에서 솟았느냐? 광풍에 날러 왔나? 니가 나의 앞길을 찾어주자 하든 염주드냐?"

하고 기뻐하며

"에라 별수 없다. 염주 한 알을 가지구 많이 생산시켜 볼 수밖에 없나니라."

하고 높은데는 밭을 가고,[78] 수 짚은덴[79] 논을 갈아, 좋은 토지 골라서 그 염주 한 알을 심어놓고, 이때 세월가는 대루 그 염주가 쌇이[80] 터서 나오기만 기대하구 기다린다.

그의 염주 거동보소. 땅에 묻히더니만 지기루다[81] 아귀[82]트고, 음기루다[83] 뿌리 벋고, 양기루다 쌇이 터서 나오기를 시작한다. 석가여래 거동보소. 그 염주가 쌇이 터서 나오는 것을 보더니만 자기 부모를 본듯이 반가이 예기면서,[84]

"오냐 네가 나의 앞길을 찾어주자 하든 염주걸랑 어서어서 자라나서 염주알이 많이 달려보자."

하고 이때 세월을 보내면서 그 염주 남글[85] 기를 때에, 수직이[86]가 물을 주고 후직[87]이가 매가꾸어,[88] 동진보살[89]이 북[90]을 줄 때, 그 염주남

---

77) 떨어진다.

78) '갈고'에 해당하는 방언.

79) 수(水) 깊은 데는. 물 깊은 곳에는.

80) '싹이'에 해당하는 방언. 움이.

81) 지기(地氣)로. 땅 기운으로.

82) 아귀. 씨의 싹이 트고 나오는 곳. 움이 돋는 부분.

83) 음기(陰氣)로.

84) '여기면서'에 해당하는 방언. 생각하면서.

85) 남글. 나무를.

86) 수직이. 수지기. 문맥상으로만 보면 '물을 관장하는 사람'의 뜻임. 그래서 뒤에 '물을 주고'로 연결될 것임. 그러나 이 단어는 사실은 '후직(后稷)'의 와음이었음.

87) 후직(后稷). 중국 주(周)나라의 선조. 이름은 기(棄). 농사 일을 잘 다스린다는 소문을 듣고 순 임금이 그를 '후직(后稷: 순임금 때에 농사를 관장하던 관직의

구 거동보소. 바늘솔[91]이 점점 자라 소부동[92]이 되였구나. 소부동이 점점 자라 대부동[93]이 자라더니, 화락하니 능성실[94]이로다. 꽃이 피여 떨어지드니만 능히 열매가 맺기 시작하였구나.

때는 어느 때냐? 정축년 춘이로다. 그 염주 거동보소. 석가여래 그 염주남글 바라다 보니, 겨우 다섯 가지 벋었거늘, 동편으로 벋은 가지 열은[95] 염주를 바라다 보니 정성이 지극한 자에겐 식신복록[96] 안호대덕[97]을 점지하자구 열은 염주로다. 남쪽으루 벋은 가지에 열은 염주를 바라다보니, 정성이 지극한 자에겐 당상부모 천년수[98]요, 내외[99]창성 화락[100]하라구 열은 염주로다. 서편으루 벋은 가지에 열은 염주를 바라다보니, 정성이 지극한 자에겐 만이수지 영구수복[101] 노적봉[102]이 뷔쳤으니[103] 태산같은 흔한 복을 점지하라구 열은 염주로다. 북편으로 벋은 가지에 열은 염주를 바라다보니, 정성이 지극한 자에겐 영화나구 경사

이름)'의 관직에 임명하였다고 함. 주나라 무왕(武王)은 그의 16대손이라고 함.

88) (김을) 매고 가꾸어.

89) 동진보살(童眞菩薩). '동진'(童眞)은 일생 동안 여색(女色)을 가까이하지 않은 사람을 가리키는 불교 용어.

90) 북. 초목의 뿌리를 감싸고 있는 흙.

91) 바늘솔. 바늘 같은 소나무. 매우 어린 소나무를 말한 것임.

92) 소부동. '소부등'(小不等)의 와음. '대부등'(大不等)의 반대말. 다음 주) 참조.

93) 대부동. '대부등'(大不等)의 와음. 매우 큰 아름드리의 재목(材木).

94) 화락(花落)하니 능성실(能成實). 꽃이 지니 능히 열매를 맺음.

95) '연'에 해당하는 방언. (열매가) 맺힌.

96) 식신복록(食神福祿).

97) 안호대덕(安護大德).

98) 당상부모천년수(堂上父母千年壽). 축원문임. 대청 위의 부모님은 천년(千年)을 사시고.

99) 내외(內外). 부부. 부부 사이.

100) 창성 화락(昌盛和樂). 창성하고 화락함. 그러나 내용상으로 보면 이 부분에는 탈락한 말이 있음. '자식창성(子息昌盛) 내외화락(內外和樂)'이 되어야 맞을 자리임.

101) 영구수복(永久壽福). 길이 수복(壽福)을 누림.

102) 노적봉(露積峰). 곡식 노적처럼 생긴 산봉우리. 집터에 이 봉우리가 임하면 그 집이 부자가 된다고 함.

103) '비쳤으니'에 해당하는 방언. (그런 기운이) 있으니.

나구 영화 경사 점지하구, 나가면은 재수열락 집으루 들어오면 웃음으로 열락하게 운수 재수 길러주자구 열은 염주로다. 중앙으로 벋은 가지에 열은 염주를 바라다보니, 정성이 지극한 자에게는 부귀공명 누려주자구 열은 염주로다.

석가여래 거동보소. 이와 같이 다 염주남글 바라다 본 연후에, 그 염주가 결실이다 되얏거늘, 에라 결실 다 되얏스니 염주를 따여보자[104] 하고, 좋은 청명일에 한 개 따구, 생기복덕[105]에 한 개 따고, 좋구 좋은 청명일에 한 개 따구, 생기복덕에 한 개 따구, 좋구좋은 날루만 그 염줄 따서 되어보니[106] 시되[107]서홉이 후히 되엿거날 석가여래,

"신기하구나, 기쁘구나. 염주 하나를 심었더니 이다지 많이 생산되였구나. 나의 정성이 지극하야 이다지 되였을가? 나의 앞길 찾어 주자하구 하나님과 산신국사가 굽어살피셨나?"

하고 그 염주를 꼬야[108] 보리라 하고 당사[109]실을 디려, 딸 때와 같이 좋은 청명일에 한 개 꿰고 생기복덕에 한 개 꿰고, 좋구 좋은 날루만 다 꼬야서 옥반에 받체들구 명산에 나려서서 혼자하는 말이,

"하나님 산신국사 후토신령 태상노군이 감응하사 나의 정성은 이 뿐입니다. 나의 정성은 이 뿐이요. 나의 정성 이 뿐인데 이걸 가지구 앞길을 찾자하면 어찌해야 옳겠읍니까?"

하고 이때 명산에 나여서[110] 허궁[111]을 바라고 이와 같이 말을 하니, 꿈결인지 잠결인지 자기도 모르게, 별안간 광풍이 일더니만, 안개루다 평풍치구 무지개발루 다리를 놓고 자기 몸이 하날루다[112] 비상천[113]이

---

104) '따 보자'에 해당하는 방언.

105) 생기복덕(生氣福德). 생기복덕일. 생기일(生氣日)과 복덕일(福德日). 둘 다 민간에서 일진을 잡을 때에 가장 좋은 것으로 치는 날들임.

106) 되어 보니. 됫박으로 숫자를 헤아려 보니. 되로 되어서 숫자를 헤아려 보니.

107) '서 되'에 해당하는 방언.

108) '꿰어'에 해당하는 방언.

109) 당사(唐絲). 중국에서 나는 명주실.

110) '나가서'에 해당하는 방언.

111) 허궁. 허공(虛空).

112) '하늘로'에 해당하는 방언.

되었거날, 무언곳엔지는[114] 모르겠으나, 천상에 올라가서 한 곳에를 들어가니 무섭기는 하량없구[115] 두렵기는 천량없다.[116] 또 한 곳에 들어가니 상통천문 하달자리 기문[117]팔문[118] 둔갑하는 신장님들은 삼대[119]같이 버려섰고, 또 한 곳에 들어가니 최판관[120]이 문서잡고 옥사장[121]이 분부할 제, 황구지구[122] 차려놓구 태산호령[123] 기달리는[124] 걸 잠간 서서 구경하구, 또한 곳에 들어가니 그제서야 옥황님께서 내다르시며 하시는 말씀,

"너는 아직 여기 올 때 아니 되였는데 웬일이냐?"

하시거늘 석가여래,

"그런 것이 아닙니다. 저를 인간세상에 탄생을 시키셔서 십 세까지 부모앞에 호의호식으루 자라나다, 십 세 부친 이별하구, 십이 세에 모친 이별하여, 여러 백성들에 쫓기어서 깊은 산중에 쫓겨가서 생각하니 어찌 할 도리 없는지라 깊은 산중 쫓겨나서 정성드리기를 시작하였드니, 염주 하나 나려주시길래 그 염주를 집어 들어, 좋은 토지 글라 심었더니마는 염주남기 나와 자라더니, 이와 같이 스되스홉되는 염주를 따여 가지구, 저의 정성을 받치랴구 왔아오니 이 염주를 받으시고, 나의 앞길 찾어 주시기루 소원이니 어찌하여야 앞길을 찾나니까?"

이와 같이 말씀 올리니 옥황상제께서 하시는 말씀

---

113) 비상천(飛上天). 하늘로 날아오름.

114) '무슨 곳인지는'에 해당하는 방언. 어느 곳인지는.

115) 한량 없고. 끝이 없고.

116) 앞의 '하량없구'에 짝을 맞춘 표현임.

117) 기문(起門). 무경(巫經)에 '기문신장편'(起門神將篇)이라는 경(經)이 있음.

118) 팔문(八門). 무경(巫經)에 '팔문대진경'(八門大陣經)이라는 경(經)이 있음.

119) 삼대. 삼[麻]의 대.

120) 최판관. 무속(巫俗)에서 저승의 문서를 관장한다고 믿고 있는 신격(神格).

121) 옥사장. 옥쇄장(獄鎖匠). 옥에 갇힌 사람을 맡아 지키는 하예(下隷). 옥사쟁이. 옥졸(獄卒).

122) '형구제구'(刑具諸具)의 와음. 형벌(刑罰)을 주거나 고문(拷問)을 할 때 사용하는 모든 기구.

123) 태산호령(泰山號令). 태산 같은 호령. 매우 커다란 호령.

124) '기다리는'에 해당하는 방언.

"너의 정성 그다지도 지극한 줄은 몰랐구나. 너의 정성 그와 같이 지극하니 너는 또다시 인간에 내려가서 도를 더 닦고 오너라."
하시더니 그 염주를 끄내 목에다 걸어주고, 관자[125]고깔 주고 스데삿갓[126] 주고, 육환장[127]과 목탁을 주시면서, 나려가서 도를 더 닦어라 하시거날, 석가여래 옥황상제께서 주시는 것을 고이 받어들고 명산에 다시 나려와 생각하니, 꿈인지 생시인지 도무지 분간치를 못하겠노라 하고, 이때 생각하더니만, 다시 정신 차려 손에 들은 것을 바라보니 생시는 분명히 생시론데, 이것이 어찌 된 일인지 도모지 생각이 아니 나는 일이로구나 하고, 목에 걸린 염주를 끄내 세어 보니 백여덟개가 분명하였구나. 에라 그렇면 이것이 백팔염주로다 하고, 나를 백팔염주를 걸어 주셨으니 나는 절을 기성[128]할 수밖에 없는제라[129] 하고, 이때에 절을 기성하랴 하는제라.

이때는 어느 때나? 무인년 춘이론데, 이제 나이가 몇 살이냐? 십오세가 되였거날, 이제부터 절을 기성하랴하구 인간처에 나려가서 부자 사람에게는 금전을 내고, 없는 사람에겐 심[130]을 내여다가[131] 절을 기성하기 시작하는 제라.

석가여래 이와 같이 절을 기성할 때에, 염주 숫자대루 백여덟칸 절을 기성하였구나. 이때에 석가여래 그 절을 이룩하고 금불암이라 하여 놓고, 이제서부터 채를 틀어[132] 부처님 위성, 혼백을 부쳐 신장님 위성, 돌을 깎어 미륵님 위성을 하고 있는 젠데 석가여래 생각한다. 절을 백여덟칸을 세워 놓고 백팔염주를 목에 걸었으니, 우리 절에 중들도 모

125) 관자(冠子). '모자'를 말한 것임.
126) 세대[細竹] 삿갓.
127) 육환장(六環杖). 고승(高僧)들이 사용하는 지팡이.
128) 기성(期成). 어떠한 일을 꼭 기약하여 이룸.
129) '없는지라' 정도로 이해하면 되겠음. 아니면 '없는 처지라. 없는 때라'로 볼 수도 있겠음.
130) 심. '힘'에 해당하는 방언.
131) '힘을 빌려서'의 뜻임. 현대어로 말하면 '노력 봉사를 하게 해서' 정도가 적당할 듯함.
132) 문맥상으로 보면 '체(體)를 들어' 정도의 와음으로 이해됨. 온몸으로.

두 백여덟명이 되어야만 될터인데, 어찌 그리 모아들가 하구 세월을 넹기는데,[133] 여러 만인간들은 금불암이라는 소리를 듣더니만은 절에 공부가 좋다하니, 있는 집 자손들은 공부차루 중이 되어 절루 오고, 올데갈데 없는 자들 중이 되어 절루 오고, 명이 단명한 자는 명을 빌기루다 중이 되어 절루 오고, 그렁저렁 모이는 사람 모두 석가여래까지 백팔인이 모얏거날, 석가여래 생각하시기를,

"기쁘구나 신기하구나. 무엇이든지 맘먹은 대루 다 되는구나. 공수성가[134]하였구나. 빈손으로 절을 기성하고 여러 선비들을 이와 같이 많이 모았으니 참 신기한 일이구나. 그러나 너의 상주[135]들도 아모쪼록 이 절에 계신 부처님과 미륵님과 신장님을 정성껏 위성하며는 소원을 이룰터이니, 있는 심을 다하여서 잡심[136] 먹지말구서 일심단결하여 부처님하구 신장님을 위성하라."

이와 같이 당부하고, 석가여래는 그제서부터 풍운둔갑법을 배우기 시작하는지라. 때는 어느 때냐? 기묘년이 되였는데, 이제 나이가 몇 살이냐? 십육 세가 되였거날, 이제서부터 풍운둔갑법을 배기[137] 시작한다. 육환장을 짚고 재주를 한번 넘어 풍운둔갑법을 이루며는 범이 되여두 보구, 또 한번 재주를 넘어 풍운둔갑법을 이루며는 깊은 산중에 암석 같은 바위도 되여보구, 또 한번 재주를 넘어 풍운둔갑법을 이루며는 티끌이 되어 광풍에 날려 온데 간데 없어두보구, 또 한번 제주를 넘어 풍운둔갑법을 이루며는 자기 나이는 십육 세이지만 백팔십 세 먹어뵈는 노인의 화상[138]도 되여보구, 에라 이제는 맥힐 것이 없구나 하고, 무불능통하게 배운 연후에 여러 상제(좌?)들을 모아놓구 하는 말이,

"나는 풍운둔갑법까지 다 이뤘으니, 인간처에 나려가서 인심을 구경하구올터이니, 너희들은 아무쪼록 이 절에 부처님 미륵님 신장님을 잘

133) '넘기는데'에 해당하는 방언. 보내는데.
134) 공수 성가(空手成家). 빈 손으로 일가(一家)를 이룸.
135) '상좌'(上佐)의 와음. 행자(行者).
136) 잡심(雜心). 잡된 마음. 쓸데없는 생각.
137) '배우기'에 해당하는 방언. 공부하기.
138) 화상(畵像). 얼굴 모습.

위성하여라.”
하고 당부하였거날,

또한 이때는 어느 때냐? 경진년이 되였구나. 이제 나이가 몇 살이냐? 십칠 세가 되였거날, 이제 육년 도통[139]을 다하였구나. 육년도통을 한연후에, 인심을 구경하자 하고, 석가여래는 이제 나이 십칠 세이지마는 풍운둔갑법을 이뤄 자기 몸을 변색한다. 백팔십여 세 먹어 뵈는 노인의 화상을 하여 가지구, 춘포장삼[140] 떨쳐입고 자주 바랑[141] 걸터메고,[142] 백팔염주 목에 걸고 관자고깔 접어 쓰고, 스데삿갓 숙여쓰고 육환장을 들고, 금불암절을 떠나서 인간처를 향하구서 층층거려 나려온다. 명산대천 금불암에서 중이 하나 나려온다. 인간처를 향하구서 헐헐층층 나려올 때, 어떤 인간이 저 중상 나려오는걸 바라보니, 검구 얽구 찡긴[143] 중상, 귀밑에 때는 푸른 줄기 얼기절기나 흘러있는데 범상한 사람은 아니더라. 앞으로 바라보니 삼태성이 응하여 있구, 뒤루 바라보니 북두칠성이 응하여 있구, 양위 어께에는 일월성신이 응하얏거날, 형상은 사람이 아니거던. 석가여래는 인간처에 내려와서 인심을 구경할 때에 적선자[144]는 복을 주고 적악자[145]는 벌을 주고, 이와 같이 인심을 구경할 때에, 별별 사람이 다 있도다. 천상에 내려와서 인간에 구경하니 별별 사람 다 있도다. 지나가는 형세로는 고르지를 못하도다. 적선자는 복을 주고 적악자는 벌을 줄 때에, 부자 사람에게 살펴보니 재산은 많으나 자손없어 할 수 없는 자에게는 재산 조금 덜구 자손 주구, 자손 많고 재산 없어 애쓰는 자에게는 자손을 조금 덜구 재산 주구, 자손도 많구 재산도 많구 맘은 악한 자에게는 재산 자손 다 뺏구서 고생을 주구, 재산두 없구 자손도 없구 맘은 착한 사람에겐

139) 육년 도통(六年道通). 6년 동안에 도를 통함.
140) 춘포장삼. '청포장삼'(青布長衫)의 와음. 푸른색 베로 지은 중의 웃옷.
141) 자주바랑. 자주색 바랑. '바랑'은 길 가는 중이 등에 지는 자루 같은 큰 주머니.
142) (등에다) 걸쳐 메고.
143) (얼굴을) 찡그린.
144) 적선자(積善者). 선한 업(業)을 쌓은 사람.
145) 적악자(積惡者). 악한 업(業)을 쌓은 사람.

재산 자손 다 주구, 재산도 없고 자손도 없건마는 마음조차 악한 자에게는 목을 비어[146] 옥황전에 보내놓고, 이와 같이 석가여래는 면면촌촌 방방곡곡이 댕기면서 인심을 구경하고 있는 제라.

또 한 곳은 어디냐 하면, 조선 성도 성안에서 이부상서[147] 댁이 있아옵는데, 이와 같이 세월을 보낼 때에, 조선국을 누리고 있는 왕이요, 아들은 구형제요, 유지루 있어, 왕의 벼슬을 누리고 있어 그릴것은[148] 없지마는, 딸 자손 하나 없어 그리는 댁이 있더라. 이때 부인께서, 사주를 보던,[149] 관상을 보던, 중에 사위 둘 팔자요 하였거날, 이때 부인하시는 말씀, 딸두 없는 사우[150] 본단 말이 웬말이요? 하고 세월을 보낼 때에, 남은 딸을 낳고 아들을 낳고 하야, 딸에 사랑 사위에 사랑하고 지난[151] 것을 볼진대는 항상 부러웠세라.

"그러나 나는 아들은 구형제지마는 딸은 하나 못 낳였으니 저런 세월 못 보는구나."

하구 항상 일구월심[152] 딸자손 하나 두기루 한하는젠데,[153] 이때 하루는 생각하기를

"에라 별수 없다. 내가 팔자에는 딸자손이 있는 모양인데, 나의 정성이 부족하야 못 이루나부다."

하고 왕의, 정승[154]을 불러 가라사대

"우리가 하나님의 덕분으로 유지로 있어, 일국을 누리고 있는 왕이

---

146) '베어'에 해당하는 방언.

147) 이부상서(吏部尙書). 중국의 관직명(官職名)이었음. 이부(吏部)를 관장하는 우두머리 벼슬. 조선시대의 '이조판서'(吏曹判書)에 해당함.

148) 그리워할 것은. 부족한 것은.

149) 보든지. 보거나.

150) 사우. '사위'에 해당하는 방언.

151) 문맥상으로는 '지내는'이라고 해야 할 자리였음.

152) 일구월심(日久月深). 날이 오래고 달이 깊음. 곧 오랫동안.

153) '한사코 원하는 때인데'의 뜻임.

154) 제보자의 실수였음. 문맥상으로는 둘 다 자신의 남편을 지칭한 것임. 당시의 제보자가 여자 주인공 부친의 신분에 혼란을 일으키고 있기 때문에 생긴 실수였음.

요. 아들두 구형제요. 그릴것은 없지마는, 딸자손 하나 없어 그렵지는[155] 아니 하옵니까?"

왕의 정승 허시는 말씀

"요사한 마음이지. 그게 새삼시러이 무슨 말씀이오. 그런 줄을 인제 아오?"

부인이 말씀 하시기를

"그런 줄을 인제 안 것은 아니오나, 우리 정성이 부족하야 딸자손을 못 이루니 명산대천에 백일기도 드려 딸 자손 하나 나아 보옵시다." 하시거늘 왕의 정승 허시는 말씀,

"요사한 마음이지. 정성드려 자손 둔다 하오며는 이 세상 사람마두 자손없는 사람 어디 있으며 부자 아니 될 사람 어디 있으료?"

이와 같이 말씀하시니, 왕후께서 허시는 말씀

"그런 것두 아니야요. 정성이면 다 합니까? 정성드리기가 자손두기 보담두 어렵습니다. 나의 정성이 지극하면 아니 될리 만무로다. 옛날 옛적 성인덜두 명산대천에 빌어났오. 정성이 지극하면 지성이[156] 감천이라 하옵는데, 아니 될 리 있나있가?"

이와 같이 말씀하시니, 왕의 정승, 말이 맞지[157] 못하야서 부득이 허락하시거날, 왕후께서는 허락받으신 연후로 가정청결 고이하구, 명산대천에 올나가셔 황토루다 단을 높이 모으시구, 상탕에 목욕절세[158] 차게 하구 하탕에다 수족 씻구, 향로향합에 불 갖추시고 양초 한쌍에 불 켜놓고 소지삼장[159] 드린 후에

"비나이다 비나이다. 명찰[160]하신 하나님 산신국사 후토신령 태상노군이 감응하사, 빌기는 다름이 아니오라, 우리는 하나님의 덕분으루 조선국을 누리고 있는 왕이요, 또 유지로 있어 아들은 구형제요, 그릴

155) '그렵지는'에 해당하는 방언. 마음에 부족하게 느끼지는.
156) '지성(至誠)이면'의 잘못임.
157) 마치지. 끝나지. 문맥상으로 '말'은 부인의 말이었다고 보는 것이 옳겠음.
158) '목욕재계'(沐浴齋戒)의 와음.
159) 소지 삼장(燒紙三張). 석 장의 소지(燒紙).
160) 명찰. '명철'(明哲)의 와음.

것은 없지마는, 딸자손 하나 없어 그렀아오니 딸자손 점지하시길 비나이오."

이와 같이 일심정기[161] 다 드려서 빌기루다 세월인데, 세월은 유수같이 물결같이 빠른고로, 하루 가고 이틀 가고 열흘 가고 한 달 두 달 석 달 열흘, 어연간 백일기도를 다 드리시고 본집으로 내려와 침석에 누워 숙식을 하시는 젠데, 밤 오경쯤 되어 꿈을 꾸시거날, 이때에 꿈에 현몽하옵기를 어떤 선녀 하나 나타나더니만

"부인 놀래어 깨시지 마옵소서. 저는 다름이 아니오라 천상 선녀였었는데, 천상에서 죄를 많이 졌으므로 명산에 내려보내 갈바이 없더니만, 산신국사 후토신령전에서 부인댁으루 지시하야 저와 부인과 모녀의 상봉이올시다."

하고 인품 안에 아이담숙 안기거날, 깜짝 놀래 깨여보니 침상일몽[162]이로구나.

이때에 왕의 정승 불러 그날밤 꿈 얘기를 하시거날, 왕의 정승이 그 꿈을 드르시더니만

"아하 나도 그와 같은 꿈을 꿔였는데."[163]

하고 한참 앉아 해몽을 하시더니만

"아하 이제는 좋은 일이 있겠구나. 좋은 영화 있겠구나. 좋은 경사 있겠구나. 우리 집안에 꽃이 피겠구나."

하고 웃음으로 열락하고 그 날 밤을 넘겼거날. 때는 어느 때냐? 정묘년 명춘[164] 정월달이였거날, 부인께서 그달 그날부터 태기있는 줄을 이미 아시구서, 그날부터 몸을 고이 곱게 정갈하게 길러낼 때에, 높은데를 뛰어내리지 아니하구, 자리 끝이나 마루 끝이나 끝자리 아니 앉이시구, 뉘취한 자리 아니 앉이시어, 이와 같이 고이 곱게 세월을 넹기

---

161) 일심정기(一心精氣). 한 마음으로 정신과 기(氣)를 다하여.

162) 침상일몽(寢床一夢). 잠자리에서의 한 마당 꿈. 대개는 '남가일몽'(南柯一夢)이라고 구연되는 단어임.

163) '꾸었는데'에 해당하는 방언.

164) '맹춘'(孟春)의 와음. 음력 정월(正月).

셨는데,[165] 흘러가는 세월이 빠른고로 한 달 두 달 다 지나가고 어연간에 맹동[166] 시월달이 돌아왔다.

이제 몇 개월이냐? 십 개월이 되였는데, 이 날은 어느 날이냐? 하면, 정묘년 맹동 시월 십육일 날이 되더니만, 팔다리 속속, 등골이 득득, 아이고 데이고 하고 병석에 누우시더니만 그날 그시루다[167] 딸자손을 탄생하시거날, 그 딸을 바라보니 요한버들[168] 요조숙녀 천상선녀가 하강한 듯, 열녀효부를 탄생일세. 또한 김문저[169]에서도 한날 한시에 딸자손을 탄생하였고, 또한 최문저[170]에서도 한날 한시에 딸자손을 탄생하였거날, 이때에 아이의 이름을 지랴하고[171] 왕후정승께서 옥편을 내여놓고 좋은 글자 찾자하니 별루 질자[172] 없었세라. 금이라구 짓자하니 으찌 금이라구 지을 수 있나? 옥이라고 짓자하니 금순 옥순 아니어던 으찌 옥이라구 지을 수 있나? 하다가 한참 궁리하시더니 에라 별수 없다. 마땅이 딸을 낳았으니 마땅당자(當) 한 자 빼고, 이제서야 원을 풀었으니 이제 금(今)자 한 자 떼고, 부모가 자손을 귀여워하는건 한 살을 먹으나 열 살을 먹으나 일반이라, 애기라구 한자 지어, '당금애기'라구 지어 줄 수밖에 없는 제다하고, 이와 같이 이름 지어놓고, 또한 김문저에서도 딸자손을 한날 한시에 탄생하였으니 당금애기를 받들라는 자손이니, 그 애기 이름조차 지어보자. 그대는 '금단춘'이라구 지어놓구, 또한 최문저에서도 한날 한시에 딸자손을 탄생하얏으니 당금애기를 받들라는 자손이니 그대두 이와 같이 이름 지어보자. 그대는 '옥단춘'이라구 지어놓구, 이부상서님 따님은 '당금애기'요 김문저에 딸은 '금단

165) '넘기셨는데'에 해당하는 방언. 보내셨는데.
166) 맹동(孟冬). 음력 시월.
167) '그 시(時)에'에 해당하는 방언. 그 시각에.
168) 아마도 '유한부덕'(幽閒婦德) 정도의 와음인 듯함. 그윽하고 한가한 부녀자의 덕(德).
169) 김문저. '김씨의 집안' 정도로 이해됨.
170) 최문저. '최씨의 집안' 정도로 이해됨.
171) '지으려 하고'에 해당하는 방언.
172) '지을 자(字)'에 해당하는 방언. 이름에 사용할 글자.

춘'이, 최문저에 딸은 '옥단춘'이 이와 같이 이름지어 놓구, 그 아이들을 길러낼제, 당금애기 부친과 모친은 당금애기를 하루두 몇 번씩 안구

"둥기둥실 내 사랑. 어엿버라 귀여워라. 이제야 원을 풀었도다. 이제 한을 풀었도다."

바람이 불면 나를 쎄라 쥐면은 꺼질까 하구, 어허둥둥 내 사랑 하구 그 아이를 길러낼제, 일층 이층 삼층문을 봉하고 보니

봄이 되어 춘장단 꽃이 피여 화초단.

열량어리 십량주 대전통편에 벽단주.

뜻과 같은 여의사 꾀가 많은 무산여.

임자없는 공룡이며 거저주는 공단이요.

해가 돋아 일광단 달이 돋아 월광단.

춘하추동 입는 의복을 입혀가며 딸들 셋을 고이 곱게 길러낼제, 당금애기 거동보소. 무병하고 충실하게 자라난다. 잔병없이 잘 커간다. 당금애기 부친과 모친은 세월가는 줄을 모르게 스리[173] 웃음으로 세월을 보낼 때에, 이제야 그릴 것이 없구나. 오복이 능난하다.[174] 하나님의 덕분으로 유지로 있어, 왕의 벼슬을 누리고 있어, 아들은 구형제요, 딸은 하나. 십남매를 탄생하야 고이 곱게 길러내니 이런 복이 또 어디 있을가? 하고, 이때 세월을 보내는데,

때는 어느 때냐? 정묘년이 다 지나가구 무진년이 돌 옴애,[175] 이제 나이가 몇 살이냐? 당금애기 두 살 자손이 되였거날. 당금애기 거동보소. 한두 살에 걸음을 배기 시작하야 아장아장 걷는 걸음 참으루 진정 볼만하오. 당금애기와 금단춘이와 옥단춘이는 무병하구 충실하게 가지 자라득히 무럭무럭이 자라날제, 당금애기 부친과 모친은 세월가는 줄을 모르는구나. 웃음으로 세월이라. 그릴것이 없도다 하구

"어엿버라 귀여워라. 네가 진정 내 딸이냐? 어서어서 고이 곱게 자라나서 좋은 경사 두고 보자."

---

173) '모르게'에 해당하는 방언.

174) 문맥상으로는 '두루 갖추어졌다'의 뜻임.

175) 돌아옴에.

하고 세월을 넹기는데, 흘러가는 세월가는 세월이라 유수같이나 빠르구나. 이때는 어느 때냐? 기사년이 돌아옴애 이제 나이 몇 살이냐? 세 살 자손이 되였구나. 당금애기와 금단춘이 옥단춘이는 이와 같이 자라날 때에, 무병하게 충실하게 자라나며 삼세 살 되드니만 말을 배기 시작하야, 야죽야죽[176] 하는 말 참으루 진정 볼만하오. 앵두같은 입술로다 허는 소리 그대를[177] 볼진대는 어떤 사람이든지 아니 부러워할 사람 없었세라. 그 가정을 볼진대는 산천초목이 방긋방긋 웃는 듯, 집안간에 꽃이 피고 남남간에 잎이 핀 듯 고이 곱게 자라난다. 유수같은 세월이라. 어연간에 세 살이 지나고 네 살 자손이 되였구나.

때는 어느 때냐? 경오년이 되였는데, 당금애기는 삼사 세에 왼갖 말을 다 지어낸다. 당금애기 부친과 모친은 한편 생각하면 기쁘거니와 한편 생각하면 슬프도다. 당금애기 한 살 두 살 먹을수록, 점점 재롱떠는 것을 볼진대는 기쁘거니와, 한 해 두 해 갈 수록에[178] 자기네들 점점 늙어지는 것을 생각할진대는 슬프도다 하구 그 아이를 길러낼 때,

경오년이 다 지나가고 신미년이 돌아옴애 이제 나이가 몇 살이냐? 다섯 살이 되였구나. 당금애기와 금단춘이와 옥단춘이는 충실하게두 잔병없이 무병하게두 가지 자라나득히[179] 무럭무럭 자라나니 세월이 빠르도다. 당금애기 부친 모친은 하루도 몇 번씩 당금애기를 안구

"어허둥둥 내 사랑아. 어엿버라 구여워라."

하고 그 자손을 길러낼 제, 세월은 유수같이 물결같이 빠른고로,

이때는 어느 때냐? 임신년이 돌아옴애, 이제 나이가 몇 살이냐? 여섯 살이 되였구나. 여섯 살이 되였으니 신기하구나 기쁘구나 하고 세월을 보내는데, 당금애기 금단춘이 옥단춘이는 잔병없이 무병하게 충실하게 자라났다.

흘러가는 세월이라 세월이 빠른고로, 임신년이 다 지나가고 계유년

176) 야죽야죽. 얄미울 정도로 찬찬히 지껄이는 모양.
177) 그것을.
178) '갈수록'에 해당하는 방언.
179) 가지 자라듯이.

이 돌아옴애, 이제 나이 몇 살이냐? 칠세가 되엿거날, 당금애기 부친 모친은 의론 공론하시더니

"이제 나이 칠세가 되였으니 공부를 한번 가르쳐 봅시다."

하고 독선생[180]을 드리구서 공부를 가르킬제, 천자서부터 배기 시작하야 천자문 동몽선습 시전 서전 논어 맹자 주역팔괘 삼전사가 사서삼경 백과서를 십 세 안에 읽었으니 무불능통[181] 한퇴지[182]요, 글 잘짓기는 당금애기 맥힐 것이 없도다. 이와 같이 공부를 가리키고,[183] 당금애기 부친 모친께서는 참 신기하구나, 기쁘구나, 쇠명[184]하구나, 똑똑하구 상략하구나[185] 하구, 여자손[186]을 길러낼제, 근심없이 상심없이 어김없이,[187] 나가며는 재수열락, 집으루 들어오면 웃음으로 열락하며 세월을 보내는데, 당금애기와 금단춘이 옥단춘이 어연간 십 세가 되엿거날, 당금애기의 거동보소. 십 세가 되더니만 배운 공부 않은고로[188] 수상수하(手上手下)[189]두 알아보고 오륜삼강 지키는데, 어른앞에 어렵게 성각하구 마음대로 떠들지를 아니하야, 당금애기 부친 모친은 의론공론 하시다가 후원별당 지어 주자하고 후원별당을 지어 주었거널, 때는 어느 때냐? 정축년 춘이로다. 이에 나이가 몇 살이냐? 십일 세가 되었는데, 당금애기와 금단춘이는 후원별당 안에서 저들끼리[190] 놀기를 시작할 때, 양유방천[191] 꾀꼬리 놀듯, 탐화봉접[192] 춤을 추듯, 이렇게 나리나리[193]

---

180) 독선생(獨先生). 한 사람이나 정해진 몇 사람의 공부를 혼자서 맡아 가르치는 선생.
181) 무불능통(無不能通). 능히 통하지 않는 것이 없음.
182) 한퇴지(韓退之). 한유(韓愈). 당송팔대가(唐宋八大家)의 한 사람.
183) '가르치고'에 해당하는 방언.
184) 소명(昭明).
185) 상냥하구나.
186) 여자손(女子孫). 딸.
187) 부모의 말이나 기대에 어긋남이 없었다는 말임.
188) '많은고로'의 오식(誤植). 많기 때문에.
189) 수상수하. 손윗사람과 손아랫사람.
190) '저희들끼리'에 해당하는 방언.
191) '양류간(楊柳間)의'의 와음으로 보는 것이 옳겠음. 버드나무 사이의.
192) 탐화봉접(探花蜂蝶). 꽃을 찾아다니는 벌과 나비.

놀고 있는 젠네,[194] 당금애기 부친께서는 하루도 몇 번씩 후원별당 문을 열구 보며,

"어디보자. 당금애기 내 딸이야. 오늘두 어제같이 몸성히 잘 노느냐?"
하고 웃음으로 세월을 보내는데, 당금애기와 금단춘이 옥단춘이는 풍금묻기[195] 자세묻기[196] 수침[197]묻기루다 세월을 보내간다. 흘러가는 세월이라 빠른고로, 때는 어느 때냐? 무인년이 되였는데, 이제 나이가 몇 살이냐? 십이 세가 되얏거날, 한 살 두 살 먹을수록 점점 몸태도가 이뻐진다. 그대로 볼진대는 돋아오는 반달같구, 물찬제비같구, 씻은 배추 줄거리같구,[198] 참나무 끝으리[199] 비개미[200] 같다. 그대를 볼진대는 어느 누구든지 아니 부러워할 사람 없었에라. 당금애기 부친은 하루두 몇 번씩 후원별당 문을 열구서서

"어디보자. 당금애기 내 딸이야. 어여쁘구나 귀엽구나. 아무쪼록 잘 놀아라 잘 있거라."
하며 세월을 보내 가시는 젠데, 때는 어느 때냐? 무인년이 다 지나가고 기묘년이 돌아옴에, 이제 나이 몇 살이냐? 십삼 세가 되셨거날, 당금애기와 금단춘이와 옥단춘이는 시시때때로 나날이 풍금묻기 수침묻기루다 세월을 보내는데,

사람이 한 번 흥하면 한 번 길하고, 한 번 길하면 한 번 흉한다는 말과 같이, 당금애기 가정에서는 당금애기 탄생 이후로 근심없이 액운

193) 매일매일. 날이면 날마다.
194) '젠데'의 오식(誤植). 때인데.
195) '풍계묻기'의 와음. 풍계묻이. 아이들의 장난의 한 가지. 물건을 감추고 서로 찾는 내기.
196) '누가 자수(刺繡)를 더 잘하나를 뽐내는 내기' 정도의 뜻으로 이해됨. '묻기'는 앞의 '풍금묻기'의 '묻기'에 짝을 맞춘 것임.
197) 수침(繡枕). 수 놓은 베개.
198) '씻은 배추줄기 같고'에 해당하는 방언. 싱싱하고 건강한 모습을 표현할 때 무가에서 흔히 사용하는 구절임.
199) '참나무 끝'에 해당하는 방언. 여기서는 '가느다란 참나무 가지로 만든'의 뜻.
200) 비게미. 비경이. '부티'에 해당하는 방언. 여기서는 '부티끈'을 말한 것임. 베틀의 말코 두 끈과 부티 사이에 맨 끈으로 나무나 가죽 또는 베붙이 등으로 만들게 됨. '부티'는 베틀의 말코 두 끈에 끈을 꿰어 허리에 두르는 넓은 띠.

없이 우환없이 웃음으로 세월을 보내는데, 그 가정을 어느 누가 부럽게 생각하였는지 여하한[201] 간신이 생기거날, 간신(奸臣) 생기어서 천자에게 고하기를

"조선 성도 성안에서는 십부자[202]가 무슨 흉계를 꾸며 천자를 들이치려하오니 어찌하시렵니까?"

하고 고했거늘, 이때 천자 그 말씀을 듣더니만

"아, 그렇다 하오면 거냥 둘 수 있나? 사형을 내려라."

하시다가, 다시 생각하시더니

"그렇게는 할 수 없으니 만리타국으로 구양[203]을 보내면 제가 할 일 못 할터이니 그대[204] 십부자를 전근차루[205] 타국으로 구양을 보내라."

구 명령을 하시거날, 당금애기 가정에서는 그 명령을 받으신 연후에 당금애기 부친과 집안 식구 다 모여앉아 의론공론 하시다가, 생각하길, 이것이 무슨 죄로 이렇게 하였을가? 무슨 죄가 있길래 이다지 명령하시는가? 하고 생각하여도 도모지 생각이 아니 나시는데, 어서어서 시간되였으니 가시자구 재촉하는 제라, 어찌할 수 없다. 어느 령이라 아니 갈 수 없고, 가자하니 귀여운 내 딸 당금애기 어찌하구 내가 가나? 하다가 십부자가 만리타국으로 가자하고 문간으로 나오시는 젠데, 당금애기는 자기 부친 전송하시랴 하구 문간까지 좇아나왔는데, 당금애기 부친께서 하시는 말씀,

"당금애기 내 딸이야. 아무쪼록 잘 있거라. 잘 크거라. 내가 만약 살아오면 너를 다시 만나 좋은 경사 이룰거요. 내가 만약 살아오지 못하면 죽어 황천길에나 가서 너를 다시 만나 볼 터이니, 아무쪼록 잘 있거라. 잘 크거라."

하고 가시거날, 이때 당금애기 부친은 한 발짝 띠고 눈물이요, 두 발

201) 어떠한. 어떤.
202) 십부자(十父子). 아버지와 아들 합하여 열 사람. 당금애기의 아버지와 아홉 오라버니를 말한 것임.
203) 구양. '귀양'에 해당하는 방언.
204) 문맥상으로 보면 '그들'이라고 해야 할 자리였음.
205) 전근차(轉勤次)로.

짝 떠고 한숨이라. 일보, 이보, 삼보, 오보 가다보니, 자기집은 점점 멀어지고 갈 길은 가까웠세라.

이때에 당금애기는 자기 부친이 허시는 소리를 듣더니만 그 자리에 엎드려져서 인사정신 모르는 제라. 금단춘이 옥단춘이는 자기 상전 당금애기씨를 모셔다가 후원 별당에 누여놓고, 목숨 보전을 시키거날, 당금애기 생각하니 기맥히도다. 꿈이걸랑 깨어저라[206] 생시며는 어찌하나? 하구서, 이때 생각하여 보구 해가 지도록 세월을 지내봐두, 그날은 종일토록 자기 부친 목소리 아니나구, 자기 부친 문턱에서는 생시는 분명히 생시론데, 이 노릇을 어찌하나? 어찌하다 이리되였을까? 하고 이때에 세월을 보내는데, 또한 당금애기 모친전에서 허시는 말씀이,

"내가 너를 날 적에두 명산대천에 백일기도를 드려 너를 낳았는데, 정성이 지극하면 아니되는 일이 없느니라. 너의 십부자를 집이 거냥[207] 앉어 어서 오실 때를 기다릴 수 없으니, 한 사람 앞에 백일기도씩, 삼년 작정 기도차루 갈터이니 너들은 아무쪼록 집을 잘 지키구 잘 있어라."

하시더니, 삼년기도 드릴 물건과 음식을 모두 갖추어 가지시고 명산으루 올라 가시거날, 당금애기 또한 슬프도다. 부친 이별하구 모친 이별하야, 어찌 될라구 이리 되얏을가? 하고 세월을 보내는데, 당금애기씨 올케들 모두 집안에 어른이 없구, 가장이 없어 놓니, 한심하구 답답하야

"에라, 친가에나 다녀 오리로다."

하야 모두 친가로 돌아가구, 그렁저렁[208] 팔십여간 너른 집에 팔십여명 식구가 다 빠져 나가구, 당금애기와 금단춘이 옥단춘이 단 삼인만 남게 되얏거날, 당금애기 생각하니 기맥히도다. 어찌 할 수 없는지라, 소슬대문[209] 고저대문[210] 모두 잠궈놓고, 울안에서만 살아두 몇몇 해를

---

206) 깨어나거라.

207) 집에 그냥.

208) '그럭저럭'에 해당하는 방언.

209) 소슬대문. 솟을 대문(大門). 행랑채의 지붕보다 높이 솟게 만든 대문. 고주 대문(高柱大門).

210) 고저대문. '고주대문'(高柱大門)의 와음. 솟을 대문.

살겠노라 하구, 당금애기와 금단춘이 옥단춘이 이와 같이 세월을 보내는데, 당금애기 하루두 몇 번씩 자기네 부모 생각하야 도모지 견딜수가 없는지라. 눈물루다 세월이라. 이때

"내가 이러다가 병이나서 곤처[211]주지 못하구, 또 나를 도와주는 자 없아옵는데, 병이 들어 죽으며는, 우리 부모 나오셨다 내가 죽은 것을 보시며는 얼마나 애절통곡하실가? 에라, 내가 이래서는 아니되겠구나."

하고 마음을 가다듬어

"부모 보고 싶은 마음 잊어버리리라."

하고, 이때 지필일장[212] 내여놓고, 먹을 갈아서 글씨를 써, 부모보고 싶은 마음 잊어버리리라 하고, 이때 글씨를 쓴즉슨[213] 눈물이 앞을 가려, 되려는 자는[214] 아니되고 부친 이별자만 되였구나. 에라, 내가 이걸루두 못 잊겠구나 하고, 집어치구 생각하니 그래두 도무지 견딜수가 없는지라.

"에라, 아니되겠구나. 수를 놓기루다 잊어버리리라."

하구, 수틀[215]을 내어 놓구 학의 날개를 놓으랴구 수를 놓은직선,[216] 눈물이 앞을 가려 되래는[217] 학의 날개는 아니되고 부모 이별수만 되였구나.

"에라 이걸루두 못잊겠구나."

하고 집어치고, 당금애기 금단춘이 옥단춘이, 단삼인 후원 별당 안에서 이와 같이 세월을 넹기고 있는 제라.

이때 서천 서역국 금불암절에서 내려온 석가여래 이중상은, 서천국에 백성들 모두 휘돌아 댕기며, 인간처에 댕기면서 인심을 구경 다 하구서, 그제서야 조선땅으루 건너신다. 조선땅으로 건너서서 살펴보니, 소국이지마는 명국이라 하며, 팔도강산 구경할때, 경기도 삼각산두 구경하구, 임진강수도 구경하구, 충청도 계룡산도 구경하구, 금강수 구경

211) '(병을) 고쳐'에 해당하는 방언.
212) 지필일장(紙筆一張). 붓과 종이 한 장.
213) '쓴즉'에 해당하는 방언. 쓰니.
214) 자(字)는. 글자는. (쓰려고 마음 먹었던) 글자는.
215) 수를 놓을 때 헝겊을 팽팽하게 하기 위하여 헝겊의 가장자리를 끼는 틀.
216) '놓은즉'에 해당하는 방언. 놓으니.
217) 되라는.

하구, 경상도 태백산두 구경하구, 낙동강수 구경하구, 전라도 지리산두 구경하구, 백마강수도 구경하구, 함경도 백두산두 구경하구, 압록강수두 구경하구, 여지강수[218] 구경하구, 황해도 구월산두 구경하구, 영덕강수 구경하구, 평안도 묘향산두 구경하구, 대동강수 구경하구, 팔도강산을 구경하구, 팔도강수를 구경하구, 한 곳에를 당도하니 글귀가 붙였거날, 그 글귀를 바라다 보니 '월백설 백천지백(月白雪白天地白)하니 산심야심에 객수심이라(山深夜深客愁深)' 하고 붙였거날, 그 글귀를 바라다보니, 참 글귀 잘 지었구나. 그러나 저러나 남필[219]이 아니라 여필[220]이라.

"참 여필루서는 참 잘 지은 글이로구나. 에라, 여기 여중군자[221]가 있나부다."

이때에

"에라, 한번 찾아보리로다."

하고 면면촌촌 방방곡곡 삼지사방 댕기면서, 긔중 대궐집만 찾는 젠데, 조선 성도 성안에 이부상서댁 근처를 가서 살폈세라. 긔중 대뜰이 높다랗고 귀중 대궐[222]로 되였거날, 그 곳을 당도하야 대문을 바라보니, 거기두 역시 글귀 한장 붙었거날 그 글긔를 바라보니, '개문하니 만복래요(開門萬福來).[223] 소지하니 황금출이라(掃地黃金出).'[224] 아주 역역 붙었가날,[225] 참 그 글귀 잘 지었다. 그러나 저러나 그두 역시 남필이 아니라 여필이라.

"에라, 여기 여중군자 사는 집이 분명쿠나."

---

218) '의주강수'(義州江水)의 와음. 의주(義州)의 강물. 곧 압록강을 말한 것임.

219) 남필(男筆). 남자의 필적. 남자가 쓴 글씨.

220) 여필(女筆). 여자의 필적. 여자가 쓴 글씨.

221) 여중군자(女中君子). 여자 가운데 군자(君子). 군자에 비견할 만한 여자.

222) '구중 대궐'(九重大闕)의 와음. 대개는 '구중 궁궐'(九重宮闕)이라고 함.

223) 개문만복래(開門萬福來). 문을 여니 온갖 복이 들어오고. 입춘날에 써붙이는 입춘첩(立春帖)의 문구 가운데 하나임.

224) 소지황금출(掃地黃金出). 땅을 쓰니 황금이 나옴. 역시 입춘날에 써붙이는 입춘첩(立春帖)의 문구 가운데 하나임.

225) '붙었거늘'에 해당하는 방언.

하고, 그제서야 대문을 바라보니, 쉰근들이[226] 자물쇠루 털컥 잠궜거날

"이것 봐라. 잠근 문을 먼저 보았더럼 애초 맘도 아니 먹을 것을 갖다, 글귀만 보구 달겨들어보니,[227] 대문을 잠궜으니, 열쇠없이 열자하니 그 문을 어찌 열수 있나? 그러나 저러나 장부일언은 중천금[228]이라 하였는데, 한번 맘을 먹었다가 쇠루 잠근 문을 두렵다하구 물러설 수는 없는 제다. 그러나 저러나 잠근 문을 열쇠없이 어찌 여나? 나는 십이세부터 십칠 세까지, 육 년 도를 닦어 도통하였지만은, 그 문을 어찌 열어 볼가? 나의 진언으루[229] 아니되면 우리 절에 부처님에 도술루래두 한번 열어 보리로다.」

하고 이때에 그 문을 열자하고 진언을 치는 제다.

정구업진언[230] 수리수리 마하수리 수수리사바하. 오방내외안위지신진언[231] 나무사만사 못다남 옴 도로도로 지미사바하. 무상심심미묘법 백천만겁난조우 아금문견득수지 원해여래진실의.[232] 개법장방진언[233] 음 아라

---

226) 쉰근들이. 무게가 오십근(五十斤)이 나가는.

227) '달려들어 보니'에 해당하는 방언. 달려들었더니.

228) 장부일언중천금(丈夫一言重千金). 대장부의 한 마디는 천금(千金)보다 무거움.

229) 진언(眞言)으로. 주문(呪文)으로.

230) 정구업진언(淨口業眞言). 불경(佛經)인 천수경(千手經)의 제일 첫머리에 나오는 진언(眞言). '입으로 지은 업(業)을 깨끗이 한다'는 뜻의 진언(眞言)으로 원문(原文)은 '수리수리 마하수리 수수리 사바하'이고 일반적으로 세 번 외우게 되어 있음.

231) '오방내외안위제신진언'(五方內外安慰諸神眞言)의 와음. 불경(佛經)인 천수경(千手經)의 '정구업진언'(淨口業眞言) 다음에 나오는 진언(眞言). '오방(五方) 내외(內外)의 모든 신(神)을 위로하는 진언(眞言)'이라는 뜻으로 원문(原文)은 '나무 사만다 못다남 옴 도로도로 지미 사바하'이며 일반적으로 세 번 외우게 되어 있음.

232) '무상심심미묘법'부터 여기까지는 '개경게'(開經偈)임. '개경게'(開經偈)는 불경(佛經)인 천수경(千手經)의 '오방내외안위제신진언' 다음에 나오는 게송(偈頌). '경전(經典)을 펴서 찬탄(讚嘆)하는 게송'으로 그 원문(原文)은 다음과 같음.

무상심심미묘법(無上甚深微妙法) 백천만겁난조우(百千萬劫難遭遇)
아금문견득수지(我今聞見得受持) 원해여래진실의(願解如來眞實義)

233) 개법장진언(開法藏眞言). 불경(佛經)인 천수경(千手經)의 '개경게'(開經偈)의 뒤에 이어지는 진언(眞言). 원문(原文)은 '옴 아라남 아라다'로 일반적으로

남아라다 천수천안 관자래보살 광대원만 무애대비심 대다라니 계청[234]

세 번 외우게 되어 있음.

234) '천수천안관자재보살 광대원만무애대비심 대다라니 계청'의 와음. 불경(佛經)인 천수경(千手經)의 '개법장진언'(開法藏眞言) 다음에 이어지는 계청(啓請). '천(千)의 손과 천(千)의 눈을 가지시고 중생(衆生)을 구제하시는 관자재보살님의 광대하고 원만하고 걸림이 없는 대비심(大悲心)의 다라니 법문(法門) 열리소서'라는 뜻의 계청(啓請)으로 그 원문(原文)은 다음과 같은데 제보자는 앞부분 일부만 구연한 것임.

계수관음대비주(稽首觀音大悲主) 원력홍심상호신(願力弘深相好身)
천비장엄보호지(千臂莊嚴普護持) 천안광명변관조(千眼光明遍觀照)
진실어중선밀어(眞實語中宣密語) 무위심내기비심(無爲心內起悲心)
속령만족제희구(速令滿足諸希求) 영사멸제제죄업(永使滅除諸罪業)
천룡중성동자호(天龍衆聖同慈護) 백천삼매돈훈수(百千三昧頓熏修)
수지신시광명당(受持身是光明幢) 수지심시신통장(受持心是神通藏)
세척진로원제해(洗滌塵勞願濟海) 초증보리방편문(超證菩提方便門)
아금칭송서귀의(我今稱誦誓歸依) 소원종심실원만(所願從心悉圓滿)
나무대비관세음(南無大悲觀世音) 원아속지일체법(願我速知一切法)
나무대비관세음(南無大悲觀世音) 원아조득지혜안(願我早得智慧眼)
나무대비관세음(南無大悲觀世音) 원아속도일체중(願我速度一切衆)
나무대비관세음(南無大悲觀世音) 원아조득선방편(願我早得善方便)
나무대비관세음(南無大悲觀世音) 원아속승반야선(願我速乘般若船)
나무대비관세음(南無大悲觀世音) 원아조득월고해(願我早得越苦海)
나무대비관세음(南無大悲觀世音) 원아속득계정도(願我速得戒定道)
나무대비관세음(南無大悲觀世音) 원아조등원적산(願我早登圓寂山)
나무대비관세음(南無大悲觀世音) 원아속회무위사(願我速會無爲舍)
나무대비관세음(南無大悲觀世音) 원아조동법성신(願我早同法性身)
아약향도산(我若向刀山) 도산자최절(刀山自催折)
아약향화탕(我若向火湯) 화탕자소멸(火湯自消滅)
아약향지옥(我若向地獄) 지옥자고갈(地獄自枯渴)
아약향아귀(我若向餓鬼) 아귀자포만(餓鬼自飽滿)
아약향수라(我若向修羅) 악심자조복(惡心自調伏)
아약향축생(我若向畜生) 자득대지혜(自得大智慧)
나무관세음(南無觀世音) 보살마하살(菩薩摩阿薩)
나무대세지(南無大勢至) 보살마하살(菩薩摩阿薩)
나무천수(南無千手) 보살마하살(菩薩摩阿薩)
나무여의륜(南無如意輪) 보살마하살(菩薩摩阿薩)
나무대륜(南無大輪) 보살마하살(菩薩摩阿薩)
나무관자재(南無觀自在) 보살마하살(菩薩摩阿薩)
나무정취(南無正趣) 보살마하살(菩薩摩阿薩)
나무만월(南無滿月) 보살마하살(菩薩摩阿薩)

계수관음대비주 원력홍심상호신 천비장엄보호지 천안광명변관조 진실어중선밀어 무위심내긔비심 속령만족제히구 영사멸죄제죄업 천룡중성동자호 백천삼매돈훈수 수지신시광명당 수지심시신통장 세척진로원제해 초증보리방편문 아금칭송서귀의 소원중심실원만 내무대비관세음 원아속지일체법 내무대비관세음 원아조득지혜안 내무대비관세음 원아속도일체중 나무대비관세음 원아조득월고해 나무대비관세음 원아조득계족도 나무대비관세음 원아조득선방편 나무대비관세음 원아조등원적산 나무대비관세음 원아속히무위사 나무대비관세음 원아조동법성신.

이와 같이 진언을 한참 치더니만, 오리만큼 나여섰다[235] 십리만큼 달겨드는[236] 힘을 가지구, 육환장을 머리위루 휠씬 쳐들어 한번 눌러 치니, 동지 섣달 설한풍에 백설이 펄~펄 날리드키,[237] 쉰근들이 자물쇠루나 잠근 문이 편쇠루나[238] 열리거날.

이때 후원별당 안에 있던 당금애기와 금단춘이 옥단춘이, 이날 이때까지 부모보고 싶은 마음 간절하다 겨우 잊어 버릴만 하니깐, 하루는 벼란간 벼락치는 소리가 나엿거날,

"아차, 이것 부아라.[239] 이 소래가 웬 소래냐? 금단춘아 너 나가 살펴봐라."

하니, 이때 금단춘은 후원별당 문을 열구 나와, 앉아보구 서서보구 촘촘히 살펴보더니만

"쥐두 감감 새두 잠잠 아무 경황이[240] 없읍니다."

나무수월(南無水月)	보살마하살(菩薩摩阿薩)
나무군다리(南無軍茶利)	보살마하살(菩薩摩阿薩)
나무십일면(南無十一面)	보살마하살(菩薩摩阿薩)
나무제대(南無諸大)	보살마하살(菩薩摩阿薩)
나무본사(南無本師)	아미타불(阿彌陀佛)

235) '내섰다'에 해당하는 방언. 물러나 섰다가.
236) '달려드는'에 해당하는 방언.
237) '날리듯이'에 해당하는 방언.
238) '편시(片時)로'의 와음으로 보임. 잠깐 동안에. 잠깐 사이에.
239) 이것 보아라.
240) 문맥상으로는 '기척이'의 뜻임.

하구 알렸세라. 이때 당금애기씨는 그 소리를 듣더니만

“아무 것두 없단 말이 웬말이냐? 그러며는 팔십여칸 너른 집에, 우리 삼인만 남아 있어, 도깨비가 모여들어 도깨비 작난이 분명하다. 에라, 이것쯤이야. 내가 쫓아버리리라.”

하고 이때에 도깨비 쫓는 진언을 치는 제라.

“각항저방심미기 두우여허실벽 규루위묘필자삼 정기유성장익진[241] 진익장성유기정 삼자필묘위루규 벽실어허여우두 기미심방저항각”[242]

이 집이 요란하다. 안에서는 사람을 도깨비루 취급하구 진언하구, 바깥에선 문을 여를라구[243] 진언치는 지라.

이때 석가여래 거동보소. 그 문을 하나 열구나서 하는 말이

“아하, 그러면 그렇지. 아니 될리가 만무로다.”

하구, 이때 안을 드려다 보니, 그래두 대문이 또 하나 잠겨있었세라. 그 문을 바라보니, 그것은 마흔근들이 잠을쇠루 잠궜거날

“에라, 별 수 없다. 쉰근들이 잠을쇠루 잠근 문두 열었는데, 마흔근들이야 못 열을가?”

하구, 이때 그 문을 열라하구 또 다시 진언을 치는제라.

“아약향도산 도산자최절 아약향화탕 화탕자소멸 아약향지옥 지옥자고갈 아약향아귀 아귀자포만 아약향수라 악심자조복 아약향축생 자득대지혜 나무관세음보살마하살 나무대세지보살마하살 나무천수보살마하살 나무여의륜보살마하살 나무대륜보살마하살 나무관재보살마하살 나무정취보살 마하살 나무수월보살마하살 나무군다리보살마하살 나무

241) 이 네 구절은 무경(巫經)인 ‘기문신장편’(起門神將篇) 가운데 나오는 구절들을 조합한 것인데 해당되는 부분의 원문은 다음과 같음(김영진 편저, 『충청도무가』(忠淸道巫歌), 형설출판사, 1976. 145면).

동방숙신(東方宿神)은 각항저방심미기(角亢底房心尾箕)요
남방숙신(南方宿神)은 정귀유성장익진(井鬼柳星張翼軫)이요
서방숙신(西方宿神)은 규루위묘필자삼(奎婁胃昴畢紫參)이요
북방숙신(北方宿神)은 두우여허위실벽(斗牛女虛危室壁)이라.

242) 앞의 네 구절을 거꾸로 읽은 것임.
243) ‘열려고’에 해당하는 방언.

십일면보살마하살 나무제대보살마하살 나무본사아미타불 나무본사아미타불 나무본사아미타불."[244]

이와 같이 진언을 한참 치더니만, 육환장을 머리 위루 훨씬 쳐들어 한번 눌러치니, 마흔근들이 잠을쇠루다 잠근 문이 덜컥쇠루 열리거날, 이때 후원 별당안에 있던 당금애기

"아차, 이것 보아라. 벌써 두 번째 소리가 나는구나. 이번에는 옥단춘이 네 나가 살펴봐라."

하니, 이때 옥단춘이 후원별당문을 열구 나와, 앉어 보구 서서 보구 촘촘이 살펴보니

"쥐두 감감, 새두 잠잠, 아무 경황이 없읍니다."

하구 알렸거날, 이때 당금애기

"그러머는 그 소래가 웬 소래냐? 그러면 팔십여칸 너른 집에 우리 단 삼인만 남아 있어, 터가[245] 허해 가지구[246] 귀신이 모여들어, 귀신에 작난이 분명쿠나. 에라, 그것쯤이야. 내가 쫓아버리리라."

하구, 이때 귀신 쫓는 경문을 외우거날,

"천존지비하니 건곤이 정위요 비고이진하니 귀천이 위위요 등정유상하니 강유단위요 방이유취코 물이 군분하니 길흉이생위요 재천성상코 재지성형하니 변화견위라 시고로 강유상마하며 팔괘상탕하야 고지이뇌정하며 윤지이풍우하며 일월이 운행하며 일한일서하야 건도성남하고 곤도성녀하니 건지대시요 곤작성물이라 건이역지오 곤이간능이니 역즉이지오 간즉이종이오 이지즉유친이오 이종즉유공이오 유친즉가구요 유공즉가대오 가구즉현인지덕이오 가대즉현인지업이니 이간이천하지리득위니 천하지리득이성위호기증위니라."[247](周易 繫辭: 筆者 註)

---

244) 불경(佛經)인 천수경(千手經)에 나오는 '천수천안관자재보살 광대원만무애대비심 대다라니 계청'의 후반부임. 원문(原文)은 앞에 나온 주) 참조.

245) 집터가. 터주신이.

246) 허(虛)해서. 허술해서.

247) '주역 계사(周易繫辭). 상편(上篇) 제일장(第一章)'에 들어있는 내용인데 그 원문은 다음과 같음(김영진 편저, 앞의 책, 형설출판사, 1976. 118면).

복원(伏願) 천존지비(天尊地卑)하니 건곤(乾坤)이 정의(定矣)요. 비고이진(卑高

이 집이 요란하다. 안에서는 사람을 귀신으로 취급하고 경문을 외우니 쫓겨갈리가 만무로다. 바깥에선 문을 열을라고 진언이라.

석가여래 거동보소 그 문을 열어 놓고 하는 말이

"아하, 그러면 그렇지. 아니 될리 만무로다. 맘만 먹으면 다 되는구나."

하고 기븐[248] 좋아 안을 드려다 보니, 그래두 대문이 또 잠궈 있었세라. 석가여래 하는 말,

"아하, 이거 보아라. 내가 미련하기 한량없구나. 이다지 대궐집에 대문이 하나둘루 생각한 내가 미련하였구나. 이 집이 십이대문이 분명쿠나. 이제 둘 열었으니 열대문이 있을 터이니, 남자마음 급한 마음 어찌 하나씩 열 수 있나? 하나씩 열다보면 몇몇 달을 열어두 못 열을 터이니 이 노릇을 어찌 하나? 에라, 별수 없다. 이 집이 열대문이나 백대문이나, 대문 잠궈 있는대로 한 번 진언에 다 열리두룩 맘을 먹구, 한 번 진언 치어봐서 되면 다행이구 아니되면 그만 두는 한이 있더래두, 그렇게 한번 하여 보자."

하고, 이때 일심단결하야 또다시 진언을 진는제라.

"신묘장구 대다라니[249] 나모라 다나다라야야 나막알약 바로기제 새바

以陳)하니 귀천(貴賤)이 위의(位矣)요. 동정유상(動靜有常)하니 강유단의(强柔斷矣)요. 방이유취(方以類聚)코 물이군분(物以群分)하니 길흉(吉凶)이 생의(生矣)요. 재천성상(在天成象)코 재지성형(在地成形)하니 변화현의(變化見矣)라. 시고(是故)로 강유상마(剛柔相摩)하며 팔괘상탕(八卦相탕)하야 고지이뇌정(鼓之以雷霆)하며 윤지이풍우(潤之以風雨)하며 일월(日月)이 운행(運行)하며 일한일서(一寒一暑)하야 건도성남(乾道成男)하고 곤도성녀(坤道成女)하니 건지대시(乾知大始)요. 곤작성물(坤作成物)이라. 건이이지(乾以易知)요 곤이간능(坤易簡能)이니 이즉이지(易則易知)오 간즉이종(簡則易從)이오. 이지즉유친(易知則有親)이요 이종즉유공(易從則有功)이요. 유친즉가구(有親則可久)요 유공즉가대(有功則可大)요. 가구즉현인지덕(可久則賢人之德)이요 가대즉현인지업(可大則賢人之業)이니 이간이천하지리득의(易簡而天下之理得矣)니 천하지리득이성위호기중의(天下之理得而成位乎其中矣)니라.(마침표: 인용자).

248) 기분(氣分).

249) 신묘장구대다라니. 불경(佛經)인 천수경(千手經)에 나오는 대다라니경(經)임. '신비(神秘)하고 미묘(微妙)한 글귀인 큰 다라니경(經)'이라는 뜻을 가지고 있는 이 경(經)은 상당히 긴 주문(呪文)으로 되어 있어서 전문(全文)을 외우

라야 모지시다바야 마하사다바야 마하가로니가야 옴 살바바예수 다라나 가랴야다사명 나막까리다 바이맘알야 바로기제새바라다 바니라간타 나막하리나야 마발다 이사미 살발타 사다남 수바 아예염 살바보다남 바바말아 미수다감 다냐타 옴 아로계 아로가 마디로가 디가란제 헤헤하례 마하모지 사다바 사마라 사마라.

하리나야 구로구로 갈마 사다야 사다야 도로도로 미연제 다라다라 다린나례 새바라 자라자라 마라미마라 아마라 몰제예혜혜 로계사바라 나아미사미나사야 나베 사미사미 나사야 모하자라 미사미 나사야 호로호로 마라호로 하례바나마 나바 사라사라 시리시리 소로소로 못자못자 모다야 모다야 매다리야 니라간타 가마자 살사남 바라하라나야 마낙사바하 싯다야사바하 마히싯다사바하 싯다유예 새바라야 사바하 니라간타야 사바하 바라하 목카싱하 목카야 사바하 바나마핫다야 사바하 자가라 욕다야 사바하상카접나예 모다나야 사바하 마하라 구타다라야 사바하 바마사칸타 이사시체다 가릿나 이나야 사바하 먀가라 잘마니바사나야 사바하나 모라 다나다라 야아나막알야 바로기제 새바

기가 상당히 까다로움. 원래 천수경(千手經)에서는 '천수천안관자재보살 광대원만무애대비심 대다라니 계청'과 '사방찬'(四方讚) 사이에 있는 것인데 그 원문(原文)은 다음과 같음.

나모라 다나 다라 야야 나막알약 바로기제 새바라야 모지사다바야 마하 사다바야 마하가로니가야 옴 살바 바예수다라나 가라야 다사명 나막가리다바이맘 알야 바로기제 새바라 다바 니라간타 나막하리나야 마발다 이사미 살발타 사다남 수반 아예염 살바보다남 바바말아 미수다감 다냐타 옴 아로계 아로가 바지로가 지가란제 혜혜하례 마하모지 사다바 사마라 사마라 하리나야 구로구로 갈마 사다야 사다야 도로도로 미연제 마하미연제 다라다라 다린나례 새바라 자라자라 마라 미마라 아마라 몰제 예혜혜 로계 새바라 라아 미사미 나사야 나베 사미사미나사야 모하자라 미사미 나사야 호로호로 마라호로 하례 바나마 나바 사라사라 시리시리 소로소로 못쟈못쟈 모다야 모다야 매다리야 니라간타 가마사 날사남 바라 하라나야 마낙 사바하 싣다야 사바하 마하싣다야 사바하 싣다유예 새바라야 사바하 나라간타야 사바하 바라하 목카싱하목카야 사바하 바나마 하따야 사바하 자가라 욕다야 사바하 상카섭나녜 모다나야 사바하 마하라 구타다라야 사바하 바마사간타 니사 시체다 가릿나 이나야 사바하 먀가라 잘마 이바사나야 사바하 나모라 다나다라 야야 나막알야 바로기제 새바라야 사바하

라야 사바하 관세음보살 관셈보살 관셈보살."

삼칠은 이십일, 스물한번 진언을 치더니만, 오리만큼 나여섯다.[250] 십리만큼 달려드는 힘을 가지구, 육환장을 머리 위로 휠씬 쳐들어 한번 눌러치니, 구시월 시단풍에[251] 곳곳마두 단풍잎이 펄~펄펄 날리드키, 열대문이 편편쇠루다 열렸거날. 석가여래 거둥보소. 그제서야 드려다 보니 대청 마루 끝이 가무랗게[252] 드려다 보였거날, 층층 거러 들어가면서 하는 말

"아하, 그러면 그렇지. 아니 열릴리가 만무로다. 그러나 저러나 나의 진언으루 열렸을가? 우리 절에 부처님 도술로 열렸을가? 우리 절에 부처님 도술로 열였다 하면 너무하시는 일이지. 남의 집 잠근 문을 어찌하라구 열어주시나?"

하며 기븐좋게 걸어들어가서, 마지막 대문 문지두리[253]에다 육환장을 기대세워놓고, 좌수에는 목탁을 들고 우수에는 체[254]를 들고, 또드락 똑닥 뚜드리며 시주하라고 진언한다.

이때에, 후원별당 안에 있던 당금애기

"아차, 이것 보아라. 벌써 세 번째 소리가 나였는데, 무슨 일이 있기는 있나본데 너들이 자세히 살피지 못하나부다."

하고,

"금단춘아 앞에 서라. 옥단춘아 뒤에 서라. 우리 셋이 다 같이 나가서 살펴보자."

하고 후원별당문을 열고, 당금애기씨는 문간쪽을 향해 보더니만

"아이구머니"

하고 도루[255] 뛰어들어와 하는 말이

"속담에, 상말[256]로 양반에 태눈만두[257] 못하다더니, 너들 눈은 눈이

---

250) '나섰다'에 해당하는 방언. 나섰다가. 물러섰다가.
251) '설한풍(雪寒風)에'의 와음.
252) '까마득하게'에 해당하는 방언. 까마득히 멀리.
253) 문지두리. '문(門) 지도리'에 해당하는 방언. '지도리'는 돌쩌귀[樞].
254) 채. 목탁(木鐸) 채. 목탁을 두드릴 때에 사용하는 나무로 된 기름한 막대.
255) '도로'에 해당하는 방언.

아니로구나. 분명히 그런 것을 두고 아무 것두 없다한 말이 웬말이냐?"

이때 금단춘이 하는 말

"아니야요. 아까는 없었어요. 지금은 저들두 보았읍니다."

하였거늘, 당금애기 하는 말

"그러며는, 그러나 저러나 그것이 사람인지 귀신인지 짐승인지 나는 도무지 분간할 수가 없으니, 어서어서 알어와라."[258]

이때 금단춘이 무서운 것을 간신히 참고 나가 하는 말이,

"네 사람이 걸랑 말을 하구, 짐승이걸랑 물러가구, 귀신이걸랑 쫓겨가라."

하면서 말을 하구 나니, 석가여래 저 중상이 하는 소리

"어찌 너는 그런 말을 하느냐? 내가 관상을 보니 너는 금단춘이가 분명쿠나. 네 어찌 그런 말을 허느냐? 네 집이 산천초목이 아니어든 짐승 올리가 만무로다. 네 집이 공동묘지 아니어든 귀신올리가 만무로다. 네 집이, 너두 사람이라 나도 사람이라 찾어 왔느니."

금단춘이 하는 말이

"사람이시면 무슨사로[259] 찾어 왔나니까?"

하니, 석가여래 하는 말

"나는 서천 서역국 금불암에서 온 중이였는데, 우리 절에 부처님은 앉어서 삼천리 서서 구만리를 내여 보시며, 여러 만인간들을 도우시는 자비심이 있는 연고로, 너의 집을 비쳐 보시더니만 나에게 현몽하시길, 너의 집이 상전 십부자가 타국으루 귀양가셔서 근심하는 일이 있사오니, 거기가서 쌀스되 스홉 시주를 받어다가, 고양미[260] 정성을 드리며는, 속히 풀려 나오리라 하시고 현몽하야 주시기루, 불원천리[261] 너의

---

256) 상말. '속담'(俗談)을 달리 일컫는 말.

257) '티눈만도'에 해당하는 방언. '티눈'은 발가락 사이나 발바닥 등에 생기는 무사마귀 비슷한 굳은 살. 눌리면 속의 신경이 자극되어 아픔.

258) 아뢰어라.

259) 무슨 일로.

260) 고양미. '공양미'(供養米)에 해당하는 방언. 공양 올리는 쌀. '공양'은 부처 앞에다 음식을 올리는 일을 일컫는 불교 용어.

집에까지 찾아왔으니, 군말 말고 어서 바삐 쌀스되 스홉 시주를 하라."
하시거날, 금단춘이 당금애기씨 전에 들어가 허는 말.
"분명히 사람은 사람인데요, 어찌 그리 우리 집 내용을 그리 잘 알아내는지 모르겠어요. 우리 집 상전들 십부자가 타국으루 귀양가신 것을 어찌 알고, 쌀 스되 스홉 시주하면 속히 풀려 나오시기루 정성드려 준다하고, 어서 바삐 시주하라 하오시니 어찌하시렵니까?"
하거날, 이때 당금애기는 자기 부모위해 하는 정성이라 하니까는, 귀가 번쩍 띄여서, 그렇다 하옵거던 마루 뒷문께 먹던 쌀이 있아오니, 서되 서홉 후히 떠다 시주하려므나."
하시거날, 금단춘이는 그 쌀을 스되 스홉 후이 떠다 저 중상더러 받어라 하니, 저 중상 허는 말이
"나는, 원이[262] 그 쌀은 안 되너니, 우리 절에 부처님은 먹던 쌀은 절대적으루 아니 받으시니 그 쌀은 못 받겠노라."
하시거날, 이때 금단춘이 하는 말이
"그러며는 우리 집에는 먹던 쌀박에 없아오니 어찌 하렵니까?"
석가여래 하는 말
"아니, 나를 쇡여?[263] 귀신을 쇡이지. 너의 집이 어째 먹던 쌀밖에 없단 말이 웬말이냐? 십이광문[264] 안에 너의 상전들 명쌀독[265]이 있아옵는데, 거기두 먹던 쌀을 부어두었겠느냐?"
하거날, 이때 금단춘이 허는 말이
"십이광문을 잠궜으니 어찌 열고 떠오란 말이요?"
하였거날, 이때 석가여래 허는 말이
"십이대문을 열었는데 십이광문쯤이야 못 열을가? 그 문을 열두룩 하자며는, 너의 상전 당금애기씨 광문 앞에 가 섰으면 자연히 문이 열

261) 불원천리(不遠千里). 천리를 멀다 하지 않고. 원래 『맹자』(孟子)에 나온 말임.
262) 원이. '원래'에 해당하는 방언.
263) '속여?'에 해당하는 방언.
264) 십이광문. 열두 개의 광문. 열두 겹으로 된 광의 문.
265) 명쌀독. 명(命)을 비는 뜻으로 쌀을 넣어둔 독. 조상단지나 제석항아리 등이 이와 비슷하다고 볼 수 있겠음.

리리라."

이때 금단춘이 당금애기 전에 알렸거늘, 당금애기 그 소릴 듣더니만 십이광문 앞에 가 서서, 암만 문을 열을 때를 기달려두 아니 열어지거날, 다시 알어오라 하길래, 금단춘이 저 중상 앞에가 허는 말

"십이광문 열어준다더니 아니 열리니 어쩐 뜻이오?"

석가여래 저 중상 허는 말이

"그것두 정성인데, 그렇게 정성드리기가 심[266]이 아니 들어서야 누구던지 하여 보게. 그 문을 열자하면, 상탕에 머리 감구 중탕에 목욕하구 하탕에 수족 씻고, 새 의복을 갈어입고 의관정제하구, 증한수[267] 발원하면 그 광문이 열리리라."

하기에, 금단춘이 당금애기씨 전에 알렸거날, 당금애기 그 소리를 듣고, 상탕에 머리 감고 중탕에 목욕하고 하탕에 수족 씻고, 새 의복 갈어입고 증한수 발원을 하구나니, 십이광문이 열렸거날, 층층 걸어 들어가서 자기 부친의 명쌀독을 열구보니 거미줄이 씰었거늘, 걷어 치고 한되 한홉 후히 뜨고, 자기 오라버니들 명쌀독을 열구보니, 거기두 거미줄이 씰어세라. 실적 걷어내고 한되 한홉 후히 뜨고, 자기 명쌀독을 열구보니, 거기두 거미줄이 썰었거날, 실적 걷어 넹기치고[268] 한되 한홉 후히 뜨고 보니, 스되 스홉이 후히 되였거날, 그 쌀을 가지구 나와, 문을 닫으려구 돌려다 보면 잠겨있구, 또 하나 나와 닫으려구 돌려다 보면 잠겨있구, 십이광문을 다나와서 돌려다 보니 언제 누가 열었더냐 하구 그대루 모두 잠궈 있는제라. 그때에 당금애기 생각하니 꿈인지 생시인지 모르겠거늘, 그러나 자기 손에 들은 쌀을 보니 명분히 생시는 생신론대, 참 이상하구두 괴상한 일이로구나.

"금단춘아 어서 갖다 시주하라."

금단춘이 가지구 나와 저 중상더러 받으라 하니

"안 되너니. 안 되너니. 우리 절에 부처님은 누리구 비린 것은 절더

266) 심. '힘'에 해당하는 방언.

267) 증한수, '정화수'(井華水)의 와음.

268) '넘겨 치고'에 해당하는 방언. 넘기고.

적으루 아니받으셔서 안 되너니라. 너는 너의 부모네가 너를 가지실 적에, 비린 것을 많이 잡숫고 너를 가진 연고로, 비린 부정타서 아니 되느니라."

하였거날, 이제 금단춘이 할일없어 당금애기씨 전에 알렸에라. 당금애기

"그러며는 옥단춘이 네 갖다 시주하려므나."

옥단춘이 가지구 나와 저 중상더러 받으라 하니, 저 중상 하는 말이

"내가 너를 관상을 보니, 너는 옥단춘이가 분명코나. 그러나 우리 절에 부처님은 누리고 비린 것은 절대적으로 부정이 타서 아니 되느니라. 너는 느 부모네가 너를 가지실 때에 누린것을 많이 잡숫고 나신 고로, 누린 부정이 아니가셔[269] 누린 부정타서 안 되느니라."

하였거날, 옥단춘이 하는 말이

"그러며는 금단춘이나 내가 주는 쌀을 아니 받으며는, 누가 주는 쌀을 받으랴 하오?"

석가여래 하는 말이

"너들 둘만 사람이구 당금애기씨 너의 상전은 사람이 아니란 말이드냐?"

옥단춘이 하는 말이

"우리가 있는데 우리 상전 당금애기씨더러 시주하란 말이 웬말이요? 어서 가오. 바삐 가오."

하거날, 석가여래 허는 말

"내가 이 쌀을 받어가주 가야 망정이지, 거냥 가구 본다며는, 너의 상전들 나오실 길 전혀 없구, 나간지 삼일만에 무슨 가환[270]이 또 있을 터이니, 줄템 주구 말템 말려므나."

하거날, 옥단춘이 어찌 할 수 없어 당금애기씨 전에 알렸거날, 당금애기 그 소리를 듣더니만

"별수 없다. 금단춘이 앞에 서라. 옥단춘이 뒤에 서라. 언어변통[271] 말

---

269) 가시지 않아서. 없어지지 않아서.

270) 가환(家患). 집안의 우환.

271) 언어 변통(言語變通). 경우를 보아 가며 말을 적절히 둘러댐. 여기서는 '말을

을랑은 내가 나가 시킬터이니, 쌀을랑은 너희들이 부어 주려므나."
하고, 이때에 긴 명주치마 잘잘 끌려 입구, 금단춘이 옥단춘이 전후좌우루 세우구서 후원별당 문을 열구 통통 걸어 나오면서, 저 중상이 분명히 사람이라 소릴 듣구 바루 바라보며 나오는 젠데, 검구 얽구 찡긴 중생, 귀밑에 때는 푸른 줄기 얼기절기 흘려있는데, 나이는 몇 살이나 먹어뵈나 하구 바라다 보니, 백팔십여세나 먹어뵈이는 노인 중이였가날, 이때 석가여래 저 중상은 나오는 당금애기를 바라다보니 서기가 뻗치거날, 돌아오는[272] 반달같구 물찬 제비같구, 씻은 배추줄거리같구 참나무 끝으리 비개마[273] 같다. 이때 당금애기 저 중상앞에 나와 하는 말
"어디서 오신 중상인지는 모르겠으나, 내 집을 위하야 오셨다 하니 참 대단히 고마운 일이로구려. 그러나 이 쌀은 내가 주는 쌀이니, 염려말구 받어다가 정성이나 잘 드려 주시구료."
하구 말을 끈치자,[274] 금단춘이는 그 쌀을 저 중상 바랑에 부어 주자구 달겨드니, 저 중상에 거동보소. 열을[275] 벌컥내며 하는 말이
"너는 어찌 그리 남에 대신을 좋아하느냐? 남의 대신 좋아하거들랑 변소길두 대신 가봐라. 황천길두 대신 가봐라."
이와 같이 말을 하니, 서서 보던 당금애기 그 거동을 보더니만, 언어변통 말시키나 그 쌀 내가 부어주나 일반이라하구, 그 쌀을 빼서 가지구[276] 저 중상 바랑에 부어 주고 나니, 바랑에는 쌀이 하나두 아니 담겨 있구 땅으로 몽땅 쏟아졌다. 이때 당금애기 하는 말
"미련한 중상 다 보았네. 시주를 댕기며는 성한 바랑이나 가주댕기던지,[277] 밑빠진 바랑에다 무삼 쌀을 담으랴 하오?"

주고받는 일. 수작(酬酌)' 정도의 뜻임.
272) '돋아 오는'의 와음.
273) 비게미. 비겡이. '부티'에 해당하는 방언. 여기서는 '부티끈'을 말한 것임. 베틀의 말코 두 끈과 부티 사이에 맨 끈으로 나무나 가죽 또는 베붙이 등으로 만들게 됨. '부티'는 베틀의 말코 두 끈에 끈을 꿰어 허리에 두르는 넓은 띠. 부티.
274) '그치자'에 해당하는 방언. 끝내자.
275) 화를. 성을.
276) 뺏아 가지고. 뺏아서. 빼앗아서.
277) '가지고 다니든지'에 해당하는 방언.

이때 석가여래 저 중상이 허는 말이

"내가 미련한 것이 아니야요. 성한 바랑을 가지구 댕길 팔자라면 중노릇을 할리가 만무로다. 중 노릇을 할지라도 성한 바랑을 가지고 댕길 것 같으면, 허구많은 집을 다 제쳐놓구 하필 잠근 문을 열구 들어올리가 만무로다."

이때 당금애기는 말이 맞지 못하여서 그 바랑을 뺏어 가지구 자기 방에 들어가, 이층문을 열구서 자기 치마폭을 쭉 뜯어, 그 바랑을 눈깜짝 할 사이에 기워가지구 나와 허는 말이

"금단춘아 옥단춘아. 키하구 비하구 갖어 오너라."

하니까는, 저 중상 허는 말이

"안됩니다. 우리 절에 부처님은 키끝 비끝 간 곡식은 절대적으루 아니 받어요."

이때 당금애기 하는 말이

"세상에 곡석치구[278] 비끝 키끝 아니간 곡석이 어디 있나니까?"

이때 석가여래 허는 말이

"그건 그리하지마는, 무어든지 보면은 부정하구, 아니 보면은 정갈하단 말과 같이, 안 보는 데는 별 짓을 다 했어두 상관없지마는 나 보는 데는 안됩니다."

이때 당금애기가 하는 말이

"그러며는 이 쌀은 쓸어 우리가 먹을 터이니, 광문을 다시 한번 열어주면 다시 떠다 시주하리로다."

이때 석가여래 허는 말이

"열열하시구[279] 똑똑하신 당금애기씨, 어찌 그런 말씀 하옵니까? 이부지자[280] 아니어던 일구이언을 어찌하며, 일부종사[281]하였지 이부종사[282]

278) '곡식(穀食)치고'에 해당하는 방언. 곡식으로.

279) '역력하시고'의 와음. 똑똑하시고.

280) 이부지자(二父之子). 아비를 둘 둔 자식. 아버지가 둘인 사람.

281) 일부종사(一夫從事). 한 지아비만 따르고 섬김. 한 남편만 따르고 섬김.

282) 이부종사(二夫從事). 두 지아비를 따르고 섬김.

어찌하오? 하든 정성 아니되면 이만이지[283] 다시란 말이 웬말이요?"

이때 당금애기 하는 말이

"그러며는 이 쌀이 많지 않어 적지 않어,[284] 스되 스흡씩 되는 쌀은 어찌해야 지극한 정성이 되나니까?"

석가여래 저 중상이 허는 말

"이 쌀을 정성이 지극하게 하자며는, 후원동산에 나가 광대싸리 스물 한개 꺾어다가, 저깔[285]을 지어 주워 담으면 지극한 정성이 되리로다."

당금애기 하는 말이

"중에 버릇 다 그러냐? 중에 행실 다 그러냐? 남의 집에 귀중처자 문밖에까지 나오게 한 것만두 무엇한데, 후원동산까지 가란 말이 웬 말이냐? 광대싸리커녕 무당싸리도 난 모르겠다."

이와 같이 말을 하니, 석가여래 저 중상이 허는 말

"줄템 주구 말템 마시구료. 내가 이 쌀을 받아다가 정성드려야 망정이지, 거냥 가구 본다며는, 자기 부모네는 영이별이 될 것이구 나간지 삼일만에 무슨 가환이 또 있으리라."

이때 당금애기, 부모 말만 하면 눈이 캄캄, 가슴이 답답, 아무 경황이 없는지라.

에라, 별수 없다. 바람도 쐴겸 바깥 구경두 할겸, 한번 나가 보리로다. 십이대문 밖을 나와 눈을 크게 뜨고 내다보니

"조선땅이 적다 하더니만, 내 눈이 모자라두룩 내다봐두 끝이 아니 뵈이하는구나."

하며 후원동산을 올라가는데, 이 날은 어느 날이냐? 사월[286] 십오일 날이였거날, 이때도 가을 철수[287]가 퍽 늦인 연고로 산국화가 만발되여 있었세라. 당금애기 거동 보소. 잎은 뜯어 입에 물고 꽃은 꺾어 머리

283) '그만이지'를 이렇게 말한 것임.

284) 많지도 적지도 않아서.

285) 저깔. '젓가락'에 해당하는 방언.

286) 문맥상으로 보면 '시월'(十月)의 잘못이었음을 알 수 있음.

287) 철수. 절기(節氣). 계절.

에 꽂고 하는 말이

"네 신세나 내 신세나 피차 일반이로구나. 나는 우리 부모네가 젊어 소시적에[288] 나를 낳셨으면, 벌써 고이 곱게 길러 좋은 경사 이루셨을 텐데, 늦게 늦게 오십 당년에 나를 낳아 길러 요런 고생만 하는구나. 너는 따뜻한 일기 다 버리고 엄동설한 피어가지구, 아침 저녁 발발 떠는 네 신세나 내 신세나 피차 일반이로구나. 네 팔자 내 팔자 두 팔자를 합하구 보니, 이팔이 십육 열여섯 살에 요런 고생이 또 어디 있나? 공무선생[289]이 어디 가셨나? 내 팔자를 일가려[290] 주지."

하구, 이 싸리 저 싸리 다 젓혀놓구 광대싸리만 골라 댕겨,[291] 아이담뿍 훔켜잡구 또드락 똑닥 회계를 닥어,[292] 삼칠은 이십일 스물 한 개를 꺾어 들고, 본집으루 나려와 저 중상을 바라다보니, 금늪(?)[293] 파구 묻은 듯이 그대루 서서, 무어라구 중절중절[294] 하는젠데, 광대싸릴 갖다주구

"옛다. 이게 광대싸린지 무당싸린지 난 모르겠다."

하고 던저 주니, 석가여래 저 중상 한참 서서 바라 보더니

"아차, 알천[295] 광대싸리만 꺾어 왔구료. 열열하시고 똑똑하신 당금애기씨로구려."

하고, 이때 당금애기는 금단춘이 옥단춘이를 불러, 너들두[296] 와서 주어 담자 하니, 석가여래 저 중상 하는 말

"안됩니다. 우리 둘이 하는 정성, 저 사람네들이 들으면[297] 부정타서 아니되오."

---

288) 소시(少時)적에. 젊었을 때에.

289) 공무 선생. 미상.

290) 일찍 가려.

291) '고르고 다녀'에 해당하는 방언.

292) 회계(會計)를 닦아. 따져서 셈을 해서. 따져서 헤아려.

293) 아마도 '금닢'이었을 듯함. 내용상으로는 '금으로 만든 돈'으로 보는 것이 옳을 듯함.

294) 주절주절. 무어라고 중얼거리는 모양.

295) 알찬. 틀림없는.

296) '너희들도'에 해당하는 방언.

297) 들면. 끼여들면.

하고 말을 하니, 당금애기 할일없이 그 쌀을 앉어 주어 담는데, 석가여래 저 중상의 거동보소. 한 개도 줘 담고 꺾어버리고, 두 개두 줘담구 꺾어버린다. 당금애기 하는 말

"아니 여보, 이 중상아. 그 앨써[298] 꺾어온 광대싸리를, 한 개두 줘 담구 꺾어버리고, 두 개두 줘 담구 꺾어버리면, 이 쌀을 다 주어 담자며는 몇 짐을 꺾어 드려두 못당하겠구료."

석가여래 저 중상 허는 말

"열열하시구 똑똑하신 당금애기씨. 어찌 그런 말씀하옵니까? 당금애기씨는 부친의 진짓상을 차리실 때 잡숫던 식기 씻지두 않구 그냥 놓오?"

하거날, 당금애기 할일없어 그 쌀을 주어담다 보니, 광대싸리는 다 꺾어버렸는데 그 바랑을 보니, 바랑에는 쌀이 하나두 아니 담겼거늘, 그제서야 하는 말

"아니 여보, 이 중상아. 아까는 밑빠진 바랑이라 쌀이 아니 담겼다 하지마는, 분명히 내가 기웠는데 이번에는 아니 댕기는[299] 뜻이 무슨 뜻이오?"

하거날, 석가여래 하는 말

"그거야 날더러만 나무르면[300] 어찌하오? 우리들의 정성이 부족하여 아니 담기는걸 어찌하오?"

당금애기씨 허는 말

"그러면은 어찌하여야 이 쌀이 바랑에 댕겨 있나니까?"

하구 말을 하니, 석가여래 저 중상이 허는 말

"이 쌀이 바랑에 댕겨 있게 하자며는, 당금애기 부친에 식기 수저를 내여다가, 식기에 주어 담어 바랑에 부면 쌀이 담겨 있나니다."

이때 당금애기 하는 말이

"남의 집의 왕후정승에 식기 수저 내 오란 말이 웬 말이요?"

---

298) 애를 써. 애를 써서.

299) '담기는'에 해당하는 방언.

300) '나무라면'에 해당하는 방언. 꾸짖으면.

하거날, 석가여래 허는 말

"현재, 사람은 나가, 살어 오실지 죽어 오실지 모르는데, 그릇만 위하고 있음 대단하오."

당금애기 생각하니 그도 그럴듯하여, 할일없이 금단춘이더러 식기수저 내오라 하야 가지구, 식기에 주어담어 바랑에 부니 그제서야 댕겨있기 시작이다.

그 쌀을 다 주어담구나니, 일락서산 해는 지구 월출동녁[301] 달이 돋았는 제라. 일어시자 말자, 별안간 광풍이 일더니만, 저 중상 떨어진 춘포장삼[302] 펄펄 날려 당금애기씨 어깨에 얹혀있구, 당금애기씨 치마폭은 펄펄 날여 저 중상의 어깨에 얹히거날, 이때 당금애기씨 허는 말이

"미련한 중상 다 보았네. 남녀유별두 모르는가?"

하거날, 이때 석가여래 하는 말이

"남녀유별두 내가 알고, 일부종사도 내가 알지마는, 자기는 조금 비켜나면 못할 노릇 되나니까?"

이때 당금애기씨 허는 말이

"그러나 저러나, 일락이 되구 월출되여 밤이 돌아오니, 어서 가오 바삐 가오."

하거날 석가여래 허는 말이

"열열하구두 똑똑하시구료. 일락이 되면 월출이 될 줄 어찌 알며, 월출이 되면 밤이 되는 줄 어찌 아오? 그러나 저러나 우리게[303] 풍속과는 다르구료. 우리 서천국에서는, 들밭에 나갔다가두 해가 져서 밤이 되면 인간처엘 찾아와서 밤을 새우는 풍속인데, 여기 풍속은 인간처엘 왔다가 밤이 되면 들밭으루 나가는 풍속입니까? 나를 문깐이라두 잠간 빌려 주면 오늘 밤에 인간처에서 새구 가던 자구 가던 이 밤을 넘길 것이 아니야요?"

당금애기 하두 구찮구 괴로운 생각이 있으므로, 문간을 허락하구 들

301) '월출동령'(月出東嶺)의 와음. 동쪽 산에 달이 떠오름.

302) 춘포장삼. '청포 장삼'(靑布長衫)의 와음.

303) '우리네의'에 해당하는 방언. 우리의.

어갔거날, 이때 석가여래 거동 보소. 앉어 보고 서서 보고 촘촘이 살피더니,

"미안하오. 당금애기씨 미안하오. 여기서두 못 자겠오."

"거기서는 왜 못 자오?"

"여기서 밤을 새우려 하였더니, 원근성[304]이 두려워서 오늘밤을 못 자겠아오니, 안마당을 잠간 빌리시면 오늘 밤을 새구 가리로다."

당금애기 생각하니 문깐주나 마당주나 일반이라, 마당을 허락하였거날, 석가여래 저 중상에 거동 보소. 종일토록 문지방 하나 새를 두고 싸우다가 마저 넘어서게 되였거날, 문깐 넘어서서 안마당엘 앉어보구 서서보구 촘촘이 살피더니

"미안하오. 당금애기씨 미안하오. 여기서 새우려 하였더니 벼락대신[305]이 두려워서 참 정말 못 새우겠오."

당금애기 허는 말이

"그러면 어디서 새우랴 합니까?"

석가여래 허는 말

"나를 마루대청 빌려주면 편히 앉어 새구 가리로다."

이때 당금애기 생각하니 일반이라 마루를 허락하였에라. 저 중상에 거동 보소 앉어보구 서서보구 촘촘이 살피더니만,

"미안하옵니다. 여기서두 못 새우겠오."

당금애기 허는 말

"거기서는 왜 못 새오?"

석가여래 하는 말이

"여기서 새우려 하였더니, 성주지신[306]이 두려워서 참 정말 못 새우겠오."

당금애기씨 허는 말이

"우리 집이 팔십여칸 너른 집, 실낫같은 자기 몸 하나 잘 곳이 없으

---

304) 원근성(遠近聲). 멀고 가까운 곳에서 나는 소리.

305) 벼락대신(大神). 벼락을 관장하는 신.

306) 성조 지신(成造地神). 성조신과 터주지신.

니 초가삼간마두 못하구료. 어서 가오 바삐 가오."

석가여래 허는 말

"나는 잘 곳이 있지마는 허락할른지 모르겠오."

이때 당금애기씨는 구찮구 괴로운 생각이 있으므로, 허락할 곳임 허락하구 못할 곳임 못 할 터이니, 그러지 말고 바로 정당하게 말을 하라고 제촉하는 젠데, 석가여래 저 중상이 하는 말이

"나를 후원별당을 빌려주면 오늘밤을 새구 가리로다."

당금애기 그 소리를 듣더니만, 생산같은[307] 입에 천둥같이 호령한다.

"이때에 부모이별, 내가 어찌 널더러 당하란 말은 아니 할 터이니, 어서 가거라 바삐 가라. 동기일신이 아니어던 거기 주란 말이 웬말이요? 일가친척이 아니어던 한방 쓰잔 말이 웬 말이야? 어서 가거라 바삐 가라."

석가여래 저 중상이 허는 말

"후원별당이 간반이[308] 아닙니까? 한칸에다 병풍치구, 왼칸에 자기 삼인이 자구 반칸은 나를 주면, 내외 체통이 분명허지 않습니까?"

이때 당금애기 생각하니 그도 그럴 듯하여 어찌 할 수 없는 지라. 금단춘 옥단춘이더러 후원별당에 병풍을 쳐라 하니, 병풍 치구나서 저 중상더러 들어라 하였거날, 석가여래 저 중상에 거동 보소. 그제서야 신발을 벗어놓고 들어가 앉어서 살펴보니 참 진정 볼만하다. 동벽상[309]을 바라보니 청학 쌍쌍 그려있구, 남벽상을 바라보니 적학 쌍쌍 그려있다. 당금애기는 아랫칸에 들고 석가여래는 윗칸에 들었는데, 이때 금단춘이 옥단춘이는 그제서야 저녁상을 차리는 젠데, 당금애기씨 진지상은 은소반에 은식기에 은수저에 육초반상[310]을 차려드렸거날, 당금애기씨 하는 말

---

307) 미상.

308) 간반(間半)이. 한 간 반이. 한 간 하고 반이.

309) 동벽상(東壁上). 동쪽의 벽 위.

310) '육첩반상'의 와음. 반상기에 '칠첩반상'(밥그릇 · 국그릇 · 대접 · 쟁반 · 조치 · 보시기 각 하나씩, 종지 셋, 접시 일곱으로 한 벌이 되는 반상기)이 있는데, 이에 유추해서 만들어진 말이 아닐까 함.

"저 중상도 저녁줘라."
하니, 금단춘 옥단춘이는 그 중상에 저녁상을 차릴적에, 종일투룩 고생한 생각을 하여가며 특별히[311] 차리느라고 차리는 제다. 귀떠러진 개다리 소반[312]을 주어다 놓구, 절뚝바리[313] 목저[314]에다, 모지랑[315] 수깔[316]에다, 지게진[317] 파리가 들랑날랑하게,[318] 밥을 한사발 꽉 눌러 담아, 저 중상의 저녁상을 갖다 주니, 석가여래 저 중상 그 상을 받아 병풍을 걷어치고 안방에 내려오며
"아차, 놓쳤구나. 이것두 내복에 닿지 않어서 놓쳤구나."
하길래, 당금애기 깜짝 놀래 쳐다보니, 참 자기 눈으루두 볼 수 없는 상이 하나 놓였거늘, 이때 금단춘이 옥단춘이를 불러 호령한다.
"인간차별 어찌 그리 하느냐? 음식칭하[319] 하느냐? 너들은 어찌 하여 그다지 음식 칭하 하느냐? 나는 느만[320] 못하여서 종일토록 그 중상의 시중하였단 말이냐? 못하느니, 못하느니, 인간차별 못하너니. 음식칭하 못하너니."
하고, 이때 그 상을 내여 주며, 어서 갖다 다시 저 중상을 저녁상을 차려주라 하거날, 금단춘이 옥단춘이 어느 령이라 아니 들을 수 없는 지라. 저 중상의 저녁상을 다시 차려다 주었거날, 그제서야 받어 놓구
"아미타불 아미타불. 관세음보살 관세음보살."
하고 나더니만 감지덕지 먹었세라. 그 상을 물려내구 그대루 그 자리

311) 내용상으로 보면, '그런 나쁜 감정 때문에 일부러'의 뜻임.
312) 개다리 소반(小盤). 개다리 밥상. 네모가 반듯하고 다리가 민틋한 막치로 된 작은 밥상.
313) 절뚝발이. 다리를 저는 사람. 여기서는 젓가락의 길이가 같지 않은 것을 말한 것임.
314) 목저(木箸). 나무 젓가락.
315) 모지랑. 끝이 다 닳은.
316) 숟갈. 숟가락.
317) 지게를 짊어진.
318) 밥을 꾹꾹 눌러 담지 않고 살살 펴서 담았다는 뜻임.
319) 음식 층하(飮食層下). 얕잡아 보아 형편없는 음식을 대접함. '층하(層下)'는 다른 것보다 낮잡아 홀대함.
320) '너희만. 너희들만'에 해당하는 방언.

예 누워 잠을 이루는지라. 또한 당금애기씨두 종일투룩[321] 후원동산까지 갔다 온 연고로 몸이 고달피여,[322] 그대루 누워 잠을 이루는 젠데, 때는 어느 때냐? 밤 삼경이 되였는데 당금애기씨는 꿈을 꾸는 제다.

꿈에 현몽하기를 청룡 황룡이 여의주를 다퉈가며 등창에서[323] 등천하는 꿈을 뀌였거날, 이때 깨구보니 금단춘이 옥단춘이 그때까지 앉어, 풍금묻기 자세묻기루다 밤시간을 넘기구 있는 제라. 이때 당금애기 허는 말

"어느 때나 되였느냐?"

"예 밤 삼경이 되였읍니다."

"그러며는 꽤 오래 되였으니 어서 자자구나."

하고, 금단춘이 앞에 뉘고 옥단춘이 뒤에 뉘고, 등촉을 도까[324] 머리맡에 놓고 잠을 이루는 젠데, 때는 어느 때냐? 밤 오경이 되였거늘, 이제두 또 다시 꿈을 뀌는 젠데, 천상선관이 내려와서 구슬 세 개를 주길래 그걸 받어보니, 몸두 곱구 빛두 좋와 손에 담뿍 쥐여두 보구, 입에 담뿍 물어두 보구, 옷고름에 넣어두 보구, 허리춤에 넣어두 보다 깨어보니 꿈이더라. 그러다가 등촉이 꺼졌거날 다시 등촉을 돋구구[325] 보니, 자기 덮구 자든 천여[326]는 간 곳 없구, 낮에 보던 떨어진 춘포장삼이 덮였거날, 병풍을 걷어치구 저 중상을 보니, 저 중상이 갖다 깔구 덮구 자는 제라. 버럭 잡아 댕기면서

"중놈에 버릇 다 그러냐? 중놈의 행실 다 그러냐?"

하고 이때 잡아댕기니, 석가여래 저 중상은 깜짝 놀래 일어나며

"내가 무슨 죽을 죄를 젔길래 이다지 무례 막대하게 깹니까?"

하니, 당금애기 하는 말이

"아니 아니 이 중상아. 남의 집이 귀중 처녀 덮구자는 천여를 네가

321) '종일토록'에 해당하는 방언.
322) '고달파'에 해당하는 방언.
323) '등천(登天)해서'의 와음. 하늘로 올라.
324) '돋우어'에 해당하는 방언.
325) '돋우고'에 해당하는 방언.
326) 천여. '처네'의 와음. 덧덮는 얇고 작은 이불.

어찌 갖다 덮구 자나니까?"

석가여래 저 중상 하는 말

"나는 빛두 좋구 탐두 나서 깔구 덮구 잤거니와, 자기는 나의 떨어진 춘포장삼 무엇이 탐이나서 깔구 덮구 잤나니까?"

이에 당금애기 하는 말이

"내가 그것이 탐이 나서 그런 것이 아니라, 하나님이 나를 육축으루[327] 그리 하였나부."[328]

석가여래 하는 말

"나도 이것이 탐이 나서 그런 것이 아니라 하나님이 나를 육축으로 그리하였나부."

이와 같이 말을 하니 당금애기씨 하는 말이

"어서 가오 바삐 가오."

하거날, 이때 석가여래 허는 말

"가기는 내가 가겠으나 찾일 일이 있을 터이니, 나의 주소 성명 잊지마오. 나는 서천 서역국 금불암에 사는 중이오. 이름은 석가여래, 나이는 갑자생, 생일은 사월초팔일 오시 탄생이니 잊지 말구 찾이시오."

이때 당금애기씨 허는 말

"너 찾일리가 만무로다. 일가족속 아니어던 너 찾일리 만무로다. 동기일신 아니어던 너 찾일리 만무로다. 어서 가오 바삐 가오."

하니, 석가여래 저 중상이 허는 말

"가기는 가겠으나, 당금애기씨가 밤 삼경쯤 되어 꿈 뀐일이 있을 터이니 꿈 애기를 하여주면 해몽이나 하고 가리로다."

이때 당금애기씨 허는 말이

"남의 집이 귀중 처녀 꿈을 꿨던 무얼했던 너의 무슨 상관되어, 어서 가오 바삐 가오."

---

327) 육축(六畜)으로. 집에서 기르는 대표적인 짐승 여섯 가지. 곧 소·말·돼지·양·닭·개. 문맥상으로 보면 여기서는 '어떤 짐승을 시켜서' 정도의 뜻으로 이해할 수 있겠음.

328) '그렇게 하였나 봅니다'에 해당하는 방언.

말을 하니 석가여래 저 중상이 허는 말이

"여자루서 남자 앞에 꿈얘기 어려와 못 할터이니, 꿈얘기두 내가 하고 해몽도 내가 헐가? 당금애기씨 밤 삼경쯤 되어 꿈을 꾸되 청룡 황룡이 여의주를 다토아 가며 등창으로 등천하는 꿈을 낀일이 있지않소?"

당금애기, 저 중상이 남에 꿈 낀 것을 하도 이상하게 가르쳐 내는 것이 하도 이상하여

"그러며는 그 꿈이 무슨 꿈일가요?"

하고 물었세라. 석가여래 저 중상이 하는 말

"그 꿈은 다른 꿈이 아니오라 청룡이 자기 직성,[329] 황룡은 내 직성"

이와 같이 해몽하니 당금애기씨 하는 말

"아니 청룡은 내 직성, 황룡은 자기 직성이라 하면, 어째 한데 흩으러져가며 등천하는 뜻은 무슨 뜻이요?"

하고 물었세라. 석가여래 저 중상이 하는 말

"나는 서천 살고, 자기는 조선 사는데, 한방에서 병풍으로 새를 두고 잠을 자다 천여를 다투는 뜻은 무슨 뜻이요? 이걸루다 해득이라."

이때에 당금애기씨

"그러면은 오경쯤 되어 꿈을 뀌였는데 그땐 무슨 꿈을 뀌였겠오?"

하니 이때 석가여래 허는 말이

"당금애기씨 밤 오경쯤 되어 꿈 낀 것은, 천상선관 나려와서 구슬 세 개 주는 것을 받아들고, 몸두 곱구 빛두 좋아 도손에 담쑥 쥐여두 보구, 입에 담뿍 물어두 보구, 옷고름에 넣어두 보구, 허리춤에 넣어두 보다 깬 일이 있지 않소?"

당금애기 하두 남 꿈 낀 것을 어찌 그리 잘 알어내나 하고

"그 꿈 낀 것은 무슨 꿈일까요?"

하고 물으니, 석가여래 저 중상이 하는 말이

---

329) 직성(直星). 사람의 행년(行年)을 따라 그의 운명을 맡은 별. 제웅 직성(直星)·토직성(土直星)·수직성(水直星)·금직성(金直星)·일직성(日直星)·화직성(火直星)·계도 직성(計都直星)·월직성(月直星)·목직성(木直星)의 아홉 별. 남자는 열 살에 제웅 직성(直星)이 들기 시작하여 열아홉 살에 다시 돌아오고, 여자는 열한 살에 목직성(木直星)이 들기 시작함.

"그 꿈은 다른 꿈이 아니오라 아들 삼태[330] 하리로다."

이때 당금애기 열이 벌컥 나서 자던 베개로 넘겨치며

"중놈에 행실 다 그러냐? 중놈이 행실 다 그러냐? 어서 가거라 바삐 가라. 남에 집이 귀중 처녀 보구 삼태란 말이 웬 말이냐? 어서 가거라 바삐 가거라."

하구 재촉하니, 석가여래 저 중상이 허는 말

"가기는 가겠으나 나를 찾을 일이 있을 것이니, 나 간지 칠 년만이면 나를 찾을 일이 있을 터이니 주소 성명 잊지마오. 나는 서천 서역국 금불암에 사는, 성은 왕가요 이름은 석가여래, 나이는 갑자생, 생일은 사월 초팔일 오시 탄생이니, 잊지 말구 찾이시오."

당금애기씨 하는 말

"너 찾을 일이 만무로다. 어서 가거라 바삐 가라."

하니, 석가여래 그제서야 신발을 부스럭 부스럭 신더니만 별안간 온데간데 없었세라. 당금애기 저 중상 가는 자최를 보랴고 살펴보니, 별안간 온데간데가 없어. 저 중상 앞에 있을 적에는 마음이 튼튼한[331] 기가 있더니만, 저 중상이 눈에 아니 보이니 무서운 생각 들었세라. 그제서야 금단춘, 옥단춘이를 깨와 가지구

"저 중상이 간다고 나가더니 별안안 온데 간데 없었으니, 팔십여간 너른 집에 어느데가 숨어 있다가, 무신 해코잘[332] 하면 어찌하나? 우리 등촉을 밝혀 가지구 찾어보자."

하고, 이리저리 사면 찾어 댕겨 보니 간 곳이 없었세라. 문깐에 나가 보니, 대문두 누가 열었드냐 하구 그대로 모두 잠궈있구, 그제서야 간 자최를 도무지 모르겠더라. 당금애기 허는 말이

"그 중상 하늘루다 비상천[333]을 하였나부다."

하고, 그 날 밤을 새왔거날

330) 삼태(三胎). 세 쌍둥이.

331) '든든한'의 잘못임.

332) 해꼬지를. 까닭없이 해(害)를 끼치는 일을.

333) 비상천(飛上天). 하늘로 날아오름.

이 날은 어느 날이냐? 시월 십육일 날이였는데, 당금애기씨 생신날이로다. 금단춘이 옥단춘이는 당금애기씨 생신을 차려디려 드렸거날, 당금애기 그 날 밤에 들은 소리, 분한 마음 도무지 풀리지 않는 연고로, 밥을 먹지 못하구서 그대루 상을 물려내구 종일토록 생각하여 보아두, 그 소리 들은 것이 도모지 분하여서, 그 분함이 풀리지 않는 연고로 그 날은 진종일 궁금하게 지냈거날. 그러나 저러나 당금애기씨는, 하루 이틀 한 달 두 달 지나갈수록 그 분한 마음 도모지 풀리지 않는 연고로, 그때부터 몸이 피곤하여지고 밥맛을 잃어, 밥을 제대루 못 먹는 제라.

이 달은 어느 달이냐? 중동[334] 시월이 되였구나.

"금단춘아 옥단춘아. 이것이 웬일이냐? 나의 몸이 점점 쇠약해지구, 밥맛을 잃어 밥을 점점 못먹으니, 병이 드는 모양이니 이제 큰일 나겠고나."

이때는 어느 때냐? 이 달이 가고 저 달 온다. 섣달이 되였는데 한 달 두 달 석 달 되더니마는 점점 밥맛을 잃어 도무지 밥을 먹지 못하는 젠대,

"금단춘아 옥단춘아. 화식[335]에서 생쌀내가 웬일이냐? 옥수[336]같은 청수[337]에서 해금내[338]가 웬일냐?[339] 동지섣달 설한풍에 풋대추 좀 구핼 수 없나? 머루 다래 없거들랑 뿌럭지[340]라두 캐여드려라. 맛맛으루 다려먹자."

하구, 이때 세월을 보내는 데, 섣달이 다 지나가구 해가 바뀌거날, 이때는 어느 때냐? 명춘[341] 정월달이 되었는데, 당금애기씨는 한 달 두

334) '맹동'(孟冬)의 잘못임. 음력 시월(十月)은 '맹동'(孟冬)이고, '중동'(仲冬)은 음력 십일월(十一月)을 가리키는 말임.

335) 화식(火食). 불에 익힌 음식. 여기서는 '밥'을 말한 것임.

336) 옥수(玉水).

337) 청수(淸水). 맑은 물.

338) 해금내. '해감내'에 해당하는 방언. 해감의 냄새. '해감'은 물 속에 생기는 썩은 냄새가 나는 찌꺼기.

339) '웬일이냐?'의 오식(誤植).

340) '뿌리'[根]에 해당하는 방언.

달 지나 갈수룩에, 점점 몸이 괴로와지구 병석에 눕게 되였거날. 정월달이 되더니만, 여기 저기서 모여 댕기며 풍금묻기 자세묻기 하는 소래, 당금애기 귀에 쟁쟁 들렸거날, 당금애기 생각하니 더욱 처량하였세라.

"나는 어찌하야 부모네두 집에 아니 계시고, 온몸에 병이 들어 놀두 못하게 되였으니, 이 노릇을 어찌하나?"

하구, 세월을 넹기는데,[342] 때는 어느 때냐? 이월 달이 돌아옴에, 동지섣달 설한풍에 철썩같이 쌓인 눈은, 우수[343] 경칩[344] 만나여서,[345] 화라설설[346] 풀어져서, 눈삭인[347] 물이 졸졸 흘러내리는 소리, 당금애기씨 귀에 들렸거날 처량하게 생각한다.

"철썩같이 쌓인 눈두 모두 풀려 물이 되여 흘러나리는데, 우리 부모네는 한번 가시더니 다시 풀려 나오시지 못하시니 어느 때나 나오시려 하나?"

그러나 세월을 민망하게 보내는 데, 때는 어느 때냐? 계춘[348] 삼월달이 돌아옴애, 당금애기 생각하니 기맥히다. 삼월 초사흘이 되더니만 강남갔던 제비들은 또 다시 나아와서 무어라고 지절지절하는 소래 처량하게 들리거날, 그러나 저러나 삼월달이 되더니만, 잎은 피여서 청산되구 꽃은 피여 화산이라. 이산 저산에 꾀꼬리 소리 당금애기씨에 귀를 쟁쟁 울리거날 처량하구 가련하다. 그러나 저러나 어느 때나 우리 부모들 오시려나? 내가 만약 죽은 뒤에 오시며는 그 애절통곡 얼마침 하실가? 하구 세월을 보내는 데

---

341) '맹춘'(孟春)의 와음. 음력 정월(正月).

342) '넘기는데'에 해당하는 방언. 보내는데. 지내는데.

343) 우수(雨水). 24절기의 두 번째로, 입춘(立春)과 경칩(驚蟄) 사이에 있음.

344) 경칩(驚蟄). 우수(雨水) 다음에 있는, 24절기의 세 번째. 음력 2월에 들며, 양력으로는 대개 3월 5일 전후임. 동면하던 벌레들이 깨어 꿈틀거리기 시작하는 시기라는 뜻이며, '우수 경칩이면 대동강물도 풀린다'는 속담이 있음.

345) '만나서'에 해당하는 방언. 당해서. 맞이해서.

346) 서리설설. 슬슬.

347) 눈삭인. 눈 녹은.

348) 계춘(季春). 음력 삼월(三月).

때는 어느 때냐? 사월달이 돌아옴애, 이 날은 어느 날이냐? 사월 초사일 날이 되드니만, 당금애기씨 모친께서는 삼년기도를 다 채우구서 돌아오게 되는 날이였고, 당금애기 부친과 오라버니들은 그날서야 모두 풀려나오게 되었세라. 당금애기씨 부친께서 문깐에서부터 당금애기를 찾는제라.

"당금애기 내 딸이야. 어엿버라 구여워라[349] 하구 기르든 내 딸. 너 어서어서 내달아라. 이제서야 애비온다. 삼년 동안에 고생 어찌 하였느냐? 어서어서 내달아라."

별별 말씀 다 하시며 들어와두, 아무 긔척이 없었세라. 당금애기씨는 후원별당 안에 누어 일어나지를 못하구 있는젠데, 당금애기 부친전에서는 이제야 풀려나오면서 별별 소리를 다하여두 아무 기척이 없으니깐, 이게 웬일이야? 하구 후원별당 문을 열구 디려다보니, 몸이 깍지동[350]만 해가지구 들어 누워, 눈물을 번뜩 흘리면서 말 한 마디 못하거날, 당금애기 부친은 깜짝 놀래 들어가서 하는 말,

"웬일이야? 네가 웬일이야? 나의 보구싶은 마음 병이 되여 그다지 병이 컸구나. 이제 안심하여라. 내가 왔으니 이제 너의 병을 곤쳐[351]주리로다."

하구 맘을 갈아 앉히시며, 면면촌촌 방방곡곡 삼지사방에, 맥쟁일[352] 불러라, 침쟁일 불러라, 약을 지어 드려라 하구 모두 소문을 내여, 용타하는 사람을 다 청해다가 맥을 보니, 맥쟁이 맥을 보더니만

"나는 그 맥 요리 모르겠어요."

하구 물러앉구, 또 침을 놓려하여두 침쟁이가 한참 보더니만

"나는 그 침 못 놓겠어요."

하고 물러앉구, 안다는 사람은 다 불러드려두 모른다구만 하였지 안다

349) '귀여워라'에 해당하는 방언.

350) 깍짓동. 콩이나 팥의 깍지를 많이 묶어 세운 동. 몹시 뚱뚱한 사람의 몸집을 비유하는 말.

351) '(병을) 고쳐'에 해당하는 방언.

352) 맥쟁이를. 진맥하는 사람을.

는 사람은 하나 없었세라. 궁금하구 답답하기 한량없네.

당금애기 모친전에서는 돈 천냥을 끄내 가지고

"에라, 별수 없다. 어디가 문복이나 하여 보리로다."

하고, 이때에 곽가[353] 이순풍[354] 선생님이 계셨는데 그대한테[355] 점을 치러가는 제라. 당금애기 모친전에서는 그한테 곽가 선생 순풍을 찾어가서 허는 말이

"나는 다름이 아니오라, 내 딸이 작년 시월 십오일날 병이 들어 약을 써도 백약이 무횬고로,[356] 어찌하여 그 병이 되였나 자세히 알고자 하고 점을 한 장 치러 왔으니 어서 바삐 점 한 장을 잘 치어 주게나 구료."

하고 말씀하오시니, 곽가우 선생[357]전에서, 점상을 내여놓구 돈 천 냥 상에 얹구, 팔마구리[358] 산통[359]을 높이 쳐들어 점을 치시는 제라.

"복이 추구왈 …… 하옵시더니, 조선 성도 성안에서 이부상서댁에 따님이 병환이 났다하오니, 자세히 알고자 하고 명찰하신 신령전에 문점을 드리오니, 자손 명수는 응지사성[360] 섬길새 길흉화복 금일괘중 하옵소서 물비서니 물비서시."

---

353) 곽가. '곽곽'(郭郭)의 와음. 대개의 무당들은 '곽곽 선생'이라고 지칭함. '곽곽'은 '곽박'(郭璞)의 와음. '곽박'(郭璞)은 중국 동진(東晉)의 학자. 『산해경』(山海經)과 『수경』(水經) 등을 지었으며, 경학(經學)과 역수(易數)에 능했다고 함. 무당들에게는 정확한 점괘를 내게 해주는 신적인 존재로 인식되고 있으며, 국사당(國師堂)의 무신도(巫神圖)에도 이 곽곽 선생이 있음.

354) 이순풍(李淳風). 중국 당나라 사람으로 보천(步天), 역산(曆算)에 능하여 갑자원력(甲子元曆)을 지어 올렸다고 알려져 있음. 저서에는 법상서(法象書) 7편과 기사점(己巳占) 등이 있으며, 무가에서는 위의 주)에의 '곽곽 선생'과 함께 신통한 점괘를 내어주는 신적인 존재로 인식되고 있음.

355) 문맥상으로는 '그들한테'라고 해야 할 자리였음. 그들에게.

356) 무효(無效)인고로. 무효이기 때문에. 효력이 없기 때문에.

357) 곽가우 선생. '곽곽 선생'의 와음. 곽박(郭璞).

358) 팔(八)마구리. 여덟 모. 팔각형(八角形)의. 여기서는 '모서리가 여덟 개(산통)'의 뜻임.

359) 산통(算筒). 점을 칠 때 쓰는 산가지를 넣은 통.

360) 응지사성(應之四星). 사성(四星)에 응함. 사주(四柱)에 매임. 사주(四柱)에 달림. '사성'(四星)은 '사주'(四柱)를 다르게 일컫는 말.

하고 점을 치시더니만, 한참 앉어 풀으시더니만
"나는 그 점상 모르겠어요."
하시거날, 당금애기 모친전에서 하시는 말씀
"자네가 모른다하면 누가 알어? 그러지 말고 점사 나는 대루 애기하면 될 것이 아닌가?"
하고 말씀하시오니, 곽가우 선생전에서 허시는 말씀,
"그러며는 용서하시지오. 점사가 잘못 나는지는 모르겠으나, 점사대루 말씀드리겠아옵니다."
하구 말씀하시기를
"다름이 아니오라 작년 시월 십오일날, 서천 사는 중 하나이 하루저녁 자구 간 일밖에 아니 나옵니다."
하구 말을 하니, 당금애기 모친전에서는 그 소리를 들으시더니만 금다시다[361] 말 한 마디 못하구서 그대루 돌아가시며, 혼자 허시는 말씀이
"사주팔자는 못 속이는구나. 사주팔자 못 속이는구나. 내가 그 딸을 낳기를 전에, 관상을 보던 사주를 보던, 중사우 둘 팔자라 하더니만 어찌 그리 맞어가나."
하면서 집으루 휘돌아 가셔서, 당금애기 부친전에[362] 그 소리를 들으시더니만, 금단춘이 옥단춘이 불러다가 형틀에 높이 올려 앉혀 태산같은 매를 주니, 금단춘이 옥단춘이 매를 못 이겨서 바루[363] 말한다.
"저들은 아무 죄도 없읍니다마는, 작년 시월 십오일날 어디 사는 중 하나이 찾어와서 자구 간 일밖에 없읍니다."
하구 말을 하니, 당금애기 부친은 그제서야 적실한[364] 줄 아시구서, 그다지 어엿버라 구여워라 하던 딸을 죽이랴구 날치신다.[365] 그때나 이때나 부모가 자손 귀여워 할진대, 안부모[366]가 바깥 부모보다 한층 더한

361) '검다 희다'의 와음. 이렇다 저렇다. 그렇다 그렇지 않다.
362) 문맥상으로는 이 뒤에 탈락된 어절이 있음. '그 말을 하니, 당금애기 부친전에서' 정도의 말이 보충되어야 할 자리임.
363) '바로'에 해당하는 방언. 사실대로.
364) 적실(的實)한. 사실이 틀림없는.
365) '날뛰신다'에 해당하는 방언.

고로, 당금애기 모친전에서 하시는 말씀

"금수도 제 새끼를 제가 아니 죽이는데, 사람으로서 어찌 내 자손을 내 손으로 살해하시렵니까? 후원동산에다 토굴을 이룩하고 넣어두면, 제가 굶어서래두 죽을거요. 엄동설한에는 얼어서래두 죽을거니 그리하여 두옵시다."

하구 말씀하시더니, 당금애기 부친이 생각하야 보니 모두 그럴듯하야, 분함을 참으시구

"후원동산에 토굴을 이뤄라."

하시거날, 이때 어연간에 토굴을 이루구서

"토굴 속에 들어라."

하니, 당금애기 처량하도다. 후원별당을 버리구서 후원동산 토굴 속에 가서 누워 생각하니 기맥히도다. 그러나 저러나 한편 생각하니 편하기가 한량없다. 죽지 않으면 살기로다. 살지 않으면 죽기로다. 단지 두 가지 마음밖에 없으니 편해기가 한량없네. 당금애기 모친전에서는 이와 같이 하여놓구, 식구 몰래 시시 때때루 화식을 내여다가 맥여 도숨 보존 시키거날, 생사를[367] 내여 팔아다가 의복을 입혀 길러내며 세월을 보내는데.

때는 어느 때냐? 세월이 흘러가는 고로, 명추[368] 칠월달이 돌아왔거날, 이 날은 어느 날이냐? 칠월 십사일이 되더니만, 그날은 아침부터 비가 퍼붓기 시작하여 청대[369]같이 퍼붓는다. 당금애기 모친전에서, 집에서 혼자 마음,[370] 혼자서 발을 동동 구르면서

"하느님도 무심하오. 산신국사도 야속하오. 내 딸 후원동산 토굴 속에 있는 줄을 아시면서 이다지 비를 많이 퍼부시니, 그 굴속이 물이 그뜩 고여 둥기둥실 뗫을 터이니, 저 노릇 어찌하나?"

---

366) 안부모[內父母]. 어머니.

367) 생쌀을. 쌀을.

368) '맹추'(孟秋)의 와음. 음력 칠월(七月).

369) '창(槍)대'의 와음. 창(槍)의 대. 창의 자루. 매우 굵은 비를 비유할 때 쓰는 표현임.

370) 혼자 마음. 혼자서 하는 생각. 마음 속으로.

하고 애절통곡 하는 젠데.

당금애기씨는 그날서야 몸을 풀게[371] 되셨거날, 이때에 천상천녀 둘이 나려와 그 아이를 받어 들고, 옥병에 물을 내여 목욕절수시키구서[372] 청띠를 띠여 뉘어 놓구나니, 또 한 아이 탄생이라. 그 아이두 목욕시켜 황띠를 띠여 밀어 놓구나니, 또 한 아이를 탄생하야, 그 아이두 목욕절수시켜 그대는 백띠를 띠여 밀어 놓구나서 허는 말이

"부인 수고 많이 허셨읍니다. 이거를 하나 잡수시오."

하구 주길래, 받아 먹어보니 고프던 배두 불러지구 춥던 몸두 더워진다. 천상선녀 하는 말이

"청띠 띤 아기는 큰 아기요, 황띠 띤 아인 둘째 아이, 백띠 띤 아인 셋째 아이요. 아무쪼록 이 아이들을 고이 곱게 기르셔서, 칠 세가 되거들랑 이 아이 부친 찾어가시지오. 될 수 있는데까지 우리가 도와 드리리다. 이 아이의 부친은 서천 서역국 금불암에 사시는, 성은 왕가, 이름은 석가여래, 나이는 갑자생, 생일은 사월 초파일 오시 탄생이니, 잊지 말구 찾이시오."

이와 같이 단 두 마디 하더니만, 높아라 둥기둥실 떠나갔거날, 그제서야 비가 그쳐세라.

당금애기 모친전에서는, 그제서야 후원동산으루 먹을 것도 준비 아니 하여 가지구서 뛰어 올라 오는 젠데, 여기저기 물이 펑펑 흘러나는지라, 당금애기 모친전에서 토굴 옆에 와서 살펴보니, 풀잎새기[373] 하나 아니 젖었거날, 토굴을 드려다보니 어연간에 네 사람이 되였세라. 당금애기 모친이 생각하시구 허는 말씀이

"아하, 그러면 그렇지. 아니 도와 주실리가 만무로다. 하나님과 산신국사 후토 신령이 아니 굽어 살피실리 만무로다. 너의 몸을 가리기 위하여 비가 그다지 온 것을, 나는 생각지 못하구서 공연한 근심하였고나."

하며, 도로 뛰여 나려가셔서 먹을 것을 준비하여다 멕이며 생각하여봐

371) 몸을 풀게. 아이를 낳게. 출산(出産)을 하게.

372) 목욕 시키는 절차를 밟고. 목욕 시키는 절차를 거치고.

373) 풀잎새기. '풀잎사귀'에 해당하는 방언. 풀잎.

두, 여름철엔 날이나 더와 살았다 하지마는, 엄동설한 어찌하나 하구, 겨울철에 토굴에 들어가 보면 더운 운기가 돌아 있구, 여름 삼복 지경에 들어가면 시원한 바람이 불어있다. 당금애기 모친전에서는, 한해 여름 한해 겨울을 적거보신[374] 연후에는, 그거는 도무지 근심아니 되였거니와, 먹을 것만 준비하다 멕이며는 살겠노라 하고, 이와 같이 세월을 보내는데, 세월은 물결같이 빠른고로 이 아이들 거동 보소. 한두 살에 걸음을 배와 삼사 세에 왼갖 말을 다져낸다.[375] 당금애기는 그 아이들이 무럭무럭 자라나는 것을 기쁘게 생각하고, 세월가는 줄을 모르게 스리[376] 세월을 넹기는데,[377] 아이들의 거동 보소. 어연간에 오륙 세가 되였는데, 하루는 동네 아이들과 함께 가서 놀다오더니만

"어머니 우리는 별소리를 다 들었어요."

"무슨 소릴 들었느냐?"

"우리를 보구 하는 말이, 성두 없구 아비도 없는 놈이라구 하니, 우리 집은 왜 이래요? 우리 성은 무어야요? 우리 부친 어디 있어요?"

이와 같이 물었세라. 당금애기씨는 생각하니 한편 생각하면 부끄럽고, 한편 생각하면 기가 맥혀, 어찌할 수 없는제라. 그러나 저러나 반은 쇡이구[378] 반은 바른대루 얘기한다.

"성 없는 사람 어디 있으며, 부친 없는 사람이 어디 있느냐? 너의 성은 왕가로다. 너의 부친은 서천 서역국 금불암에 사신단다. 성은 왕가, 이름은 석가여래, 나이는 갑자생, 생일은 사월 초팔일 오시 탄생이 너의 부친이로다."

아이들이 하는 말

"그러면 우리 집은 왜 이래요?"

"그런 것이 아니란다. 너의 부친이 여기 나와 가지구 살다가, 너의 외

---

374) '겪어 보신'에 해당하는 방언.
375) 다 지어낸다. 다 한다.
376) '모르게'에 해당하는 방언. 모르고.
377) '넘기는데'에 해당하는 방언. 보내는데. 지내는데.
378) '속이고'에 해당하는 방언.

조부님께 눈에 밖에 나서, 쫓겨나야 나를 다리구 가자하니, 너들을 갖인 고로[379] 갈 수 없다 하니까는,[380] 여기다가 토굴을 지어주고, 너들 나서 길러가지구 너들이 걸어 댕길만 하거들랑 찾어오라 하구 가셨단다."

아이들이 그 소리를 듣더니만

"그러며는 우리 외조부님 그저 생존해 계십니까? 외가가 어느 댁이요?"

당금애기씨 허는 말이

"그저 생존해 계시단다. 너의 외가는 저기 저 댁이란다."

하고 일러주니, 아이들 셋이 하는 말이

"그러며는 외조부님 찾어보구 오겠나이다. 어머니 그간 안녕히 계십시오."

하고, 아이들이 즈[381] 외조부님 찾어 뵈이라구 나란히 나려가서, 당금애기의 부친전에 찾어가 절을 나란히 하며 하는 말이

"외조부님, 처음 이리 뵈입겠읍니다마는 그간 안녕히 계셨읍니까?"

생가만가 한[382] 일이다. 당금애기는 죽은 줄만 생각하고 있는전대, 벼란간 아이들 셋이 찾어와서 외조부님이라 하길래, 하두 이상하여

"너들이 길을 잘못 들어 집을 잘못 찾는 게다. 나는 딸두 없는 사람이라 외손두 없는 사람이니, 바루 얘기하여라 찾어주마."

이와 같이 말씀하시니, 아이들 셋이 허는 말

"아니야요. 분명히 바루 찾어 왔읍니다."

당금애기 부친전에서 허시는 말씀

"너들이 바루 찾었다고만 하면 무엇하니? 나는 딸이 없는 사람이라 외손두 없단다."

하시거날, 아이들이 그 소리를 듣더니만

---

379) 가진고로. 가졌기 때문에. 임신하였기 때문에.

380) '하니까'에 해당하는 방언.

381) '저희'에 해당하는 방언. 저희들의.

382) 생가망가한. '생게망게한'에 해당하는 방언. 뜻밖의 일이 너무도 터무니가 없어 도무지 이해할 수가 없는.

"그게 무슨 말씀이야요. 당금애기씨가 따님이시라는 데, 아니란 말씀이 무슨 말씀이요?"
하구 말을 하니, 당금애기 부친전에서는 유구무언[383]이라. 말 한 마디 못하신다.

이 날 이때까지, 아이들을 낳서 기르도록 감쪽같이 모르고 있었다면 도모지 말이 안 될 말이로다 하구 있는 젠데, 아이들이 허는 소리

"너머[384] 허셨지요. 너머 허셨지요. 어찌 사람을 토굴 속에 몇몇 해를 살구신단[385] 말이 무슨 말씀입니까. 이 나라를 누리구 계신 왕이시라면서, 그다지[386] 하시면 백성들이야 더욱 말 할 것 있읍니까?"
하구 아이들이 말을 허니, 도무지 무어라구 말 한 마디 못하시구 있는 젠대, 아이들 허는 소리

"우리 모친전에서 부리시던 금단춘 옥단춘이 있다 하니, 그 사람네 더리나 내여 주옵소서."
하고 말을 하니, 당금애기 부친전에서 금단춘 옥단춘이 불러내어

"너의 상전 돌아가신 줄로만 알었더니 그저 생존해 계시단다. 어서 어서 이 아이들을 따라가서 너의 상전 받들어라."
하시거늘, 당금애기씨 부친이 이와 같이 말씀하시니, 금단춘이 옥단춘이는 반갑기두 하구, 어찌 할 수 없는지라. 아이들을 따라 갔거날. 아이들이 자기 모친한테 가 허는 말

"외조부님 찾어뵙고 왔읍니다. 그간 안녕히 계셨어요."
하구,

"금단춘 옥단춘이, 부리시던 사람들두 찾어가지구 왔나이다."

이때 금단춘이 옥단춘이 당금애기 서로 상봉하야, 금단춘이 옥단춘이 하는 말이

"죄송하옵니다. 용서하시지요. 생존해 계신 줄만 알었다면 어느 틈

383) 유구무언(有口無言). 입이 있어도 할 말이 없음.
384) '너무'에 해당하는 방언.
385) 살구신다는. '살게 하신다는'에 해당하는 방언.
386) 그렇게까지.

을 타서라두 찾어와 뵈였을 터인데. 돌아가신 줄만 알았구료."

이와 같이 반가이 인사하구 서로 상봉하야 만나가지구 세월을 보내는 데, 때는 어느 때냐? 아이들이 칠 세가 되어, 이제 아이들 허는 말이

"우리가 천리라두 갈 수 있고 만리라도 갈 수 있으니, 여기서 그다지 천대받지 마시구서, 어서어서 우리 부친 찾어가서 호의호식하구 세월을 보내 보십시다."

하구, 가자구 재촉하는지라. 당금애기씨는 그럼

"서천국을 찾어가자"

하구, 아이들 셋을 앞에 세고,[387] 금단춘 옥단춘 뒤에 세고 하는 말이

"후원동산 잘 있거라. 후원동산 잘 있거라. 칠 년 동안 신세두 많이 졌구 그 신세 언제 갚나?"

하며 갈제, 한 달 가구 두 달 가구 그렁 저렁 걸어가다 보니, 다강수[388] 다달으니 그 강을 건늘 적이[389] 없었세라. 그 강을 건너야만 될 터인데 어찌 건너야 옳을가 하고, 오르락내리락 하구만 있는 젠대, 어떤 중 하나이 나타나더니만,

"어디를 가시는 분이길래 이 강을 건느랴구 애 쓰십니까?"

하거날, 당금애기씨 하는 말

"우리는 서천 서역국 금불암을 찾입니다."

"거기는 어째 가십니까?"

"예. 성은 왕가, 이름은 석가여래, 나이는 갑자생, 생일은 사월 초팔일 오시 탄생을 찾어 가옵니다."

저 중상이 그 소리를 듣더니만

"아, 그러면 그 분은 우리 절에 우리 선생님이신데요. 그러시다며는 제가 건너드리지요."

하더니만, 동으로 벋은 버들잎을 쭉 훑어 연엽선[390]을 모와놓구,[391] 어서

---

387) '세우고'에 해당하는 방언.

388) '대강수'(大江水)의 와음. 큰 강물.

389) '수가' 정도의 잘못으로 이해됨. 방법이.

390) '유엽선(柳葉船)'의 와음. 버드나무 잎으로 만든 배. 실제 이런 배가 있을 수

타시라구 재촉하야, 그 배를 타구 건너가서, 어서 내리라구 재촉하야 내리구 보니, 중두 간 곳 없구 배도 간 곳 없구 연잎만 둥기둥실 떠나간다.

당금애기 생각하니 기맥힌 노릇이구 이상하다. 우리가 저 연잎을 타구 건너왔단 말이 웬말인고? 그 중상의 기술이 그다지 좋은 모양이로구나. 그러나 저러나 그 절에 있는 사람마두 모두 재주가 다 좋은 모양이니, 어서어서 가서 만나보리로다 하고 서천국을 건너가서, 금불암 절을 찾는제라.

명산대천 금불암을 찾아가서 보니, 절두 크고 중도 많어 오글오글 와글와글 하는 젠대, 어떤 중더러 물었에라.

"여기, 성은 왕가, 이름은 석가여래, 나이는 갑자생, 생일은 사월 초팔일 오시 탄생이 어디 계십니까?"

"저기 저 방에 계십니다."

하구 일러 주길래, 그 방문을 열고 보니 새파랗게 젊은 청춘 중 하나이, 하나 들어누웠거날 다시 나와

"그 분이 아니신데요?"

하니깐

"어떤 분을 찾이시길래 그 분이 아니라 하옵니까?"

"예, 성은 왕가, 이름은 석가여래, 나이는 갑자생, 생일은 사월 초팔일 오시 탄생을 찾입니다."

"예. 그러면 그 분이 분명한데 어째서 그 분이 아니라 하옵니까?"

"아니야요. 내가 볼 적에는 백팔십여세 먹어뵈는 노인 중이었었는데, 지금 보니 새파랗게 젊은 청춘이니 아니지요."

저 중이 허는 말, 껄껄 웃으면서

"감쪽같이 속으셨군요. 우리 선생님은 풍운둔갑법을 배우셨기 때문에 별별 짓을 다 합니다. 분명히 그 분이니 염려말구 찾이시오."

에, 또 당금애기씨가 다시 생각하야 보니, 갑자생이라구 하길래 몇

없겠지만, 무가에서는 신통함을 보증하는 한 징표로서 종종 언급됨.

391) 만들어 놓고. 바닷가에서는 아직도 배를 만드는 일을 '배 모운다'라고 말함.

십 년 전 갑자생인 줄만 알었더니, 이제 나이를 따지구보니 자기보다 세 살 더 먹었거날, 이때 기분좋고 마음좋게 찾아가서 그 문을 열구 들어가보니, 석가여래 저 중상은 잠을 자구있는 제라.

그 앞에 가 앉아 하는 말이

"대사님. 일어나시요. 대사님. 일어나시요. 조선 성도 성안에 살던 당금애기 여기까지 찾어왔으니 어서어서 일어나시지요."

하니, 석가여래 저 중상은 곤히 자다 일어나는 듯이 실적 돌아누며 하는 말

"꿈두 이상하였구나. 조선 살던 당금애기 꿈에 보이니 웬일인가?"

하구 이와 같이 말을 하니, 당금애기 하는 말

"아니야요. 생시로 분명히 내가 여기까지 찾어왔으니 어서어서 일어나시지요."

하니, 석가여래 저 중상 벌떡 일어나서 눈을 꽉 감고 하는 말이

"큰일 났구나. 꿈에두 보이더니 생시에두 무슨 소리가 들리니, 당금애기가 죽어 귀신이 되여가지구 나를 해코자[392] 찾아왔나부다. 에라, 쫓아 버리리다."

하구 경문을 외이거날[393]

"천존지비하니 건곤이정위요. 비고이진하니 귀천이 위위요. 동정유상하니 강유단위요. 방이 유취코 물이군분하니 길흉이 생위요. 재천성상코 재지성형하니 변화견위라."[394]

이와 같이 경문을 외이니, 당금애기씨는 허는 말이, 누눈[395]에서 눈물

392) 해(害)코자. 해하고자. 해치려고. 해를 끼치려고.

393) '외우거늘'에 해당하는 방언.

394) '『주역』 계사(周易繫辭). 상편(上篇) 제1장(第一章)'에 들어 있는 내용의 일부인데 해당 부분의 원문은 다음과 같음(원문의 전문(全文)은 앞에 나온 주) 참조).

복원(伏願) 천존지비(天尊地卑)하니 건곤(乾坤)이 정의(定矣)요. 비고이진(卑高以陳)하니 귀천(貴賤)이 위의(位矣)요. 동정유상(動靜有常)하니 강유단의(强柔斷矣)요. 방이유취(方以類聚)코 물이군분(物以群分)하니 길흉(吉凶)이 생의(生矣)요. 재천성상(在天成象)코 재지성형(在地成形)하니 변화현의(變化見矣)라.

395) '두 눈'의 오식(誤植).

이 핑돌며 허는 말

"너머 허시는구료. 너머 허시는구료. 무슨 품아시[396]요? 앙가푸리요?[397] 분명히 내가 살어 여기까지 찾아오느라구 고생을 얼마찜[398] 하였는지 모르겠어요? 그 아이들을 낳서 칠 년 동안 고생한 생각을 하여서두 그다지 못하리다."

이와 같이 말을 하니, 아이들은 그 소리를 듣더니만, 문을 열구 들어와 석가여래 전에 절을 나란히 하며

"부친 처음 뵈입겠읍니다만은 그간 안녕히 계셨읍니까?"

하고 절을 하니, 석가여래 저 중상은 그제서야 눈을 뜨고 아이들 셋을 끌어안고, 당금애기씨 손을 마주 잡고 하는 말이

"칠 년 동안 고생 많이 하셨구료. 그 죄는 모든 죄가 내 죄로다. 용서하시오."

아이들 보구두 허는 말이

"너들 고생한 것두 모든 죄가 내 죄로다. 나를 용서하여라. 어린아이루서 여기까지 어찌 찾어왔나? 그러나 저러나 어떤 아이가 큰 아이요? 어떤 아이 둘째 아이, 어떤 아이 세째 아이요?"

이와 같이 말을 하니, 당금애기씨 허는 말

"청띠 띤 아이 큰 아이요, 황띠 띤 아이 둘째 아이, 백띠 띤 아인 세째 아이요."

석가여래 허는 말이

"그럼은 이름일낭은 무어라구 졌나니까?"

당금애기씨 허는 말이

"이름은 우리 부부가 서로 상봉하야, 의론공론하며 질랴구 이름은

---

396) 품앗이. 농사를 지을 때 힘드는 일을 서로 거들어 주어 품을 지고 갚고 하던 '노동력 상호부조'를 가리키는 말이었으나, 오늘날에는 어떤 도움이나 위해(危害)를 받았을 때 그 대가로 똑같은 방법과 정도로 보상하거나 보복하는 것을 가리키는 말로 주로 사용됨.

397) 앙갚음이요. '앙갚음'은 남이 저에게 해를 주었을 때, 저도 그에게 해를 주는 행동. 보복(報復). 복수(復讐).

398) '얼마쯤'에 해당하는 방언. 얼마만큼.

아니 졌나니다."

이때 석가여래가 허는 말이

"그러면 우리 고생한 이야기는 살아가며 두구두구 할지라두 어서어서 이름부터 지어 봅시다."

"생전 변치 않두룩 한번 지어봅시다. 이 아이들은 이름을 지을 적에 생전 변치 않도록 지어 두옵시다."

석가여래 하는 말이

"그거야 어려울거야 무엇 있소. 그걸랑은 그리하야 보옵시다."

하구 석가여래 허는 말이

"그러며는 청띠 띤 아인 큰아이니, 이름부터 지어 봅시다. 청산[399]이라 지어 봅시다."

당금애기 허는 말이

"청산은 삼사월에나 청산이지 구시월에도 청산이요? 변해서 못씨겠어요."

석가여래 허는 말이

"그러면 무어라구 지어야 옳겠나이까?"

당금애기 생각하더니만

"이 아이는 맏으로 낳았으니 맏형자 한 자 띠고,[400] 부처불자 한 자 띠어 형불[401]이라 지어 두옵시다."

석가여래 그 소리를 듣더니만

"아, 참 그 이름 잘 지었오. 참 여중군자구료. 그렇게 이름을 잘 지면서 무얼 나를 만날 때까지 이름 아니 짓구 있었나이까? 그러나 저러나 그러며는 둘째 아이는 황띠를 띠었으니 황산[402]이라 지어 두옵시다."

당금애기 허는 말이

---

399) 청산(青山).

400) '떼고'에 해당하는 방언. 분리(分離)하고.

401) 형불(兄佛).

402) 황산(黃山).

"그 이름 뭊씨겠오."

"그러면 무어라구 지어야 옳소?"

당금애기씨 한참 궁릴하더니만

" 황산은 구시월에기 황산이나[403] 동지섣달에두 황산이요? 변해서 뭊씨겠어요."

"그러며는 무어라구 지어야 옳소?"

하니깐,

"이 아이는 둘째 아이니, 이재자[404] 한 자 띠고 부처불자 한 자 띠어 재불[405]이라 지어봅시다."

석가여래 허는 말이

"아하, 그 이름 잘 지었오. 참 여중군자구료. 그러나 저러나 아이들을 하나두 내가 이름을 못지어서야 말이 되나? 셋째 아이는 내가 또 지어볼가? 조금 틀리드래두 거냥 두시구료. 이 아이는 백산[406]이라 지어 봅시다."

당금애기씨 하는 말이

"아니, 여보시오. 대사님이라 모이산자[407]만 배웠구료. 어찌 그리 산자루만 나갑니까?"

석가여래 허는 말이

"어째서 뭊씨겠오?"

당금애기씨 허는 말

"동지 섣달에나 백산이지, 오뉴월에도 백산이오? 변해서 못 쓰겠어요."

하니, 당금애기씨 궁리하더니만

"이 아이는 셋째 아이니, 석삼자 한 자 띠고 부처불자 한 자 띠어 삼불[408]이라 지어 봅시다.」

403) '구시월에나 황산이지'가 교정 과정에서 착오로 인해 이렇게 된 것으로 판단됨.
404) 이 재자(二再字).
405) 재불(再佛).
406) 백산(白山).
407) '뫼 산 자(山字)'의 와음.
408) 삼불(三佛).

석가여래 허는 말
"참 여중군자구료. 참 그 이름 잘 지었소."
당금애기 이와 같이 이름지어 놓구하는 말
"형불이, 재불이, 삼불이라 지어두면, 삼불조합이 맞어야 된단 말두 있을꺼구, 이렇게 지어 두면 생전 이름 변치않을 터이니 이렇게 지어 둡시다."
하였거날, 석가여래 하는 말이
"참 그 이름 잘 지었소. 여중군자로구료."
하고, 아이들을 이름 지어 놓구 세월을 보내는데, 세월은 흘러가는 연고로 아이들은 무럭무럭이 자라나며 세월을 보낼 때에,

석가여래 자최지정엔[409] 천상선관이였는데, 도를 닦기루다 인간으로 태어나 이다지 고생하였구, 당금애기씨는 천상선녀였었는데 죄를 벗음으루 도를 닦으기 위하여 인간으로 태어 고생 많이 한 연고로 도를 다 닦었거날, 석가여래는 칠십삼세가 정년[410]이구, 당금애기씨는 칠십세가 정년이라. 석가여랜 도를 닦고 도구 천상선관이 되구, 당금애기씨는 도를 다 닦아 도루 천상선녀가 되여, 선관선녀되여 가지구, 석가여랜 당금애기씨를 휘여안구 안개루다 평풍치구 무지개 발루 다리를 놓구, 하늘루다 비상천을 하였거날,

형불이, 재불이, 삼불이는 서천 서역국 금불암에서 불경을 배웠에라. 불도를 하였거날, 이때에 또다시 조선땅으루 건너서서 찾어와 어느 곳을 향했느냐? 강안두[411] 금강산을 향하구서, 금강산에 올라가 유점사[412]를 이룩하구, 절을 위성하여 놓구 불경 불도를 하는 제라. 그러나 저러나, 형불이, 재불이, 삼불이는 팔십세가 정년이라. 어연간 팔십세가

---

409) '자초지종'(自初至終)의 와음. 이 말은 '처음부터 끝까지'의 뜻이나, 여기서는 '처음에는'의 뜻으로 잘못 사용된 것임.
410) 정년(定年). 정해진 햇수. 정해진 나이. 하늘이 정한 수명.
411) 강안두. '강원도'(江原道)에 해당하는 방언.
412) 유점사(楡岾寺). 강원도 간성군(杆城郡)에 있는 절의 이름임. 31본산(本山)의 하나. 임진왜란(壬辰倭亂) 때에 이 절에 사명당(四溟堂)이 있었다고 하여서 유명함.

다 되여서 한날 한시에 한두루[413] 머리를 두구 운명을 하였거날, 겨우 불경 불도하다가 남한테 많이 넹겨주지[414] 못하고, 불경이 헤지지[415] 못한 연고로, 형불이 재불이는 운명하야 그 절을 지킬 자가 없었세라.

이때부터 년년이 나라에 흉년이 들고 국상이 자주 나여 도무지 견딜 수가 없는데, 어느 이인[416]이 생각하더니만

"옛날 옛적에, 조선 성도 성안에 사시던 당금애기씨가 나신,[417] 형불이, 재불이, 삼불이가, 서천서 불경 불도를 가지구 나와 많이 펴치지 못하구서 운명하신고로, 년년이 흉년이 들구 국상이 자주 나니, 유점사를 찾아 형불이 재불이 삼불이의 신체를 감장[418]하여 놓구, 불경 불도를 하면 국태민안 하리로다."

하시던 고로, 그때부터 불경 불도를 하기 시작하여 불경이 성했거날, 여러 만인간들은 형불이 재불이 삼불이를 위성하며는, 운수 재수 티여주구[419] 모든 일이 마음먹는 대로 된다는 말을 듣더니만

"그러면 절에까지 찾어갈 것 없이, 우리 집에 삼불이라 하구 삼불제석님을 위성하면 되겠지."

하고, 삼불이를 위성하는 뜻은 이 뜻인데, 이 날 이때부터 형불이 재불이 삼불이를 삼불제석님이라 하고 위성하는 뜻은 이 뜻이니, 여러 만인들이 아무쪼록 삼불제석님을 위성하면 운수 재수 티고, 없는 일이 생겨나구, 또 집안 무고허구 국태민안하구, 여러 만인들이 소원성취 일워주니, 형불이 재불이 삼불이는 제석님으로 받으시구 이 가중을 살피실 때에 운수 재수 티여 주시기루 비나니요.

---

413) 문맥상으로 보면 '한 곳으로' 정도로 이해됨. 그러나 관점에 따라서는 '한데로'의 와음으로 보아 '바깥으로. 바깥쪽으로'로 보는 것도 가능할 듯함.

414) '넘겨주지'에 해당하는 방언. 전하지. 가르쳐 주지.

415) 흩어지지. 널리 퍼지지.

416) 이인(異人). 재주가 신통하고 비범한 사람.

417) '낳으신'에 해당하는 방언.

418) 감장(勘葬). 장례 치르기를 끝냄.

419) '터지게 하여 주고'에 해당하는 방언.

7. 바리공주

여기에서는 한국의 대표적 무속신화인 「바리공주」를 수록한다. 「바리공주」는 저승신의 유래를 이야기한 무속신화라고 생각되는데 전국에서 전승되며 채록된 각편도 수십편에 이른다. 여기에 수록되는 각편은 아카마쓰 지죠(赤松智城)와 아키바 다카시(秋葉隆)가 공동으로 편찬한 『조선무속(朝鮮巫俗)의 연구(硏究)』 상(上)의 첫머리에 수록된 경기도 오산(烏山) 무녀 배경재 구연본으로 신화성이 잘 보전되어 있고 채록연대가 오래된 가장 대표적인 각편이다. 본문의 표기는 원문대로이며 주석을 보강하였다.

나라로 나라로 공심은 졀[1]이옵고
졀이 남서[2]가 본[3]이로소이다.
텬님[4]이 알으소사.
칩써집소와[5] 삼십삼텬,[6] 나리집소와[7] 이십팔수[8]

---

1) 절[寺].
2) 남서(南西).
3) 본(本). 근본.
4) 천[天]님. 하늘.
5) 치떠짚어. 위로 올려다보아. 경기도 지방의 다른 무당들은 흔히 '칩떠잡아'라고 구연하는 부분임.
6) 삼십삼천(三十三天). 서른 세 개의 하늘을 구분한 불교(佛敎) 용어. 욕계(慾界)의 사천왕천·도리천·기염마천·도솔타천·낙변화천·타화자재천의 여섯 개와 색계(色界)의 범중천·범보천·대법천·소광천·무량광천·광음천·소정천·무량정천·편정천·복생천·복수천·광과천·무상천·무번천·무열천·선견천·선현천·색구경천의 열여덟 개와 무색계(無色界)의 공무변처천·식무변처천·무유처천·비상비비상천·불회심둔천·수강구우천·수음화천·상음구우천·상음화천의 아홉 개를 통틀어 이르는 말.
7) 내려짚어. 아래로 짚어. 경기도 지방의 다른 무당들은 흔히 '내려잡아'라고 구연하는 부분임.
8) 이십팔수(二十八宿). 스물 여덟 개의 별자리. 옛날 인도나 페르샤, 중국(中國) 등지에서 해와 달과 여러 혹성(惑星)들의 소재를 밝히기 위하여 황도(黃道)에 따라 천구(天球)를 스물 여덟 개의 구역으로 나누었기 때문에 생긴 말.

팔대쟝군[9] 남옹무옹[10]이 진이오 성이다.[11]
국으로[12] 진이여서도 강남[13]은 대한국 해동[14]은 조선국
리씨쥬상[15] 금마마님[16] 본으로 기우서는[17]
함경도 영흥 단쳔[18]이 본이로 성이다.
치여다 백재일은 산이 쳔도[19]하고
나려다 유재일은 죽은이 쳔도하고
홍모란[20] 홍산쥬[21]요, 백모란[22] 백산쥬[23]요.
잔잔헌 촛불향내, 일배쥬[24] 곡성[25]으로
희망하시는 날이로 성이다.
경긔[26]는 삼십칠관[27]이요, 양쥬[28]는 대모관[29]이요.

---

9) 팔대장군(八大將軍). 방위를 관장하는 여덟의 신장(神將). 태세(太歲)·대장군(大將軍)·태음(太陰)·세형(歲刑)·세파(歲破)·세살(歲殺)·황번(黃幡)·표미(豹尾)의 여덟.
10) 미상. 문맥상으로는 '이십팔수'를 관장하는 신격의 이름이 와야 할 자리임.
11) 지니셨습니다.
12) 국(國)으로. 나라를.
13) 강남(江南). 양자강의 남쪽 지방이라는 뜻으로 곧 중국을 일컫는 말.
14) 해동(海東). 우리 나라를 달리 일컫는 말.
15) 이씨주상(李氏主上). 성(姓)이 이씨(李氏)인 임금님.
16) 지금 임금님.
17) 본(本)은. 전국적인 무가 사설로 보면 대개의 경우 '본은 가서'라고 구연하는 부분임.
18) 영흥(永興)과 단쳔[端川]. 각각 함경남도(咸鏡南道)에 속한 군(郡)의 이름들임.
19) 천도(薦度). 죽은 혼령을 극락 세계로 가게 하는 일.
20) 홍모란(紅牡丹). 붉은색 모란꽃.
21) 홍산주(紅山酒).
22) 백모란(白牡丹). 흰색 모란꽃.
23) 백산주(白山酒).
24) 일배주(一杯酒). 한 잔의 술.
25) 곡성(哭聲).
26) 경기도(京畿道).
27) 삼십칠관(三十七官). 서른 일곱 개의 관청. 서른 일곱 개의 고을.
28) 경기도 양주(楊州).
29) 대무관(大廡官). 큰 고을 또는 큰 고을의 원. 큰 고을에는 문묘(文廟)에 좌우 양무(兩廡)가 있어서 생긴 말.

챵덕궁,[30] 챵혜궁, 경복궁,[31] 경덕궁
아랫대궐 웃대궐, 종묘사직 위패를
바더 진이워 셩이다.[32]
어뷔대왕 양마마님 반넘어 늙엇느니
졍젼[33]이 공허하고, 내젼[34]이 비여잇다.
세자대군이 년치[35]가 십오세 이시니
텬하에 영헌[36] 길흉[37]이 어듸어듸 잇다든야?
문복[38]가라 하옵시니
상궁이 엿자오대
명패를 바치여도 례단[39]을 주소서.
례단이란 무엇이냐, 은돈 닷돈 금돈 닷돈
생진쥬[40] 서되서홉 가사워[41] 치닷분[42]
생깁[43] 수건 석자세치 사송[44]을 하시니
사송을 거스려 안고
텬하궁[45] 다지박사,[46] 데석궁[47] 모란박사[48]

---

30) 창덕궁(昌德宮).
31) 경복궁(景福宮).
32) 받아 지니셨습니다.
33) 정전(正殿).
34) 내전(內殿).
35) 나이.
36) 영험한.
37) 길흉(吉凶). 여기서는 길흉화복(吉凶禍福)을 점치는 '점쟁이'를 말한 것임.
38) 문복(問卜).
39) 예단(禮單). 예폐(禮幣)를 적은 단자(單子).
40) 생진주(生眞珠).
41) 미상.
42) 한 치 다섯 푼[一寸五分].
43) 생깁[生絹]. 비단.
44) 사송(賜送). 임금이 아랫사람에게 물건을 내리어 보냄.
45) 천하궁(天下宮).
46) 다지박사(多智博士). '박사' 혹은 '박수'는 강신된 남자 무당을 일컫는 용어.
47) 제석궁(帝釋宮).

디하궁[49] 소실악씨,[50] 명도궁[51] 강림박사[52]
어백미[53] 진쥬산[54]을 백옥반[55]에 던지시니
첫산은 만신[56]의 헛튼산이 지성이다.[57]
두번재는 상하문이요.
세번재는 쥬상 양전마마[58]의 졍산[59]이 지나이다.
아뢰옵기 황송하고, 긔망키는[60] 어렵사오나
폐길년[61]에 길례[62]를 하시면은
칠공쥬[63]를 보옵시고
대개년[64]에 길례를 하시면 삼동궁[65]을 보시리이다.
그대로 탑젼[66]에 알외이니
일각이 삼추갓고[67] 하루가 열흘갓다.

---

48) 모란박사(牡丹博士).
49) 지하궁(地下宮).
50) 소실애기씨. '소실애기'는 경기도 지방 무속에서 강신된 여자 무당을 일컫는 용어 가운데 하나임.
51) 명도궁(冥塗宮). '명도'(冥塗)는 사람이 죽은 뒤에 그 영혼이 간다고 하는 암흑의 세계. 지옥(地獄)·아귀(餓鬼)·축생(畜生)의 삼악도(三惡道)가 있다고 함. 명계(冥界).
52) '강림도령' 혹은 '강림이'를 지칭한 것으로 이해됨. '강림도령'은 인간의 영혼을 저승으로 데려가는 차사임(제주도 무속신화 「체사본풀이」 참조).
53) 어백미(御白米). 임금께서 내리신 쌀.
54) 진주산(眞珠算).
55) 백옥반(白玉盤). 흰 옥으로 된 판.
56) 만신(萬神). 무당을 가리키는 용어 가운데 하나.
57) 졌습니다. (점괘가) 내렸습니다. (점괘가) 나왔습니다.
58) 양전(兩殿) 마마. 두 분 마마님. 임금과 중전의 두 분.
59) 정산(正算). 바른 점괘.
60) 기망(欺罔)키는. 기망하기는. 속이기는.
61) 폐길년(閉吉年). 결혼을 해서는 안 되는 운수의 해. '길년(吉年)'은 결혼하기 좋은 연운(年運).
62) 길례(吉禮). 관례(冠禮)나 혼례 등의 경사스러운 예식. 여기서는 혼례의 예식.
63) 칠공주(七公主). 일곱 공주.
64) 대개년(大開年). 크게 열리는 해. 여기서는 결혼을 하기 좋은 운수가 든 해.
65) 삼동궁(三東宮). 여기서는 세 사람의 왕자.
66) 탑전(榻前). 임금의 자리 앞.

엇지 대개년을 바라랴?
만조를 모으시고, 택일을 관상감[68]에 명하시니
관상감 택일을 바더
삼월 삼일은 초간택[69]을 봉하시고
오월 단오는 이간택을 봉하시고
칠월 칠석은 견우직녀가 하강을 하시고
오작교[70]에 다리 놋는 날로
삼간택 길례도감[71] 이로소이다.
길아래 삼쳔병마[72] 길우에 오쳔병마[73]
오마작대[74]는 련하텬병[75] 이로성이다.
만조가 오각띄[76]고, 별궁에 동상[77]을 뎡하신후[78]
옥상의[79] 기럭이를 젼하시고[80] 합환쥬[81]를 뎐하시매

---

67) 일각(一刻)이 삼추(三秋) 같고. 일각여삼추(一刻如三秋).
68) 관상감(觀象監). 조선 시대에 천문(天文)·지리(地理)·역수(曆數)·측후(測候)·각루(刻漏) 등의 일을 보든 관청.
69) 초간택(初揀擇). 임금이나 왕자, 왕녀의 배우자를 고르는 첫 번째 절차.
70) 오작교(烏鵲橋).
71) 길례도감(吉禮都監).
72) 삼천 병마(三千兵馬).
73) 오천 병마(五千兵馬).
74) 오마작대(伍馬作隊). 마병(馬兵)이 행군할 때 오열종대(五列縱隊)로 편성하던 옛날 제도.
75) 연하천병(輦下千兵). 임금이 타신 가마 주위를 많은 군사들이 호위함.
76) 오각띠[烏角帶]. 검은 뿔 조각으로 장식한 관리의 품대(品帶). 정일품 이하의 관리가 천담복(淺淡服)을 입을 때 사용하는 띠.
77) 동상(東床). 남의 새 사위를 높여 일컫는 말. 혼례가 끝난 뒤에 신부 집에서 신랑이 자기 벗들에게 음식을 대접하는 일을 '동상례(東床禮)'라고 함. 여기서는 별궁에다 신랑의 처소를 정했다는 의미로 이해됨.
78) 정(定)하신 후에.
79) 옥상(玉床)에. 옥(玉)으로 만든 상(床)에.
80) 기러기를 전(奠)하시고. 전안(奠雁)하시고. 전안(奠雁)의 예(禮)를 행하시고. '전안(奠雁)'은 혼인 때에 신랑이 기러기를 가지고 신부의 집에 가서 상 위에 놓고 절하는 예. 오늘날의 혼례식에서 혼인서약에 해당하는 의식임.
81) 합환주(合歡酒). 혼례 때에 신랑 신부가 서로 바꾸어 마시는 술.

일시에 만조백관이 산호만세[82]를 불으니라.
대젼마마는 통명젼[83]으로 환궁 하시고
칠대즁젼 마마는 내젼에 환궁하실졔
만백셩이 산호만셰 만만셰.

셰월이 여류하야[84] 무졍셰월 약류파[85]라.
광풍이 건듯불어,[86] 삼하석달[87]을 지나시니
예업는[88] 옥쳬긔운이 나신다.[89]
슈라[90]에서는 생쌀내가 나는구나.
어수[91]에서는 해감내[92]가 나는구나.
금광초[93]에서는 풋내가 나는구나.
탕수[94]에서는 날장내[95]가 나는구나.
오백가지 상나무에 열은 열매
사대문에 드는 여름[96] 내젼으로 진상해라.
원앙금침[97] 잣벼개[98]

82) 산호만세(山呼萬歲). 임금에게 경축하는 뜻으로 부르는 만세.
83) 통명전(通明殿). 서울 창경궁(昌慶宮) 안에 있는 정전.
84) 여류(如流)하여. 물같이 흐름. 세월이 빨리 흐름.
85) 무정세월 약류파(無情歲月若流波). 무정한 세월이 물결같이 흐름.
86) 광풍(狂風)이 잠깐 불어.
87) 삼하석달[三夏三月]. 여름 석 달.
88) 전에 없던. 이상한.
89) 옥체(玉體) 기운이 나신다. 이 행은 중전마마의 몸에 이상한 기운이 생겼다는 말이니, 곧 태기가 있었다는 뜻임.
90) 수라(水剌). 임금에게 올리는 진지. 여기서는 중전마마가 잡수시는 진지.
91) 어수(御水). 임금에게 올리는 우물의 물. 여기서는 중전마마께 올리는 물.
92) 해감 냄새. '해감'은 물 속에 생기는 썩은 냄새 나는 찌꺼기.
93) 금광초(金光草). 경기도 광주(廣州)에서 나는 누런 빛깔의 담배.
94) '탕'(湯)을 달리 일컫는 말. '국'의 높임말.
95) 생장(生醬)에서 나는 냄새.
96) 사대문(四大門)에 드는 열매. 사대문으로 들어오는 온갖 과실. '여름'은 '열매[實]'의 고어(古語).
97) 원앙금침(鴛鴦衾枕). 원앙을 수놓은 이불과 베개.

동창[99)]에 부는바람 서창에 굽닐기 실우매라.[100)]
시녀상궁이 대왕마마 탑젼에 아뢰오니
텬하궁에 문복가라 하옵시매
텬하궁 다지박사 뎨석궁 모란박사
산호산을 옥반에 던지시니
초산은 만신의 허튼산이 지성이다.
두번재는 상하문이요.
세번재는 대왕마마 졍산이 지나이다.
보시면 아리려니와
명년 상길년[101)]에 길례를 하섯드면[102)]
세자대군이 탄생하야, 세나라 왕을 봉할것을
폐길년에 길례를 하섯슴으로 초공쥬[103)]를 보시리다.
시녀 상궁들이 대왕마마 양마마께
그대로 알외오니
제 무엇을 안다든야
한두달이 지나, 석달에 피를 모으고
잔쎠는 녹는듯, 굵은 쎠는 휘여드는듯
다섯달 반짐이 되오시니
안사실쳥, 밧사실쳥,[104)] 승젼젼관,[105)] 봉지별감[106)]

---

98) 잣나무로 겉을 대고 그 속에 여러 가지 약재를 넣어서 만든 베개. 이 베개를 베면 잠도 잘 오고 건강에도 도움을 받을 수 있다고 함.
99) 동창(東窓). 동쪽으로 난 창문.
100) 이리 꿈틀 저리 꿈틀 움직이시더라. 이 행은 태동(胎動)을 말한 것임.
101) 상길년(上吉年). 가장 좋은 운수의 해.
102) 하셨더라면.
103) 초공주(初公主). 첫 공주. 공주를 첫 아기로 낳음.
104) '안산실청, 밖산실청'의 와음. 안산실청[內産室廳]과 밖산실청[外産室廳].
105) 승전전관(承傳傳官). '승전 선전관'(承傳宣傳官)의 와음. 왕지(王旨)를 전달하는 선전관청의 한 무관직(武官職). 정원 25명 중 넷 또는 여덟 명이 순차로 근시(近侍)하였음.
106) 봉지별감(奉旨別監). 왕지(王旨)를 받들던 별감.

만조백관, 삼쳔궁녀, 내젼에 삼시문안 끈치안코[107]
일곱달 칠삭에 아홉달 구삭이 되옵시니
압흐로 흑사도듬,[108] 뒤흐로 쳥사도듬
사대문에 드는쳔은[109] 내젼으로 다들여라.
각골[110] 죄인 다 사하고,[111] 성균관을 쳘쇄하고[112]
십삭이 차신후에, 산실쳥 배셜하고
선후산[113] 하신 후에
뒤를 돌아 보옵시니, 녀의공쥬[114] 지성이다.
시녀 상궁 삼쳔궁녀
대왕마마께 공쥬 탄생을 알외오니
대왕마마께옵서 젼교하시는 말삼이
칠대즁젼 마마님께 몽사를 알어오라
즁젼마마님 젼교하시는 말삼
한날 한시에 몽사를 보드시니
한억개[115] 달이도다[116] 뵈오니다.
또 한억개 해가도다 뵈오니다.
그아기를 안저지,[117] 업저지,[118] 돌저지, 눈저지

---

107) 끊지 않고.
108) 흑사(黑紗)돋움. 검은 비단으로 만든 돋움. '돋움'은 높아지라고 밑을 괴어서 들리게 하는 물건. 아이를 배어 배가 불러졌다는 말임.
109) 들어오는 천은. 들어오는 베는.
110) 각 고을. 여러 고을.
111) 사(赦)하고. 지은 죄를 용서하고.
112) 철쇄(撤鎖)하고. 자물쇠를 벗기고.
113) 선후산(先後産). 선산(先産)과 후산(後産). '후산'은 아이를 낳은 후 태(胎)를 낳는 일. 따라서 '선후산'은 아이를 낳는 일과 태를 낳는 일을 동시에 말한 것임.
114) 딸인 공주(公主).
115) 한쪽 어깨에.
116) 달이 돋아.
117) 어린아이를 안아주고 보살피는 계집아이.
118) 어린아이를 업어주기 위하여 둔 계집아이.

부마상궁, 졔쥬상궁
압흐로 쳥사도듬, 뒤흐로 흑사도듬
아홉방 깁장[119]속에 고히 길으라 하옵시니
알외옵기 황송하오나
아기 일홈을 짓고 길으셩이다.[120]
홍도공쥬라 하옵시고
별호[121]는 달이장 아씨라 하나이다.
우여 슬푸다, 선후망의 아모망재[122]
초공쥬 탄생하시는 뒤를 좃차
상산[123]의 살문[124] 벗고, 명도[125]에 조상 하고
조비조상[126]의 원근[127] 벗고, 불사[128]의 텬륜지게[129] 벗고
남망재[130]는 복건[131] 벗고, 녀망재[132]는 요모[133] 벗고
왕생쳔도[134] 극락셰계 후셰발원[135]

---

119) 비단 장막. 비단으로 만든 장막.
120) 기르십시다. 기르게 하여 주십시요.
121) 별호(別號). 다른 이름.
122) 아무 망자. 모망자(某亡者). 죽은 아무개.
123) 향산(鄕山). 본향산(本鄕山). 태어나 사는 지역을 관장하는 지역수호신.
124) 육신(肉身)의 길. 몸뚱이를 지니고 살아가는 일.
125) 명도(冥途). 저승 세계.
126) 조비조상(祖妣祖上). 조상인 할아버지와 할머니.
127) 원근(原根). 원래의 뿌리. 원래의 근본.
128) 불사(佛事).
129) 천륜지계(天倫之係). 하늘이 정해준 부모형제의 관계.
130) 남망자(男亡者). 남자 망자. 죽은 남자.
131) 복건(幅巾). 도복에 갖추어서 머리에 쓰는 건(巾). 검은 헝겊으로 위는 둥글고 삐죽하게 만들었으며 뒤에는 넓고 긴 자락을 널어지게 대고 양 옆에 끈이 있어서 뒤로 돌려 매게 되어 있음. 현재는 흔히 사내아이가 명절이나 돌 또는 경사스러운 날에 많이 씀.
132) 여망자(女亡者). 죽은 여자.
133) 미상. 문맥상으로 보면 여자의 머리 장식품의 하나였을 것으로 보이나 더이상은 미상임.
134) 왕생극락(往生薦度). 극락으로 감.
135) 후세발원(後世發願).

남자되여 서방정토[136] 극락세계로
가시는 날이로 성이다.

셰월이 여류하야, 공쥬아기 세살을 잡수시니
칠대즁젼마마 예업든 문안이 쏘다시 나는구나.
원앙금침, 잣벼개
동챵에 부는 바람, 서창에 굽닐기 실우매라.
잔뼈는 녹는듯, 굴근 뼈는 휘여드는듯
수라에서는 생쌀내가 나는구나.
어슈에서는 해감내가 나는구나.
금광초에서는 풋내가 나는구나.
탕수에서는 날쟝내가 나는구나.
오백가지 상나무 열은 열매
사대문에 드는여름 내젼으로 진상해라.
석달에 피를 모으고, 다섯달 반짐 되옵시고
일곱달 칠삭, 아홉달 구삭이 되옵시니
산실쳥, 륙의약방[137] 대령하고
시녀상궁 승젼내시, 삼시문안 끈치마라.
열달 십삭 되옵시니 진쥬안석[138] 물니시고
선후산을 하옵신후, 뒤를 돌아 보옵시니
녀의공쥬 지나이다.
공쥬가 나실적에, 셰자인들 안나실야?
그 아기도 안저지, 업저지, 돌저지, 눈저지
부마상궁, 졔주상궁[139]
압흐로 쳥사도듬, 뒤흐로 흑사도듬

136) 서방정토(西方淨土). 극락세계.
137) 육의약방(六醫藥房). 여섯 사람의 의사와 내의원(內醫院).
138) 진주안석(眞珠案席). 진주로 만든. 앉을 때에 몸을 기대는 방석.
139) 제조상궁(提調尙宮).

아홉방 깁장속에 고히 길으라 하옵시다.
우여 슬푸다, 션후망의 아모망지[140]
이공쥬[141] 탄생하시는 뒤를 좃치면은
칼산[142] 디옥문[143]을 열고
팔만사쳔 졔디옥문[144]을 열어
서방졍토 극락셰계로 쳔도하시는 날이로 성이다.

셰월이 쉼결갓치 흘너가서
이공쥬 셰살을 잡수니
칠대 즁젼마마께서는
예업든 문안이 쏘다시 나는구나.
원앙금침, 잣벼개
동창에 부는 바람, 서창에 굽닐기 실우매라.
잔뼈는 녹는듯, 굵은 뼈는 휘여드는듯
슈라에서는 생쌀내가 나는구나.
어수에서는 해감내가 나는구나.
금광초에서는 풋내가 나는구나.
탕수에서는 날장내가 나는구나.
오백가지 상나무 열은 열매
사대문에 드는 여름, 내젼으로 진상해라.
석달에 피를 모으고, 다섯달 반짐되옵시고
일곱달 칠삭, 아홉달 구삭이 되옵시니
진쥬안석 물니시고
열달 십삭이 되오셔, 선후산을 하옵신후

140) 아무 망자. 모망자(某亡者). 죽은 아무개.
141) 이공주(二公主). 둘째 공주.
142) 도산(刀山). 도산지옥(刀山地獄). 칼이 산을 이루고 있는 지옥이라고 함.
143) 지옥문(地獄門).
144) 제지옥문(諸地獄門). 모든 지옥문.

뒤를 돌아 보옵시니, 녀의공쥬 지나이다.
공쥬가 나실적에, 셰자인들 안나실야
그 아기도 안저지, 업저지, 돌저지, 눈저지
부마상궁, 졔주상궁
압흐로 청사도듬, 뒤흐로 흑사도듬
아홉방 깁장속에 고히 길으라 하옵시다.
우여 슬푸다, 선후망의 아모망재
삼공쥬 탄생하시는 뒤를 좇차
상산의 살문 벗고, 조비 조상의 원근 벗고
불사의 턴륭지게 벗고, 명도에 조상하고
남망재는 복건 벗고, 녀망재는 요모 벗고
왕생쳔도 극락셰게 후셰발원
남자되여 서방졍토 극락셰계로
가시는 날이로 셩이다.

무정셰월이 여류하야
삼공쥬 아기 세살을 잡수시니
칠대 즁젼마마 께서는
예업든 문안이 쏘다시 나는구나.
원앙금침, 잣벼개
동창에 부는 바람, 서창에 굽닐기 실우매라.
잔뼈는 녹는듯, 굵은 뼈는 휘여드는듯
슈라에서는 생쌀내가 나는구나.
어슈에서는 해감내가 나는구나.
금광초에서는 풋내가 나는구나.
탕수에서는 날장내가 나는구나.
오백가지 상나무 열은 열매
사대문에 드는과실 내젼으로 다들여라.
시녀 상궁이 대왕마마 탑젼에 알외오니

텬하궁에 문복가라 하옵시매
례단을 주소서.
은돈 닷돈 금돈 닷돈, 생진주 서되서홉
가사위 치닷분, 생깁수건 석자세치 사송하니
사송을 거슬여 안고
텬하궁 다디박사, 디하궁 소실악씨
명도궁 강림박사, 톄석궁 모란박사
어백미 진주산을 백옥반에 던지시니
첫산은 만신의 헛튼산이 지성이다.
두번째는 상하문이요.
세번째는 쥬상 양젼마마의 졍산이 지나이다.
알외옵기 황송하고, 기망키도 어렵사오나
상길년에 길례를 하실 것을
폐길년에 길례를 하섯슴으로
사공쥬가 탄생 하시리이다.
시녀 상궁이 대왕마마 양마마께 그대로 알외오니
졔 무엇을 안다든야?
한두달이 지나, 석달에 피를 모으고
다섯달 반짐이 되오시니
안사실쳥, 밧사실쳥, 승젼젼관, 봉지별감
만조백관, 삼쳔궁녀, 내젼에 삼시문안 끈치안코
일곱달 칠삭, 아홉달 구삭이 되옵시니
압흐로 청사도듬, 뒤흐로 흑사도듬
사대문에 드는쳔은 내젼으로 다들여라.
십삭이 차신후에, 산실쳥을 배설하고
션후산 하신뒤에, 뒤를 돌아 보옵시니
녀의공쥬 지성이다.
공쥬가 나실적에, 셰자인들 안나실야?
그 아기도 안저지, 업저지, 돌저지, 눈저지

부마상궁, 졔주상궁
아홉방 깁장속에 고히 길으라 하시다.
우여 슬푸다, 선후망의 아모망재
사공쥬 탄생하시는 뒤를 좇치면은
칼산 디옥문을 열고
팔만사천 제디옥문을 열어
서방졍토 극락세계로 쳔도하시는 날이로 성이다.

무졍셰월 약루파라, 셰월이 숨결갓치 흘너가서
사공쥬 세살을 잡수시니
칠대 즁젼마마 쎄서는
예업든 문안이 쏘다시 나는구나.
원앙금침, 잣벼개
동창에 부는 바람, 서창에 굽닐기 실우매라.
잔쎠는 녹는듯, 굵은쎠는 휘여드는듯
수라에서는 생쌀내가 나는구나.
어수에서는 해감내가 나는구나.
금광초에서는 풋내가 나는구나.
탕수에서는 날장내가 나는구나.
오백가지 상나무 열은 열매
사대문에 드는여름, 내젼으로 진상해라.
석달에 피를 모으고, 다섯달 반짐되시고
일곱달 칠삭, 아홉달 구삭이 되옵시니
진쥬안석 물니시고
열달 십삭이 되오셔, 선후산을 하옵신후
뒤를 돌아 보옵시니, 녀의공쥬 지나이다.
공쥬가 나실적에, 셰자인들 안나실야?
그 아기도 안저지, 업저지, 돌저지, 눈저지
부마상궁, 졔주상궁

압흐로 쳥사도듬, 뒤흐로 흑사도듬
아홉방 깁장속에 고히 길으라 하옵시다.
우여 슬푸다, 선후망의 아모망재
오공쥬 탄생하는 뒤를 좃차
상산의 살문을 벗고, 조비 조상의 원근벗고
불사의 텬륭지게 벗고, 명도에 조상하고
남망재는 복건 벗고, 녀망재는 요모 벗고
왕생쳔도 극락셰계 후셰발원, 남자되여
서방졍토 극락셰계로 가시는 날이로 성이다.

세월이 여류하야, 공쥬아기 세살을 잡수시니
칠대 즁젼마마 께서는
예업든 문안이 또다시 나시는구나.
원앙금침, 잣벼개
동창에 부는 바람, 서창에 굽닐기 실우매라.
시녀 상궁이 대왕마마 탑전에 알외이니
텬하궁에 문복가라 하옵시매
례단이나 주성이다.
은돈 닷돈 금돈 닷돈, 생진주 서되서흡
생깁 수건 석자셋치, 가사위 치닷분 사송하시니
사송을 거슬여 안고
텬하궁 다지박사, 디하궁 소실악씨
톄석궁 모란박사, 명도궁 강림박사
어백미 진주산을 백옥반에 던지시니
첫산은 만신의 헛튼산이 지성이다.
두번째는 상하문이요.
세번째는 국왕 양마마님 졍산이 지나이다.
즁젼마마 태긔긔운 분명하시다.
폐길년에 길례를 하섯슴으로

육공주 탄생 하실이다.
시녀 상궁이 탑전에 그대로 알외오니
졔 무엇을 안다든야?
한두달이 지나, 석달에 피를 모으고
다섯달 반짐이 되오시니
안사실청, 밧사실청, 승젼젼관, 봉지별감
만조백관, 삼천궁녀, 내전에 삼시문안 끈치안코
일곱달 칠삭, 아홉달 구삭이 되옵시니
압흐로 청사도듬, 뒤흐로 흑사도듬
사대문에 드는천은 내젼으로 다들여라.
십삭이 차신후에 산실청을 배설하고
선후산 하신후에, 뒤를 돌아 보옵시니
녀의공쥬 지성이다.
공쥬가 나실적에, 셰자인들 안나실야
그 아기도 안저지, 업저지, 돌저지, 눈저지
졔주상궁, 부마상궁
아홉방 깁장속에 고히 길으라 하옵시다.
우여 슬푸다, 선후망의 아모망재
육공주 탄생하시는 뒤를 좃차
상산의 살문 벗고, 조비 조상 원근벗고
볼사의 텬릉지게 벗고, 명도에 조상하고
남망재는 복건 벗고, 녀망재는 요모벗고
왕생쳔도 극락셰계
서방정토 극락셰계로 쳔도하시는 날이로 성이다.
산하 쳔리국[145] 하니, 셰월이 쑴결갓치 흘너가서
여섯공쥬를 봉하시고
칠대중젼 마마께서

145) 산하천리국(山河千里國). 둘레가 천 리 되는 나라.

쏘다시 옥톄긔운이 나시는구나.
원앙금침, 잣벼개
동창에 부는 바람, 서창에 굽닐기 실우매라.
잔쎠는 녹는듯, 굵은쎠는 휘드는듯
수라에서는 생쌀내가 나는구나.
어수에서는 해감내가 나는구나.
금광초에서는 풋내가 나는구나.
탕수에서는 날장내가 나는구나.
오백가지 상나무 열은열매
사대문에 드는여름 내젼으로 진상해라.
연쏫갓치[146] 고흐신 얼골
보기에도 애쳐러웁게 파리하야 지시고[147]
섬섬약골 갓트신 몸이 부지하기[148] 어렵구나.
대왕마마 젼교하시는 말삼이
그대 몽사가 엇쩌하시 더잇가?
올흔 손에는 보랏매[149]를 바더보이고
왼손에는 백매[150]를 바더보이고
물읍[151] 우에는 금거북이 안저보이고
양억개에는[152] 해달이 도다보이고
대명젼 대들보에는
청롱 황룡이 얼크러저 뵈든이다.
이번에는 셰자대군을 보실 몽사이니
상궁 시녀들아

146) 연(蓮)꽃같이.
147) 파리해지시고. 야위어지시고.
148) 지탱하기. 견디기.
149) 보라매. 난 지 일년이 되지 아니하는 새끼를 잡아 길들여서 사냥에 쓰는 매.
150) 흰 매. 흰 색깔이 나는 매.
151) 무릎.
152) 양 어깨에는. 두 어깨에는.

텬하궁에 문복가라, 례단을 주셩이다.
은돈 닷돈 금돈 닷돈, 생진주 서되서홉
가사위 치닷분, 생깁수건 자세치[153] 사송하시니
사송을 거슬여 안고
텬하궁 다디박사, 디하궁 소실악씨
뎨석궁 모란박사, 명도궁 강림박사
어백미 진주산을 백옥반에 던지시니
초산은 만신의 헛튼산이 지성이다.
두번째는 상하문이요.
세번째는 양전마마의 경산이 지나이다.
후일에 보시면 아시려니와
중젼마마 태긔긔운 분명하시나
폐길년에 길례를 하시엿슴으로
칠공쥬를 보시리이다.
이대로 탑전에 알외오니
대왕마마 젼교하시는 말삼이
문복이 영타한들 졔무엇을 안다든야?
몽사가 잇거든, 석달에 피를 모으고
다섯달 반짐되시고, 일곱달 칠삭이 되옵시니
안사실쳥, 밧사실쳥, 륙의약방 대령하고
승젼젼관 봉지별감
승젼내시 삼시문안 끈치마라.
오부에 관교놋코,[154] 팔도에 행회[155]놋코
사대문에 방을붓쳐, 통개옥문[156]을 상재[157]하시고

153) 한 자 세 치[一尺三寸].
154) 관교(官敎) 놓고. 관교를 내리시고. '관교'는 조선시대에 사용하던 관리 임명의 한 방법. 처음에는 삼품 이상, 세조 이후에는 사품 이상을 대간(臺諫)의 서경(署經)을 거치지 않고 왕의 승인만으로 정식 사령(辭令)을 내던 일.
155) 행회(行會). 정부의 명령이나 지시를 관청의 장이 그 부하들에게 알리고, 또한 그 실천 방법을 논의하기 위하여 개최하는 모임.

죄인을 풀어 노와라.
여덜달 팔삭, 아홉달 구삭이 되옵시고
열달 십삭이 되옵시니, 진주안석 물니시고
선후산을 하신후에, 해복을[158] 돌아 보옵시니
칠공쥬 지나이다.
중젼마마 룡루[159]를 흘니시니
대왕마마 젼교하시는 말삼이, 상궁 시녀들아
깁흐나 깁흔 구중궁궐 속에
녀의 울음소리가 왼일이냐?
상궁 시녀들이
알외옵기도 황송하옵고, 긔망키도 어렵삽 나이다.
상궁 시녀들아, 너의들도 단복허다[160]
무슨 면목으로 나를 대하는가?
옥수로서[161] 안[162]을 치시면서
나는 전생에 무삼죄가[163] 그다지 만허서
하날이 일곱딸을 점지 하얏는고?
향로향합 헤치시고
종묘 사직을 뉘게다 젼할이요?
만민 조정을 뉘게다 젼할이요?
만민 백성을 뉘게다 젼할이요?
대왕마마 젼교하시는 말삼이

---

156) 통개옥문(洞開獄門). 죄의 가볍고 무거움을 묻지 아니하고 은사(恩赦)로 모든 죄인을 놓아줌.
157) 상재(上裁). 임금께서 재가(裁可)함.
158) 해복(解腹)을. 해산(解産)을. 여기서는 '아이를 낳은 후에'의 뜻임.
159) 용루(龍淚). 임금의 눈물. 여기서는 '중전마마의 눈물'을 말함. 아니면 '용루(聳淚)'로 보아 '솟구치는 눈물'로 볼 수도 있겠음.
160) 문맥상으로는 '얼굴이 두껍다. 부끄러움이 없다' 정도의 뜻으로 이해됨.
161) 옥수(玉手)로써. 손으로.
162) 안(案). 서안(書案). 책상.
163) 무슨 죄가.

시녀 상궁들아, 삼천 궁녀들아
그 아기를 어서 후원에 갓싸 발여라[164] 하시니
즁정마마 쎄옵서, 젼교하시는 말삼이
국가는 혈육을 몰은다 하오나
엇지 내다 발이리요?
만조백관 시녀 상궁들아
수양녀로라도 데려다 길으라.
국가법은 그럿치 안이 하옵나이다.
할일업고[165] 할일업다.
일헤안[166] 저고리 일헤안 두렝이[167]
생월생시 적어 고름에 매여
뒷동산 후원에 아기를 바리고 돌처서니[168]
산은 쳡쳡하고, 물은 잔잔헌데
광풍이 건듯불며
난데없는 싸막싸치[169]가 날너와서
한날개는 쌀어주고 한날개는 덥허준다.
대왕마마 쎄옵서, 춘일[170]이 온란헌데[171]
무예쳥 대젼별감을 다리시고
후원의 화류구경 하옵실졔
동편을 바라보니 서긔 반공[172]하고

164) 갖다 버려라. 가져다 버려라.
165) 하릴없고. 어찌할 수 없고.
166) 이레 안. 첫 이레 안. 아기를 낳은 지 첫 7일 안의. 여기서는 '아이를 낳자마자 입혔던'의 뜻임.
167) 두렁이. 어린아이의 배와 아랫도리를 둘러주는 치마같이 만든 옷. 겹 또는 솜을 두어서 만듦.
168) 돌아서니. 뒤돌아서니.
169) 까막까치. 까마귀와 까치.
170) 춘일(春日). 봄날.
171) 온난(溫暖)한데. 따뜻한데.
172) 서기반공(瑞氣半空). 상서로운 기운이 하늘에 나타남.

짜막짜치 소란히 짓는지라.
서긔가 반공 하얏스니, 국가에 변사잇슬[173] 증조요[174]
저기 무엇이 잇길내
짜막짜치가 저다지 소란허게 짓는야?
상궁 시녀 알외옵기를
이번에 나신 아기를 내다 바리라 하옵시니
어명을 거역할 수 없사와, 후원에 버렷삽든이
아기 울음 소래가
지금까지도 은은이 들니나이다.
칠대 중젼마마 께옵서
아기을 안어오라 하옵셔, 보옵시니
귀에는 왕개미가 가득하고
입에는 금개미가 가득하고
눈에는 실개미가 가득허다.
칠대 중젼마마께옵서, 연꼿갓튼 옥안에
진주갓튼 룡루를 쌍쌍이 흘니시고
국가는 혈육을 몰은다 하기로니
엇지 이갓치도 무참하게 내여다 벌이엿는고?
대왕마마 께옵서 젼교하시는 말삼이
만조백관들아, 내가 사해 룡왕께
득죄헌대로 진상이나 보내리라.
함쟁이를 불너들여, 옥함을 맵씨잇게 짜들이라.
옥함속에 아기를 너흐실 적에
옥병에다 젓을 짜너어 아기입에 물니우고
생월생시 써서 고름에 매옵시고
칠대 중젼마마께서 말삼하시기를
골육을 엇지 수중에다 너흐시려 하시나잇가?

173) 문맥상으로는 '경사 있을'의 잘못으로 보는 것이 옳겠음.
174) 징조(徵兆)요.

자식업는 신하에게 수양녀로 주시거나
정 벌이려 하옵시거든, 아기 일홈이나 지성이다.
발이다[175] 발이덕이, 더지다[176] 더지덕이
옥함에 금거북 잠을쇠를 어슥비슥[177] 채여놋코
칠공쥬 세글자 금으로 색이고
례대신[178]을 입시[179] 들나하시여
어주 삼배후에, 옥함을 질머지고
궐문박글 내달으니, 갈바를 아지 못할너라.
이때 까막까치 고개쏘아 인도하고
군생초목이 고개를 숙여 인도하야
한쳔리 두쳔리 세쳔리를 감니다.
갈치산 갈ㅅ치고개, 불치산 불치ㅅ고개
어사디 대사디,[180] 아미타불 념불하고
고개를 넘어가니
압헤는 황쳔강, 뒤에는 류사강[181]

---

175) 버리다. 내버리다.
176) 던지다. 내던지다.
177) 이리저리.
178) 예대신(禮大臣). 예(禮)를 관장하는 책임을 맡은 관청의 우두머리 벼슬아치. 조선시대였다면 예조판서 정도가 이에 해당할 것임.
179) 입시(入侍). 신하가 대궐에 들어가 임금을 알현하는 일.
180) 조흥구(助興句)임.
181) 유사강(流沙江). 모래가 흐르는 강. 강물처럼 흘러내리는 모래. 중국의 돈황 서쪽 800리에 있는 큰 사막. 고비사막. 산해경(山海經)에 이르기를 '유사가 종산에서 나와 서쪽으로 가다 다시 남쪽으로 곤륜허로 가서 서남쪽으로 바다에 흘러들며 흑수산이 있다'고 하였고 그 주위에서 '내가 언젠가 무정하(無定河)를 건너 움직이는 모래를 지나갔는데 인마(人馬)가 밟으면 100보 바깥까지 모두 움직여서 넘실거리는 것이 마치 장막 위로 걸어가는 듯하였다. 발을 디딘 곳이 비록 단단하다 할지라도 한번 꺼지기라도 하는 날이면 인마와 수레가 졸지에 빠져 들어가 수백 명이 남김 없이 없어져 버릴 정도였다. 어떤 이는 이곳이 바로 유사(流沙)라고 하고 또 어떤 이는 모래가 바람따라 흐르기 때문에 유사(流沙)라고 하기도 한다'고 하였음(정재서 역주, 『산해경』: 서울 민음사, 1985, 258면).

싸치여울 피바다에 던지이니
처음에는 용소슴[182] 하나이다.
두번째는 대소슴[183] 하나이다.
세번째는 물빗치 피빗되고
뢰성벽력이 진동하고
난데업는 금거북이 나와서, 함장을 질머지고
동해바다로 간곳을 몰을너라.
싸막싸치 날어들어, 한날개는 쌀어주고
한날개는 덥허주고, 밤이면은 안개 자욱하고
낫이면은 운무가 자욱허다.
석가셰존님이 목연존존[184]과 가섭존존[185]을 다리시고
사해를 구경하시고, 인간 졈지하려 오시든이
저기 무엇이 잇길내
싸막싸치가 저다지 지저귀는야?
그리고 서긔반공 하얏스니
사람이 잇서도, 하날 아는 사람이 잇고
김생[186]이 잇서도, 하날 아는 김생이 잇슬 것이요
귀신이 잇서도, 하날 아는 귀신이 잇슬 것이니
네 가서 보고 오너라.
도가 부족하온지, 아모것도 안뵈나이다.
석가셰존님이 황경뎐[187]을 손에 드시고

---

182) 용솟음. 물이 끓어오르거나 샘물이 급히 솟아오름.
183) 앞의 '용소슴'에 운을 맞춘 것임.
184) 목련존자(目連尊者). 목건련(目犍連). 부처님의 제자 가운데 하나. 지옥에 빠진 그의 어머니를 건져낸 효자로 이 이야기가 기록된 경전이 목련경(目連經)임.
185) 가섭존자(迦葉尊者). 가섭. 마하가섭(摩訶迦葉). 부처님의 십대 제자의 한 사람. 부호의 아들로 바라문의 수행을 하였는데 뒤에 부처님께 귀의하여 소욕지족(少欲知足)의 두타행(頭陀行) 제1의 성자로 크게 추앙받았음. '염화시중의 미소'로 널리 알려져 있음.
186) 짐승.
187) 황정경(黃庭經). 도교(道敎) 경전의 하나. 신선들이 백옥경(白玉京)에서 이 경

돌배를 밧비 저어, 태양서촌을 바라보시니
옥함이 노엿는데
남자 갓트면은 데려다가 제자나 삼으려만
녀자이니까 부질업다.
속빈 가얌나무[188] 뒤로 보낸후에
비리공덕 할아비, 비리공덕 할미가
노감택[189]이 숙여쓰고, 자지바랑[190] 질머지고
디옥노래[191] 하고 단이거늘
석가셰존님 갈아사대
그대들이 사람인가 귀신인가?
귀신도 안이옵고, 김생도 안이옵고
이산 직힘[192]으로 비리공덕 할아비
비리공덕 할미로소이다.
석가셰존님 갈아사대
너이가 무엇이 공덕인줄 아는가?
깁흔 물에 다리노와 월천공덕[193]
절을지여 위인공덕, 옷업는 사람 옷주고
밥업는 사람 밥주어 활인공덕[194]
목말은 사람 물주어 급수공덕[195]
젓업는 아기 젓먹여 길으는 공덕이
뎨일이로 소이다.

을 읽는다고 알려져 있음.
188) 개미가 붙은 나무.
189) 노끈으로 만든 감투. 노끈으로 만든 탕건(宕巾).
190) 자주색 발낭(鉢囊). '발낭'은 길 가는 중이 등에 지는 자루 같은 큰 주머니.
191) 지옥노래[地獄歌].
192) 수호신(守護神).
193) 월천공덕(越川功德). 남이 물을 건널 수 있게 도와주는 공덕.
194) 활인공덕(活人功德). 죽을 사람을 살려주는 공덕.
195) 급수공덕(給水功德). 목마른 사람에게 물을 주는 공덕.

그러면 이야기를 다려다 길으면은 엇쩌허냐?
할미, 할아비 하는 말이
봄과 여름과 가을은 들에서 머물으고
동졀이면 골속[196]에서 머뭅니다.
그러면 이야기를 뎨려다 길으면은
먹을것도 생길이라, 입을것도 생길이라.
초가일간도 졔절로로[197] 생길이라.
문득 석가셰존님 간곳을 몰을너라.
부처님 도술이 분명허다.
푸른 버들 누른 꾀꼬리, 양류간[198]에 날어드는 곳으로
아기울음 소래가 들니는구나.
소래나는 곳을 차저가 보니, 옥함이 노여잇다.
자제보니[199] 금거북 잠을쇠를 어슥비슥 채엿구나.
부모에게는 애중경과, 나라에는 츙신경과
처자 권속에게는 사랑경과
텬지 팔안경[200]을 설설이 외오시니
옥함이 제쇠업시[201] 열니는구나.
함속을 들여다보니, 눈에는 불개미가 가득하고
허리에는 지령이 배암이 감기엿구나.
쟝류슈[202] 흘으는 물에 거스려[203] 씻기고
가사쟝삼 버스시고, 재벌[204] 씻기고

196) 굴 속. 동굴 속.
197) 저절로. 자연히.
198) 양류간(楊柳間). 버드나무 사이.
199) 자세히 보니.
200) 천지팔양경(天地八陽經). 불설천지팔양경(佛說天地八陽經). 독경무(讀經巫)들이 자주 구송하는 경전 가운데 하나임.
201) 열쇠도 없이.
202) 장류수(長流水). 늘 흘러내리는 물. 천리수(千里水).
203) 거슬러. 아래에서 위로. 아랫도리부터 위쪽으로.
204) 두 번째. 다시.

비눌장삼[205] 버스시고
아기를 안고 돌처스니[206]
예업든 일간초옥이 절묘하게 노엿구나.
아기를 다리시고, 팔구셰가 되오시니
아기 배호지 안은[207] 글이 상통텬문[208] 하달디리[209]
육도삼약[210]을 무불능통[211]이라.
아기하는 말삼이 할미 할아비야
날김생[212] 길버러지[213]도 어미아비 다 잇거든
나의 어마마마 어대 게옵시냐?
아바마마 어대 게옵시냐?
아기 어마아바 차저달나 하옵시니
할아비는 아바요, 할미는 어마로 성이다.
할미 할아비 거짓말 마소, 저렇케 늙은 사람이
엇쩌케 날갓튼 자손을 나앗슬야?
할미 할아비가 무주고혼[214]이라
아기에게 의탁할여 하얏든이
어마아바 차저달나 하옵시니
하날은 아바로 성이시고, 짱은 어마로 성이다.
텬디간 만물을 하날짱이 내셧지만은

---

205) 비늘 장삼. 비늘무늬로 된 장삼.
206) 돌아서니.
207) 배우지 않은. 누구에게도 배우지 않은.
208) 상통천문(上通天文). 위로 천문에 통달함. 천문에 관한 일을 잘 앎.
209) 하달지리(下達地理). 아래로 땅의 이치에 통달함.
210) 육도삼략(六韜三略). 태공망(太公望)의 찬(撰)이라고 알려져 있는 육도(六韜)와 황석공(黃石公)의 찬(撰)이라고 알려져 있는 삼략(三略)을 합한 책. 중국 병법(兵法)의 고전(古典)으로 알려져 있음.
211) 무불능통(無不能通). 능통하지 않은 것이 없음.
212) 날아다니는 새.
213) 기어다니는 벌레.
214) 무주고혼(無主孤魂). 제사를 지내거나 하여 위로하여 줄 자손이 없는 외로운 혼령.

인간골육을 엇지 낫겟슴나?
할미 할아비야, 바른대로 일너주소.
전라도 왕대밧은 아바승하 하옵시면
양슷잘나 집흐시고, 삼년애곡[215] 하옵나니
젼라도 왕대남기[216] 아바로 셩이시며
뒷동산 모구나무[217]는 어마로 셩이다.
젼라도 왕대밧은 멀고 멀어
삼시문안 못들켓다.
뒷동산 모구나무에, 삼시문안 극진하시드라.

셰월이 여류하야, 아기가 십오셰 되오시다.
일일은 아기 셰수대야 가운데
해달이 쩔어져 보이는이다.
이렁셩굴어[218] 셰월이 여류하야
국왕젼마마 병환이 위즁하시니
대왕마마 젼교하시는 말삼이
텬하궁에 문복이나 갓짜 올여무나?[219]
례단을 주셩이다, 은돈 닷돈 금돈 닷돈
가시위 치닷분, 생진주 서되서홉
생깁수건 석자세치 사송 하옵시니
사송을 거슬여 안고
텬하궁 다지박사, 뎨석궁 모란박사
어백미 진주산을 백옥반에 던지시니
쳣산은 만신의 헛튼산이 지셩이다.

215) 삼년애곡(三年哀哭). 삼 년 동안 슬피 곡함.
216) 왕대나무가.
217) 머귀나무. 오동(梧桐)나무.
218) 이렇게 하여.
219) 갔다 오려무나. 다녀오려무나.

두번째는 상하문이 지성이다.
세번째는 경산이 지성이다.
후일에 보시면 아실여니와
서해는 해가 지는 격이요.
동해는 달이 돗는 격이니
국왕 양마마 한날 한시에 승하하실 인이다.
칠공쥬 사쳐[220]를 차지옵소서.
국왕 양젼마마께 그대로 알외오니
평디에나 발엿스면
신하들이라도 차지련만
어느 뉘가 차질손야?
양젼마마가 한날 한시에 몽사를 어드시니
대명젼 들보에서, 여섯 쳥의동자가 날여와서
일시에 읍하거늘, 네가 사람이냐 귀신이냐?
나는 새도 들어오지 못하는 곳인데
엇지하야 들어왓는야?
인간 사람도 아니옵고 귀신도 안이옵고
하날의 쳥의동자로서, 옥황상뎨의 명령으로
국왕젼하의 명패를
풍돗섬[221]에 가두러 왓나이다.
그는 엇지하야 그러하냐?
신하 중에 원책이 잇다든야?
만민 중에 원민이 잇다든야?
원책 원민이 안이오라
하날이 아는 아기를 내다 발이신 죄로
한날 한시에 문안이 드시면은
한날 한시에 승하 하실이다.

---

220) 사처(私處). 사사로이 거처하는 곳.
221) 풍도 지옥.

그러면 내엇지 회춘 할이요?
발인 아기를 차저들여
삼신산 불사약 무상신[222] 약려수[223]
동해룡왕 비례주[224] 봉래산 가얌초[225]
안아산[226] 수루취[227]를 구해다 잡수시면 회춘 하실이다.
깜짝 놀라깨니 남가 일몽[228]이라.
밝기를 기다려 만조를 모으시고
열어[229] 신하중에, 발인 아기를 차저 들이는재[230] 잇스면
천금상에 만호후를 봉할쁜 아니라
날아를[231] 반분할이라.
열어[232] 신하 묵묵 부답이라.
약수 만이라도 구해오는재 잇스면은
만호후를 봉할이라.
동해룡궁도 텬궁이옵고
서해룡궁도 텬궁이오니
죽사와도 못가겟나이다.
평디에나 발엿스면, 찻는 신하 잇슬연만
물가운데 바린 아기를 엇지 찻사오릿가?
그중에 례대신이, 소신이 대대손손
다려의[233] 국록지신[234]이 되여

---

222) 무상신(無上神).
223) 약령수(藥靈水). 영험한 약수.
224) 미상. 용궁에 있는 보배구슬. 또는 신이한 약효가 있는 술인 듯.
225) 미상. 신선들이 먹는 신이한 약초인 듯.
226) 미상.
227) 수리치. 구설초(狗舌草).
228) 남가일몽(南柯一夢).
229) 여러. 다수(多數)의.
230) 찾아 들이는 자(者)가.
231) 나라[國]를.
232) 여러. 모든.

엇지 그대로 안저 잇사오릿가?
소신이 가다가 죽사와도, 차저다 밧치오리다.
그러면 무엇을 가지고 갈여는야?
국왕 양마마님 봉서와 여섯공주 봉서와
아기유물을 가지고, 궁녀 쌍쌍이 옹위하고
오영문[235]이 뒤풀녀서,[236] 궐문을 썩 나스니
갈바를 몰을너라.
까막까치 서촌으로 고개를 조와[237] 인도하고
군생초목[238]이 고개를 숙여 인도허다.
산하 쳔리국하니, 산은 쳡쳡하고
두견졉동이 슬피울고
황금갓튼 꾀꼬리는 양류간에 날아들고
압흐로 황쳔강, 뒤흐로 류사강
갈치산 갈치고개, 불치산 불치고개
아미타불 념불하고, 어사디대[239] 상암을 들어스니
비리공덕 할미 할아비 하는 말이
그대가 사람인가 귀신인가?
날김생 길버러지도 못들어 오는 곳을
엇지하야 들어왓는가?
나는 나라의 봉명[240]을 바더서, 아기를 차저 왓나이다.
아기 하시는 말삼이, 국가자손 갓트면은

---

233) 나라의. 원본의 식자(植字) 과정에서 '나려의'가 '다려의'로 잘못 식자된 것임.
234) 국록지신(國祿之臣). 나라의 녹을 받는 신하.
235) 오영문(五營門). 오영(五營). 오군영(五軍營). 조선 시대 서울에 있던 다섯 곳의 친군영(親軍營). 곧 전(前)·후(後)·좌(左)·우(右)·별영(別營)의 총칭.
236) 뒤에 풀려서. 뒤에 늘어서서.
237) 조아려.
238) 초목군생(草木群生).
239) 조흥구(助興句)임.
240) 봉명(奉命). 명을 받듦. 명령을 받듦.

여북[241] 죄가 만허서 초산[242]에 던젓슬이[243]
아기 일혜안 조고리 가저 왓나이다.
일혜안 조고리를 내 알든야?
생월생시 적은것을 가지고 왓나이다.
생월생시를 내 알든야?
국왕마마의 봉서와 여섯공쥬의 봉서를
가지고 왓나이다.
봉서를 내 알든야, 표를 가저오라.
양전마마 엄지찍어 금장반에 담고
아기 무명지 찍어 합하니, 구름갓치 피여 올은다.[244]
그제야 비로소 가겟노라 하니, 례대신이 하는 말이
거동 시위로 대령 하오릿가?
구수덩[245] 싸덩[246]을 대령 하오릿가?
초산에 던지엿든 이내 몸이
구수덩 싸덩이 왼일이냐? 필마단기[247]로 가겟노라.
례대신을 쌀어, 궐문 박게 대령하시니
국왕 양마마 젼교하시는 말삼이야
칠공쥬 어서 입시들나 하옵시고
손목을 검처잡고,[248] 룡루를 흘리시니
너를 미워서 발엿는야, 역정김에 발엿구나.
홧김에 발엿구나, 추어서 엇지 살엇스며

241) '오죽, 응당, 얼마나' 등의 뜻으로 언짢은 경우에 사용하는 말.
242) 초산(草山). 풀이 우거진 산.
243) 던졌으리. 던졌으랴.
244) 합하여졌다는 말임. 손가락에 피를 내어서 그것을 합하여 합쳐지는 것을 보고 친자(親子)임을 확인하는 과정은 「제석본풀이」에서도 나타나는 모티프임.
245) 구슬덩. 오색(五色) 주렴(珠簾)으로 꾸민 덩. '덩'은 공주나 옹주가 타던 승교(乘轎).
246) 아마도 '사(紗)덩'이었을 듯함.
247) 필마단기(匹馬單騎).
248) 거머쥐고.

더워서 엇지 살엇스며, 배곱하 엇지 살엇스며
부모 그리워 엇지 살엇는야?
비리공덕, 할미와 할아비 공덕으로 살엇나이다.

산하 천리국하니, 무정세월이 약류파라.
대왕마마 문안[249]이 위중 하옵시니
만조백관 시녀 백셩들아
무상신 약려수를 어더다가, 국가보존 하올손야?
이승약이 안이온대, 엇지 어들수 잇사오릿가?
초공쥬 불너내여, 부모소양[250] 갈여는야?
삼천궁녀 못가는 것을, 소녀 엇지 가오릿가?
둘재 공쥬 불나내여, 부모소양 갈여는야?
형님이 못가는 것을, 소녀 엇지 가오릿가?
셋재 공쥬를 불너내여, 부모소양 갈여는야?
두 형님 못가는 것을, 소녀 엇지 가오릿가?
사공쥬 불너내여, 부모소양 갈여는야?
세 형님 못가는 것을, 소녀 엇지 가오릿가?
오공쥬 불너내여, 부모소양 갈여는야?
네 형님 못가는 것을 소녀 엇지 가오릿가?
육공쥬 불너내여, 부모소양 갈여는야?
다섯 형님 못가는 것을, 소녀 엇지 가오릿가?
칠공쥬 불너내여, 부모소양 갈여는야?
국가에 은혜와 신세는 안젓지만은
어마마마 배안에 열달 들어잇든 공으로
소녀 가오리다.
거동 시위로 하야줄야, 구수덩 싸덩을 줄야
필마단기로 가겟나이다.

---

249) '병환(病患)'의 잘못임.
250) 부모효양(父母孝養). 부모를 효도로 봉양함.

사승포[251] 고의적삼,[252] 오승포[253] 둘우막이[254] 짓고
쌍상도[255] 짜고, 세패랭이[256] 닷죽,[257] 무쇠쥬랑[258] 집흐시고
은지게에 금줄걸어 메이시고
양젼마마 수결바더,[259] 바지끈에 매이시고
여섯 형님이여, 삼쳔궁녀들아
대왕 양마마님께서 한날한시에 승하 하실지라도
나 돌아올때까지 기달여서, 인산거둥[260] 내지말아.
양젼 마마께 하직하고, 여섯 형님께 하직하고
궐문박글 내달으니, 갈바를 아지 못할너라.

우여! 슬푸다, 선후망의 아모망재
칠공쥬 뒤를 쏘치면은
서방경토 극락셰계 후셰발원
남자되여 연화대[261]로 가시는 날이로 성이다.
아기가 쥬랑[262]을
하번[263] 휘둘너 집흐시니, 한쳔리를 가나이다.

---

251) 사승포(四升布). 넉 새 굵기의 베. '새'는 피륙의 날을 세는 단위. 날 80올이 한 새임.
252) 고의와 적삼. 바지와 저고리.
253) 오승포(五升布). 다섯 새 굵기의 베.
254) 두루마기.
255) 쌍상투. 옛날 관례(冠禮) 때에 머리를 갈라 두 개로 틀어올렸던 상투.
256) 세(細)패랭이. 가는 대로 만든 패랭이. '패랭이'는 댓개비로 엮어 만든 갓의 한 가지. 천인(賤人)이나 상인(喪人)이 썼음. 평양립(平涼笠). 평양자(平涼子).
257) 다섯 죽. '죽'은 옷이나 그릇 등을 헤아리는 단위. 한 죽은 열 벌임.
258) 무쇠 주령. 무쇠 지팡이.
259) 수결(手決) 받아. '수결'은 옛날 도장 대신으로 자신의 직함 아래에 자필로 쓰는 일정한 자형(字形). 오늘날의 사인(sign)에 해당함.
260) 인산 거동(因山擧動). '인산'(因山)은 옛날 태상황(太上皇) 및 그 비(妃), 임금 및 그 비(妃), 황태자(皇太子) 부부, 황태손(皇太孫) 부부의 장례를 일컫던 말. 국장(國葬).
261) 연화대(蓮花臺). 극락 세계에 있다고 하는 대(臺).
262) 주령. 지팡이.

두번을 휘둘너 집흐시니, 두쳔리를 가나이다.
세번을 휘둘너 집흐시니, 세쳔리를 가나이다.
이때가 어느때냐, 춘삼월 호시졀이라.
리화도화[264] 만발하고, 향화방초 흔날니고
놀은 쐬꼬리는 양류간에 날어들고
앵무 공작 깃다듬는다, 뻑국새는 벗불으며[265]
서산에 해는지고, 월출동령[266] 달이솟네.
안저서 멀니 바라보니, 어령성[267] 금바위[268]에
반송이 덥혓는데. 석가 세존님이 디장 보살[269]님과
아미타불님과 설법을 하시는구나.
아기가 갓가히 가서
삼배나 삼배 삼삼구배[270]를 들이니
네가 사람이냐 귀신이냐? 날김생 길버러지도
못들어 오는 곳이어든, 엇지하야 들어왓는냐?
아기 하는 말이
국왕의 세자이옵든이, 부모소양 나왓다가
길을 일헛사오니, 부처님 은덕으로
길을 인도 하옵소서.
석가 세존님 하시는 말삼이
국왕에 칠공쥬 잇다는 말은 들엇서도
세자대군 잇다는 말은 금시초문[271]이다.

---

263) 한 번. 한 차례.
264) 이화도화(李花桃花). 오얏꽃과 복숭아꽃.
265) 벗을 부르며. 친구를 부르며.
266) 월출동령(月出東嶺). 동쪽 산에 달이 떠오름.
267) 어둑어둑해지는.
268) 금(金)바위. 황금색 바위.
269) 지장보살(地藏菩薩). 석가불의 부탁을 받고, 그 입멸(入滅) 후 미륵불이 세상에 나올 때까지 부처 없는 세계에 머물면서 육도(六道)의 중생을 화도(化導)한다는 부처.
270) 삼삼구배(三三九拜). 세 번씩 세 번, 곧 아홉 번을 절함.

너를 태양 서촌에 바렷슬때에
너의 잔명을 구해주엇거든
그도 그려할여니와
평디 삼쳔리는 왓지만은
험로 삼쳔리는 엇지 갈여는야?
가다가 죽사와도 가겟나이다.
라화[272]를 줄것이니, 이것을 가지고 가다가
큰 바다가 잇슬테니, 이것을 흔들면은
대해가 륙디가 되나니라.
가시성[273] 철성[274]이 하날에 다은 듯하니
붓쳐님 말삼을 생각하고, 라화를 흔드니
팔업는 귀신, 다리업는 귀신
눈업는 귀신, 억만 귀졸이 앙마구리[275] 쓸틋 하는구나.[276]
칼산디옥 불산 디옥문과
팔만사쳔 졔디옥문을 열어
십왕갈이[277] 십왕으로
디옥갈이 디옥으로 보내일쎄
우여! 슬푸다, 선후망의 아모망재
썩은귀 썩은입에 자세히 들엇다가
졔보살님께 외오시면
발이공쥬 뒤를짤어
서방졍토 극락세계로 가시는 날이로 성이다.

---

271) 금시초문(今始初聞). 이제야 비로소 처음으로 들음.
272) 나화(羅花). 비단으로 만든 조화(造花).
273) 가시성(城). 탱자나무나 장미 등의 가시나무로 한 울타리.
274) 철성(鐵城). 쇠로 된 성.
275) 악머구리. 참개구리. 참개구리는 잘 우는 개구리라는 뜻으로 일컫는 말.
276) 속담(俗談). '악머구리 끓듯 한다'는 알아들을 수 없이 소란하게 떠듦을 비유하는 속담임.
277) 시왕(十王) 앞으로 갈 사람. '시왕'(十王)은 명부(冥府)에 있는 열 사람의 왕.

아기가 한곳을 바라보니
동에는 청류리 장문이 서잇고
서에는 백류리 장문이 서잇고
남에는 홍류리 장문이 서잇고
북에는 흑류리 장문이 서잇고
한가운대는 정렬문[278]이 서잇는데
무장신선이 서게시다.
키는 하날에 다은듯 하고
얼골은 쟁반만 허고, 눈은 등잔만 허고
코는 쥴병[279] 매달인 것 갓고
손은 소댕[280]만 허고, 발은 석자세치라
하도 무서웁고 씀찍하야, 물너나 삼배를 들이니
무상신선 하는 말이
그대가 사람이뇨 귀신이뇨?
날김상 길버러지도 못들어 오는 곳에
엇쩌케 들어 왓스며, 어대서 왓는요?
나는 국왕마마의 셰자로서, 부모봉양 왓나이다.
부모봉양 왓스면은, 물갑[281] 가지고 왓소?
나무갑 가지고 왓소? 총망길에[282] 이졋나이다.[283]
물 삼년 길어 주소. 불 삼년 째여주소.
나무 삼년 비어주소.
석삼년 아홉해를 살고나니, 무상신선 하는 말이
그대가 압흐로 보면, 녀자의 몸이 되여 보이고
뒤로 보면 국왕의 몸이 되여 보이니

278) 정렬문(貞烈門). 여자의 행실이나 지조가 곧음을 표창하기 위하여 세운 문.
279) 절병(切餠). 절편. 둥글게 또는 모나게 꽃판으로 눌러 만든 흰 떡.
280) 솥뚜껑. 가운데가 불룩하게 솟고 거기 손잡이가 붙어 있음.
281) 물값. 물을 뜬 대가로 지급한 돈.
282) 바삐 오는 길에.
283) 잊었나이다. 잊었습니다.

그대하고 나하고 백년가약을 매저
일곱아들 산젼 바더주고[284] 가면 엇쩌하뇨?
그도 부모봉양 할수 잇다면은 그리 하셩이다.
텬디로 쟝막삼고, 등칙[285]으로 벼개삼고
잔듸로 요를삼고, 떼구름으로 차일삼고
샛별로 등촉을 삼어, 초경에 허락하고
이경에 머무시고, 삼경에 사경 오경에 근연맷고
일곱 아들 산젼바더준 연후에, 아기하는 말삼이
아모리 부부정도 중하거니와
부모소양 느저감네.[286]
초경에 꿈을 쑤니, 은바리[287]가 깨여저 보입듸다.
이경에 꿈을 쑤니, 은수저가 불어저 보입듸다.
양젼마마 한날한시에 승하 하옵신게 분명하오.
부모봉양 느저가오.
그대 깃든물 약려수이니
금장군[288]에 지고가오.
그대 비든 나무는 살살이[289] 쎠살이니 가지고 가오.
압바다 물구경 하고가오, 물구경도 경이업소.[290]
뒷동산의 쏫구경 하고가오, 쏫구경도 경이업소.

---

284) 아들 일곱을 낳아.

285) 등(藤)칡. 쥐방울과에 속하는 낙엽, 활엽, 만목(蔓木). 잎은 둥근 심장형이고 잎 밑이 깊게 들어갔고 톱니가 없음. 지방에 따라서는 등나무를 등칡이라고도 함.

286) 늦어갑니다. 지체됩니다.

287) 은(銀)으로 만든 바리. '바리'는 놋쇠로 만든 여자의 밥그릇으로 오목 주발과 같으나 입이 조금 좁고 중배가 나왔으며 뚜껑에 꼭지가 있음.

288) 금(金)으로 만든 장군. '장군'은 물, 술, 간장 등을 담아서 옮길 때에 사용하는 오지 또는 나무로 만든 그릇. 중두리를 뉘어 놓은 것 같은데 배대기에 작은 아가리가 있으며, 한쪽 마구리는 평평하고 다른 쪽 마구리는 반구형(半球形)임. 시골에서 오줌이나 똥 등의 거름을 져 나를 때에 주로 사용하였음.

289) 살[肉]을 살아나게 하는 물건. 무가에서 보면 주로 꽃으로 나타남.

290) 경황이 없소. 겨를이 없소.

전에는 혼자 홀아비로 살어 왓거니와
이졔는 여덜 홀아비가 되여, 엇지 살나오?
일곱아기 다리고 가오.
그도 부모소양이면, 그리 하여이다.
큰아기는 걸니시고, 어린아기는 업으시고
무상신선 하시는 말삼이
그대 뒤를 쏘치면은 엇쩌하오?
녀필종부라 하얏스니
그도 부모소양이면, 그리 하여이다.
한몸이 와서 아홉몸이 돌아가오.
압흐로는 황쳔강, 뒤흐로는 류사강
싸치여울 피바다에 주줄이 써오는 배는 무슨배뇨?
그배는 젼생에 잇슬적에
부모에게 효자되고, 나라에 츙신되고
동생[291]에 우애잇고, 일가에 화목하고
우여! 슬푸다, 선후망의 아모망재
초단[292]에서 선행자[293] 밧고, 이단에서 진부졍[294] 밧고
삼단에서 사재삼성[295] 바다
쇠설문, 대설문, 연쥬당, 쌍갯새람[296] 밧고
은젼 금젼 밧고, 서방졍토 극락셰계로
염불하고 가는 배로성이다.
한곳에 다달으니, 피바다에 밋업는[297] 배

---

291) 동기(同氣). 친형제.
292) 초단(初段). 첫 단계. 첫머리.
293) 선행자(先行資). 제일 먼저 주는 노자(路資). 여기서는 사람이 죽어 저승으로 갈 때에 인정 쓰라고 주는 돈.
294) 진부정가심. 초상난 집에서 무당을 불러 그 부정을 가시기 위하여 하는 굿.
295) 사자삼성. 저승 차사를 배불리 대접하는 일.
296) 칠칠재(七七齋). 사십구재(四十九齋). 지노귀새남. 죽은 지 49일 만에 죽은 사람의 영혼을 천도(薦度)하기 위하여 하는 굿.
297) 밑 없는. 밑이 없는. '밑'은 배 밑으로 주로 소나무로 만드는데 이 위에 삼을

칠팔월 악마우리 울듯 울고가는
저기 저배는 무슨 배뇨?
그배는 젼생에 잇슬적에, 부모에게 불효하고
나라에는 역적이요, 동생에는 우애업고
적은되로 쒸이고,[298] 큰되로 밧고
날쌀애기[299] 동양주고, 모해[300]잡은 죄로해서
억만사쳔 졔디옥으로 울고가는 배요.
임자업는 배는 무슨 배이뇨?
그배는 젼생에 잇슬적에
무자귀신[301]이 해상으로 가는 배로 셩이다.

초산의 목동들아, 장안뜰 널은덜에[302]
왼사람이 저리 만흐냐?
우리도 인졍[303]을 바더야 말하겟소.
인졍이 무엇이냐?
아기 업엇든 명도수건 일곱자 일곱치 인졍주니
아해가 그졔야 입을 열어 말하기를
배안에 든 아해는 몰으려니와
배밧게 나온 아해는 양젼마마 한날한시에
승하하서서 인산거동 난줄 아는데
그대는 사람이뇨 귀신이뇨?
칠공쥬는 약수 삼쳔리, 약을 어드러 가든이

세워 배의 기본 형태를 갖추게 됨.
298) 꾸어 주고. 빌려 주고.
299) 싸라기. 쌀의 부스러기.
300) 모해(謀害). 모략을 써서 남을 해롭게 함.
301) 무자귀신(無子鬼神). 자식 없는 귀신.
302) 너른 들에. 넓은 들판에.
303) 인정. 저승으로 가는 망자(亡者)의 영혼에게 저승 문지기가 요구한다는 통행세. 무속에서는 이렇게 재물을 주는 것을 '인정 건다'라고 말함.

죽엇는지 살엇는지 소식이 돈절허다.[304)]
칠공쥬 깜짝놀나, 일곱아기는 덤불밋헤 숨기시고
무상신선은 수풀속에 숨기시고
명뎡[305)]삼선[306)] 바라보니, 임금왕자 분명허다.
곤표[307)]만쟝[308)] 바라보니, 신하신자 분명허다.
머리를 풀어 발상[309)]하고
시녀 상궁들아, 쟝안으로 시위해라.
만민 조졍들아, 쟝박[310)]으로 시위해라.
소여[311)] 대여[312)] 나우쳐라.[313)]
청개[314)]를 소수굴너[315)] 사개[316)]를 물니치고
것매[317)] 일곱고[318)]를 풀어 헷치시고
숨살이는 숨에넛코, 뼈살이는 뼈에넛코
살살이는 살에넛코, 일영쥬[319)]는 눈에넛코

---

304) 돈절(頓絶)하다. 갑자기 뚝 끊어졌다.
305) 명정(銘旌). 붉은 비단에 흰 글씨로 죽은 사람의 본관, 관직, 성명을 여덟 글자로 쓴 깃발. 매장할 때에 관 위에 덮게 되어 있음.
306) 삽선(翣扇). 운불삽(雲黻翣). 운삽(雲翣)과 불삽(黻翣). 운아삽(雲亞翣). 상여가 나갈 때에 앞장서는 깃발. 그 깃발에 '운'(雲)자와 '아'(亞)자가 각각 씌어 있음.
307) 곤포(袞袍). 곤복(袞服). 임금이 입는 관복.
308) 만장(輓章). 죽은 사람을 슬퍼하여 지은 글. 장사 지낼 때에 비단이나 종이에 적어서 기를 만들어 상여 뒤에 따르게 함.
309) 발상(發喪). 상제가 머리를 풀고 울어서 상이 난 것을 알리는 일.
310) 장 밖. 장막의 바깥.
311) 소여(小輿). 국상 때에 좁거나 험한 길에서 쓰기 위한 작은 상여.
312) 대여(大輿). 나라에서 쓰던 큰 상여.
313) 내쳐라. 치워라.
314) 천개(天蓋). 관(棺)의 뚜껑.
315) 위로 굴려. 위로 들어서 굴려.
316) 상자 같은 것의 네 귀퉁이를 요철형(凹凸形)으로 만들어 끼워 맞추게 된 부분. 여기서는 관(棺)의 네 귀퉁이 부분을 말한 것임.
317) 겉에 맨 매듭. 시체를 겉에서 묶은 매듭. 일반적으로 일곱 매로 묶게 되어 있음.
318) 일곱 개의 고. '고'는 옷고름이나 노끈 등을 잡아 맬 때에 풀리지 않게 한 가닥을 조금 빼어 둥글게 맨 것.

약려수는 입에흘녀 너흐시고
한날 한시에 회춘 하옵시니
잠도 깁히 들엇구나, 압바다 물구경 나왓든야?
뒷동산 쏫구경 나왓든야?
물구경도 안이옵고, 쏫구경도 안이옵고
한날 한시에 승하하서서, 인산거동 낫나이다.
칠공쥬가 약수[320] 삼쳔리에 가서, 회춘약 구해다가
한날 한시에 회춘하야 게옵시나이다.
인산령[321]을 것고, 거동령을 놋는이다.
어젼마마 통명젼에 환궁하시고
칠대 즁젼마마는 내젼으로 환궁하시고
만조백관과 삼쳔궁녀와, 산호만세를 불은후에
만백성도 일시에 만세를 불으니라.
만조백관은 문안이 잇서도
아가씨는 엇재[322] 문안이 업는야?
아가씨 죄를짓고 왓나이다, 무장선관과 양위[323]되여
일곱아들 산젼바다 왓나이다.
네죄가 아니라 내죄로다, 너를 국을 반을 줄야?[324]
사대문에 드는 쳔을 줄야?
국도 진여야[325] 국이옵고
쳔도 진여야 쳔이로 소이다.
소녀 부모슬하에, 호의호식 못하얏 사오니

---

319) 일영주(日映珠). 문맥상으로 보면 죽은 사람의 눈을 뜨게 하는 둥근 구슬임.
320) 약수(弱水). 신선이 살았다는 중국 서쪽의 전설적인 강. 길이가 삼천리(三千里)나 되며 부력이 매우 약하여 큰 기러기[鴻毛]의 깃털도 가라앉았다고 전함.
321) 인산령(因山令). 국상(國喪)의 명령.
322) 어째. 어찌.
323) 양위(兩位). 양위분. 부부인 두 분. 여기서는 '부부의 인연을 맺어'의 뜻임.
324) 너에게 나라의 반(半)을 주랴.
325) 지녀야. 소유하고 있어야. 가지고 있어야.

만신의 인위왕[326]이 되겟나이다.
치여다 백재일은 산이 쳔도하고
네려다 유재일은 죽은이 쳔도하고
치여다 원증입증[327] 수조고리[328]
입단치마,[329] 수당혜,[330] 은아,[331] 몽두리[332]
쥘쇠방울,[333] 너부나 홍띄[334]
쉰대 한림,[335] 만신의 몸쥬[336] 되다.
무쟝선관 부마대감 입시들나 하옵시니
남대문에 사모[337]가 걸니여 못들어 오나이다.
디함[338]을 파고 들나 하옵시다.
북문에 허리가 걸니여 못들어 오나이다.
엽흘[339] 헐고 들어오라 하옵시다.
통명젼 넓은뜰에 세워놋코 보오시니
키도 대단이 크다.
승젼젼관들아, 아가씨와 부마대감 키를

---

326) 만신(萬神)의 인위왕(人爲王). 무조신(巫祖神).
327) 미상. 문맥상으로 보면 머리나 상의의 치장에 해당하는 단어였을 것으로 판단됨.
328) 수(繡)놓은 저고리.
329) 아마도 '일곱 폭 치마'였을 것임.
330) 수당혜(繡唐鞋). 수를 놓은 당혜(唐鞋). '당혜'(唐鞋)는 울이 썩 깊고 작은 가죽신의 한 가지. 앞뒤에 당초문(唐草紋)을 새긴 마른 신인데 남녀가 같이 신음.
331) 아마도 '은입사'(銀入絲)의 와음이었을 것임. '은입사'는 '은줄을 새겨 넣어 장식한(주석 그릇)'의 뜻임.
332) 무당들이 굿을 할 때 겉에 입는 둥근 치마처럼 생긴 옷.
333) 무당들이 굿을 할 때 손에 드는 방울을 말한 것임.
334) 넓은 붉은 띠.
335) 살이 쉰 개인 부채. 부채는 무당들이 굿을 할 때 흔히 사용하는 무구(巫具)의 하나임.
336) 몸주신.
337) 사모(紗帽). 관복을 입을 때에 사용하던 얇은 비단으로 된 벼슬아치의 모자. 지금은 구식 혼례 때에 신랑이 이것을 씀. 오사모(烏紗帽).
338) 지함(地陷). 땅을 움푹하게 파는 일 혹은 그렇게 파서 생긴 굴.
339) 옆을.

목척[340]으로 재여 보아라.
부마대감 키는
삼십삼텬 설흔석자로 소이다.
아가씨 키는 이십팔수 스물여덜자로 소이다.
그러면 너이는 텬뎡배필[341]이다.
무쟝선관 킬낭은 삼십삼텬 바라[342]를 치게하고
아가씨 킬낭은 이십팔수 인경[343]을 치게허라.
각기 다- 먹고 입을 졔도를 하야 주셩이다.
무장선관 부마대감은 아모망재 길제로제[344]
밥소래 대탁[345]밧게 제도하고[346]
석가세존님은 초재이재
칠칠이 사십구재, 백재[347]밧게 제도하고
도리동산[348]의 목동 강림도령[349]은
일곱자 일곱치 명도수건 밧게 제도하고
비리공덕 할미는
가시문 쇠문의 벌베[350]밧게 제도하고
비리공덕 할아비는 벌초남향 밧게 제도하고

---

340) 목척(木尺). 나무 자.
341) 천정배필(天定配匹). 하늘이 정해 준 배필. 하늘이 정해 준 부부.
342) 바라[罷漏]. 오경 삼점에 통행금지를 해제하기 위하여 큰 쇠북을 서른 세 번 치던 일. 조선시대에 서울 도성 안에서 인경[人定] 이후 밤에 통행을 금지했다가 이 바라를 치면 통행금지가 해제되게 되어 있었음.
343) 인경[人定]. 통행금지를 알리기 위하여 큰 쇠북을 스물 여덟 번 치던 일. 이 종이 울리고 나면 야간 통행이 금지되게 되어 있었음.
344) 노제(路祭). 길에서 지내는 제(祭). 상여가 나갈 때에 친지 등이 아쉬움을 표하는 뜻으로 길에서 지내는 제(예전에는 치전(致奠)이라고 했던 것임).
345) 대탁(大卓). 그득하게 잘 차려내는 음식상.
346) 신직(神職)을 정하고. 신직(神職)을 마련하고.
347) 백재(百齋). 백일재(百日齋). 사람이 죽은 지 100일 만에 올리는 재.
348) 도리(桃李) 동산. 복숭아꽃과 오얏꽃이 핀 정원(庭園).
349) 저승차사의 하나. 강림이가 저승차사가 된 과정을 보여 주는 무속신화가 「차사본풀이」임.
350) 한꺼번에 많이 거는 베.

일곱아들은 은 두돈한푼
불전[351] 밧게 제도하다.

뎨일젼[352] 진관대왕,[353] 원문이 백만아권속[354]
산즁설법[355] 졔도즁생, 나무아미타불 디장보살
뎨이젼 초관대왕,[356] 원문이 백만아권속
상즁설법 졔도즁생, 나무아미타불 디쟝보살
뎨삼젼 송교대왕,[357] 원문이 백만아권속
상즁설법 졔도즁생, 나무아미타불 디쟝보살
뎨사젼 오관대왕,[358] 원문이 백만아권속
상즁설법 졔도즁생, 나무아미타불 디쟝보살
뎨오젼 염라대왕,[359] 원문이 백만아권속
상즁설법 졔도즁생, 나무아미타불 디쟝보살

---

351) 불전(佛錢). 부처 앞에 바치는 돈.

352) 제1전(第一殿).

353) 진광대왕(秦廣大王). 저승의 시왕(十王) 가운데 제1전을 맡은 왕. 망자(亡者)의 영혼이 칠일(七日) 만에 이 왕의 거소에 이르러 사바세계(娑婆世界)에서의 공과(功過)를 평결받는다고 함.

354) 원문위백만아권속(願聞爲百萬我眷屬).

355) 상주설법(常住說法). 항상 머물면서 설법함.

356) 초강대왕(初江大王). 저승의 시왕(十王) 가운데 제2전을 맡은 왕. 망자(亡者)의 영혼이 이십 칠일(二十七日) 만에 이 왕의 거소에 이르러 사바세계(娑婆世界)에서의 공과(功過)를 평결받는다고 함.

357) 송제대왕(宋帝大王). 저승의 시왕(十王) 가운데 제3전을 맡은 왕. 망자(亡者)의 영혼이 삼십 칠일(三十七日) 만에 이 왕의 거소에 이르러 사바세계(娑婆世界)에서의 공과(功過)를 평결받는다고 함.

358) 오관대왕(伍官大王). 저승의 시왕(十王) 가운데 제4전을 맡은 왕. 망자(亡者)의 영혼이 사십 칠일(四十七日) 만에 이 왕의 거소에 이르러 사바세계(娑婆世界)에서의 공과(功過)를 평결받는다고 함.

359) 염라대왕(閻羅大王). 저승의 시왕(十王) 가운데 제5전을 맡은 왕. 시왕 가운데 현재의 겁(劫)을 관장하고 있는 왕이기 때문에 우리는 저승의 왕을 말할 때 흔히 '염라대왕'을 들먹이는 것임. 망자(亡者)의 영혼이 오십 칠일(五十七日) 만에 이 왕의 거소에 이르러 사바세계(娑婆世界)에서의 공과(功過)를 평결받는다고 함.

데륙젼 번선대왕,[360] 원문이 백만아권속
샹즁셜법 졔도즁생, 나무아미타불 디쟝보살
뎨칠젼 태산대왕,[361] 원문아 백만아권속
샹즁셜법 졔도즁생, 나무아미타불 디쟝보살
뎨팔젼 평종대왕,[362] 원문이 백만아권속
샹즁셜법 제도즁생, 나무아미타불 디쟝보살
뎨구젼 도시대왕,[363] 원문이 백만아권속
샹즁셜법 제도즁생, 나무아미타불 디쟝보살
뎨십젼 젼륭대왕,[364] 원문이 백만아권속
샹즁셜법 졔도즁생, 나무아미타불 디쟝보살

샹산의 살문벗고, 조비조상 원근지게 벗고
불사의 쳔륭지게 벗고, 제대왕[365] 제지게 벗고
남망재는 복건벗고, 녀망재는 요모벗고
왕생쳔도 극락셰계로 가실때
칼산 디옥문을 열고, 불산 디옥문[366]을 열고

---

360) 변성대왕(變成大王). 저승의 시왕(十王) 가운데 제6전을 맡은 왕. 망자(亡者)의 영혼이 육십 칠일(六十七日) 만에 이 왕의 거소에 이르러 사바세계(娑婆世界)에서의 공과(功過)를 평결받는다고 함.

361) 태산대왕(泰山大王). 저승의 시왕(十王) 가운데 제7전을 맡은 왕. 망자(亡者)의 영혼이 칠십 칠일(七十七日) 만에 이 왕의 거소에 이르러 사바세계(娑婆世界)에서의 공과(功過)를 평결받는다고 함.

362) 평등대왕(平等大王). 저승의 시왕(十王) 가운데 제8전을 맡은 왕. 망자(亡者)의 영혼이 백일(百日) 만에 이 왕의 거소에 이르러 사바세계(娑婆世界)에서의 공과(功過)를 평결받는다고 함.

363) 도시대왕(都市大王). 저승의 시왕(十王) 가운데 제9전을 맡은 왕. 망자(亡者)의 영혼이 일년(一年) 만에 이 왕의 거소에 이르러 사바세계(娑婆世界)에서의 공과(功過)를 평결받는다고 함.

364) 전륜대왕(轉輪大王). 오도전륜대왕(五道轉輪大王). 저승의 시왕(十王) 가운데 제10전을 맡은 왕. 망자(亡者)의 영혼이 삼년(三年) 만에 이 왕의 거소에 이르러 사바세계(娑婆世界)에서의 공과(功過)를 평결받는다고 함.

365) 제대왕(諸大王). 모든 대왕, 곧 시왕(十王).

366) 화산지옥문(火山地獄門).

독사 디옥문[367]을 열고, 한면 디옥문[368]을 열고
극락세계를 가실때, 넓고도 어둔길은 디옥길이요.
밝고도 좁은길은 극락길이요.
밝고도 흔길[369]은 은하수 텬궁길이요.
넓고 어둔길 엽해두고,[370] 밝고 흔길로 가소사.
길신이 머물거든,[371] 집신을 버서 전하고
매장각씨 머물거든, 것매일곱[372] 속매일곱
열네매 고를 풀어 전하고
혼백이 머물거든, 속적삼 버서주고
산신이 머물거든, 명전삽선[373]을 전하시고
토신이 머물거든, 텬금디금[374]을 전하고
지게바위 칼바위 머물거든
이랑대단[375]을 전하고
열두문에 머물거든, 삼텬곡깔[376]을 전하고
대왕전에 머물거든
정톳절선[377] 행자 달원이[378]를 전하고

---

367) 독사지옥문(毒蛇地獄門).
368) 한빙지옥문(寒氷地獄門).
369) 흰 길.
370) 옆에 두고. 젖혀두고.
371) 머물게 하거든. 붙잡거든.
372) 시신(屍身)의 겉을 덮은 천을 묶는 일곱 매듭.
373) 명정삽선(銘旌翣扇). 명정과 삽선.
374) 천금지금(天衾地衾). 천금(天衾)과 지금(地衾). '천금'은 시신을 관에 넣고 그 위에 덮는 이불. '지금'은 시신을 관에 넣을 때 바닥에 까는 이불.
375) 손톱 발톱과 떨어진 머리카락을 거두어 담아 관 속에 넣는 주머니. 보통은 '조발낭'(爪髮囊)이라고 부름.
376) 삼천(三千)고깔. 삼천 개의 고깔. 저승의 문을 지키는 수문장은 고깔을 몹시 좋아하기 때문에 종이로 접은 고깔로 인정을 쓰면 쉽게 통과시켜 준다고 전함. 그래서 시신을 관에 넣을 때에 종이로 접은 고깔을 차곡차곡 포개어 함께 넣는 민속이 있음.
377) 정토사선(淨土寺禪). 정토사(淨土寺)에서 행한 참선.
378) 행자(行者)의 다라니경(陀羅尼經). 수행자가 외운 다라니경. '다라니'는 선법

썩고 저즌입 젓고 썩은귀에
념불을 외여 읽고 들어가소사.
풀은[379]옷 입은 선관 짤으지 말고
붉은옷 입은 선관 짤아
홍포선관 가는 길로 가소사.
철쭉 진달내 맨들암[380] 봉선화
록아지[381] 상나무[382] 장장파[383] 욱어져도[384]
쏫가지 썩지말고
뒤를 돌아보지 말고, 상상극픔 연화대[385]로
선녀차지 선관되여, 요지원[386]으로 가소사.
나무아미타불 디쟝보살, 나무아미타불 디쟝보살
썩은귀 썩은입에 념불을 자자구구이[387]
외여 읽고 가소사.
나무아미타불 디쟝보살
일셰동방 절도령,[388] 이셰남방 득쳥룡[389]

(善法)을 갖추어 악법을 막는다는 뜻으로, 산스크리트어로 된 긴 경문(經文)을 번역하지 않고 그대로 독송하게 되어 있는 경(經). 한 자, 한 구가 무한한 의미를 포함하고 있어 이를 독송하면 스스로 광대무변의 의리를 갖추며 각가지 장해를 제거하여 공덕을 받는다고 함.

379) 푸른.

380) 맨드라미. 꽃의 이름임.

381) 노간주나무. 두송(杜松). 향나무과에 속하는 상록 침엽수임.

382) 향(香)나무.

383) 장장포. 돌단풍. 범의귀과에 속하는 다년초(多年草)의 이름임.

384) 우거져도. 우거져 있어도.

385) 상상(上上) 구품연화대(九品蓮花臺). 구품으로 나누어진 연화대의 가장 좋은 곳. 중생이 죽어서 저승으로 가면 생전의 공과(功過)에 따라 아홉 등급으로 나누어진 연화대의 어딘가에 속하게 된다고 함.

386) 요지원(瑤池園). 요지의 뜰. '요지'는 중국의 곤륜산에 있다는 못으로 선인(仙人)들이 사는 곳이라고 알려져 있음. 주(周)나라 목왕(穆王)이 이 곳에서 서왕모(西王母)를 만났다는 이야기가 전하고 있음.

387) 자자구구(字字句句)로. 한 자, 한 자 한 구절 한 구절씩.

388) 일쇄동방결도량(一灑東方潔道場). 불경(佛經)인 천수경(千手經)에 나오는 '사

삼셰서방 구정토,[390] 사셰북방 영안강[391]
도량청졍 무한량,[392] 아금지신 모진화[393]
운수자비 밀강회,[394] 텬수텬왕 관자재보살[395]
나무아미타불, 나무아미타불, 나무아미타불
선망후망 아모망재, 선대조상 모시고
대대손손이 극락가시는 날이로 성이다.

방찬'(四方讚)의 첫 구절임.

389) 이쇄남방득청량(二灑南方得淸凉). 불경(佛經)인 천수경(千手經)에 나오는 '사방찬'(四方讚)의 두 번째 구절임.

390) 삼쇄서방구정토(三灑西方俱淨土). 불경(佛經)인 천수경(千手經)에 나오는 '사방찬'(四方讚)의 세 번째 구절임.

391) 사쇄북방영안강(四灑北方永安康). 불경(佛經)인 천수경(千手經)에 나오는 '사방찬'(四方讚)의 네 번째 구절임.

392) 도량청정무하예(道場淸淨無瑕穢). 불경(佛經)인 천수경(千手經)에 나오는 '도량찬'(道場讚)의 첫 번째 구절임.

393) 아금지송묘진언(我今持誦妙眞言). 불경(佛經)인 천수경(千手經)에 나오는 '도량찬'(道場讚)의 세 번째 구절임. 두 번째 구절은 '삼보천룡강차지'(三寶天龍降此地)인데 구연되지 않은 것임.

394) 원사자비밀가호(願賜慈悲密加護). 불경(佛經)인 천수경(千手經)에 나오는 '도량찬'(道場讚)의 네 번째 구절임.

395) 천수천안관자재보살(千手千眼觀自在菩薩). 관음보살을 다르게 일컫는 말. 관음보살은 손도 천 개, 눈도 천 개라고 함.

8. 칠성풀이(줄포)

여기에서는 지금까지 영역되지 않은 「칠성풀이」를 소개한다. 「칠성풀이」는 관북・관서・호남, 제주도 등지에서 전승되는 무속신화로서 전실의 소박과 전실 아들과 후실부인과의 갈등을 중심으로 가정 내에서의 부부관계와 부모 자식관계의 문제를 다룬 신화이다. 여기에서는 임석재(任晳宰) 선생이 조사하여 『줄포무악(茁浦巫樂)』에 수록한 호남지역본을 이야기의 줄거리 중심으로 요약하여 소개한다.

옛날에 공자님도 이구산에 빌어서 낳고, 맹자님도 이구산에 빌어서 낳고, 효자 유충렬도 남악산에 빌어서 낳고, 어사인 이도령도 정화수를 떠놓고 정성을 들여 낳아서 전라도 어사를 하였다고 한다. 천하궁에 칠성님이 살았는데 열 일곱이었고 지하궁의 옥녀부인은 열 여섯이었다. 옥녀부인이 한 번은 칠성님께 청혼을 하였는데 칠성님이 전혀 무관심하였다. 두 번, 세 번을 청혼하니 이것도 연분이라 생각하여 허락을 하였다. 사주 단자(四柱單子)를 보내고 택일을 하여 칠성님이 장가를 가게 되었는데, 호사롭게 차려입고 오른쪽에는 큰 양산을 세우고, 왼쪽에는 큰 장대를 세우고 무지개를 다리 놓아서 호기 있게 신부집으로 행차하였다. 신부의 집에 도착하여 주참청(駐站廳)에 잠시 머물다가 대례청을 바라보니 대례청이 화려하게 준비되어 있었다. 병풍을 좌우에 둘러쳐 놓았고, 차일(遮日)을 쳐놓고, 온갖 화초를 꽂아놓고, 암탉과 장닭을 잡아서 쌍을 맞추어 상을 차려놓았다. 신부 역시 호사롭게 차려입고 있었다. 칠성님이 대례청에 도착하여 인연주(因緣酒)를 부어 놓고 합환주(合歡酒)를 마신 후에 잘 꾸며 놓은 방안으로 들어가서 옥녀 부인과 인연을 맺었다.

그런데 결혼 후 10년이 지나도록 자식이 없었다. 하루는 칠성님이 옥녀부인에게 하는 말이 "부인, 다른 사람은 내 나이에 아들 낳고 딸

낳아서 잘 기르는데 우리는 아직 자식이 없으니, 우리도 공을 들여서 자손을 낳아 봅시다." 하였다. 이에 부부가 부처님께 시주하고, 후원에 칠성당을 만들어 놓고 석 달 열흘 동안 지성으로 공을 들였다. 그러고 나니 하루는 밤에 상서로운 꿈을 꾸게 되었다. 발 아래로 별이 일곱 개가 떨어져서, 그것을 치마 앞에 놓고 보려고 하니 꿈에서 깨어나게 된 것이다. 그리고 그 달 보름부터 태기가 있었고 열 달을 다 채운 후에 출산의 기미가 있었다. 삼신 할머니께 순산하기를 정성스럽게 빌고 난 다음 얼음에 배 밀 듯이 애기를 낳고 보니 아들이었다. 아이가 나온 후에 태(胎)가 나오기를 기다리고 있는데 애기가 또 나왔다. 역시 아들이었다. 역시 태가 나오기를 기다리는데 애기가 나왔다. 또 아들이었다. 이렇게 넷, 다섯, 여섯, 일곱, 일곱 아기를 계속해서 낳았다.

"여봐라, 하인아, 칠성님께 자손 다 낳았다고 여쭈어라." 하는 말을 밖에서 칠성님이 듣고는 "아들을 낳았느냐?" 하고 물으니 "아들을 낳았습니다." 하고 답했다. 칠성님이 좋아하며 사주를 적어 보려고 숯과 종이를 들고 산모의 방 안으로 바삐 들어와서 보니 산모까지 여덟 명이 옹기종기 누워 있었다. 칠성님이 이를 보고 뒤로 물러서며 하는 말이 "아이고, 옥녀부인, 미물 짐승도 새끼는 둘도 많다고 하는데 하물며 사람이 한 탯줄 안에서 일곱 자손을 낳으니 이게 웬 말이요? 나는 저 자손을 젖 없어서 못 키우겠고, 밥 없어서 못 키우겠소." 하였다. 칠성님은 그 자리에서 소박을 주고 천하궁에 올라가서 후실 장가를 가 버렸다.

"하루아침에 남편과 이별하고 아버지 없는 자식을 어떻게 키울 수 있단 말인가." 옥녀부인은 이렇게 생각하고 용왕의 밥이나 되라고 바다에다 아이들을 내다버릴 생각으로 영청수로 찾아갔다. 그런데 갑자기 하늘이 진동하면서 자기를 부르는 소리가 들렸다. "여보시오, 옥녀부인, 그 자손은 하늘이 보내서 낳은 자손입니다. 물에 넣어도 죽지 않고, 불에 넣어도 죽지 않고, 저절로 클 자손입니다. 여기다가 내던지면 당신은 앉은뱅이가 될 것이니 어서 빨리 돌아가서 밤에는 죽을 쑤어 세 숟가락씩만 먹이고 낮에는 일곱 번씩만 젖을 먹이면 하루가 다르게 자라날 자손들입니다." 이 말을 듣고 옥녀부인이 발길을 되돌려 집으로 돌아와서 청사 이불에 검은 모래로 베개를 만들어 이리저리 뉘여 놓고 밤이면 죽을 쑤어 세 숫가락을 주고 낮이면 다른 사람에게 젖을 동냥하여 일곱 번을 먹이니 아이들이 저절로 하루가 다르게 쑥쑥 자라났다.

그럭저럭 십오년이 흘러서 아이들이 모두 열 다섯 살이 되었다. 하루는 아이들이 모두 모여서 어머니께 말하기를 "어머니, 우리가 글공부를 아니 하면 상놈이 되기 쉽습니다. 글공부나 시켜 주십시오." 하였다. 이에 옥녀부인이 아이들을 서당에 입학시켜서 글공부를 시켰다.

어느 해 봄이 되었는데 하루는 서당 선생님이 산수구경 나가시고 안 계시는데 서당 아이가 일곱 아이들에게 애비 없는 호로 자식이라고 놀려댔다. 일곱 아이들이 깜짝 놀라 울고불고 집으로 돌아와서 "아이고, 어머니. 아버지가 돌아가셨으면 무덤이라도 알려주시고, 살아 계시면 간 곳이나 가르쳐 주십시오." 하였다. 이에 어머니가 대답하기를, "여봐라, 일곱 아기야. 이제 와서 너희들을 어떻게 속이겠느냐. 너희 아버지께서는 한 배에 칠형제를 낳았다고 어이없고 무섭다고 천하궁으로 올라가셔서 후실 장가를 가셨단다." 하였다. 아이들이 "어머니, 저희들은 아버지를 찾아가겠습니다." 하니, 어머니가 바지도 일곱 개, 웃옷도 일곱 개를 준비하고 버선과 신발도 일곱 개를 마련하여 주니 아이들이 떠났다. 점점 멀어져 가는 아이들을 바라보면서, 남편 잃고 자손마저 잃은 옥녀부인이 기가 막혀 통곡을 하였다.

일곱 아이들은 천하궁에 올라가서 "여보시오. 지하궁으로 장가를 가셨다가 천하궁에 다시 와서 후실 장가를 가신 댁이 어디에 있습니까?" 하고 물었다. "저기 청기와 집이 바로 그분의 집입니다." 일곱형제가 청기와 집에 당도하여 문전에서 바라보니, 네 귀에 풍경을 달아서 바람이 살짝 불면 쟁그렁 치는 소리가 들리는, 길한 터에 지은 큰 집에서 칠성님이 세월 가는 줄을 모르고 살고 있었다. "아버지 문안드립니다." 하고 일곱 형제가 인사를 하니, 칠성님이 듣고는 "날아가는 새도 못 날아들고, 기는 벌레도 못 기어 들어오는데 여기가 어디라고 너희들이 찾아왔느냐? 사람이냐 귀신이냐? 사람 같으면 들어서고 잡귀 같으면 물러가라." 하였다. 일곱 아이들이 안으로 들어간다. "아버지, 문안 드립니다. 저희 일곱 형제는 아버지가 안 계셨어도 이렇게 장성하였습니다." 하였다. "아이고, 내 자손들아. 너희들이 나를 찾아왔구나." 하며 칠성님이 기쁘게 맞아주었다.

하루는 일곱 아기를 일일이 앉혀놓고 계모가 하는 말이 "독서당을 차려 줄까? 글공부를 시켜줄까? 진사급제를 시켜줄까? 내가 난 자손이라도 너희들보다 더 예쁘지는 않을 것이다." 하였다. "어머니. 독서당을 차려주십시오." 독서당을 차려놓고 칠성님이 일곱 아기의 글공부를 시키는데 글공부가 아주 좋았다. 그래서 칠성님은 글공부에만 정신이 팔려서 살림에는 전혀 신경을 쓰지 않게 되었다.

계모가 적적하고 한심하여 하루는 혼자 생각하기를 "전실 자손 때문에 살림이 모두 거덜나고 남편과의 인연도 끊어지겠구나. 이 자손들을 어떻게 해버릴까?" 하였다. 계모가 드디어는 울화병이 나서 밤낮으로 앓게 되었다. "아이고 아이고 내 신세야. 전실이 앓고 있다면 점이라도 쳐서 살릴 테지만 내가 이렇게 앓아 누워 있으니 본체만체 하는구나. 후실은 쓸데없구나." 사랑에 있던 칠성님이 이 말을 듣고 깜짝 놀라 안으로 들어와서 "여보시오 부인, 어디가 아프십니까? 약방에도 사람을 보내보고 점도 쳐서 고쳐봅시다." 하였다.

칠성님이 점을 보러 가기 위해서 복채를 준비하는 동안에 계모가 지름길로 점쟁이에게 찾아갔다. "여봐라, 점쟁이. 거기에 있느냐?" "거기 누가 나를 찾소?" "내가 왔노라." 점장이가 문을 열고 계모를 맞아들여 앉혀놓고, "무슨 일로 찾아오셨소?" 하고 물었다. 계모가 하는 말이 "칠성님이 점을 보러 오시거든 다른 말은 하지 말고, 경(經)을 읽어도 소용 없고, 굿을 하여도 소용없고, 약을 써도 소용이 없다 하여라. 동쪽 인간 일곱이 들어와서 병이 났으니 일곱 애기의 창자를 먹여야 병이 낫는다고만 하여 두어라." 하였다. 이 말을 듣더니 문복쟁이가 하는 말이 "아이고 나는 그 점 못 치겠소. 일곱 목숨을 죽여서 무슨 벌을 받으려고 그런 말씀을 하시는 겁니까?" 하였다. "노비 전답 나누어 가지

세. 내 살림을 자네를 주겠네." 계모가 이렇게 말하고서 머리에 찌르고 있던 봉황 비녀와 손에 끼고 있던 금반지, 옥반지를 빼어 주었다.

계모가 나간 후에 칠성님이 도착하였다. 경황없이 들어오더니만 "점쟁이 거기에 있느냐?" 하였다. "거기 누가 나를 찾소?" 하니 "나의 부인이 병이 나서 점을 치러 왔노라."고 답하였다. 문복쟁이가 문을 열고 나가서 칠성님을 영접하여 안으로 들어왔다. 점쟁이가 점상을 놓고 산통(算筒)을 굴려서 점을 치고 난 다음에 하는 말이 "아이고 이 점은 못 하겠소." 하였다. 이 말 듣고 칠성님이 "점이 나오는 대로 말해주소." 하였다. 점장이가 산통을 다시 굴려서 점을 보더니 "아이고 동쪽 인간 일곱이 들어와서 병이 났습니다. 경을 읽어도 소용 없고 굿을 해도 소용 없고, 약을 써도 소용 없습니다. 일곱 애기의 창자를 삭혀서 먹이면 병이 낫게 될 것입니다. 이 자손들은 이름만 있는 자손이기 때문에 다 죽이면 다시 한 탯줄에서 삼정승할 삼형제가 태어날 것입니다." 하였다. 이 말을 듣고 칠성님이 점쟁이의 집을 나오면서 "아이고 어떻게 할거나. 신선같은 나의 자손 일곱 형제를 어떻게 하면 좋을까" 하면서 서럽게 통곡을 하였다.

이때, 일곱 애기들은 하루 공부를 마치고 저녁밥을 먹고 난 후에 날이 저물도록 아버지가 돌아오시지 않자, "아버지가 아직까지 돌아오시지 않으니 우리 일곱 형제가 배웅을 나가자." 하고 이리저리 아버지를 찾아 나섰다. 한 곳에 도착하니 아버지 우는 소리가 처량하게 들렸다. "동생들아, 아버지가 우신다. 어서 빨리 가보자." 하고서 소리나는 데를 찾아 가보니 칠성님이 넋을 잃고 울고 있었다. "아버님, 어서 집으로 가시지요." 칠성님이 일곱 애기를 앞세우고 집으로 돌아가는데, 일곱 애기가 물었다. "아버지, 점괘가 어떻게 나왔습니까? 어머니가 돌아 가신다고 하던가요?" "일곱 애기야, 너의 어머니가 죽는다고 했다면 어찌 내가 원통하리……." 하면서 점괘 이야기를 다 해 주었다. 일곱 애기가 가던 길을 멈추어 서서, "아버지, 부모님은 한 번 가면 다시 못 오지만 자손은 낳으면 되지 않습니까. 저희들의 창자를 잡수게 하여 어머니를 살립시다. 걱정하지 마시고 집으로 가시지요." 하고 아버지를 모시고

산을 넘어서 집으로 돌아가는데 한 모퉁이를 지나자 사슴이 갑자기 나타나서 앞을 가로막고 서 있었다. 칠성님이 하는 말이 "여봐라, 사슴아. 대장부가 큰일을 보러 가는데 길을 막지 말고 아래로 비켜 서거라." 하였다. 그래도 사슴이 꼿꼿이 서서 가는 길을 막으면서 하는 말이 "여보시오, 칠성님. 저 자손을 낳으려고 온갖 공을 다 드렸는데 이제 와서 죽인다니 웬 말입니까? 저 자손들을 낳아놓으니, 칠성님이 그 자리에서 소박을 주고 천하궁으로 올라가 후실 장가를 가 버렸고, 일곱 자손들도 아버지를 찾아간다고 떠나간 후에 나는 남편 잃고 자손마저도 잃고 홀홀 단신 외로이 살다가 내 자손들 살리려고 이렇게 산중의 사슴이 되었습니다." 하였다. 사슴이 일곱 애기를 불러서 뒤로 물러나라 하니 일곱 애기가 갑자기 간 곳 없이 사라져서 보이지 않았다. 그리고 사슴이 창자 일곱 개를 내어서 주면서 "앞문으로 이 창자를 들여넣고 계모가 어떻게 하는지를 뒷문으로 엿보십시오." 하였다.

칠성님이 창자 일곱을 손에 들고 집에 돌아와서 앞문으로 들여넣고 뒷문으로 가서 엿보니, 계모가 일곱 창자를 손에 들고 살짝 입술에다 묻힌 후에 헛간에다가 버리면서 하는 말이 "일곱 애기 너희들은 불쌍하다. 만약 일곱 애기를 내가 낳게 되면 그때는 잘 먹이고 잘 입히리라." 하였다.

육일이 지난 후에 계모는 병이 다 나았다. "나의 목숨을 살리려고 일곱 목숨이 죽었으니 일곱 애기 씻김굿이나 해 주어야겠다."고 생각하고 온갖 음식을 장만해서 씻김 잔치를 하였다. 이때 한 나무꾼이 지게를 지고 산중으로 가다가 혼자서 하는 말이 "일곱 애기 불쌍하다. 이제 죽어서 이 산중에 묻혔구나. 너희 집에서 너희들의 어머니가 병이 다 나아서 씻김 잔치를 한단다. 넋이라도 어서 가거라." 하였다. 일곱 애기가 이 말을 듣고 "형제들아, 어머니가 나으셨단다. 우리 어서 어머니를 뵈러 가자" 하고서 허둥지둥 집으로 향하였다.

일곱 형제가 집에 도착하여 대문을 들어서면서 "우리 아버지 어머니를 뵈러 왔다." 하니 문간의 하인이 이를 보고 놀라며 주문(呪文)을 외웠다. "귀신이면 물러가고 사람이면 들어오라." 일곱 애기가 대문을 들어서서 "어머니 아버지 문안드립니다." 하니 "이미 죽은 자식이 이게 어떻게 된 일인가? 나는 너희 같은 자손이 없다." 하였다. 이에 일곱 형제들이 다시 "아이고, 아버지 어머니 문안드립니다." 하였다. "여봐라, 일곱 애기야. 너희들이 귀신이냐, 사람이냐?" "사람이라서 여기에 왔습니다." 하니 "너희가 나의 자식이라면 나가서 큰 나막신을 신고 흔적 없이 집으로 들어와 봐라" 하였다. 일곱 애기가 나가서 큰 나막신을 신고 흔적 없이 집으로 들어서자 "아이고, 너희들은 귀신이다. 귀신이 해를 끼치려고 한다." 하였다. "아버지, 손가락을 잘라서 피를 모아 확인해 보시지요." 하고는 많은 사람들이 지켜보는 가운데 쟁반에다가 물을 떠놓고 그 위에 손을 베어서 피를 떨어뜨렸다. 칠성님의 피는 뼈가 되고 일곱 애기의 피는 살이 되어서 엉기면서 모여들었다. 이때, 계모가 나오더니 "나도 해보겠다." 하면서 손을 베어 피를 떨어뜨리니 물 위의 기름과 같이 둥실 떠 있었다. 그제야 칠성님이 달려들어 일곱 애기의 목을 안으면서 "아이고, 나의 자손들아. 갑자기 간 곳 없이 사라져서 귀신이 된 줄 알았더니 이렇게 살아 있었구나." 하였다. 그리고 계모를 바라보면서 "요망하고 방자한 저 년을 당장 밖으로 내어놓고 활로 쏘아 죽여라." 하였다. 일곱 애기가 "아이고, 아버지. 그래도 어머니인데 어떻게 활로 쏘아 죽이겠습니까." 하였다. 그러자 칠성님이 달려들어 이러저리 엎어 치니, 계모가 살모사가 되었다가 개구리로 되었다가 두더지로 되었다. "천상에서 큰 죄를 지었으니 어떻게 해를 보고 살 수 있겠느냐. 하늘을 볼 수 없게 두더지나 되어라." 하니 갑자기 사라져 버렸다.

그제서야 칠성님이 "여봐라 일곱 애기들아. 너희들의 친어머니를 찾아가자. 남편 잃고 자식 잃고 홀홀단신 외롭게 지내는 너희 친어머니를 찾아가자." 하고는 지하로 내려와서 옛 살던 집을 바라보니 앞벽은 헐어져 있고 뒷벽을 무너져 있고 마당은 쑥대밭이 되어 있었다. 지나는 사람에게 물었다. "여보시오. 여기에서 살던 부인은 어디로 갔습니까?" "남편 잃고 자손 잃고 서럽게 울다가 이 연못에 빠진 지가 석 달 열흘이 되었습니다." 일곱 애기 이 말을 듣고 눈물을 흘리며 어머니를 부르면서 연못 안으로 들어갔다. 연못물도 사실을 알아차렸는지 점점 말라 갔다. 어머니를 다시 부르니 연못물이 한층 더 말라 갔고 세 번째 어머니를 부르니 연못물이 완전히 말라버리고 연못의 청지기가 나타났다. “어떤 사람인데 여기에 왔느냐?” 하고 물으니 “우리 아버지께서 지하로 장가를 들었다가 저희 칠형제를 낳으시고 천하궁으로 올라가셔서 후실 장가를 가셨는데 우리가 아버지를 다시 찾아서 모시고 왔습니다.” 하니 그제서야 들어오라고 하였다.

일곱 애기가 꽃을 손에 들고 가서 어머니의 시체에 꽂으니 뼈가 돋아나고 살이 돋아나고 숨이 다시 되살아났다. “아이고 어머니, 살아 생전에 한이 되었던 아버지를 모시고 왔습니다.” 하니 어머니가 “아이고 내 아들아. 너희들은 하늘이 낸 효자들이다. 너희 칠형제가 아버지를 모시고 왔구나.” 하였다. 그리고 연못 밖으로 나와서 천하궁으로 올라갔다.

칠성님이 일곱 애기를 불러 앉히고 “여봐라, 일곱 애기야 너희들은 무엇이 소원이냐?” 하고 물었다. “아버지와 어머니가 같이 살지 못한 것이 한이였는데 이제 다시 만나 사시게 되었으니 이제 아무런 소원도 없습니다. 저희는 이제 칠성으로 가겠습니다.” 하였다. 이에 칠성님이 “북두칠성에 가거라. 남두칠성에 가거라. 서두칠성에 가거라. 동두칠성에 가거라.” 하여 칠성으로 보내놓고 칠성님과 옥녀부인은 견우성과 직녀성이 되었다.

9. 장자풀이(줄포)

여기서는 호남지역에서 전승되는 무속신화 「장자풀이」를 수록한다. 「장자풀이」는 장자의 며느리가 저승사자에게 주식을 대접하고 장자의 수명을 연장한다는 내용으로서 무속의 내세관을 잘 보여 주는 신화이다. 번역의 편리를 위하여 임석재(任晳宰) 선생이 조사하여 『줄포무악(茁浦巫樂)』[1]에 수록된 박소녀(朴少女) 무녀 구연본을 대상으로 이야기의 줄거리가 잘 드러나도록 산문으로 고쳐 썼다.

사마장자가 악인의 전형으로 나타나며, 중을 학대하는 화소가 있고, 며느리가 시아버지 몰래 시주를 하는 것은 장자못전설 계통의 삽화와 유사하다. 특히 며느리가 매우 현명하며 그 역할이 크게 부각되어 나타난 것과 저승차사들이 사마장자 대신 그의 말을 잡아간 것이 이 본의 내용상 특징이라고 할 수 있다.

옛날에 사마장자와 우마장자가 살았는데 우마장자는 가난해서 아침에 벌어서 아침을 먹고, 저녁에 벌어서 저녁을 먹을 정도였다. 그런데도 아침 나절에 동냥을 하여다가 선조께 제사를 지내고 부모님께도 효도하고, 형제 사이에도 우애가 좋고, 삼사촌이 화목하게 잘 지내며 동네 사람들에게도 아주 잘해서 모든 사람들의 칭찬을 받았다. 한편 사마장자는 부자인데도 부모님께 불효하고 형제간에도 화목하지 못하고 동네에서도 인심을 얻지 못하였다. 또 마음씨도 좋지 못하고 말씨도 나빴다. 죄도 많이 지었는데 사마장자가 지은 죄를 보면 다음과 같다. 벼는 썩어서 두엄이 되게 하고, 쌀은 썩어서 재가 되게 하고, 돈은 녹이 슬게 하고, 옷은 썩어서 거름이 되게 하고, 곡식을 빌려 줄 때는 작은 말로 주어서 큰 말로 받아들이고, 적은 되로 주고 큰 되로 받아들이며, 처갓집에 돈을 빌려주어도 장리로 받아들였다. 또 옹기전에다가 말을 달리고, 비단 전에다가 물총을 놓으며, 우는 애기는 집어 뜯

1) '줄포'는 전라북도 부안군에 속한 지명임.

으며, 똥 싸는 애기는 주저앉히고, 새끼 밴 개는 발로 툭 차고, 말 밥 안 주고도 주었다고 핑계대고, 걸인이 오면 식은 밥뎅이 여기저기 던져주었다. 중이 동냥을 오면 보리 거두어들일 때에는 까끄라기를 던져주고, 벼를 거두어들일 때에는 나락 쭉정이를 던져주고, 호박에다가 말뚝을 박고, 남의 유부녀를 음해하고, 새벽에 물동이를 이고 가는 사람은 젖통을 잡고 입을 맞추었다.

하루는 사마장자의 조상들이 배가 고프고 목이 말라서 하소연을 하러 저승의 시왕[十王]에게 갔다. "하소연하러 왔습니다. 사마장자네 집이 부자되었는데, 조상에는 정성이 없어서 배도 고프고, 목도 마르고, 옷도 없어서 하소연 하러 왔습니다." 하였다. 저승의 시왕이 "그러면 원하는 것이 무엇이오?" 하고 물으니, "배가 고프니 밥을 주고, 옷이 없으니 옷을 주고, 돈이 없으니 돈을 주십시오." 하고 대답했다. 저승의 시왕이 중을 내보내서 사자를 불렀는데, 저승사자인 해원 맥이, 그리고 이승의 사자인 이덕춘이, 부왕의 사자인 강림도령이었다. 세 명의 사자를 불러놓고 저승 시왕이 하는 말이, "앉아서 듣는 말과 서서 보는 것은 다르니 직접 가서 보고 오라." 하였다.

중을 먼저 내보냈다. 장삼을 입고 고깔을 쓰고 긴 염주는 목에 걸고 짧은 염주는 팔에 걸고 지팡이을 짚고 목탁을 두드리며 정월 초사흗날 사마장자의 집으로 들어섰다. "이 댁 사마장자가 부자 되었다는 말을 듣고 무너진 절을 다시 세우려고 시주 왔습니다." 하였다. 사마장자가 시주하라는 말을 듣고 창문을 와르르 열면서 "어떤 놈이냐? 정월 초사흗날부터 시주하라는 놈이 어떤 놈이냐? 꿈에 중만 보아도 재수가 없는데 어떤 놈이 내 문전에 찾아왔냐?" 하고 말했다. "중이 왔습니다. 절이 무너져서 절을 다시 세우려고 시주 왔습니다." 사마장자가 하인을 불러서 말하기를 "저 중 잡아서 볼기를 치고, 이쪽 저쪽 뺨을 때려라. 그리고 거름도 아깝다마는 두엄이나 바리때에 담아 주어라." 하였다. 중이 하는 말이 "거름을 주는 것도 아깝다면 장자님네 거름이나 하시오." 하고 바리때를 엎어서 쏟아놓았다.

사마장자의 며느리가 이를 보고 뛰어 나와서 "아버님, 중에게 동냥은 후하게 주지 못하나마 이러면 되겠습니까? 많이 주어야 한 말이고, 적게 주면 다섯 되인데 왜 이러십니까?"라고 말하고서 옆에 있는 방으로 들어가서 명주 한 필과 쌀 서 말 서 되를 가지고 나왔다. "여보시오, 대사님. 우리 시아버지가 그전에는 그런 일이 없었는데 요즘에는 마음이 변하셔서 그러니 이해하십시오. 이것도 적지만 이 쌀 서 말은 불기(佛器)를 만들어 부처님 전에 공양하시고, 서 되는 초와 종이를 사서 우리 아버지 신수 좋고 기운 좋으라고 축원하여 주십시오. 그리고 명주 한 필은 장삼 지어 입으십시오." 하였다. 이 말을 듣고 중이 하는 말이 "사마장자 집에는 착한 사람이 없는 줄 알았는데 그렇지 않군요. 사마장자의 죄목으로 보아서 이 집을 전부 늪으로 만들어 사마장자를 잡아가려고 했는데 군자 같은 사마장자의 며느리가 있었군요. 나를 따라가는 것이 어떻겠습니까?" 하였다. 사마장자의 며느리가 하는 말이 "중이면 절에서 부처님 전에 공이나 드리고 시주 받아 먹어야지, 남의 유부녀를 데려가려 하느냐. 여자가 어떻게 두 남편을 섬길 수 있겠느냐? 말도 안 되는 소리이니 그런 말은 입밖에도 내지 말고 어서 돌아가서 우리 아버지 신수 좋게 축원이나 해 주게." 하였다.

중이 저승 시왕에게 돌아가서 하는 말이 "앉아서 듣던 말과 서서 보는 것이 같습니다." 하였다. 저승 시왕이 "그러면 정월 대보름날 꿈에 현몽이나 넣어 주어라."라고 명하였다. 정월 대보름이 돌아오니 사마장자가 하는 말이 "오늘은 일년 농사 잘 되게 농사꿈이나 꾸어보자." 하였다. 저녁이 되자 원앙침으로 베게를 높게 돋아 베고 촛불을 밝혀놓고 잠을 자는데 비몽사몽간에 꿈을 꾸었다. 뒷동산의 은행나무가 세 도막으로 부러져서 사마장자의 방문 앞에 놓여 있었다. 사마장자가 번쩍 깨어보니 꿈이었다. 또 꿈을 한 번 더 꾸었는데, 천하궁의 까마귀는 지하궁으로 울고 가고, 지하궁의 까마귀는 천하궁으로 울고 가는 꿈이었다.

사마장자가 일어나서 옆방의 아들과 뜰에서 노닐고 있는 막내딸과 뒷방의 부인에게 해몽을 하여 달라고 하니 아들이 하는 말이 "아버지 벼슬할 꿈입니다." 하고, 막내딸 하는 말이 "아버지 진사 급제하실 꿈입니다." 하고 부인이 하는 말이 "음식 대접 받을 꿈입니다." 하였다. 사마장자가 이 말을 듣고 하는 말이 "그 참 해몽 한번 잘도 하는구나." 하였다. 이때 며느리가 달려와서 "아버님 꿈 해몽을 제가 해드리겠습니다. 아버님 젊어서 못한 벼슬을 이제와서 한다는 것도 말이 안되고, 젊어서 글공부 못했는데 이제와서 진사 급제 한다는 것도, 그리고 인심이 후하지 못했는데 음식 대접을 받는다는 것도 전부 말이 되지 않습니다. 뒷동산의 은행나무가 세 도막으로 부러져서 방문 앞에 바로 놓여 보이는 것은, 한 도막은 제사상을 짜라는 뜻이고, 한 도막은 관을 짜라는 것이고, 또 한 도막은 상여를 짜라는 뜻입니다. 내가 이 집에 시집을 와서 삼십년을 지냈는데, 개한테 물 한 방울 부어 주는 일이 없고, 걸인에게 밥 한 덩어리를 주는 일도 못 봤습니다. 내가 친정에서 클 때에는 정월이면 거리 산제 등 온갖 제를 다 모시고, 액막이를 하고, 조상님께 제사를 지내고, 사람들이 오면 밥도 주고 쌀도 주고 돈도 주고 옷도 주고, 걸인이 오면 밥을 따뜻하게 챙겨 주었습니다. 간장을 빌리러 오면 간장에다 썩은 물을 섞어서 주는 일도 없고, 쌀을 빌리러 오면 흰 모래 흰 싸라기를 섞어 주는 일도 없고, 된장을 빌리러 오면 흙덩이를 박아서 주는 일도 없고, 김치를 빌리러 오면 우거지를 걷어내지 않고 주는 일도 없었습니다. 그러나 아버지는 그렇게 하셨으니 지은 죄가 많습니다. 재물을 두었다가 누구에게 주시려고 합니까? 절반은 귀신한테 주고 절반만 자손한테 주어도 먹고 쓰고 남을 것이니 지으신 죄나 풀어버리시지요." 하였다. 사마장자 이 말을 듣고 화를 내며 "어허, 그년 괘씸하다. 남의 자식이라서 해몽도 흉칙하게 하는구나. 에라 이년 당장 쫓아내라." 하였다. 며느리가 친정으로 쫓겨 시집을 나오다가 사흘만 숨어 있다가 어떤 일이 벌어지는 지 보겠다고 방에 들어가서 숨어 있었다.

결국 사흘이 못 가서 사마장자가 병이 났다. 온몸이 쑤시고 저리는데 사마장자가 정신이 없었다. 이때 사마장자가 하는 말이 "허허 이게 웬일이냐? 내가 이제 죽게 되다니 이게 웬 말이냐?" 하면서 며느리를 데려오라고 하였다. 방에 숨어 있던 며느리가 나와서 "이번에 귀신을 풀어 먹이시지요. 우선 저 건너에 소강절한테 가서 점이나 보고 오십시오.” 하였다. 사마장자가 쌀 서 되를 가지고 소강절을 찾아갔다. 소강절이 사마장자가 오는 것을 보고 하는 말이 “이게 웬일이오. 내가 여기에서 백 칠십 년을 살았어도 사마장자의 돈이 무엇인지 쌀이 무엇인지 몰랐는데 이게 웬일이오.” 하였다. 사마장자가 하는 말이 “점이나 자세히 보아주시오.” 하였다. 소강절이 화초석을 깔아 놓고 나주 칠반을 내어 놓고 점을 보았다. 소강절이 하는 말이 “여보시오, 장자님. 장자님네 집이 큰일났습니다. 장자님네의 집주가 움직이고 터주가 움직이고 성주가 움직이고 조상님도 움직여서 장자님 먹던 수저가 세 동강으로 부러지고 쓰던 갓이 벗겨져 보이고 입던 옷이 벗어져 불에 타고 있는 것이 보이고 삼간초당이 딴 살림 차려 나가 보이고 지붕 위에 기가 꽂혀 있는 것이 보이고 마당 가운데 샘이 파져 있는 것이 보입니다.” 하였다. 사마장자가 “맞는 소리네.” 하였다. “뒷동산 은행나무가 세 도막으로 부러져서 마당 가운데에 놓여 있는 것이 보입니다.” “그것도 맞는 소리네.” “어서 빨리 돌아가셔서 곡간을 다 털어서 굶주리는 동네 사람들에게 나누어 주고 음식을 장만해서 돈 삼백냥과 함께 물 좋고 산 좋고 정자 좋은 곳으로 가지고 가서 무당 부르고 광대 불러다가 사흘 밤낮으로 횡수(橫數)막이 굿을 하시오. 그러다가 혹시 저승사자가 나타나서 ‘이게 뉘 음식이냐’ 물으면 동네에서 모은 음식이라 하고, 음식을 다 먹고 난 뒤에 빌어보시오. 그러면 사마장자가 살 수 있는 길이 있을 것이오.” 하였다.

사마장자가 이 말을 듣고 바삐 집으로 와서 곡간을 다 털어서 굶주리는 사람들에게 나누어 준다고 해도 동네 사람들이 ‘장자네 집에서 곡식을 가져다가 먹으면 삼대가 빌어먹는다’ 하면서 오지 않았다. 이때 며느리가 쌓아놓은 곡식 위에 올라가서 하는 말이 “여보시오, 동네 어른들. 나는 동네 사람한테 못되게 한 일이 없습니다. 내가 드릴테니 받아 가시오.” 하였다. 그제서야 동네 사람들이 곡식을 받아 갔다. 또 음식을 장만해서 돈 삼백냥과 함께 물 좋고 산 좋고 정자 좋은 곳으로 가지고 가서 사흘 밤낮 굿을 하였다.

한편 저승에서 사자 셋이 나오는데, 저승 사자 해원맥이는 쇠망치를 들쳐메었고, 이승 사자 이덕춘이는 쇠줄를 들고 있었고, 부왕의 사자인 강님도령은 쇠망치를 들쳐메고 있었다. 한 사자가 "어허 이 길목에서 배가 고파서 못 가겠다." 하니 또 한 사자가 하는 말이 "이럴 때에 밥 한 그릇 물 한 그릇만 놓아 주면 사마장자 죄를 면하게 해줄텐데." 하였다. 다른 사자가 하는 말이 "이놈아 밤말은 쥐가 듣고 낮말은 새가 듣는단다. 괜한 소리하지 말고 어서 빨리 가자." 하였다. 그러자 갑자기 굿 소리가 요란하게 들리고 음식 냄새가 진동을 했다. 사자 셋이 배도 고프고 목도 말라서 "이게 뉘 음식이냐?" 물으니 엎드려 있던 사마장자가 일어나서 "이것은 동네 사람들이 모은 음식입니다." 하였다. 사자들이 이 말을 듣고 상에 가득 차린 귀하고 맛있는 음식을 먹었다. 사마장자가 다시 나와 하는 말이 "비나이다 비나이다. 이 음식은 사마장자가 차린 음식입니다." 사자 셋이 이 말을 듣고 "이게 웬 말이냐? 우리는 동네 사람들이 모은 음식이라고 해서 먹었지 사마장자의 음식이라고 했으면 먹지 않았을 것인데……. 이제 먹어버렸으니 이를 어찌한단 말인가? 그러면 이 동네에서 사마장자와 한 날 한 시에 난 사람이 있느냐?" 하고 물었다. "예, 우마장자라는 사람이 있습니다."

사자 셋이 이 말을 듣고 우마장자를 잡으러 우마장자의 집으로 갔다. 우마장자의 문전에 도착하여 "우마장자야!" 하고 부르니 지신이 막았다. 두 번째 부르니 문전신이 호령하고 삽살개도 짖으면서 막았다. 할수없이 사자 셋이 다시 사마장자의 집으로 돌아왔다. 사마장자의 며느리가 지키고 있다고 하는 말이 "여보시오 사자님들, 우마장자 집에 간 일은 어떻게 되었습니까?" "아이고, 말도 마시오. 문전신이 호령하고 삽살개가 짖어대고, 지신이 호령하면서 막아서 들어가지도 못하고 돌아왔소." "그럴 것이오. 우마장자는 인심이 후해서 조상님도 받들고 지신도 받들고 성주도 받드니 어떻게 들어가겠습니까? 그러면 우리 집에서 대신해서 다른 것을 잡아가는 것이 어떻겠습니까?" "대신도 좋소." 하니 사마장자의 며느리가 하는 말이 "우리 아버님이 타고 다니시던 백마를 잡아가시오. 그리고 저승에 가서 '사마장자가 죄를 어찌나 많이 지었던지 산 채로 말이 되어서, 이 말을 끌고 오느라 늦었다'고 말하십시오." 하였다. 그리고 며느리가 마굿간으로 들어가서 말에게 "말아. 말 못하는 짐승이라도 내 말을 들어보아라. 우리 시아버지가 사셔야지 돌아가시면 되겠느냐? 아버지가 타고 다니시는 말이니 네가 우리 아버지 대신으로 가거라."라고 말하고 방으로 들어가서 시아버지 쓰던 갓, 망건과 입던 두루마기, 바지, 저고리를 가지고 나와서 말에게 입혔다. 이에 사자들이 백마를 끌고 저승으로 들어갔다.

저승에서 문서를 담당하는 최판관이 "어찌 이제 오느냐?" 하고 호령하니 사자 셋이 대답하기를 "사마장자가 죄를 너무 많이 지어서 산 채로 말이 되어 있어서 그 말을 끌고 오느라고 이렇게 늦었습니다." 하였다. 저승의 시왕이 이 말을 듣고 "그놈의 목에는 큰 칼을 씌우고 손에는 쇠고랑을 채우고 발에는 족쇄를 신기고 머리에는 투구 철갑을 씌워서 죽여라."라고 명하였다. 저승 사자들이 명을 받고 말에 쇠고랑을 채우고 큰 칼을 씌우고 투구 철갑을 씌우고 족쇄를 신기어 잡아 죽이려고 하니 말이 가만히 있지 않고 말을 한다. "사마장자 이놈아! 내가 무슨 죄로 이런 고초를 당해야 한단 말이냐? 나는 십 리만 갈라고 해도 너를 내 등에 태우고, 오리만 갈라고 해도 내 등에 태우고 네 발에 흙 하나 묻히지 않게 해 주었는데, 너의 죄를 집어쓰고 이런 고초를 당하니 어서 빨리 나를 구해달라." 말이 밤낮으로 슬프게 울었다.

이때 사마장자는 꿈자리가 좋지 못하여 소강절을 찾아가서 점을 보았다. 소강절이 하는 말이 "죄 없는 말이 장자를 대신하여 죽으러 갔으니 얼마나 슬피 울면서 죄인을 원망하겠소. 말 씻김굿을 닷세만 하여 주면 말이 다시 사람으로 환생할 것이니 그때는 원수가 은인이 될 것이오." 하였다. 사마장자가 돌아와서 말 씻김굿을 닷새동안 하였다. 첫날 굿을 하니 말의 머리에서 철갑이 벗겨지고, 둘째날 굿을 하니 목에서 큰 칼이 벗겨지고, 셋째날 씻김굿에 몸에서 금사망이 벗겨지고, 네 번째 씻김굿에 손에서 고랑이 풀어지고, 다섯 번째 씻김굿에 발에서 족쇄가 벗겨졌다. 그리고 말이 사람이 되어서 다시 환생하게 되었다.

10. 손님굿(김동언)

손님신은 천연두나 홍역과 같은 역병을 앓게 하는 신인데 우두가 개발되기 이전에는 무서운 전염병을 주는 신으로서 숭앙되었다. 손님신의 위력과 행적을 이야기한 손님신 신화를 여기에 소개한다. 이 신화는 동해안 지역에서 박경신이 채록한 김동언 구연본을 스토리 소개에 중점을 두어 고쳐 쓴 것이다.

옛날에는 아이들의 아버지가 셋이라고 했는데, 낳아준 아버지, 삼신제왕, 그리고 손님네를 모두 아버지라 생각했다. 삼신제왕이 아이를 아무리 잘 생기고 곱게 만들어 놓아도 손님네를 잘못 만나면 곰보도 되고 언청이도 되고 다리 병신도 되었다고 한다. 이러한 손님네는 무섭고 변덕스러웠는데 강남 대왕국의 명신(明神)들도 이들 중의 하나였다.

강남 대왕국은 아주 넓은 나라였다. 이 나라에서는 피[草]로 지은 밥을 먹고, 냄새가 나는 채소를 먹고, 굼벵이로 만든 산적(散炙)을 먹었다. 이때 우리 나라에서는 앵두 같은 팥을 넣고 외씨 같은 쌀로 지은 밥을 먹고, 고사리에 돈이나물, 가지나물, 호박나물을 먹었으며, 소를 잡아먹고, 천금주·백화주·국화주·포도주·과실주 등 온갖 좋은 술을 마셨다. 손님네가 이렇게 우리 나라의 인물 좋고 밥 좋고 문물이 화려하고 볼 만하다는 소식을 듣고 살펴보려고 행차하였다.

손님네가 출발하는데, 처음에는 쉰 세 명이 나오다가 커다란 자기 땅을 다 비워두지를 못하겠어서 쉰 명은 돌아가고 단 세 명만이 출발하였다. 맨 앞에 나오시는 손님은 세존손님으로 아주 작은 고깔을 쓰고 장삼을 입고 백팔 염주를 목에 걸고 짧은 염주를 팔에 걸고 염불을 하는 중의 모습이었다. 그 뒤에 나오시는 손님은 글을 잘하는 문신(文臣) 손님으로 의관을 아주 잘 차려입고 말을 타고 나오는데, 검은 책을 옆에 끼고 큰 붓을 손에 들고 살아남을 아이는 검은 점을 찍고,

마마를 심하게 앓을 아이에게는 붉은 점을 찍고, 죽을 아이에게는 낙점을 찍어서 표시하였다. 각시손님이 마지막에 나왔다. 아름다운 용모에 맵시있게 옷을 차려입고, 꽃 가죽신을 신고 잘 꾸며진 가마를 타고 있었다. 세 명의 손님네들이 무반(武班) 손님의 호위를 받으며 의주에 있는 압록강에 당도하였다.

손님네들이 커다란 이 압록강을 건너려는데 배 한 척이 없어 고심하였다. 흙으로 만든 배를 타고 가려니 흙이 풀어져서 안 되겠고, 나무배는 밑이 썩어서 안 되고, 쇠배는 지남철이 무서워서 안 되겠어서 돌배를 타고 바람이 부는대로 물결이 치는 대로 강을 건너다가 모진 풍랑을 만나서 모두 파선하고 다시 제자리로 돌아왔다. 할수없이 근처에 있는 뱃사공에게 배를 빌리려고 했다. "여봐라 사공아. 우리는 다른 사람이 아니라 강남 대왕국의 명신 손님들인데 이 나라의 인물이 좋고 밥도 좋고 문물이 화려하고 볼 만하다는 소리를 듣고 살피려고 나왔다가 파선하고 여기에 머무르게 되었으니 배 한 척만 빌려주오. 질 좋은 은(銀)과 전답, 그리고 비단을 줄 테니 배를 잠시만 빌려주오." 하였다. 이 말을 듣고 사공이 하는 말이, "손님네요, 우리 나라에 배가 많이 있었는데 임진년 왜란 때에 배가 모두 부서지고 다만 한 척만이 남았습니다. 그리고 그 배는 나라의 공출하는 배라서 빌려드리지 못하겠습니다." 하였다. 이러자 손님네들이 다시 한번 간곡히 부탁하였다. 사공이 가만히 가마 속에 있는 각시 손님을 보더니만 각시 손님의 미모에 미혹되어서, "손님네요 비단이고 뭐고 나는 다 싫고 저 가마 속에 있는 각시 손님네와 하룻밤만 같이 지내게 해 주면 배를 빌려드리겠습니다." 하였다. 각시 손님이 이 말을 듣더니만 분통을 내며 오던 길로 돌아갔다.

세월이 흘러 9년이 지나니 각시 손님의 그 곱던 얼굴도 이제 예전 같지 않게 되었다. 하루는 각시 손님이 '사공 정도의 놈을 못 이겨서 돌아오다니 도저히 참을 수 없다'고 생각하고 손님네들과 다시 돌아가서 은장도로 사공의 목을 쳐서 압록강에 던져 버렸다. 그리고 사공의 아들 칠형제를 모두 잡아내서 마마에 걸리게 해서 한 명씩 죽이기 시작했다. 여섯째 아들까지 죽이고 나니 사공의 아내가 통곡을 하며 정화수를 떠놓고 손님네에게 빌었다. "손님네요, 손님네요, 강남 대왕국의 명신 손님네요. 사공의 소행으로 보면 일곱 형제를 다 죽이고 나 역시 죽여야 마땅하겠지만, 모래밭에도 씨가 있고 고무신도 짝이 있다는데 인간으로 태어나서 씨가 없을 수 있겠습니까. 이 늙은 나를 보아서라도 마지막 자식 하나만은 살려주시는 게 어떠하겠습니까?" 각시 손님이 말하기를 "마저 죽여도 분이 안 풀리지만, 자식 하나만은 살려주겠다. 다만 열두 가지 병신으로 만들어서 살려주겠다. 그래도 좋으냐?" 하였다. "병신 자식으로 만들지 말고 온전하게 살려주면 안 되겠습니까" "그렇게는 못한다. 싫거든 당장 죽이겠다." "그러면 손님네요, 열두 가지 병신이라도 목숨만 살려주십시오." 손님네가 결국 마지막 아들은 살려주는데 곱사로 만들고, 눈에는 무명씨를 박고, 입은 심하게 비뚤어지게 하는 등 병신을 만들어서 꼼짝 못하도록 하였다.

손님네들은 그곳에서 나와 배를 만들려고 은도끼를 둘러메고 뒷동산으로 올라갔다. 대나무를 쪼개 배를 만들어서 타고 강을 건너가는데 배가 곧 풍랑에 부서져 버렸다. 가까스로 육지에 도착하여 이리저리 떠돌다가 배가 고파서 낮에는 연기 나는 집을 찾고 밤에는 불이 켜져 있는 곳을 찾아다녔다.

하루는 밤이 되어 불이 번뜩번뜩 새어 나오는 곳을 찾아가니 그곳이 바로 한양의 김장자의 집이었다. 집이 열두 채나 되는 큰 부자였다. 대문 앞에 들어서서 문을 두드리니 김장자의 마당쇠가 나와서 "누구시오." 하였다. "우리는 지나가는 손님네인데 길을 잃어서 잠시 하룻밤만 쉬어 갔으면 하오." 이렇게 말을 하니, 마당쇠가 김장자에게로 달려가서, "밖에 난데없는 손님네들이 와서는 하룻밤만 쉬어 가자고 하니 어떻게 하면 좋겠습니까?"라고 하였다. 김장자는 욕심이 많아서 자신의 재물밖에 모르는 이기적인 사람이라, '우리 집에 저런 손님을 들여놓았다가 무슨 일이 일어날까' 생각하고, "산적 떼인지 거지 떼인지 도둑놈인지 어떻게 알고 들여놓는단 말이냐? 그러지 말고 나가서 우리 집은 방은 많으나 빈대와 벼룩이 많아서 손님네가 자고 갈 방은 한 군데도 없다고 하여라." 하였다. 앉아서도 먼 곳의 일을 다 알 수 있는 능력을 지닌 손님네라서 그 길로 당장 나와 버렸다.

그 집을 나와서 이리저리 가다 보니 한참만에 오두막집에 당도하였다. 그 집은 노고 할머니의 집이었다. 노고 할머니는 김장자의 집에서 하루하루 방아를 찧어주고 품을 받아서 사는 할머니였다. 김장자 집에 철현이라는 삼대독자 외아들이 있는데 노고 할머니는 열 다섯 살이 될 때까지 그 집에 젖 유모로 들어가 살다가 이제는 방아품을 파는 처지가 되었다. 노고 할머니의 집 앞에서 손님네들이 "안에 주인 있소?" 하였다. 혼자 사는 노고 할머니가 생각하기를 '산 너머에서 짚신을 외상으로 가져다가 신었더니만 짚신값 받으러 왔나보다' 하고, "여보시오, 짚신 장수. 내일 모레 김장자 집에 방아품 팔아서 갚을테니 내일 모레 다시 오시오."라고 말하였다. 손님네가 말하기를 "여보시오. 우리는 다른 사람이 아니라 강남 대왕국의 명신 손님네로서 이 나라의 인물이 좋고 밥도 좋고 문물이 화려하고 볼 만하다는 소리를 듣고 살피려고 나왔다가 길을 잃어서 들렀으니 하룻밤만 쉬어 갑시다." 하였다. 이 말에 호롱불 밑에서 버선을 꿰매다가 깜짝 놀란 노고 할머니가 바늘이며 실이며 버선이며 다 집어 던지고 문을 열고 우루루 버선발로 달려나왔다. "미련한 제가 몰라봤습니다. 어서 들어오십시오"라 말하고 방으로 들어가서 정성들여 청소를 한다는 것이, 떨어진 빗자루를 가지고 여기저기 쓸고 털어내는데 빈데도 툭툭 튀어나오고 벼룩도 튀어나오고 먼지가 방 안에 가득하였다. 그래도 손님네가 생각하기에 청소하는 정성스러운 마음이 갸륵하여 방 안으로 들어갔다.

"노고 할머니 우리가 배가 매우 고픈데 뭐 요기할 것이 없겠습니까?" 하니 "아이구 손님네요, 잠시만 기다리십시오."라 하고 부엌으로 가서 쌀독을 들여다보니 쌀 한 톨이 없었다. "이것이 어떻게 된 일인가. 손님네가 올 줄 알았으면 도둑질을 해서라도 손님네 양식을 마련해 놓았겠지만, 이미 이렇게 되어 버렸으니 어떻게 할까. 할수없다. 김장자의 집에 가서 빌리는 수밖에." 나이가 많아 눈까지 침침한데도 허둥지둥 달려가서, "김장자님. 일년 열두 달 방아품을 팔아서 갚을테니 벼 한 말만 빌려주십시오." 하였다. 이 말을 듣고 김장자 말하기를 "예끼 요망한 할망구야. 이 밤중에 곡식이 어떻게 밖으로 나간단 말이냐. 그런 말 말고 어서 빨리 돌아가거라." 하였다. 옆에서 이 말을 듣고 있던 김장자 부인이 남편이 무서워 말은 못하고 노고 할머니에게 눈치를 주어 자기를 따라오라고 하였다. 노고 할머니가 장자 부인의 뒤를 따라서 뒷곳간으로 가니 벼 한 말을 주는데, 쥐똥이 절반, 싸래기가 절반이었다. 다음날 아침에 닭의 모이로 줄 것을 빌려준 것이다.

'이것이라도 가져가지 않으면 손님네가 밤새 얼마나 배가 고플까' 생각하여 그것이라도 고맙다고 받아 들고 집으로 와서 방아를 찧어 가지고 밥을 준비했다. 솥에다 쌀을 넣고 물을 많이 부어 죽을 쑤어서 이 빠진 그릇에다가 담아서 방으로 들여가니 숭늉 같기도 하고 싸래기 죽 같기도 하였다. 간장을 들여다 놓고 "손님네요, 얼마나 시장하십니까. 어서 드십시오." 손님이 가만히 들여다보니 이것은 죽도 아니고 숭늉도 아니었다. 하지만 이것이라도 먹으면 시장기가 덜할 것이라 생각하고 한 그릇씩 쭉 마시니 그래도 뱃속에 뭐가 들어갔다고 배가 벌떡 일어났다.

"노고 할머니, 이 은공을 어떻게 갚을까요? 혹시 친손자나 외손녀도 없습니까?"라고 물으니, 노고 할머니가 답하기를 "손님네요, 저는 딸이 하나 있었는데, 시집을 보냈더니만 외손녀를 하나 낳고 죽었지요. 사위도 그 애를 키우지 못하고 저도 방아품을 팔아서는 그 아이를 키울 수가 없어서 산너머 남의 집에 주었는데 살았는지 죽었는지 잘 모르겠습니다." 하였다. "그럼 그 손녀라도 데리고 오십시오. 우리가 마마를 가볍게 앓고 끝나게 해 주겠습니다." 하니 "손님네요, 우리 외손녀는 놔두시고 제가 젖유모로 들어가 열 다섯 살까지 키웠던 장자집의 삼대독자 철현이 도련님이나 마마를 가볍게 앓고 끝나게 해 주십시오. 열 다섯 살이 될 때까지 아직 마마가 없었습니다."라 하였다. 손님네가 말하기를, "마음씨가 아주 곱군요. 그러면 장자에게 가서 말해 보십시오." 하였다.

이튿날, 노고 할머니가 장자집에 가서 김장자에게 말하였다. "김장자요, 우리 집에 강남 대왕국의 명신 손님네가 와 계시니, 철현이 도련님이 마마를 가볍게 앓게 하는 것이 어떻겠습니까?" "예끼 요망한 할망구야. 그 손님네가 어떤 손님네인지도 잘 모르고 그런 소리를 하느냐. 어서 돌아가거라." 노고 할머니가 이런 꾸중을 듣고 집으로 돌아오는데, 이미 손님네들은 집에서 이 일을 다 알고 있었다.

"노고 할머니, 어서 가서 외손녀라도 데리고 오십시오." 하였다. 외손녀를 데리고 왔는데 나이가 세 살밖에 안 되어서 마마를 앓게 할 때에 노고 할머니가 놀랠까 봐 각시 손님이 들어가서 살짝 앓게 했다. 노고 할머니는 외손녀가 인물(人物) 좋게 되고 수명도 길게 되도록 손님이 들어가 있으니 손님을 배송(拜送)해야 하는데 돈이 한 푼도 없어서 밤이 되어도 잠을 못 자고 걱정하였다. 이때 손님네가 하는 말이 "할머니 걱정하지 마십시오. 우리가 돈을 줄테니 그 돈을 가지고 음식을 장만해서 손님을 배송하도록 하십시오." 하였다. 노고 할머니가 그 돈을 가지고 가서 음식을 장만해 지극 정성으로 차려놓고, 금줄을 치고 큰 무당을 불러다가 손님 배송을 하였다.

한편 김장자는 열흘이 넘도록 노고 할머니가 방아품을 팔러 자기 집에 오지 않는 것이 이상하여 하루는 의관을 갖추고 담뱃대를 물고 거드름을 잔뜩 피우면서 노고 할머니 집으로 향했다. 논둑을 지나고 밭둑을 지나 노고 할머니 집으로 가다 보니 갑자기 징, 장구 소리가 들려서 그 소리를 따라가 보니 노고 할머니 집이었다. 담 너머로 들여다 보니 많은 제물(祭物)을 장만해 놓고 손님 배송한다고 정신이 없었다. "이 요망한 노고 할망구가 빌려간 쌀은 갚을 생각을 안 하고 돈이 어디 있어서 이렇게 많은 제물을 준비했을까? 우리 철현이는 열 다섯 살이 되도록 손님 배송 못했는데 이것이 어떻게 된 일인가?" 생각하고 말하기를 "형편없는 떠돌이 손님을 불러다 놓고 이것이 웬일이냐." 하였다. 김장자가 이렇게 호통을 치니 노고 할머니 하는 말이 "장자님, 강남 대왕국의 명신 손님네 앞에서 부정하게 이것이 무슨 말씀이요? 그런 말 마십시오. 내일 모레라도 방아품을 팔아서 빌린 쌀 갚을 테니 걱정마시고 돌아가십시오." 하였다. 손님네는 김장자와 노고 할머니가 이렇게 실랑이를 하고 있는 것을 보고 어이가 없었다. "저런 무례한 놈이 없구나. 형편 없는 손님이 웬 말이냐." 손님네는 노고 할머니 보고 저런 놈 하고는 상종을 하지 말라고 충고했다. 노고 할머니는 너무도 분하고 원통해서 입에 거품을 물고 바닥에 쓰러졌다. 김장자가 이것을 보더니만 깜짝 놀라서 걸음아 날 살려라고 집으로 달아나 버렸다.

김장자가 집으로 쫓겨가서 자기 부인에게 하는 말이 "여보 부인, 어서 빨리 우리 철현이를 깊은 산 속에 있는 절에 피신 보내시오. 그리고 골목 골목에다가 창고에 있는 고추를 가지고 가서 마마가 들어오지 못하게 불을 피워놓으시오." 하였다. 원래 손님네는 고추 불을 피우면 매워서 못 들어온다고 한다. 김장자의 부인은 아무 영문도 모르고 시키는 대로 고추를 가져다가 불을 피워놓고 철현이에게로 갔다. "철현아, 책을 가지고 어서 유접사 절에 가서 공부하고 있거라. 엄마가 데리러 갈 때까지 오지 말고." 철현이는 부모님께 효성이 지극한 아이라서 시키는 대로 유접사 절로 떠났다.

손님네는 원래 무섭고 변덕스러운데, 김장자 집으로 가다가 고추 불을 만나서 집으로 들어가지 못하자, 서로 의논하여 유접사 절에 피신가 있는 철현이를 불러내기로 하였다. 각시 손님이 철현이 어머니 같이 변신해서 유접사 절로 찾아가 밤중에 철현이를 불러냈다. "철현아, 어서 가자. 손님네도 떠나고 없으니 어서 집으로 내려가자." 이렇게 해서 손님네들은 철현이를 앞세우고 김장자 집에 도착하여 대문을 들어서면서 철현이의 아래 종아리를 세 차례나 몹시 심하게 때리고 은침 다섯 단을 뼈 마디마디에 꽂아놓았다. 집 안으로 들어서던 철현이가 마당 가운데 엎어지며 이리 뒹굴 저리 뒹굴 울음을 터뜨렸다. "아이구 어머니, 나 죽겠네, 아이구 아버지, 나 죽겠네."

김장자와 그 부인이 깜짝 놀라 문을 열고 내다보니 철현이가 마당에서 뒹굴고 있는 것이었다. 김장자가 "철현아, 네가 어찌 이런 밤중에 왔느냐? 어서 방 안으로 들어가자." 하였다. 죽겠다고 울음을 터뜨리는 철현이의 모습을 보고 손님네들은 서로 의논하여 마마를 심하게 앓게 하기로 하였다. 삼일 만에 철현이의 얼굴에 붉은 종기가 불뚝불뚝 일어나니 철현이 어머니가 장자에게 말하기를, "여보 영감, 우리 철현이가 절에 가서 무엇을 잘못 먹었는지 온몸에 두드러기가 일어났습니다." 하였다. "여보 마누라, 두드러기는 아무 걱정 마시오. 검은 옷을 입혀놓고 짚에다 불을 피워서 아래위로 쓸어내면 없어지오" 김장자가 이렇게 말을 하니 철현이 어머니는 시키는 대로 하였다. 그러나 손님네 들어 있는 몸에다가 화기(火氣)를 대니 종기가 혹처럼 크게 일어나게 되었다. "여보 영감, 우리 철현이 온몸에 혹이 붉어졌습니다." "여보 마누라, 걱정하지 마시오. 산 너머에 살고 있는 침장이를 불러다가 열십자로 째서 피 나오고 고름 나오고 나면 아물어서 완전히 낫게 되오." 김장자의 말에 부인은 침장이를 불러다가 시키는 대로 하였다. 그랬더니 피도 안 나오고 고름도 안 나오고 살만 허옇게 드러나 보였다.

철현이는 "아이구 어머니 나 죽겠습니다. 아버지 나 죽겠습니다." 하며 소리쳤다. 이에 손님네는 더욱 심하게 조이기로 하고 은침 다섯 단과 쇠침 다섯 단을 뼈 마디마디에 꼽아놓으니, 철현이는 배 아파 죽겠다, 다리 아파 죽겠다 하며 이리저리 뒹굴어 다녔다. 철현이 어머니가 이를 보고 "아무래도 우리 철현이한테 손님네가 좌정한 것이 분명한 것 같소. 손님네에게 조금만이라도 빌어보는 것이 좋겠습니다. 하나뿐인 자식, 삼대독자를 죽이고 나면 어찌할 것입니까?" 하였다. 김장자가 철현이의 꼴을 보니 말이 아니었다. 목에서는 쇳소리가 나고 열은 불덩어리 같이 나고 온몸에는 혹 같은 것이 일어나 있으니 그 모습이 처량하기 그지없었다. 그래서 김장자도 손님께 좀 빌어보려고 목욕재계하고 의관을 갖추어 입고 정화수를 떠다 놓고 준비를 하였다. 김장자가 손님께 비는 말이 "나는 어려서부터 독자로 자라다 보니 응석도 많이 부리고 재물도 많이 있어서 무섭고 두려운 게 없다, 손님네요, 강남 대왕국의 명신 손님네요, 우리 철현이 좀 살려주면 곡간을 다 털어서라도 떡하고 술하고 송아지를 잡아서 손님네를 대우해 드릴 것이오. 우리 철현이 좀 살려줘 보지."라고 반말을 하는 것이었다. 그래도 이런 인간이 비는 것이 가상하여 손님네가 의논하여 손님네를 다 나오게 하여, 혹도 딱지가 지게하고 쇠소리도 목에서 안 나게 해 주었다.
철현이가 자리에서 툴툴 털고 일어나더니 "어머니, 밥 좀 주소" 하는 것이었다. 철현이 어머니는 너무나 기뻐서 아들을 안으면서 눈물을 흘렸다. "아이고 내 자식아. 어서 많이 먹어라." 하고 나서 김장자에게 하는 말이 "우리 철현이가 손님네 덕으로 마마를 무사히 잘 치렀으니 곡간을 털어서 떡이며 술이며 장만하고 송아지도 잡아서 대접하지요?" 하였다. "이게 무슨 말이냐? 떡이며 술이 무슨 소리며 송아지는 또 무슨 헛소리냐? 그런 소리하지 말고 아침에 밥 한 상 해 가지고 우리 먹고 난 뒤에 거기다가 짚을 깔고 밥이나 좀 놓아주면 손님네가 먹고 가든지 싸서 가지고 가든지 하겠지." 김장자의 이 말을 듣던 손님네가 괘씸하게 여겨서 "저런 재물밖에 모르는 놈은 자식도 필요 없다. 자식을 잡아가서 씨를 없애야 한다." 하고 의논하여 다시 철현이를 잡아서 때려눕히고 은침 쇠침을 뼈 마디마디에 놓아서 나뒹굴게 하였다. 철현이가 "나 좀 살려주십시오. 나 죽고 나면 이 많은 재물 어느 누구를 주시려고 합니까?" 하며 통곡하였다. 손님네가 철현이를 잡아가면서 마지막으로 가는 길에 할 말이나 좀 하고 가라고 하였다. 철현이가 울면서 말하였다. "불쌍한 우리 어머니. 남편 잘못 만나서 고생하고 이제 하나밖에 없는 자식마저 잃어버리니 너무나 불쌍하구나. 아버지, 재물만 알다가 삼대독자 나를 잃었으니 지금은 잘 몰라도 살다 보면 언젠가 후회할 날이 있을 것입니다. 나는 나는 부모 잘못 만나서 손님네를 따라서 떠나갑니다. 아버지, 어머니 잘 계십시오. 불효자식은 이제 떠나갑니다." 철현이의 두 눈에 눈물이 비오듯 흘러내린다. 이때, 손님네가 철현이의 목을 조르니 철현이는 숨을 거두고 말았다.
죽은 철현이를 보고 철현이 어머니는 가슴을 치며 통곡하였다. "아이고 내 자식아, 나도 가자, 너를 따라서 나도 가자. 하나밖에 없는 자식을 잃고 내가 무슨 낙(樂)이 있어 이 세상을 살아갈 것인가. 남편 잘못 만나 편한 세월 한번 살아보지 못하고, 열 다섯 살 먹을 때까지 이렇게 다 키워놓은 너마저 잃으니 원통해서 어떻게 살까. 에미를 버리고 어디로 가느냐? 못 간다, 못 간다, 나를 버리고 못 간다." 방성통곡을 하여도 이미 철현이는 이승사람이 아니었다.

철현이가 손님네를 따라갈 때, 손님네가 철현이에게 물었다. “철현아, 너는 어느 가문에 다시 태어나고 싶으냐?” 철현이가 대답하였다. “손님네요, 열 살도 되지 못해서 죽으면 좋은 가문에 다시 환생하지만 열 다섯 살이나 먹은 놈이 이렇게 험한 꼴로 누구의 집에 태어나겠습니까? 손님네의 막둥이나 되어서 방방곡곡 따라다니겠습니다.” 손님네가 말하기를, “너는 부모를 잘못 만나서 일찍 죽었지만 그래도 너의 마음이 갸륵하여 데리고 다닐 테니 막둥이 되어 따라다니거라.” 하였다.

이 집 저 집 떠돌아다니다가 드디어 도착한 곳이 한양의 이정승 집이었다. 손님네가 이정승의 집에 찾아갈 때에 미리 이정승의 꿈에 암시를 주었다. 이정승의 집에는 아들 삼형제가 있었다. 이정승이 하루는 꿈을 꾸는데 어떤 할아버지가 말을 타고 오는 것이었다. 일어나서 아내에게 하는 말이 “우리 집에 아무래도 손님네가 좌정을 할 것 같으니, 준비하시오” 하였다. 손님네가 아들 삼형제에게 마마를 앓게 하고 배송을 착실히 받아서 그 집을 떠나게 되었다.

손님네들이 이정승의 집을 떠나서 지나는 길에 노구 할머니의 집에 들렀다. 장자집의 그 많던 재물은 모두 노구 할머니에게 가고 노구 할머니의 오두막 집은 김장자의 집이 되어 있었다. 노구 할머니의 집은 기와집 네 모퉁이에 풍경(風磬)을 단, 매우 크고 웅장한 건물이었다. 남의 집에서 머슴 일을 하던 사위를 데려다 놓고 외손녀도 데려다가 품에 안고 오손도손 세월 가는 줄 모르고 살고 있었다.

이때, 철현이가 손님네를 모시고 그곳을 떠나오면서 하는 말이 “손님네요, 강남 대왕국으로 돌아가는 길에 마지막으로 우리 어머니 아버지 얼굴이나 한 번 보고 가고 싶습니다.” 하였다. 철현이와 손님네가 김장자의 집에 들러서 보니 고래등 같은 기와집은 어디로 가고 없고, 오두막 집에서 거적을 깔고 살고 있었다. 김장자는 중풍에 걸려 있었고, 그 많던 재물도 다 잃고 짚신을 엮어 팔아서 그것으로 목숨을 연명하고 있었다. 철현이 어머니는 밥바가지를 옆에 끼고 남의 집 대문 앞에서 밥을 빌어먹는 신세가 되어 “아이구 내 팔자야. 내 신세가 어쩌다가 이렇게 되었단 말인가?" 하며 눈물을 짓고 있었다. 그러다가 철현이 만한 아이를 보면 "애들아, 너희들은 그대로 있는데 우리 철현이는 어디로 갔단 말인가?" 하며 통곡하였다. 밥바가지를 들고 문전 걸식을 다니면서 슬픈 소리로 '밥 좀 주소' 하면 "억만 장자 잘살 때에는 인심이 야박하더니만 이제 와서 밥 좀 달라는 소리가 웬말이요." 하면서 모두들 대문을 닫고 들어가 버렸다. 철현이 어머니는 서글픈 마음에 "철현아, 이 에미도 함께 데려가거라. 험난한 이 세월, 너 없이 살려고 하니 문전 걸식 다니다가 돌에도 채여서 넘어지고, 발에도 걸려 엎어지는구나. 이 세상 이제는 살기가 싫구나, 나도 데려가거라." 하면서 통곡하였다.

철현이가 이 광경을 보고 "불쌍한 우리 어머니. 그 많던 재물은 다 어디 가고 지금 이 모습이 웬 말입니까?" 하며 목멘 소리로 통곡하였다. 손님네들이 철현이를 불쌍하게 여겨서 의논하더니만 김장자에게 재물도 다시 찾도록 하여 주고 작은 부인을 얻어서 마음도 고치고 대를 이을 아들도 낳게 해 주었다.

손님네들은 그곳을 떠나서 한양의 최정승 집으로 가서 오남매에게 착실히 마마를 앓게 해 주었다. 이에 최정승은 곡간을 다 털어서 술과 밥과 송아지를 잡고 큰무당을 불러서 손님네를 배송하였다. 손님네들은 다시 그곳을 떠나서 삼 년 동안 전국을 떠돌면서 아이들에게 마마를 앓게 해 주고 무병장수하게 해 주고, 많은 복을 주었다고 한다.

제주도 무속신화

1. 이공본풀이
2. 삼공본풀이
3. 세경본풀이
4. 차사본풀이
5. 군웅본풀이
6. 생불할망본풀이
7. 서귀포본향당본풀이
8. 토산당본풀이
9. 괴네깃당본풀이

1. 이공본풀이

「이공본풀이」는 제주도에서 전승되는 무속신화인데 불전설화인 『안락국태자경』(安樂國太子經)을 수용하여 신화화한 것이다. 여기에 수록한 자료는 아카마쓰 지죠와 아키바 다카시가 저술한 『조선 무속의 연구』 상(上)에 수록된 자료를 스토리 중심으로 번역하기 좋게 고쳐 쓴 것이다.

옛날에 김진국과 원진국이라는 사람이 살고 있었다. 김진국은 가난하고 원진국은 부자였는데 둘 다 자식이 없어서 근심하고 있었다. 하루는 동계남상주절의 대사가 시주를 받으러 와서, "소승 인사 올립니다." 하고 절을 하니, "어느 절 어떠한 중입니까?" 하고 물었다. "동계남상주절의 대사인데 시주를 받으러 왔습니다." 하였다. 시주를 내주고, "주역을 가지고 있습니까?" 하니 "예, 있습니다." 하였다. "그러하면 우리가 자식이 없어서 근심이 되니 사주팔자나 보아주십시오." 했다. "소승의 절에 공양을 드리면 자식을 볼 것입니다. 백 근의 황금을 가지고 공양을 드리러 오십시오." 하고 떠났다. 원진국과 김진국은 서로 친한 사이여서 함께 공양을 드리기로 약속하였다. 그러나 김진국은 가난하여서 황금을 준비 못하고 좋은 쌀을 깨끗이 씻어서 이슬을 맞혀서 정성껏 공양을 드리니 원진국은 딸을 낳고 김진국은 아들을 낳았다.

십오 세 때에 둘을 결혼시키니 일년이 못 되어서 옥황상제로부터 편지가 왔는데 '김진국 생원은 꽃감관[花監官]을 하라.'는 내용이었다. 김생원이 서천 꽃밭의 꽃감관으로 갈 때에 원진국 따님되는 부인이 말하기를, "까마귀도 부부가 있고 짐승도 부부가 있는데 나만 홀로 두고 어찌 혼자 갑니까?" 하였다. 이에 김생원이 동행하자 하여 옥황 사자와 세 명이 서천 꽃밭으로 향하여 떠났다. 가는 길이 멀고 험해서 가도 가도 끝이 없었다. 결국 김생원 부인이 발병이 나서 움직이지 못하니 산중에서 유숙을 하기로 하였다. 산중에서 자다가 날이 밝아 오자 개와 닭이 우는 소리가 들렸다. 지나가는 사람에게 "개와 닭이 우는 곳은 어디입니까?" 하고 물으니 김장자 집의 개와 닭이라 하였다. 부인이 김생원께 말하기를, "저는 서천 꽃밭에 가기도 어렵고 집에 돌아가기도 어려우니 여기에서 김장자 집에 종으로나 팔아 두고 가십시오." 했다. 김생원이 말하기를 "어떻게 이럴 수 있겠는가? 그러나 죽는 것보다 사는 것이 더 나으니 알아서 하시오." 하였다. 결국 종으로 팔기로 하고 김장자와 의논하니 김장자가 종을 사는 게 좋은지 어떤지를 딸 삼형제에게 물었다. 장녀와 둘째 딸은 종을 사지 말라고 했으나 셋째 딸이 종을 사도 좋다고 하여 종문서를 만들었다. 그리고 원진국 부인은 부엌으로 들어가라 하고 김생원은 사랑으로 부르니 김생원이 말하기를 "이곳 풍속은 모르나 우리 풍속은 종과 한집에서 이별을 할 때는 한 방에서 말하고 한 방에서 먹고 한다." 하였다. 김장자가 그렇게 하라고 하여, 원진국 부인이 김생원 있는 방으로 왔다. 원진국 부인이 말하기를 "복중에 있는 태아를 장차 어찌하면 좋겠습니까?" 하니 김생원 하는 말이 "딸을 낳거든 할락덕이라 이름을 짓고, 아들을 낳거든 할락궁이라 이름을 지으라." 하며 징표로 참실 한 꾸러미와 빗을 한 짝 주고 떠났다.

주인 김장자가 움막을 짓고 원진국 부인을 종으로 기르는데 하룻밤은 김장자가 찾아와서 베필로 삼기 위해 동침을 하려 했다. "복중에 있는 태아가 나서 빨리 자라 노래하고 죽마(竹馬)를 타고 긴 장대를 짊어질 수 있어서 밭을 갈 때가 되면 허락하겠소." 하니 할수없이 장자가 돌아갔다. 얼마 후에 아이가 태어나고 점점 커서 밭을 갈게 되니 김장자가 다시 와서 전에 약속대로 배필을 하자 하니 "이 무지한 장자님아. 주인과 노비는 부자(父子)와 같은데 어찌 배필을 할 수 있으리요." 하였다. 장자가 분하게 여겨서 "너를 죽이겠다." 하고 돌아가서 자객을 시켜서 죽이고자 하였다. 이에 막내딸이 하는 말이 "그 종을 죽이면 도리어 해로우니 힘든 일을 많이 시키는 것이 좋겠습니다. 할락궁에게는 낮에는 나무 오십 바리, 밤에는 새끼 오십 발을 꼬게 하고 어미 종에게는 하루 종일 물명주 다섯 동, 광명주 다섯 동을 만들라고 하시지요." 했다. 김장자가 막내딸의 말대로 두 모자에게 나무와 새끼와 명주를 해 오라고 했다. 그런데 할락궁이가 나무 한 바리를 해서 소 한 마리에 실어놓으면 소 오십 마리에 나무 오십 바리가 되고, 새끼 한 동을 꼬아놓으면 오십 동이 되고, 명주도 한 필을 짜면 다섯 필씩 되어서 힘든 일을 다 해 놓았다. 이에 장자가 더 괴롭게 해야겠다고 생각하여 좁씨 한 섬을 주며 깊은 산중에 들어가 나무를 베어서 밭을 만들고 이 씨를 하루에 다 뿌리고 오라고 했다. 깊은 산중에 가서 나무를 베고 밭을 만들려고 하는데 갑자기 큰 멧돼지가 나와 나무를 베고 밭을 갈아주어서 씨를 뿌리고 돌아왔다. 장자가 하는 말이 오늘은 씨 뿌리기에 좋지 않은 날이니 좁씨를 다시 주워 오라 했다. 할락궁이 조 밭에 가서 보니 개미 떼가 모여들어서 한 곳에 좁씨를 모아 두었다. 기뻐하며 모아놓은 좁씨를 가지고 오니, 장자가 하는 말이 "좁씨를 세어보니 씨 한 개가 부족하다. 다시 가서 찾아오라." 하였다. 할락궁이 할수없이 문 밖으로 나가는데 왕개미가 좁씨 한 알을 물고 와 있었다. 가지고 가서 김장자에게 주고 소 오십 마리를 몰고 나무를 하러 산으로 갔다.

세 명의 신선이 바둑을 두다가 나무하러 가는 할락궁이를 불러서 말하기를 "오늘 백록 사슴을 보게 될 것이니 집으로 끌고 가서 매어 두었다가 도망하거든 사슴을 찾는다는 핑계로 아버지를 찾으로 가라." 하였다. 소 오십 마리에 나무 오십 바리를 싣고 돌아오는 길에 사슴이 보이니 둘러 타고 집에 돌아왔다. 장자가 사슴을 보고 깜짝 놀라며 할락궁이에게 하루 동안은 쉬고 일하라고 하였다. 이때 할락궁이가 어머니한테 가서 아버지 간 곳을 물으니, "너 아버지는 서천 꽃감관 김생원이다."고 답했다. "징표가 무엇입니까?" 하니 참실과 빗을 내어 주었다. 할락궁이가 어머니께 "소금 닷 되에 밀가루 닷 되를 섞어서 범벅을 하여주십시오." 해서 봇짐에 넣어 둘러메고 아버지를 찾으러 천릿길을 떠났다.

장자가 할락궁이가 없어진 것을 알고 천리동이 개를 시켜서 잡아오라 하니 천리동이 개가 가서 할락궁이를 잡아오려 했다. "너나 나나 생명이 있는 자이니 물고 가지 않아도 가겠다." 하고 "범벅이나 먹어라." 하니 천리동이 개가 범벅을 먹고 너무 짜서 천리수(水)를 먹으러 가 버리니 그 틈에 할락궁이는 만 리를 갔다. 그때 장자가 만리동이 개를 보내고 할락궁이를 잡아오라 하니 만리동이 개가 가서 할락궁이 물어 오려고 했다. "범벅이나 먹어라." 하고 내어 주니 먹고 목이 짜서, 만리수(水) 먹으러 가버리니 그 틈에 할락궁이는 억만리 길을 갔다.

그때 헌 집 고치는 곳이 있어서 그곳에서 묻기를 "서천 꽃밭을 어디로 갑니까?" 하니 "여기서 우리와 같이 삼 년을 일하면 알려주리라." 하였다. 삼 년을 있은 후에 다시 물으니 "가다 보면 얕은 물이 있고 깊은 물이 있으니 넘어가라." 하였다. 가다가 그 물을 넘어가니 까마귀 일곱 마리가 울었다. "너희들 어찌하여 우느냐?" 하니 "칠성왕 까마귀입니다."고 답했다. "너희들 무엇을 먹고 사는가?" 하니 "벌레를 먹고 삽니다." 하였다. 그래서 벌레를 잡아서 주고 서천 꽃밭 가는 길을 물으니 "가다 보면 신녀(神女) 세 사람이 울고 있을 터이니, 물어 보라." 하거늘 정말로 가다 보니 세 신녀가 울고 있었다. "어떤 신녀가 길에서 우느냐?" 물으니 "우리는 옥황 신녀인데 죄를 지어 벌어진 동이에 물을 이어 오라 하니 못 이어가고 울고 있습니다." 하니 할락궁이 마(麻)의 줄기와 칡덩굴을 걷어다가 얽어 메고 송진으로 막아서 물을 길어 주고 서천 꽃밭을 물으니 같이 가다가 "여기가 서천 꽃밭입니다." 하고 가버렸다.

꽃밭에서는 여자아이들이 와서 꽃에 물을 주고 있어서 여자아이에게 꽃감관이 있는 곳을 물으니 꽃감관이 나왔다. "너는 어떤 인간이냐? 어찌하여 여기에 왔느냐?" 물으니 "아버지 꽃감관 김생원을 찾으러 왔습니다." 하였다. "그러면 어머니는 누구냐?" "원장 부인입니다." "징표는 무엇이냐?" "네, 여기에 있습니다." 하고 내어놓으니 아들이 분명하였다. 김생원이 반갑기도 하고 놀랍기도 하여 "네가 올 때 구경한 일을 말하라." 하니 올 때 사실을 모두 말하였다. 이에 김생원이 말하기를 "얕은 물과 깊은 물은 너의 어머니가 죽어서 원한 깊은 눈물이다. 네가 여기에 찾아올 때 네가 없어지니 장자가 네 어머니를 죽였다." 하니 할락궁이 이 말을 듣고 슬프고 분하였다. 원수 갚을 길을 생각하다가 "이 꽃은 무슨 꽃입니까?" 하고 아버지에게 물으니 "이 꽃은 사람 죽이고 살리는 꽃이다." 하였다. 꽃사령에게 꽃을 일일이 가르쳐 달라 하여 환생꽃, 웃음 웃는 꽃, 싸움하는 꽃, 살인하는 꽃 등을 일일이 꺾어놓았다.

아버지에게 "세상으로 나갔다가 다시 오겠습니다." 하고 출발하여 주인 장자 집에 도착하였다. 장자가 하는 말이 "네가 백록 사슴 잡아 온다 하고 수년을 돌아오지 아니하니 너 같은 놈은 죽이리라." 하였다. 할락궁이 하는 말이 "백록 사슴 찾아오려 하는 것이 서천 꽃밭까지 갔습니다. 가서 보니 한 번 보면 천 년 살고 두 번 보면 만 년 사는 꽃이 있어 그것을 구하여 왔습니다." 하였다. "그러하면 그 꽃을 내여 보이라." 하니 "장자님 일가 친척 모두 모이면 구경시켜 드리겠습니다." 하였다. 일가 친척 모인 후에 웃음꽃을 내놓으니 사람마다 웃음을 참지 못하였다. 또 싸움꽃을 내놓으니 서로서로 싸움을 하고, 살인하는 꽃을 내놓으니, 모두 죽었다. 막내딸만 다시 살려내서 "우리 어머니 죽은 시체 어디 있느냐?" 물으니 "청대[靑竹]밭 속에 있습니다." 하거늘 청대밭 속에 가 보니 죽은 뼈만 남아 있었다. 그리고 시체의 이마에서는 동백나무가 나 있고 배에는 오동나무가 나 있었다. 할락궁이가 시체에 뼈 오를 꽃을 놓으니 뼈가 서로 붙었고, 고기 오를 꽃을 놓으니 살이 차츰 붙었다. 피 생기는 꽃, 오장 육부 생기는 꽃을 놓고 옥황상제께 기도한 후에 나무 회초리로 세 번 치니 깜짝 놀라며 어머니가 환생하게 되었다. 어머니가 "가련한 나의 아들아, 이게 어찌된 일이냐?" 하고 물으니 상세히 다 설명하고 나서 "어머니 죽은 시체 이마에서 동백나무가 나고 배에서 오동나무가 나옴은 무슨 까닭입니까?" 하고 물으니 "나의 이마의 동백나무는 열매로 기름을 짜서 세상의 여자들 머리에 바르게 하고, 애절하게 죽은 내 배의 오동나무는 끊어다 어머니가 돌아가신 아들의 상장(喪杖)으로 쓰게 하려는 것이었다." 하였다.

할락궁이가 어머님을 모시고 서천 꽃밭에 가니 아버지가 기특하다 칭찬하였다. "나는 살아서 서천 꽃밭 대왕이 되고 너는 꽃감관이 되라. 그래서 생불(生佛)꽃, 환생꽃, 유을꽃을 차지하여 십오 세 전에 죽은 혼은 이 꽃밭으로 올라가게 하자." 하였다. 생불꽃, 유을꽃은 아기 못 낳는 사람, 오래 살기를 바라는 사람들이 기도하는 꽃이다.

2. 삼공본풀이

「삼공본풀이」는 제주도에서 전승되는 무속신화로서 '여인발복설화' 유형을 수용하고 있다. 여기에서는 아카마쓰 지죠와 아키바다카시가 함께 지은 『조선무속의 연구』 상(上)에 수록된 자료를 스토리 중심으로 고쳐 쓴 것이다.

옛날에 한림수사[翰林首座]는 윗 상실에서 살았고 구에궁전(宮殿)의 너설부인은 아래 상실에 살았다. 한 해는 흉년이 들어서 거리에서 걸식을 하다가 서로 만나 인연을 맺고 부부가 되어 아이를 얻었는데 큰딸은 인장 아기이고 둘째 딸은 놋장 아기이고 막내딸은 감은장 아기이다. 막내딸을 낳은 후에 부자가 되어 부부가 세 딸을 불러놓고 "너희들은 누구 덕으로 사느냐?" 물었다. 큰딸과 둘째 딸은 대답하기를 "부모 덕으로 삽니다." 하니 기특하다고 칭찬하였다. 그런데 셋째 딸은 대답하기를 "첫째 덕은 하느님 덕이요, 둘째 덕은 따님 덕이요, 셋째 덕은 부모님 덕이요, 넷째 덕은 배 아래의 선금[立線][1] 덕입니다." 하였다. 이에 부부가 요망스러운 년이라 하고 검은 암소에 의복 행장을 실어놓고 계집 하나 붙여서 쫓아내 버렸다.

문 밖으로 나가다가 차마 떠나기 어려운 듯이 서서 부모님 거동을 살폈다. 부모님도 미안하여, 큰딸을 불러서 하는 말이, "문 밖에 나가서 막내 아기 거동 봐라. 정말로 가고 있는가 보고 와서 말해 달라." 했다. 큰딸 아기가 나가더니 막내 아기를 보고하는 말이 "어서 속히 도망가라. 너를 죽이러 나오려 한다." 하였다. 큰딸 아기의 나쁜 마음이 미워서 막내딸이 도술을 부려서 지네로 만들었다. 또 부부가 둘째 딸을 불러서 하는 말이 "문 밖에 나가서 막내 아기 거동 봐라. 정말로

---

1) 배꼽에서 성기 쪽을 향해 세로로 그어진 금.

가고 있는가 보고 와서 말해 달라." 했다. 둘째 딸 아기가 하는 말이 "부모님이 너를 죽이려 나오려 하시니, 어서 속히 도망가라." 하니 막내 아기 생각에 둘째 아기 나쁜 마음이 미워서 말똥버섯으로 만들어 버렸다. 그리고 가루 한 줌을 뿌려서 부모님 눈을 멀게 하고 사방의 신장(神將)을 불러내어서 이 집을 망하게 하였다.

막내딸 아기가 나가다가 마(麻)를 캐고 있는 총각 둘을 보고 하녀를 시켜서 "인간사는 곳이 어디 있느냐?"고 물으니 "별 고약한 년 처음 본다."고 욕설만 하였다. 할수없이 다시 가다가 보니 마를 캐는 또 다른 총각이 다시 보여서 "인간 사는 곳이 어디 있느냐?"고 물으니 친절히 대답하는 말이 "이 아랫녁에 가면 초막살이 늙은 할머니가 사는 곳이 있습니다." 하였다. 거기를 찾아가서 "오늘밤 유숙하고 가겠습니다." 하니, 할머니가 하는 말이 "초막살이 집이 좁고 사람이 많이 있어서 유숙하기 곤란하오나, 어서 자고 가십시오." 하였다. 그래서 그 날 밤 유숙하게 되었는데 마를 캐러 갔던 아들 형제가 돌아와서 하는 말이 "먹을 것도 없고 집도 좁은데 쓸데없이 손님을 재운다." 하며 어머니 앞에서 원망하는 말을 하였다. 그리고 마를 삶아서 잔등은 떼어서 자기들이 먹고 목은 어머니를 먹이고 꼬리는 손님을 주었다. 참 고약한 인간이라고 생각하고 있을 때, 막내아들이 마를 캐고 와서 "어떤 손님 들었습니까?" 물으니 어머니 말씀이 "길 가다가 날이 저물어 들어 온 손님이다." 하니 "잘 유숙케 하였습니다." 하였다. 그리고 마를 삶아서 잔등은 어머니께 드리고, 목은 손님께 드리고 꼬리는 자기가 먹으니 그 마음씨 고운 것을 칭찬하고 아기씨가 직접 밥을 지어서 주인에게 모두 대접하였다. 그날 밤에 막내아들을 불러서 깨끗이 목욕시키고 의복 한 벌 내서 입히고 부부의 인연을 맺어서 사니 큰아들과 둘째 아들은 '우리도 저런 각시나 얻어 살아보았으면' 하고 매우 부러워했다. 하루는 막내아들이 마를 팔러 밖에 나가니 마를 파는 곳마다 황금이 가득가득 하여 일시에 엄청난 부자가 되었다.

아기씨가 부모를 만나고 싶은 마음이 간절하여 "필경 걸식하러 돌아다니실 것이니 걸인 잔치나 하리라." 생각하고 연 석 달에 걸쳐서 걸인 잔치를 하였다. 하루는 맹인이 된 두 노인이 들어왔는데 자세히 살펴보니 분명히 아기씨의 부모였다. 한쪽으로 인도하여 두었다가 밤이 되어서 사랑으로 청하여 앉히고 전후 사정을 모두 말하였다. "제가 막내 아기 감은장 아기입니다." 하니 "이게 무슨 말이냐, 어느 게 내 딸이냐." 하고 깜짝 놀라 할 때, 맹인이 된 부모의 눈이 번쩍 뜨여 서로 서로 기뻐하였다. 아기씨 하는 말이 "인장 아기와 놋장 아기 두 형님은 마음이 나빠서 죄를 받아, 큰형은 지네로 환생하고 둘째 형은 말똥버섯으로 환생하였습니다. 저는 원래 전생을 맡아서 인간 세상에 나왔으니 부모님이 부자로 살게 된 것도 제가 있었기 때문이었습니다." 하였다. 부모가 하는 말이 "전생은 어떤 것이냐?" 하니 "전생은 다름이 아니오라, 인간 세상 장사하는 것도 전생이요, 목수일도 전생이요, 농사 짓는 것도 전생이요, 술 먹는 것도 전생이요, 담배 먹는 것도 전생이요, 노름 하는 것도 전생이요, 밥 먹는 것도 전생이요, 인간살이 모든 일이 전생입니다." 하였다.

3. 세경본풀이

「세경본풀이」는 제주도에서만 전승되는 농경신 신화이다. 자청비와 문도령의 애정담의 성격을 띠고 있는데 남녀결연과정에서의 여성의 수난과정이 상세하게 나타난다. 여기에 싣는 자료는 현용준이 지은 『제주도무속자료사전』에 수록된 자료를 스토리 중심으로 번역하기 좋게 고쳐 쓴 것이다.

세경의 할아버지는 동해바다 김진국(金鎭國) 노불(老佛)이고, 할머니는 서해바다 조진국(曺鎭國) 노불(老佛)이었다. 또한 그의 아버지는 김진국의 수영대장(水營大將)이었고 그의 어머니는 하늘 제석궁의 외동딸이었다. 안세경은 자청비이고 바깥세경은 문도령이다.

김진국 대감은 부유하였지만 슬하에 자식이 없는 것이 커다란 근심이었다. 그러던 중 하루는 동네에서 가장 가난한 집에서 큰 웃음소리가 들려서 하인에게 그 이유를 알아보게 하였다. 하인이 가서 보고 와 말하기를 어린아이가 노는 모습을 보고 그렇게 즐거워한다는 것이었다. 그 말을 듣고 김진국은 아무리 많은 금, 은을 가졌어도 웃음이 나오지 않던 것을 떠올리며 긴 한숨을 내쉬었다. "세상에서 가장 소중한 것은 사람이다. 우리도 자식이 있었으면 오죽 좋겠느냐?"

이렇게 근심만 쌓여 가던 차에 하루는 동계남무상주사(東溪南無上主寺)에서 한 스님이 찾아왔다. 김진국이 방문한 이유를 물으니 스님이 말했다. "사람으로 태어나 부귀를 이루었으니 이제는 부처께 공양하고 불공을 드리심이 어떠한지요?" 김진국은 스님을 방으로 들어오라 하고 방석을 내주었다. 스님이 앉자 김진국도 따라 앉았다. "스님이면 으레 주역을 갖고 다닌다 하던데 가지고 계신지요?" "네, 가지고 있습니다." "우리는 부자로 살고 있지만 자식이 없어서 걱정입니다. 우리에게도 자식이 있겠습니까?" 스님이 주역을 꺼내어 곧 점괘를 알아보았다.

“절에 수륙공양(水陸供養)을 드리면 아들을 얻겠습니다.” 이 말을 듣고 김진국은 크게 기뻐하였다. “어떻게 공양을 드리면 되겠습니까?” “쌀 한 섬과 입고 다니던 상의(上衣), 은 백 냥을 절에 시주하시면 될 것입니다.” 스님이 돌아가자, 김진국은 쌀 한 섬과 입던 옷, 은 백 냥을 검은 암소에 실어 상주사로 향했다.

상주사를 향해 길을 가는데 어떤 스님이 난데없이 인사를 하였다. “스님은 누구신지요?” “네, 소승은 서계남무백금사(西溪南無白金寺)에서 왔습니다.” “무슨 이유로 이곳에 나오셨는지요?” “소승이 오행팔괘를 살펴보니 대감님이 동계남무사에 공양가시는 것 같아 찾아왔습니다. 하지만 동계나무사에는 신령이 없고 우리 절에는 신령이 있습니다. 우리 절에 공양을 하시면 좋겠습니다.” 김진국이 그 스님의 말을 듣고 서계남무사로 가서 부처님을 향하여 네 번 절을 하고 공양을 하고 나니 서계남무사의 스님이 말하였다. “집에 돌아가시면 곧 꿈을 꾸시게 될 것입니다.”

한편 동계나무사 스님은 자기 절에 공양을 드린다고 해 놓고서 서계남무사에 공양을 한 김진국을 괘씸히 여겨 그 집의 하녀인 정수덕의 몸에 환생을 주자고 조화를 부렸다. 하루는 김진국이 청감주(淸甘酒)에 호박 나물 안주를 먹는 꿈을 꾸었다. 해몽하는 사람을 불러 해몽을 해 보라 하니 여자아이가 생길 꿈이라 하였다. 때마침 정수덕이도 꿈을 꾸었다 하여 어떤 꿈을 꾸었는지를 물었다. “소녀는 소주에 제육 안주를 먹는 꿈을 꾸었습니다.” 해몽하는 사람이 말하기를, “남자아이를 낳을 것입니다.” 하였다.

그로부터 삼 년 후, 김진국은 여자아이를 낳고 이름을 자청비라 하였다. 때마침 같은 해 같은 달에 정수덕도 남자아이를 낳고 그의 이름을 정수남이라 지었다. 자청비는 아버지의 무릎 위에서 여섯 살까지 길러지고 일곱 살 때부터 글공부를 시작하여 열 다섯 살 때에는 별충당(別忠堂)을 짓고 하녀인 정수덕과 함께 살게 되었다.

하루는 정수덕이가 밥상을 들고 들어가는데 자청비가 정수덕이의 손이 어여쁜 이유를 물으니 정수덕이가 답하기를, “빨래를 하면 손이 자연 어여쁘게 됩니다." 하였다. 이에 자청비도 빨래를 하겠다고 하여 정수덕에게 빨래를 들게 하고 영방축(營防築)이라는 연못으로 가서 빨래를 하였다. 그러던 중에 하늘 옥황의 문관선인 문도령이 동개남무의 주청당에 공부하러 가는 도중에 영방축 연못을 지나게 되었는데 미인이 빨래를 하는 것을 발견하고 마음이 자연 미인에게 쏠리게 되었다. 물을 청하니 물을 세 번 휘젓고는 바가지에 물을 떠서 버드나무 잎을 넣어서 주었다. 문도령이 책망하면서 말하기를 "그녀는 어여쁘기는 하나 마음씨가 고약하다." 하였다. 자청비가 답하기를 "도련님 모르는 말 마십시오. 먼 길 걷는 사람이 목이 마를 때, 급하게 물을 먹다가 체하면 약도 없는 법입니다." 하고는, 묻기를 "도령님은 어느 곳으로 가십니까?" 하였다. "네, 저는 동개남무의 주청당에 글공부를 하러 가는 길입니다. 당신은 어디에 사십니까?" "네, 저는 인간 김진국의 딸 자청비입니다. 저희 오빠가 주청당에 글공부를 하러 가고 싶어도 친구가 없어서 못 가고 있습니다. 동행하는 것이 어떻겠습니까?" 하니 "예, 좋습니다. 속히 준비하고 오라고 하십시오." 하였다. "그러시면 여기에서 좀 기다려 주십시오." 하고, 빨래하던 의복을 주섬주섬 집어서 집으로 돌아갔다. 그리고 부모님께 공부하러 가겠다고 하니 승낙하여 주었다. 자기 방으로 들어가서 여복을 벗고 남복으로 갈아입어서 간단히 준비를 하고 문도령과 함께 떠났다. 같이 가다가 통성명을 하니 문도령과 같은 해 같은 날에 태어났다는 것을 알게 되었다.

공부를 하면서도 함께 같은 방에서 잤는데, 중간에 은대야에 냉수를 가득 떠놓고, 금비녀를 걸쳐놓았다. 약 삼 년을 공부하여 자청비가 집으로 돌아가겠다고 하니 문도령도 역시 돌아가겠다고 하였다. 같이 동행하여 돌아오는 도중에 영방축 연못에 도착하니, 문도령이 목욕이나 하고 작별하자고 하였다. 목욕을 하는 중에 자청비가 나뭇잎에 "삼 년 같이 공부하면서도 남자인지 여자인지 구별을 못하는군요."라고 써서 물 위에 떠내려 보내니 문도령이 그것을 보고 급히 나와 보았으나 자청비는 이미 떠나버리고 없었다. 문도령이 급히 자청비의 뒤를 좇아가 보니 자청비가 잔디 위에 앉아 있었다. 문도령이 손목을 잡고 자기가 지금껏 몰라본 것을 사과하고 자청비와 같이 김진국 집을 향하여 갔다.

자청비는 부모에게 인사를 드리고 “하늘 옥황의 문씨(文氏)가 동개남무의 주청당에서 저와 같이 공부하다가 이제 집으로 돌아가는데 도중에 병이 나서 며칠 머물러 가겠다고 합니다. 지금 문밖에서 기다리고 있습니다.” 하였다. 하녀 정수덕이를 시켜서 나이가 열 다섯을 넘었는지를 물으니 아직 넘지 않았다고 해서 안사랑으로 인도하였다. 문도령은 약 삼 개월간 자청비와 함께 지내다가 하루는 이제 집으로 돌아가겠다고 하였다. 그리고 배씨를 하나 주면서 이것을 심어서 과일이 열리면 그때는 돌아오겠다고 하고 하늘 옥황으로 갔다.

자청비는 문도령을 보내고 하루하루 수심에 차서 지내고 있는데 하루는 부엌에 나가 보니 정수남이가 낮잠을 자고 있었다. “너는 밤낮 잠만 자고 일을 안하는데 무엇 때문이냐?” 하고 물으니 정수남이 하는 말이 “아홉 마리의 말과 아홉 마리의 소를 주면 나무를 해 오겠습니다.” 하였다. 정수남이의 말대로 준비를 해서 주니 정수남이 말과 소 열 여덟 마리를 끌고 산으로 올라갔다. 조금 가다가 보니 지겨워서 버드나무 가지에 말과 소를 메어 두고 낮잠을 잤다. 깨어나서 보니 말과 소들이 모두 배고프고 목이 말라 죽어 있었다. 할수없이 도끼로 가죽을 벗기고, 나무를 모아다가 불을 피워서 열 여덟 마리의 고기를 다 먹어버렸다.

그리고 소와 말가죽을 짊어지고 돌아오는 도중에 연못에서 오리가 놀고 있는 것을 보고, “저 놈을 잡아가면 자청비에게 욕을 얻어 먹지 않을 수도 있겠구나.” 생각하였다. 그래서 도끼를 들고 겨냥해서 던지니 도끼만 물 속에 빠져버리고 오리는 날아가 버렸다. 정수남이 도끼를 찾으려고 옷을 벗어두고 물 속으로 들어가서 온갖 노력을 다하였으나 찾지 못하였다. 물에서 나와 보니 소와 말가죽, 그리고 벗어놓은 옷이 없어져 버렸다. 할수없이 밤까지 기다려서 숨어서 집으로 돌아가는데 자청비에게 들켜버렸다. 자청비가 자초지종을 물으니 “나무하려고 산에 올라가 보니 문도령이 선녀 삼백 명과 제자 삼천 명을 데리고 꽃구경하면서 재미있게 놀고 있어서 그것을 보느라고 소와 말을 다 죽이고 의복도 역시 잃어버렸습니다." 하였다.

자청비가 "그러면 문도령이 노는 곳을 지금 찾아갈 수 있겠느냐?" 하고 물으니 정수남이 "당장에 가르쳐 드리겠습니다." 하였다. 자청비는 부모님께 가서 꽃구경을 가겠다고 하니 부모가 꾸짖으며 허락하지 않았다. 그러나 자기 방으로 돌아와서 꽃구경 갈 준비를 하고, 정수남이를 데리고 산을 향하여 말을 타고 떠나버렸다. 가도 가도 끝이 없는 험한 산이었지만 문도령을 만날 수 있다는 생각에서 모든 어려움을 참았다. 그러다가 목이 말라 물을 먹고 싶다고 정수남이에게 말을 하니 "여기에서는 물을 먹고자 하면 옷을 벗고 엎드려서 먹어야 합니다." 하였다. 자청비는 하는 수 없이 옷을 벗고 물을 먹었는데 돌아보니 옷이 없어져 버렸다. 정수남이가 옷을 숨겨두고 자청비의 모습을 만족스러운 듯이 바라보고 있었다. 자청비가 정수남에게 의복을 찾아내라고 하니, "입을 맞추면 옷을 찾아드리겠습니다" 하였다. 자청비가 기가 막혀 "정수남아, 내 입을 맞추는 것보다 아버지의 담뱃대를 무는 것이 더 낫지 않겠느냐?" 하니 "그러면 젖이나 만져봅시다." 하였다. "젖보다는 집에 가서 연적(硯滴)을 만져보아라." "그러거든 같이 누워봅시다." "그것보다는 집에 가서 비단 이불에 원앙베개를 베고 누워보아라." 이러는 사이에 해는 벌써 서산에 지고 캄캄해졌다.

자청비는 정수남에게 속은 것을 깨닫고 "정수남아, 움집이나 하나 지어서 누웠다가 가자." 하였다. 정수남은 너무 좋아서 재빨리 움집을 만들었다. 자청비는 계략을 세우고 "정수남아, 구멍이 너무 많아서 잘 수가 없다. 구멍을 막아라." 하였다. 정수남이가 돌아다니면서 구멍을 하나씩 막으면 자청비는 다른 곳에 구멍을 뚫었다. 이렇게 하여 밤은 가고 날이 밝아오니 정수남이가 화를 내면서 자청비를 해치려고 하였다. 자청비가 할수없이 정수남이를 보고 "머리에 있는 이를 잡아주겠으니 내 무릎에 누워라." 하였다. 정수남이 좋아하며 자청비의 무릎에 누웠다. 정수남이 잠을 제대로 못 자서 금방 잠이 들어 코를 골아 댔다. 이때, 자청비가 칼을 들고 정수남이의 귀를 향하여 한 번 찌르니 붉은 피를 흘리면서 죽었다. 이때, 정수남이의 오른쪽 귀에서 뻐꾸기가 날아가고 왼쪽 귀에서 부엉이가 날아갔다.

자청비가 말을 타고 집으로 돌아와서 "하인 정수남이가 행동이 부정하여 죽였습니다."라고 부모님께 말하니 부모가 크게 화를 내면서 "하인을 살려내고 너 가고 싶은 곳으로 가거라." 하였다. 자청비가 자기 방으로 돌아와서 남복으로 갈아입고 말을 타고 정처없이 집을 떠났다. 가는 도중에 어린아이 둘이 부엉이를 잡아서 서로 가지려고 다투고 있는 것을 보았다. 이들에게 털가죽을 두 개 주고 부엉이를 얻어서 왼쪽 귀에서 오른쪽 귀로 화살촉을 박아서 사라대왕(娑羅大王) 김정신의 집에 던져두었다. 그리고 앞문으로 들어가서 주인을 부르니 하인이 나와서 무슨 일로 왔느냐고 물었다. "내가 지금 활을 쏘아서 왼쪽 귀에서 오른쪽 귀로 화살이 통하여 부엉이를 잡았는데 이 집 후원에 떨어진 듯하기에 찾으러 왔습니다." 하였다. 주인과 하인이 이 말을 듣고 찾아보니 정말로 화살을 맞고 떨어진 부엉이가 있었다. 주인이 크게 놀라며 자청비를 불러서 "자기 집에서 요즘 밤중에 요망스런 새가 울어서 후원의 화초가 다 시들어 가니 그 새를 잡아주라."고 청하였다. 자청비가 며칠 밤 동안 힘들여서 그 새를 잡아주니 사라대왕이 자기의 딸과 결혼하여 주기를 청하였다. "공부를 다하고 결혼하겠습니다." 하고는 다른 사람 몰래 장검(長劍)을 마루밑에 숨겨두고 후원으로 하인을 데리고 가서 화초를 구경하면서 인간환생화(花)를 얻고 작별하였다.

정수남이 죽은 곳에 가서 환생화를 놓고 정수남이를 다시 살려서 부모님께 바치니 "딸 자식이 너무도 하구나. 자식이라고 할 수 없으니 집에 있지 말고 어서 나가라." 하였다. 자청비는 부모의 명이기에 거역하지 못하고 눈물을 하염없이 흘리며 정처없이 집을 떠났다. 한참을 가다가 어떤 할머니가 비단을 짜고 있는 것을 구경하고 있으니, 그 노인이 묻기를 "누가 그렇게 구경을 하고 있습니까?" 하였다. 자청비가 답하기를 "저는 부모도 없는 걸인입니다. 함께 살게 하여 주시면 좋겠습니다." 하였다. 그 노인 역시 자식이 없어서 좋다고 하고 "나는 하늘 옥황에 죄를 지어서 매일 비단을 짜서 문도령댁으로 보내니 너는 나 대신 비단을 짜주고 같이 있자."고 하였다. 자청비가 그날부터 비단을 짜기 시작하여 문도령 댁으로 보냈다. 문도령이 보기에 이전의 비단보다 잘 짜는 것 같아서 노인에게 누가 짰느냐고 물으니 "나의 딸 자청비가 짰습니다." 하였다.

문도령이 자청비를 만나 보고 싶어서 날짜를 정하여 가겠노라고 하였다. 노인이 귀가하여 자청비에게 "문도령이 너를 보러 오겠다고 하였으니, 네가 문도령 마음에만 들면 나도 죄 사함을 받고 하늘에 가게 되고 너도 귀한 몸이 되니 좋은 일이 아니냐."라고 말하였다. 자청비도 문도령을 만날 생각으로 내심 즐거웠다. 그런데 오겠다고 하는 날짜가 되었는데도 아무런 소식 없이 문도령이 오지 않았다. 마음을 진정시키기 위해서 바느질을 하고 있는데 밤중에 누가 손가락으로 문에 구멍을 내려고 하였다. 자청비가 바늘로 그 손가락을 찌르니 "나에게 피를 보고 돌아가게 하는구나. 얼굴은 곱지만 마음씨는 고약하구나." 하는 소리가 들렸다. 자청비가 문을 열고 보니 아무도 보이지 않았다. 다음날 노인이 묻기를 "어젯밤에 문도령이 안 왔더냐?" 하니 "아무런 사람도 오지 않았습니다." 하였다. "그러면 아무런 인기척도 없었느냐?" 하고 물으니 사실대로 말을 했다. 노인이 크게 화를 내면서 문도령이 오신 것이라고 하였다. 노인이 고약한 계집이라고 하면서 쫓아내 버렸다.

자청비는 자기의 신세를 한탄하며 자기가 전생에 지은 죄를 용서받고, 문도령과 만나게 해 달라고 기도할 생각으로 머리를 깎고 중이 되기 위해 산으로 향하였다. 산으로 가는 도중에 어느 연못가에 당도하니 세 명의 선녀가 울고 있었다. 그 이유를 물으니 자기네들은 하늘 옥황께 죄를 지어서 인간 세상에 내려와 터진 물동이로 연못의 물을 다 퍼내고 오라는 명령을 받고 내려왔다고 했다. "어찌 터진 물동이로 물을 다 퍼내겠습니까?" 하니 자청비가 하늘을 향하여 기도했다. 이윽고 터진 구멍이 막아지고 그 못의 물을 다 퍼내게 되었다. 선녀 삼인이 감사하다고 하고 자청비에게 여기까지 오게 된 내력을 물었다. 자청비는 자신의 내력을 이야기하고 문도령을 만나려고 이렇게 다닌다고 하였다. 선녀들이 하는 말이 “당신에게 은혜를 입었으니 보답하는 뜻으로 당신을 하늘 위로 데려다 주겠습니다.” 하고 함께 천상으로 올라갔다.

선녀들은 문도령의 집을 가르쳐 주고 사라졌다. 자청비는 문도령의 집 주위를 배회하다가 밤이 되어서 담에 기대어 있었다. 이때, 문도령은 삼천 제자들과 놀다가 달을 보면서, “달이 곱기는 하나, 인간 세상의 자청비만큼 곱겠는가?” 하였다. 이에 자청비도 “달이 곱기는 하나, 하늘 옥황 문도령만큼 곱겠는가?” 하였다. 이 말을 듣고 문도령이 밖으로 나와서 보니, 꿈에도 그리던 자청비였다. 서로 즐거워하면서 집으로 들어가서 함께 먹고 자고 하는데 문도령의 부모에게 발각되고 말았다. 문도령이 부모님께 애걸을 하여 부부가 되었다.

그런데 이전에 문도령과 약혼한 여자가 있었는데 이 소식을 전해 듣고 자살을 하였다. 이 때문에 문도령의 부모가 자청비를 미워하여 어떤 잘못이라도 저지르면 쫓아내기로 하였다. 마침 그때, 대국의 천자가 외적과 싸움을 하는데 싸움의 형세가 매우 불리하여 하늘의 옥황께 원병을 요구하였고, 문도령이 도원수가 되어서 출전하게 되었다. 이에 자청비가 남편을 대신해서 출전하겠다고 하여 시부모에게 말을 하니 좋다고 하였다. 그리고 문도령에게 사라대왕의 딸과 약혼해 둔 사실을 이야기하고 혹시 그 사람들이 인정하지 않으면 마루 밑에 장검을 두었다고 하면 맞이하여 줄 것이니, 그곳에 가서 편안히 살고 있으라고 하고 출전하였다. 인간 대국으로 내려가서 싸움을 평정하고 대국의 천자가 승전하게 하여 주었다. 대국 천자가 감사하다고 하고 이를 하늘의 옥황께 보고하였다.

자청비도 다시 하늘로 올라가서 문도령에게 죽지 않고 살아 왔으니 이제 돌아오라고 전갈을 보냈다. 이에 사라대왕의 딸은 이번에 가면 돌아오지 않을 것이라고 생각하고 문도령에게 말을 거꾸로 타게 하여서 돌려보냈다. 자청비가 생각하기를 “오죽 나를 보고 싶지 않았으면 등을 지고 오겠는가?” 하여 남편과 이별하고 옥황께 나아가 절을 하니, 옥황께서 승전을 칭찬하고 땅의 반과 물의 반을 갈라 주었다. 그리고 오곡 씨를 주면서 "인간 세상에 내려가서 세경을 맡아 하며 살라." 하였다. 자청비는 하늘의 옥황을 하직하고 인간 세상에 내려와서 정수남이에게 오곡을 심게 하고 소와 말을 지키도록 하였다. 이때, 메밀씨가 없어서 다시 하늘 옥황께 가서 메밀씨를 얻어 심게 하니 메밀이 다른 곡식보다 제일 늦게 자라게 되어 지금도 다른 곡식보다 늦게 되었다.

4. 차사본풀이

「차사본풀이」는 저승차사 강임의 이야기로서 제주도에서만 전승되는 무속신화이다. 그러나 이승의 영특한 아전이 원님이 해결하지 못하는 송사를 염라왕을 청하여 해결하고 저승사자로 간다는 설화는 본토에서도 전승된다. 무속신화의 생사관을 잘 보여 주는 신화이다. 여기에 실린 신화는 아카마쓰 지죠와 아키바 다카시의 『조선무속의 연구』 상(上)에 수록된 자료를 스토리 중심으로 번역하기 편리하게 고쳐 쓴 것이다.

동정국의 범을황제 아들이 구형제가 있었는데 위로 삼형제가 죽고, 끝으로 삼형제가 죽어서 가운데 삼형제만 있었다. 이 삼형제가 하루는 밖에 나가서 놀고 있는데 대사(大師)가 지나가다가 하는 말이 "그 아이들 단명하겠다." 하니 즉시 아이들이 부왕(父王)께 달려가서 이 말을 전하였다. 부왕께서 대사를 불러오라 해서 "네가 무엇이라고 말을 하였느냐?" 하고 물으니 "정말로 이 아이들이 귀하기는 하나 단명하겠습니다. 다만 은물장사, 놋기장사, 비단장사나 하여 인간세상에 나아가서 고생을 하면 오래 살겠습니다." 하였다. "단, 인간세상에 장사차 나아가도 과양상이 집에 들어가면 좋지 못하니 들어가지 않는 것이 좋습니다." 하니 부왕께서 "그렇게 하겠습니다." 하였다.

큰아들은 은물장사, 둘째아들은 놋기장사, 막내아들은 비단장사를 하기로 서로 약속하여 행상(行商)을 차리고 인간 땅 주년국[籌寧國] 연못가에 가서 잠시 앉아 놀고 있었다. 그때, 과양상이 말에게 물을 먹이러 그곳에 왔다. "어떤 도령님입니까?" 물으니, "우리는 동정국 범을황제의 아들인데 인간세상에 장사차 왔노라." 하니 "그러면 저의 집에 머물렀다가 가시면 어떻습니까?" 권고하니 "그리합시다." 하고 과양상이 집에 들었다. 과양상이 약술을 한없이 권하여 삼형제가 취하니 가만히 죽여서 재물은 취하고 죽은 몸은 연못 속에 던져버렸다.

하루는 연못에 가서 가만히 보니 난데없이 세 송이의 고운 꽃이 피어 있었다. 욕심 많은 과양상이 그 꽃을 꺾어다가 문전(門前)에 달아 두었더니 문전을 출입할 때마다 그 꽃에 머리를 부딪쳤다. "이상한 꽃이로구나." 하고 꽃을 떼어서 불을 붙여버렸다. 다음날 아침에 청태산(靑苔山) 할망이 과양상이 집에 불을 담으러 왔다가 화로(火爐)에 가 보니 불은 없고 구슬이 세 개 있으니 이상하다고 생각하고 과양상에게 말했다. 욕심 많은 과양상이 "아이고, 이것은 내 구슬입니다." 하고 구슬이 아주 고와서 입에 물고 있으니 구슬 셋이 입 속으로 들어가 버렸다.

그 후 과양상이 배가 점점 불러 열 달 후에 삼형제를 낳았다. 삼형제를 고이 길러서 글공부를 시킨 후에 15세가 되니 과거 보러 가게 하였다. 삼형제가 모두 과거에서 장원급제를 하여 한림학사가 되어 어룡마(御龍馬)를 타고 집으로 돌아왔다. 과양상이 집에서 무척 기뻐하며 잔치를 베풀었는데 그날 밤을 새고 나니 삼형제가 갑자기 모두 죽어 있었다. 과양상이 원통하고 슬퍼서 김치 고을의 김치 원님에게 억울함을 하소연하는 글을 올리고 사건을 처리하여 주라고 하였다. 삼형제의 시체는 장례를 치르고 백 일 동안 계속 김치 원님에게 글을 올리니 소지(疎紙)가 아홉 상자 반이나 되었다고 한다.

김치 원님이 어떻게 처리할 길이 없어서 답답해 하는데 과양상이 날마다, "한 고을의 수령이 사건을 하나 제대로 처리 못하느냐."면서 김치 원님을 욕하고 다녔다. 김치 원님은 욕을 얻어먹는 것이 분하여 세상을 떠나서 죽은 뒤에 이 일을 처리하리 라고 생각하고 죽으려 하였다. 이에 통인(通引)이 만류하면서 하는 말이 "도사령(都使令) 강임에게 명을 하여서 염라대왕을 잡아오라고 하십시오. 그래서 염라대왕 보고 이 사건을 처리하라고 하면 일이 잘될 것이니 죽지 마십시오." 하였다. 김치 원님이 생각하기를 "강임이 아무리 영리한들 어떻게 염라대왕을 잡아올 수 있을까?" 하였지만 어떻게 할 방법이 없어서 할수 없이 강임을 불러들였다. 강임에게 추상(秋霜)같이 호령을 하는 말이 "네가 염라대왕을 잡아오너라. 만약 잡아오지 못하면 너를 죽이겠다."

하였다. 강임이 "네, 분부대로 하겠습니다." 대답하고 집으로 돌아와서 생각해 보니 염라대왕 잡아올 길이 없었다.

이에 차라리 자결하여 죽으려고 하는데 그때 큰부인이 하는 말이 "염라대왕 잡아오기가 어렵지 않으니 죽지 마십시오." 하였다. 그리고 백미(白米)를 삼십 번 곱게 찧어서 흰 시루떡을 세 편(片) 하였다. 한 편은 조왕님께 올리고, 후원에 단을 쌓아서 또 한 편을 놓고 기도하고, 마지막 한 편은 강임을 주면서 하는 말이 "이 떡을 가지고 발 가는 대로 한없이 가시면 될 것입니다." 하였다.

강임이 행장을 둘러메고 발 가는 대로 한없이 가다보니 한 노파가 앞에서 가고 있는데 뒤에서 아무리 좇아가도 따라잡을 수가 없었다. 이상히 생각하여 노파를 불러도 대답이 없었다. 더욱 이상히 생각하여 계속 좇아가 보니, 노파가 한 동산에 가서 한숨을 길게 쉬면서 앉아 있었다. 가서 절을 하니 노파가 하는 말이 "나는 너의 집 조왕할망신이다. 네 처의 정성이 하도 지극하여서 너의 길을 인도하고자 왔노라." 하고 떡을 내어놓으며 맛을 보라고 하니, 분명 자기 부인이 한 떡이었다. 그제서야 알아보고 다시 절을 하면서 염라국 가는 길을 물으니 "네가 이 길로 가다가 보면 연못이 있을 것이다. 그 못가에 가서 목욕재계를 하고 정성을 다하여 향을 피우고 이 떡을 놓고 기도를 드리면 삼신선(三神仙)이 내려올 것이다. 그 다음은 스스로 알 수 있을 것이다." 하고는 갑자기 사라져 버렸다.

강임이 더욱 이상하게 생각하고는 한없이 가다가 보니 연못이 과연 있었다. 목욕재계하고 정성을 다하여 삼신전에 기도하였다. 삼신선이 옥황으로부터 내려오시다가 '참 인적도 고요하다' 하며 못가에 와서 강임이 기도하는 정성을 보고 감동하여 제물을 먹었다. "너는 어떤 인간이냐?" 물으니 "네, 저는 염라국으로 들어가려는 사람입니다. 그런데 길을 몰라서 여기에 이렇게 있으니 길을 인도하여 주십시오." 하였다. 한참을 생각하다가 청부채, 금부채, 홍쇠줄을 내어주며 하는 말이 "가다가 어려운 일이 있으면 사용하라. 그러면 염라국에 갈 방법이 있을 것이다." 하였다. 감사의 인사로 재배하고 나니 갑자기 사라져 버렸다.

청부채와 금부채와 홍쇠줄을 둘러메고 가다 보니 안개가 끼어서 동서남북을 분간할 수 없었다. 이에 청부채를 내던지니 안개가 걷히고 길이 뚜렷하게 보였다. 또 한참을 가다 보니 길이 아득해서 어느 쪽으로 가야 할지 분간을 할 수 없었다. 금부채를 내던지니 길이 분명하게 보였다. 또 가다 보니 저승차사 이원잡(李源雜)이 큰 방울을 달고, 서책을 품에 품고, 관장패(官長牌)를 옆에 차고, 차사기(差使旗)를 손에 들고, 천천히 걸어오고 있었다. "여보시오, 차사. 말 좀 물읍시다." 하였다. 이원잡이 돌아보고 "그럽시다. 누구시오?" 하니 "나는 이승차사 강임이오." 하였다. "나는 저승차사 이원잡이오." 서로 통성명을 한 후에 가지고 있던 음식을 서로 교환하여 먹었다. 저승차사 보고 "당신은 어디로 가는 길입니까?" 하니 "나는 이승의 죄 지은 인간들을 잡으러 갑니다." 하였다. 헤어지면서 "염라대왕을 어떻게 하면 뵐 수 있습니까?" 하고 물으니 "여기에 있으면 내일 염라대왕이 오실 것입니다." 하였다.

다음날 아침에 과연 염라대왕이 가마를 타고 나타났다. "이승차사 강임이 염라대왕을 잡으러 왔습니다." 하고 소리를 치고 가마를 잡고 흔드니 염라대왕이 화를 내며 하는 말이 "고약하다. 나를 잡아 갈 자가 어디에 있단 말이냐? 저 강임이를 잡아라." 하였다. 천지가 요동하고 세상이 캄캄하여 사방을 분간할 수 없어서 무섭기 한이 없었다. 강임이가 가만히 정신을 차려서 생각해 보니 "이렇게 해도 죽고, 저렇게 해도 죽을 것이니, 차라리 용맹을 다해서 싸우다가 죽자." 하고는 삼신할망으로부터 얻은 홍쇠줄을 던지며 "저승을 관장하는 것이나, 이승을 관장하는 것이나 똑같다. 아무리 저승을 관장하는 자라도 이승을 관장하는 사람의 명령은 들어야 한다." 하였다. 염라대왕이 강임의 용맹함을 칭찬하면서 "그러면 내가 가겠다. 그런데 방금 인간세상의 유승상의 딸이 기도를 드리며 나를 청하고 있으니 거기를 먼저 간 후에 동행하겠다." 하였다. 강임차사가 "저도 동행하겠습니다." 하여 함께 유승상 집의 기도하는 곳에 가보니 딸이 정성을 다하여 기도하고 있었다. 염라대왕이 하는 말이 "네가 먼저 가 있으면, 나도 내일 가겠다."

하니, 강임이 먼저 떠났다.

강임이가 먼저 도착하여 김치 원님께 인사하고 "내일 염라대왕이 올 것입니다." 하니 "이놈 허튼 소리하지 말라." 하며 강임이를 옥에 가두었다. 다음날이 되어서 천지가 요동하고 사방에서 번개가 치며 캄캄해지더니 염라대왕의 일행이 들어왔다. 이에 김치 원님이 깜짝 놀라서 기둥으로 변신하여 숨어버렸다. 염라대왕이 노하여서 그 기둥을 베어버려라 하니 김치 원님은 할수없이 변신하여 나왔다. "저런 졸부가 나를 불렀느냐?" 하고 꾸짖으며 "무슨 일로 나를 불렀느냐?"고 물었다. 전후의 사실을 자세하게 아뢰니 "그렇구나. 나는 이미 다 알고 있었다." 하였다. 그리고 명하기를 "연못의 물을 퍼내어라." 해 놓고, 과양상을 데리고 못가로 갔다. 물을 다 퍼내니 삼형제의 시체가 있거늘 "너의 죄를 지금도 모르겠느냐?" 하고 다그치니 과양상이 사실을 말하지 않을 수 없었다. "너의 자식 무덤으로 가보자." 하여 가서 무덤을 파 보니, 사람 시체는 없고 허수아비가 있었다. "네가 저 삼형제를 죽이니 혼이 환생하여 너를 놀래고자 한 것이다." 하며 삼형제를 다시 환생하게 하여 부모 계시는 곳으로 보내고 과양상은 형구(形具)를 걸어서 죽였다. 염라대왕이 강림차사가 매우 영리하고 용맹하다그 하여 저승차사로 데리고 간다고 하고는 강임의 혼을 빼어 가서 염라국의 차사로 썼다고 한다.

5. 군웅본풀이

「군웅본풀이」는 제주도에서만 전승되는 무속신화인데 고려 국조신화인 작제건 신화와 유사성을 띠고 있다. 왕장군의 큰아들 이름이 고려태조 이름과 같은 왕건이고 어머니 '희숙의랑'은 작제건의 부인인 '의숙왕후'와 유사하다. 이런 점에서 용왕을 구해 주고 용녀를 아내로 맞이한다는 작제건 신화가 무가로 수용된 것으로 생각된다. 여기에 수록한 자료는 아카마쓰 지죠와 아키바 다카시의 『조선무속의 연구』 상(上)에 수록된 「군웅본풀이」를 이야기의 줄거리를 살려서 번역하기 좋도록 고쳐 쓴 것이다.

군웅의 가계를 소개하자면 다음과 같다. 조부는 천황제석이고 조모는 지황제석이며 아버지는 왕태조 왕장군이고 어머니는 희숙의랑이다. 큰아들은 왕건, 둘째아들은 왕빈, 막내아들은 왕사랑이다.

군웅의 아버지는 홀아비로 살면서 나무를 베어 팔고 사는데 하루는 초립동(草笠童)이 와서 말하기를 "나는 동해 용왕의 아들입니다. 동해 용왕과 서해 용왕이 싸움을 하는데 우리 나라가 항상 싸움에서 지니 장군께 도움을 청하러 왔습니다." 하였다. 왕장군이 답하기를 "나는 세상에 무서운 것이 없는데, 단지 바닷물이 무섭다. 어떻게 하면 바다 속으로 들어갈 수 있겠느냐?" 하였다. "저하고 같이 가면 됩니다." 하고 왕장군을 업어서 물 속으로 들어가니 바닷물에 길이 나서 용왕국으로 들어갔다.

동해 용왕이 기뻐하면서 "내일은 서해 용왕과 싸움을 할 것인데, 그때에 내가 지는 것처럼 해서 물 속으로 들어가면 서해 용왕이 물 위에서 이긴 것을 뽐낼 것이니 그때 화살을 쏘아 죽이시오." 하고 약조하였다. 다음날 접전이 일어나서 동해 용왕이 지는 것처럼 물 속으로 들어가 버리니 서해 용왕이 물 위에서 이긴 것을 뽐내고 있었다. 이때 왕장군이 화살로 서해 용왕을 죽여버렸다. 동해 용왕이 나와서 크게 기뻐하며 "너에게 어떤 상을 줄까?" 하고 물었다. 이때, 초립동이 용왕의 아들이 장군에게 가만히 하는 말이 "다 싫다 하시고, 연갑(硯匣)을 달라고 하십시오. 연갑 속에는 제 누이가 있는데, 그리하면 만사가 편할 것입니다." 하였다. 이에 왕장군이 연갑을 달라고 하니, 동해 용왕이 할수없이 연갑을 내어주었다.

연갑을 가지고 다시 인간세상으로 돌아오니, 밤이 되면 연갑 속에서 선녀같은 미인이 나와서 같이 잠을 자고 의복과 음식을 원하는 대로 가져다 주었다. 삼 년이 되어 아들을 낳았는데 첫째 아들은 왕근, 둘째 아들은 왕빈, 셋째 아들은 왕사랑이라고 이름을 짓고 큰 부자로 살았다. 하루는 용왕의 딸이 하는 말이 "당신네는 이제부터 계속 부자로 잘살게 될 것입니다. 그러나 나는 인간이 아니라서 이제 용궁으로 돌아갈 것이니, 당신들은 군웅을 차지하고 사십시오." 하였다.

6. 생불할망본풀이

「생불할망본풀이」는 제주도의 삼신신화로서 인간의 출산을 관장하는 무속신의 신화이다. 불교의 영향을 받아 신의 명칭이 '보살'·'생불' 등으로 나타나고 있으나 무속적 본질은 변함이 없다. 여기에 수록하는 자료는 아카마쓰 지죠와 아키바 다카시가 지은 『조선무속의 연구』 상(上)의 「명진국생불할망본푸리」를 번역하기 좋도록 스토리 중심으로 고쳐 쓴 것이다.

삼신의 할아버지는 천왕보살이고, 삼신의 할머니는 지왕보살이다. 삼신의 아버지는 세계대왕이고 삼신의 어머니는 명진국의 따님이다.

생불할망이 일곱 살이 되던 해의 정월 일일 인시에 옥황으로부터 인간세상에서 생불을 하라는 명령을 받고 내려오는데, 사람이 죽는다고 슬퍼하는 곳이 있었다. 아기를 낳지 못하여 죽으려 하는 모습을 보고 생불을 주어 아이를 낳게 하였다. 은가위로 탯줄을 자르고 참실로 잘 메어서 따뜻한 물에 목욕시키고 유모를 불러서 젖을 먹이고 산모에게는 미역국을 먹였다. 삼일 후에 산모를 쑥물에 목욕시키고 태를 태우고 아기에게 배냇옷을 입혔다. 아기가 칠 일 만에 앉고, 백 일 만에 엎드리고 할 때에 구(舊) 삼신할망이 와서, "내가 생불하여 놓은 애기를 어떤 여자가 와서 생불을 하였느냐?" 하며 삼신할망을 때리거늘 삼신할망이 얻어맞고 옥황상제에게 호소하였다. 옥황상제가 이상하게 생각하여 황건역사(黃巾力士), 중원차사(中原差使), 철망차사(鐵網差使)를 보내어 구 삼신할망을 잡아다가 "너는 어떤 여자인데 삼신할망을 때렸느냐?" 하고 물으니 다음과 같이 답했다.

"저는 동해의 용궁 동정국 딸인데 한 살 때에 어머니 젖가슴을 때린 죄, 두 살 때에 아버지 수염을 뽑은 죄, 세 살 때에 곡물을 흐트린 죄, 네 살 때에 종자(種子)를 뽑은 죄, 다섯 살 때에 종자에 돌을 엎은 죄, 여섯 살 때에 부모님께 말대답 한 죄, 일곱 살 때에 동네 어른에게 욕한 죄, 여덟 살 때에 밭의 울타리를 무너뜨린 죄, 아홉 살 때에 말 알아듣지 못하는 짐승을 때린 죄, 이렇게 죄가 모두 아홉 가지나 되었습니다. 부왕(父王)이 '너의 죄를 용서하지 못하겠다' 하여 벌을 주어, 무쇠철갑 속에 집어넣고 동해 용궁 동정국의 딸이라 글을 적어서 바다에 띄워버렸습니다. 바다 속에서 삼 년, 바닷물 위에서 삼 년이 흐른 뒤에 남해 용궁의 신하인 은박사 은빙서 씨가 발견해서 열어 보니 입에 야광주를 문 아기가 살아 있었다고 합니다. '너는 누구냐?' 물으니 부왕에게 벌을 받아서 물 속에서 삼 년, 물 위에서 삼 년을 보냈다는 등 기나긴 이야기를 하였습니다. 이에 은빙서 씨가 죄를 용서받기 위해서는 인간세상에서 생불을 하라 하고 내어보내니 인간의 생불을 합니다."

옥황이 들으시고 "너도 범인은 아니다." 하시고 삼신할망과 구 삼신할망을 위하여 각각 은대야에 꽃 둘을 심으시고 이 꽃이 번성하는 대로 생불하라 하였다. 구 삼신할망 몫의 꽃은 처음에는 꽃이 성하다가 시들어 버리고, 삼신할망 몫의 꽃은 처음에는 연약하다가 나중에는 성하여 사만 오천육백 가지의 꽃이 번성하니 구 삼신할망에게는 염라국에 가서 죽은 어린아이를 차지하라 하고 삼신할망에게는 인간의 생불을 하라 하였다. 구 삼신할망이 옥황께 애원하여 말하기를 "인간 생불을 하라고 하면 열심히 하겠습니다." 하였으나 옥황상제가 들어주지 않고 염라국으로 보내버렸다. "삼신할망은 극락세계의 불법당에 올라가서 삼층 누각에 풍경 달고 살아라." 하고 명령하니 내려와서 유리로 성을 짓고 무쇠로 탑을 만들고 옥으로 창을 달고 살면서 위로는 천문(天文)을 통(通)하고 아래로는 지리(地理)에 달(達)하였다. 그리고 온갖 종류의 여러 보살들을 거느리고 살았다.

하루는 천보살이 말하기를 "춘하추동이 따뜻한 극락땅이 있습니다." 하였다. 삼신할망이 모든 보살을 거느리고 그곳으로 찾아가 보니 극락땅이 분명하였다. 잡풀을 꺾어버린 후에 좋은 돌로 대(臺)를 닦고 서천꽃밭을 설치하려고 하는데 꽃씨가 없어서 지부왕(地府王)과 의논하니 옥황에 있다 하였다. 옥황에서 꽃씨를 얻어서 삼월 삼종일에 오색꽃을 오방(五方)에 심는데, 동쪽에 청색, 서쪽에 백색, 남쪽에 적색, 북쪽에 흑색, 중앙에 황색을 심었다. 동에는 청재목이 나고, 서에는 백재목이 나고, 남에는 적재목, 북에는 흑재목, 중앙에는 황재목이 나니 동쪽의 청목 푸른 꽃은 남중(南衆)보살을 생불시키고, 서쪽의 흰꽃은 여중(女衆)보살을 생불시키고, 남쪽의 붉은 꽃은 장명(長命)하도록 생불시키고, 북쪽의 검은 꽃은 단명(短命)하도록 생불시키고, 천지 중앙의 누런 꽃은 만과출신(萬科出身)하도록 생불시켜서 그 꽃을 받아 생불한 인간은 출신하였다.

꽃이 번성한 대로 인간에게 생불을 주다가, 집으로 돌아가련 꽃을 꺾어 가는 자가 있어서 옥황께 꽃감관을 청원하였다. 지부왕을 불러서 적당한 인간이 있느냐고 물으니 "지금 인간세계에 동계남상주절에서 수륙공양(水陸供養)을 들여서 태어난 김정국의 아들이 있는데 세상에 나온 후에 조금도 죄를 지은 일이 없고 행실도 얌전하오니, 적당한 인물이라고 생각됩니다." 하였다. 즉시 김정국 아들을 불러서 꽃감관을 시켰다고 한다.

7. 서귀포본향당본풀이

제주도의 서귀포읍의 당본풀이이다. 제주도에는 마을 단위로 본향당이라는 신을 모시는 제당이 있고 당굿을 행하는데 마을을 지켜 주고 관장하는 당신에 대한 신화가 전승된다. 「서귀포본향당본풀이」는 신들 사이의 관계가 신이 관장하는 지역주민의 관계를 결정한다는 사고를 극명하게 보여 주는 자료로서 주목된다. 여기에서는 아카마쓰 지죠와 아키바 다카시가 지은 『조선무속의 연구』 상(上)에 수록된 「서귀포본향당본푸리」를 스토리를 중심으로 산문으로 고쳐 썼다. 현용준이 서귀읍 서귀리 박기석(朴己石) 구송본을 채록하여 「제주도무속자료사전」에 수록한 것을 표기법만 현대어 표준어 표기로 바꾸어 수록한다.

제주땅 설매국에 일문관바람운이란 신이 솟아났다. 이 신의 모습을 보면 주목상토 외올망건 숙꾸리당줄에 산수털 흑전립을 쓰고 일문대단 안을 받고 다공단 불림끈에 해오라비 허튼깃에 동방사주 봉의바지 북방사주 봉의저고리 남비단 섭조쾌자 수라쥬 통견대라 안음가득 활을 발고 봉의눈을 부릅뜨고 삼각수를 거스리어 살 하나를 내쏘으면 삼천군병 솟아나고 또 한 살을 내쏘면 삼 천 군병 돌아들고 위로는 천문을 통하고 아래로는 지리를 달하였다.

바람운신은 산 넘고 바다 건너 홍토천리에 고산국이라는 미색이 있다는 말을 풍설에 듣고 청구름을 둘러타고 그곳을 찾아가 인사를 청하니 과연 한 미인이 나와 맞이하였다.

바람운신은 인사를 마친 후,

"나는 당신을 동경하여 먼 길을 생각하지 않고 이렇게 찾아왔소."라고 하였다. 고산국도 반가워하며, "간밤에 꿈이 매우 묘하더니 오늘 당신을 만나는 기쁜 일을 당하였소."라고 말한 후 서로 부부의 연을 맺어 이삼 일간 행복하게 지내였다.

그런데 며칠 후 또 한 명의 미녀가 나타났다. 그는 고산국보다도 몇

배 더 아름다운 천하절색으로 고산국의 동생 지산국이었다. 일문관은 고산국보다도 지산국을 더 사랑하게 되었고 지산국도 일문관의 마음을 알게 되어 어느 날 저녁 두 사람은 서로 만나 사랑을 고백하고 고산국 몰래 도주할 것을 약속하였다. 며칠 후에 두 사람은 어두운 밤에 고산국 몰래 만나 청구름을 둘러타고 제주 영산 한라산에 이르렀다.

고산국이 아침에 일어나 보니 일문관 바람운이 종적이 없었다. 온 집을 헤매며 찾아도 자취가 없자 동생에게 물어보려고 동생을 찾았다. 그런데 동생의 자취도 없었다. 그제서야 고산국은 두 사람이 도주한 것을 알고 그 간 곳을 알려고 하늘에 축도를 하고 영기를 내어 들었다. 깃발은 역풍에도 불구하고 한라산을 향하여 힘차게 나부끼었다.

고산국은 깃발을 따라 한라산에 이르렀다. 그리고 동생이 바람운과 도망하여 부부를 맺고 사랑에 취하고 있는 모습을 발견하였다. 고산국은 분기가 하늘을 찌를 듯하여 둘을 단숨에 죽이려고 뿡게공격을 하였다. 동생은 지지 않고 안개를 일으켜 몸을 감추었다. 고산국은 안개에 싸여 먹장같은 밤이 되어 정신을 차릴 수가 없었다. 할수없이 고산국은 동생을 보고 안개를 거두라고 한 후,

"너는 나의 동생이 아니니 성을 바꾸어 지가로 하여라. 너는 너 갈 대로 가거라 나는 나 갈 대로 가겠다."

하고 헤어졌다.

이리하여 고산국은 모든 인연을 끊고 한림으로 내려와 버리고 지산국과 바람운은 좌정처를 정하려고 천리경을 놓고 지세를 보다가 한라산 살오름 봉대기라는 곳이 적합하여 그곳에 좌정하여 백차일을 치고 있었다.

웃서동에 김봉태라는 사람이 사냥을 하려고 살오름에 가보니 백차일이 있거늘 속으로 생각하기를 '백차일은 신선이나 신이 아니면 칠 수 없는 것인데 이상하다. 필연코 신위인가 보다' 하고 백 보 밖에 가서 두 손을 모으고 절하였다. 바람운신이 이를 보고 물었다.

"어떠한 인간이냐?"

"웃서동 김봉태가 됩니다"

"무슨 일로 왔는가?"

"사냥놀이로 왔습니다. 어떠한 신위가 되옵니까?"

"설매국에 소사난 일문관 바람운이 되노라. 홍토나라 홍토천리 비오너라. 비오천리 지산국이 되노라."

"어떤 일로 이런 곳에 내립니까?"

"옥황상제 분부받어 인간의 인물구경 인물차지 왔노라".

"예, 그렇습니까."

"너는 우리에게 인연이 있는 인간이니 우리 길을 인도하여라."

"예, 황송하여이다."

"여기서 제일 가까이 보이는 데가 어떤 마을이냐?"

"그것은 웃서귀가 됩니다. 저 아랫것은 하서귀입니다."

"또 저 서편 것은 어떤 마을이냐?"

"그것은 서홍리가 됩니다."

"그러면 웃서귀로 길을 인도하여라."

그리하여 일문관 바람운과 지산국은 웃서귀로 왔다. 그러나 그곳은 좌정할 곳이 마땅치 않아서 김봉태의 집으로 가서 석 달을 머물러 보았다. 그러나 그곳도 먼짓내 나고 화식내 나고 말 탄 인간 보기 싫고 개 짐승 보기 싫어서 고흘이라는 곳으로 옮겨서 좌정하였다.

그곳은 시내 물소리도 좋고 울창한 수풀도 좋았으나 울적하여 견딜 수 없어 새로운 좌정지를 찾으려고 두신위는 고산국을 찾아갔다. 그러나 고산국은 화가 풀리지 않았다.

"어찌하여 다시 만나자고 나를 불렀소?"

"언제까지 이 모양으로 하기보다는 우리가 원만히 상의하여 지경을 가르고 땅차지, 인물차지로 들어서는 것이 어떨까 해서요."

"한번 인연을 아주 끊어버렸는데 원만히가 무엇이고 상의가 무엇이요."

그래도 바람운이 사정을 하자 고산국은 뿡게를 날려 지경을 정하자고 하고 즉시 뿡게를 날렸다. 고산국의 뿡게는 학담에 이르고 바람운이 활을 쏘니 그 화살이 문섬 한돌에 이르렀다. 고산국이 말했다.

"나는 학담을 경계하여 서홍골을 차지할 터이니 당신네는 문섬 이북 우알서귀를 차지하여 들어가되 서홍리 사람 동홍리로 혼인 못하고 동홍리 인간 서홍리로 오지 못하게 할 테니 그리 알으시오."

그리하여 고산국은 서홍리로 들어가고 바람운은 하서귀 남상가지에 와서 좌정하였다. 그러나 어느 인간 하나 찾아와 제향하는 법이 없었다.

하루는 우서귀 오가 종손이 발병하여 병세가 험악하더니 입으로 바람운과 지산국의 만난 사연을 이야기하며 인간이 본체만체하기로 그런 병을 주었다고 하였다. 그래서 오가에서는 하서귀로 내려가서 송씨 집과 의논하여 우알 서귀 향민을 모아놓고 사실을 말하고 우선 당집을 지어놓고 서울에 올라가서 일광단 월광단 등 온갖 비단을 사다가 신위를 베풀고 정월 초하루문안대제, 이월 십오일 영손마지대제, 칠월 십삼일 마불림대제, 십일월 일일 생진제를 지내게 되었다.

뒤에 김봉태는 바람운 지산국의 부하로 들어가서 인간의 제명을 받게 되었다.

그전부터 손ㅁ머리 수진포를 차지한 황제부인이 웃서귀에 어떤 새로운 신위가 좌정한 것을 알고 찾아와 인사를 한 뒤,

"나는 힘이 약하므로 동서로 오는 위험을 막을 수 없고 동서의 인물을 다스릴 수 없으니 당신이 우알서귀 인물을 맡아서 다스리면 나는 용궁을 맡아서 배와 잠수 손님을 다스리겠소." 하고 용궁으로 들어갔다. 그래서 일문관 바람운과 지산국은 위아래 서귀를 맡아서 다스리며 인간에게 제향을 받게 되었다.

8. 토산당본풀이

「토산당본풀이」는 제주도 북제주군 정의면 토산리의 당신화로서 당신이 뱀신이라는 특징이 있다. 신화 내용에서 보는 바와 같이 금녕 사굴의 신인 뱀이 제주목사 서련에 의해서 죽음을 당했으나 뱀신은 오히려 서련에게 복수를 하고 제주도 토산당에 좌정하여 당신으로 제향을 받는다는 것이다. 여기에 수록하는 자료는 아카마쓰 지죠와 아키바 다카시가 지은 『조선무속의 연구』 상(上)에 수록된 『토산당본푸리』를 스토리 중심으로 번역하기 쉽게 고쳐 쓴 것이다.

옛날에 나주 목사가 계속해서 파직을 당하니 사람들이 그 일을 수상하게 생각하여 누구든지 나주 목사가 되는 것을 무서워하였다. 당시 영주에 사는 이(李)목사가 "내가 나주 목사가 되면 삼 년의 임기를 채우리라." 하고 지원하니 어명이 내려와서 소원을 이루게 되었다.

임지(任地)로 떠나서 나주 영산 앞에 도착하니 갑자기 뇌성벽력이 치면서 수천 리에 큰비가 내려 사방이 어지러웠다. 수행하는 형리에게 이것이 웬일이냐고 물으니 "이 고을에 토주관(土主官)이 있어서 그렇습니다."고 했다. "나보다 월등한 토주관이냐?" "네, 신당(神堂) 토주관입니다." "그러면 어떻게 해야 하겠느냐?" "말에서 내려야 되겠습니다." 이리하여 말에서 내리니 갑자기 맑은 하늘과 붉은 태양이 드러나 무사히 임지에 도착하였다.

그 후 삼 일 만에 신당의 영신(靈神)이 좋다는 말을 듣고 신을 보러 영산 앞에 도착하니 안개가 사방에 가득하여 눈앞이 캄캄하였다. 수행하는 형리가 말하기를 "사또께서 경(經)을 읽으십시오." 하니 사또가 "신령이 있으면 이 안개를 거두어 주소서." 하였다. 그랬더니 사방의 안개가 사라져서 눈앞이 환하게 트였다. 영산에 올라보니 팔층 누각의 네 귀에 풍경(風磬)을 달아 사람의 눈을 황홀하게 하는 큰 궐(闕)이 있었다. 세습하는 당지기를 불러서 "귀신은 어디 있느냐?"고 물으니 "귀신을 보려면 굿을 하여야 합니다."고 했다. 굿을 하니 윗턱은 하늘에 붙고 아래턱은 땅에 붙은 머리 세 개 꼬리 아홉 달린 큰 용이 나타났는데, 무당이 말하기를 "저것이 귀신입니다." 하였다. "여의주를 물었느냐?" "문 것 같기는 하지만 보이지 않습니다." "그러면 저까짓 것이 무슨 신령이 있어서 나주 목사를 계속해서 파직시킨단 말이냐." 하고 붉은 두건을 쓴 자객에게 명하여 용신을 도막도막 베어서 당실(堂室)에 집어넣고 불태워 없애니 옥바둑에 환생하여 청산의 학처럼 떠돌아다녔다.

그때에 제주도의 강씨 형방과 한씨 이방이 진상을 하려고 서울로 가는 길에 한강에 배를 정박시키고 육지로 들어섰는데 난데없이 옥바둑이 떨어져 광채가 찬연하게 비치고 있었다. 일종의 철물(鐵物)이라 생각하고 짐 속에 집어넣고 서울로 들어갔다. 팔도의 진상은 모조리 거부를 당하는데 제주도의 토산에서 온 강씨 형방과 한씨 이방은 진상을 할 수 있게 되어 매우 많은 이익과 돈을 얻었다. 대단한 기쁨을 안고 서울을 떠나는데, 도중에 "이 옥바둑은 필연코 어느 영신이 변한 것이다. 이번에 진상이 성공한 것도 이 신의 도움이다."라는 생각이 들었다. 지형이 험난하고 백성이 어리석은 제주도에 이것을 가지고 돌아가면 혹시 불상사가 발생할 위험이 있겠구나 생각하고 옥바둑을 원래의 장소에 그대로 놓아두고, 한강에 이르러 배를 띄우려 하니 날씨가 갑자기 변해 풍랑이 크게 일어서 석 달 열흘, 100일 동안 어려움을 겪었다.

나중에 어느 사찰의 대사에게 문의를 하니 "당신네가 제주도로 모시고 가야 할 신위가 있습니다. 그 신위를 받들고 가야지 그렇지 않으면 죽은 다음에 혼백으로 돌아가게 될 것입니다." 하였다. 이리하여 동짓달 매서운 추위에 옷을 벗고 한강 물에 목욕하고 옥바둑을 찾아다가 선당(船堂)에 모시고 각종 공물(供物)을 차려놓고 제를 지냈다. 그리고 나서 바라보니, 물결도 잔잔해지고 경쾌한 순풍이 산들산들 불어왔다. 다시 살아난 듯이 기뻐하며, 큰 돛을 높이 달고 출발하여 10일 만에 제주도 근처에 당도하니, 선인들이 말하기를 "저것이 귀신임에 틀림없다. 제주도로 저것을 가지고 들어가면 자칫하면 해를 입을 수 있다. 그러면 제주 사람들에게 원성을 받을 것이다." 하였다. 서로 자신의 생각이 옳다고 하면서 옥바둑에 대한 의견들이 서로 달라서 시비를 가리지 못했다. 결국 옥바둑은 대해(大海)의 수심 깊은 곳에 던져 버리게 되었다.

이때 폭풍이 갑자기 일어나기 시작하였다. 배에 탄 모든 사람들이 혼겁을 하고 사력을 다해서 육지로 들어가려 하였으나 실패했다. 조천(朝天)으로도 들어가지 못하고 김녕(金寧)으로도 들어가지 못하고 단지 물결을 따라서 이러저리 허덕이고만 있었다. 이러는 동안 갑자기 세차게 몰아치는 파도가 배를 밀어서 여온리의 해변으로 올려놓았다. 전신이 노곤하고 얼이 빠진 뱃사람들은 죽은 듯이, 조는 듯이 늘어져 있었다. 그때 월궁(月宮)의 시녀(侍女) 같은 미녀가 나타나서 "강씨 형방과 한씨 이방은 공이 많았소. 그런데……." 하고 말이 아직 끝나기도 전에 깜짝 깨어 보니 꿈이었다.

그 신위는 여온리의 명위부인이라는 신위 오른쪽에 들여놓이게 되었는데 명위부인이 이 신위에게 묻기를 "어디의 신위요?" 하였다. "나주 영산 토주본향이요." "무슨 일로 왔소?" "땅 구경 물 구경 인간 구경 왔소." "이곳은 땅도 내 땅이고 물도 내 물이고 인간도 내 인간이다." "어디 빈 곳이 없습니까?" "토산하당이라는 곳이 비어 있소." "그러면 저에게 거기로 가는 길을 인도하여 주십시오." 하였다. 이씨 영감 통정대부(通政大夫)를 안내하는 사람으로 추천해 주었다. 안내인을 따라서 토산으로 들어가는데, 그때 상천(上川)의 영산주도호관이라는 신위가 많은 인간들을 거느리고 풍악을 갖추고 놀고 있었다. 미인이 넘어가는 것을 보고, 요것이 제주 인물은 아니라고 생각하고 한번 쫓아가 보자 하고 뒤를 따르니 그 신위는 눈치를 채고 빨리 달아나서 토산의 황천(荒泉)에 이르러 손으로 물을 집어먹고 보니 그곳이 좌정할 곳으로 적당하거늘, 거기에 좌정하였다. 그때 상천의 영산주도호관이 갑자기 뛰어 들어 팔목을 붙잡았다. "고약하다. 양반의 자식이냐, 중인의 자식이냐? 제주도는 여인이 혼자 다닐 곳이 못 되는구나." 하고 분연히 꾸짖으며 잡혀 있던 손목을 은장도로 잘라버리고 명주 수건으로 감으면서 용당 근처의 바다로 풍덩 빠져 들어갔다. 영산주도호관은 부끄러움을 느끼고 신위를 몰라 실례를 하였구나 생각하고 물러가 버렸다. 그 신위는 용당 근처의 하당(下堂)에 좌정을 하였다. 그러나 아무도 거기에 와서 기원을 드리는 일도 없었고 감주 한 잔이라도 대접하는 일이 없었다.

하루는 오좌수 따님이 조씨 하녀를 데리고 수망리(산만을리; 水望里)의 연못에 빨래를 하러 갔다. 그때 신위가 남해를 바라보니 외국 거선이 떠 있거늘 광풍을 일으키어 파선시켜 버리니 선원들만이 간신히 죽음을 면하고 육지에 이르렀다. 그 사람들이 수만 리의 연못을 발견하고 물을 마시러 가보니 아름다운 처녀가 있는지라 독수리같이 덤벼들었다. 조씨 하녀는 번개 같이 피신하여 도망갔으나 오좌수 딸은 붙들리고 말았다. 욕정에 사로잡힌 추한(醜漢)들에게 완강히 항거하던 절개있는 미녀는 최후의 결투에서 죽고 말았다. 비겁한 추한배들은 질풍같이 도주하였다. 조씨 하녀가 와서 보니 조금 전까지 옥황상제의 시녀같은 때묻지 않은 미녀는 없고 피투성이 시체가 하늘을 바라보고 있었다. 곁에 가서 흔들며 바라보니 눈물이 앞을 가려 잘 보이지 않았다. 자세히는 볼 수 없었으나 아름답던 입술에 선혈이 흘러넘쳐서 창연한 얼굴과 의복을 물들이고 있었다. 하녀가 더욱 대성통곡하며 "상전님아, 한 번만 소생하옵소서. 서러운 상전님아, 자비로운 상전님아." 하였다. 그러나 사방은 조용하고 아무런 대답도 없었다. 그 부모는 한스러움이 너무 깊어서 딸을 땅에 묻고 주야로 수심에 빠져 지냈다.

이때 토산의 강씨 형방과 한씨 이방은 서로 상대방의 누이에게 장가를 들어서 귀여운 외동딸이 하나씩 있었다. 유월 한참 더위에 두 딸이 보리방아를 찧고 있었는데 갑자기 병이 나서 전신불수(全身不隨)가 되었다. 이것은 분명 어떤 급한 병이라고 생각하고 침의(鍼醫)를 불러서 침질을 하였다. 그러니 갑자기 발광을 하여서 부모 친척들도 알아보지 못하고 동네 사람들도 알아보지 못하게 되었다. 무당을 불러서 기도하며 굿을 하니, 딸아기들이 신의 목소리로 외치며, 서울 진상 갈 때 올 때의 일들을 다 말하고 오좌수 따님이 죽던 일까지 말을 하고는 "나는 지금 토산하당으로 들어가서 그곳을 지키고 있으며 오좌수 딸은 나의 밑에서 인간 기록 하는 일을 하고 있다. 내가 내어준 주단으로 예물을 하고 결혼을 했으면서도 정성껏 섬기지 않으니 무심하고 고약하기 한이 없어 신병을 내가 주었다."고 말하였다. "딸아기의 머리 맡에 있는 궤상에 광명주(光明紬)와 물명주[水明紬]가 있으니 그것을 가져다가 십사일 동안 굿을 하여 딸아기를 구제하시오." 하였다. 궤상을 열어 보니, 과연 광명주·물명주가 있었다. 꺼내서 보니, 그 명주 속에 뱀이 있어서 수상하게 생각되어 굿을 하니 딸아기들의 병이 나았다.

이리하여 동네 사람들이 다투어서 정성스럽게 그 신위를 신당의 주인으로 섬기고, 일월 조상으로 섬기게 되었다.

9. 괴네깃당본풀이

「괴네깃당본풀이」는 영웅신화의 골격을 갖추고 있는 제주도의 당신화이다. 주인공 괴네깃 또는 소천국과 백주님 부처 사이에서 태어난 인물로 날 때부터 천하장사였다. 부친에게 버림을 받고 용왕국에 들어가서 용왕의 딸을 아내로 맞고 강남 천자국에 가서 때마침 침략한 북적을 싸워 물리치고 귀국한다는 영웅의 무용담이 주된 내용이다. 제주도에서만 전승된다는 한계가 있으나 한국의 귀중한 영웅신화 자료이다. 여기에 소개하는 신화는 아카마쓰 지죠와 아키바 다카시가 저술한 『조선무속의 연구』 상(上)에 수록된 자료를 스토리 중심으로 번역자가 이해하기 쉽도록 다시 쓴 것이다.

옛날에 소천국이라는 당신(堂神)이 있었는데 하송당리의 고부니마루에서 솟아났다. 강남천자국 백사장(白沙場)에서 솟아난 백주님이 인간에 탄생해서 천생배필이 될 배위(配位)가 제주도 송당리에서 태어나 사는 것 같아서, 그곳으로 찾아가서 소천국을 만나 천생배필이 되었다. 그리고 아들을 낳았는데 먼저 오형제를 낳고, 여섯째 아들을 임신했는데 백주님이 말하기를 "소천국님아, 애기를 이렇게 많이 낳았는데 놀아서 살 수 있겠습니까? 이 아이들을 어떻게 기를 것입니까? 농사를 지으십시오." 하였다.

소천국이 밭을 둘러보니 볍씨도 아홉 섬, 피씨도 아홉 섬이 있어서 쟁기를 들고 소를 몰고 나가 밭을 갈았다. 백주님이 소천국에게 국 아홉 동이 밥 아홉 동이의 점심을 차려서 밭 가는 곳으로 가지고 가니, 소천국이 "조금 더 갈고 먹겠소." 하였다. 백주님은 집으로 돌아오고 소천국이 밭을 가는데, 태산절의 중이 지나가다가 "밭 가는 선관(仙官)님아, 잡수던 점심이나 있으면 한 술 주십시오. 시장끼나 면(免)하여 가겠습니다." 하였다. 먹으면 설마 다 먹겠는가 생각하고 먹으라고 하였다. 그런데 국 아홉 동이 밥 아홉 동이를 태산절 중이 다 먹고 달아나 버렸다.

소천국이 밭을 갈다가 배가 고파서 점심이나 먹지 하고 보니 태산절 중이 한 술도 남겨두지 않고 다 먹고 달아나 버렸다. 소천국은 배가 너무 고파서 할수없이 밭을 갈던 소를 때려 죽여서 잡아가지고 나무에 고기를 꿰어서 구워 먹었다. 그랬는데도 배가 고파서 주위를 둘러보니 검은 암소가 한 마리 있어서 그 소를 잡아다가 먹으니 그제야 요기가 되었다.

소천국은 소머리 두 개와 소가죽도 두 개를 옆에 두고, 자기의 배로 밭을 갈고 있었다. 백주님이 와서 보고 “소천국님아, 어떻게 해서 배로 밭을 갑니까?” 하였다. 소천국이 답하기를 “그런 것이 아니고, 태산절 중이 지나 가다가 국 아홉 동이 밥 아홉 동이를 다 훔쳐먹고 달아나 버려서, 할수없이 밭 갈던 소를 잡아먹고 남의 소까지 잡아먹어 요기를 했습니다.” 하였다. 백주님이 말하기를 “당신의 소를 잡아먹은 것은 떳떳한 일이지만, 남의 소를 잡아먹었으니 소 도둑놈이 아닙니까?” 하고는 “오늘부터 살림을 분산합시다.” 하였다. 이리하여 백주님은 바람 위쪽으로 올라서고 소천국은 바람 아래쪽으로 내려서게 되었다. 소천국은 배운 것이 총으로 사냥하는 것이어서 마상총(馬上銃)에 화약통을 둘러메고 산천에 올라가서 여러 짐승들을 많이 잡아서 정동갈의 딸을 소첩으로 삼아 고기를 삶아 먹고 살았다.

백주님은 밴 아기를 낳아 세 살이 되니 애기를 업고 소천국을 찾아가는데, 농막(農幕) 속에서 연기가 나서 들여다보니 소천국이 있었다. 백주님이 아기를 내려놓으니 아기가 아버지의 수염을 잡아당기고 아버지의 가슴을 짓누르는 것이었다. 이에 소천국이 “이 자식은 뱄을 때에도 부모의 살림을 분산시키더니 태어나서도 이런 나쁜 행동을 하는구나. 차마 죽일 수는 없고 동해 바다에 띄워버려야겠다.” 하고는, 무쇠석함에 세 살 난 아들을 담아서 자물쇠를 채워가지고 동해바다에 띄워버렸다.

무쇠석함이 용왕국으로 들어가서 산호수(珊瑚樹)의 가지에 걸리니 여러 가지 구름에 바람이 거세게 일었다. 이에 용왕국의 대왕이 말하기를 “큰딸 아기야, 어떤 일이 생겼는지 나가서 보고 오라.” 하였다. “아무 일도 없습니다.” “둘째딸 아기야, 나가 보라.” “아무 일도 없습니다.” “막내딸 아기야, 어떤 일이 생겼는지 나가서 보고 오라.” 막내딸이 돌아와서 “산호수의 가지에 무쇠석함이 걸렸습니다.” 하였다. 용왕국의 대왕이 말하기를 “큰딸 아기야, 내려 와라.” 하였다. “전혀 움직이지 않습니다.” “둘째딸 아기야, 내려 와라.” “전혀 움직이지 않습니다.” “막내딸 아기야, 내려 와라.” 하니 막내딸 아기가 가볍게 들어서 내려 왔다. 용왕국의 대왕이 또 말하기를 “큰딸 아기야, 문을 열어 보아라.” 하니 열지 못했다. “둘째딸 아기야, 문을 열어 보아라.” 하니 역시 열지 못했다. “막내딸 아기야, 문을 열어 보아라.” 하였다. 막내딸 아기가 발로 세 번을 걷어차니 저절로 문이 열렸다.

무쇠석함 안에는 옥 같은 도령님이 책을 가득히 가지고 앉아 있었다. 용왕국 대왕이 말하기를 “어느 나라에 사느냐?” 하였다. “조선 남방국 제주도에 삽니다.” “어찌하여 왔느냐?” “강남천자국에 국난이 났다고 하길래 평정을 하러 가다가 풍파(風波)에 밀려서 용왕국으로 들어왔습니다.” 용왕이 천하의 명장인 줄을 알고 “큰딸 방으로 드십시오.” 하니 대답이 없었다. “둘째딸 방으로 드십시오.” 하니 역시 대답이 없었다. “막내딸 방으로 드십시오.” 하니 막내딸 방으로 들어갔다. 막내딸이 상을 풍성하게 차려서 방으로 들어가 드리니 거들떠보지도 않았다. 막내딸이 묻기를 “조선국 장수님아, 무엇을 잡수십니까?” 하였다. “나의 나라는 작은 나라일지라도 돼지를 통째로 먹고 소도 통째로 먹습니다.” 막내딸이 대왕에게 이야기하니 용왕국 대왕이 말하기를 “내가 사위 하나 대접 못하겠느냐?” 하면서 날마다 돼지를 잡고 소를 잡아서 대접하니 창고가 다 비어 갔다. 용왕국 대왕이 생각하기를 사위를 계속 두었다가는 용왕국이 망할 듯하여 막내딸에게 말하기를 “여자란 출가외인이니, 남편을 따라서 가거라.” 하였다. 그때, 막내딸이 태기(胎氣)가 있었는데 함께 무쇠석함에 집어넣어서 물 바깥으로 띄워버렸다.

무쇠석함이 강남천자국 백사장에 이르러서 여러 가지 구름에 바람이 거세게 일었다. 그리고 밤에는 횃불이 환하게 비취고 낮에는 글 읽는 소리가 하늘에 진동하니 천자국 안이 소란스러웠다. 여러 가지 소문이 자꾸 들려, 천자님이 말하기를 "어찌 궁궐이 이렇게 소란스러우냐? 하인에게 명령하여 해변을 둘러보아라." 하였다. "돌아보니 무쇠석함이 있었습니다. 이 무쇠석함 속에서 조화(造化)가 일어납니다." "황봉사를 불러라." 황봉사에게 점을 치니 무쇠문을 열려면 천자님이 의관(衣冠)을 정제하고, 향촉(香燭)을 하고, 북쪽에 사배(四拜)를 드려야 한다고 했다. 할수없이 천자님이 의관을 정제하고 북방 사배를 하니 무쇠문이 열렸다. 옥 같은 도령님과 애기씨가 앉았거늘 "어느 나라에 삽니까?" 하고 물었다. "조선 남방국 제주도에 삽니다." "어찌하여 왔습니까?" 마침 그때 북적(北賊)이 강성해서 천자국을 치고 있는 중이었는데 "소장(小將)은 북적을 물리치고 세상을 평정하러 왔습니다." 하니 천자가 손목을 잡고 궁 안으로 들어갔다. 무쇠투구와 갑옷에 칼과 활을 주고 억만대병을 내어주니 싸움을 하러 나갔다.

처음 싸움에 임하여 머리가 둘 달린 장수를 죽이고, 두 번째는 머리가 셋 달린 장수를 죽이고, 세 번째는 머리가 넷 달린 장수를 죽이니, 다시는 대항할 장수가 없었다. 이에 세상을 평정하니 "이러한 장수는 천하에 없는 장수로다. 땅 일부분과 물 일부분을 떼어줄 테니 땅세와 국세를 받아서 먹고 사시오." 하였다. "싫습니다." "천금(千金)의 상(賞)을 주고 만호(萬戶)의 제후(諸侯)로 봉(封)하겠다." "싫습니다." "그러면 소원을 말하라." "소장은 본국으로 돌아가겠습니다." 이렇게 말하고는 잘 마른 소나무를 베어서 전선(戰船)을 한 척 만들어서 산호와 양식을 한 배 가득 싣고 백 만 군사를 대동하여 조선국으로 나왔다.

경상도 전라도 그리고 여러 섬을 거쳐서 제주도로 들어왔다. 제주도 바다에 도착하여 밀물과 썰물을 헤치고 우도(牛島) 해변에 배를 대었다. 우도를 둘러보고 하는 말이 "말과 소만 가두어서 먹일 곳이로다. 제주도 본도로 들어가자." 하였다. 종달리(終達里)의 두머니개에 가보니 소금만하여 팔아 먹을 곳이었다. 그곳을 떠나 근처에 있는 여러 산에 올라가서 천하요동하게 큰 포(砲) 소리를 내니 아버지 소천국과 어머니 백주님이 하녀를 보고 말하기를 "어찌 이렇게 포 소리가 크게 나느냐?" 하였다. 하녀가 말하기를 "세 살 적에 죽이려고 무쇠석함에 띄운 상전님이 아버지를 치려고 돌아 왔습니다." 하였다. "이 년, 고약한 년이로구나. 그 동안 무쇠철갑이 다 녹아 없어졌을 것인데 여섯째 아들이 어떻게 살아올 수 있단 말이냐?" 이때, 포소리가 크게 나면서 여섯째 아들이 들어오니, 아버지는 무서워서 하송당 고부니 마루로 가서 죽어 좌정하고, 어머니는 길게 늘어뜨린 머리를 하고 겁이 나서 도망가다가 당오름에 가서 죽어서 좌정하였다.

아버지가 살아 있을 때, 사냥을 잘 하고 사냥고기를 좋아하셨다는 생각에 각 마을마다 일등 포수들을 다 불러가지고 사냥을 해서 산짐승을 많이 잡아 아버님 전에 제를 지냈다. 그리고 징을 세 번 쳐서 백만 군사를 모아다가 "백만 군사는 본국으로 돌아가라." 하였다. 군사들과 작별한 다음 "한라산(漢拏山)이나 구경가자." 하고는, 하송당 상송당에 지나 연못에 도착하여 물을 먹고 좌우를 둘러보니 그곳이 이름난 장수가 날 듯하였다. 바람 위쪽으로 찾아가자 하고 바람 위쪽을 찾아보니 김녕리가 바람 위쪽이었다. 앉아서 좌우를 살피다가 윗괴네기로 들어가니 위로 든 바람이 아래로 나고, 아래로 든 바람이 위로 났다. 아래괴네기를 굽어보니 별이 총총, 달이 총총해서 좌정할 만하였다.

좌정할 터를 정하여 두고 내려와서 "소천국 여섯째 아들이 옥황의 명령으로 김녕리 신당을 상으로 받아 만민 백성에 풍운조화(風雲造化)를 하겠다." 하였다. 백성들이 말하기를 "그러면 어디로 좌정하겠습니까? 좌정지를 말씀하옵소서." 하였다. "나는 아래괴네깃당으로 좌정하겠다." "무엇을 잡수십니까?" "소도 통째로 먹고 돼지도 통째로 먹는다." 하니 만민 백성이 말하기를 "가난한 백성이 어찌 소를 잡아서 위할 수가 있겠습니까? 가가호호의 돼지를 잡아서 위로하겠습니다." "그리하라." 이렇게 해서 아래괴네기에 자리를 고르고 돼지를 잡아서 백근을 저울에 달아서 삶아서 제를 지내고 모셨다고 한다.